International Trade Practice Manual

기본 무역실무 매뉴얼

이제홍

도서출판 청람

❙ 머리말 ❙

세계 1, 2, 3, 4차 산업혁명의 개혁과 개방으로 대변된 교역은 세계 성장을 주도해 올 만큼 인류사에 혁신적인 기회를 제공해 주었다. 1784년경 18세기 증기기관의 발명으로 영국의 섬유공업이 발전함과 동시에 석탄 기반의 철도 인프라가 세계적으로 확산되기 시작한 제1차 산업혁명이 시작된 때부터 제2차 산업혁명이 시작된 1870년 경우, 전기에너지 활용 및 작업의 표준화를 통해 기업과 기업 및 국가와 국가 간 노동부문 연결성 강화와 대량생산 산업구조의 세계적인 전개가 시작되었다. 그리고 제3차 산업혁명은 1969년경 컴퓨터와 인터넷으로 지식 정보혁명이 촉발되어 정교한 자동화가 진행되었고 사람, 환경, 기계를 아우르는 연결성을 강화시키는 계기가 되었다. 현재로 대변되는 제4차 산업혁명(2016년～현재) 시대에는 자동화와 연결성이 극대화되는 변화를 하면서 끊임없는 발전을 하였다. 이와 같은 변화의 기점에는 혁신적인 도로, 통신, 기술 등이 기본이 되고 있으며, 외형적인 부문은 세계교역의 활성화가 주요한 요인으로 자리잡고 있다. 이와 같은 산업혁명을 거치면서 발전해 온 현대사회는 디지털화된 미래사회로 변화하고 있다. 이와 같은 디지털 혁명은 일상생활에 깊이 관여되어 인간활동의 혁신을 가져왔다.

대한민국 경제 및 산업발전은 무역으로부터 시작하였다. 자원이 부족하고 인적자원이 풍부한 한국은 명석한 두뇌와 근면성실한 민족성을 근거로 한국의 경제성장을 도모하기에 이르렀다. 이와 같은 현상을 증명할 수 있는 것이 한국의 수출입실적을 보면 알 수 있다.

우리나라는 1964년에 수출이 1억 달러를 넘어서며, 1970년에는 10억 달러, 1977년 100억 달러, 1995년에 1,000억 달러로 무역이 급성장하였다. 2010년에는 4,663억 달러, 2018년에 6,000억 달러로 증가하였으며, 2022년에는 6,835억 달러에 이르게 되었다. 수입도 마찬가지로 1968년에 1억4천 달러, 1977년에 10억 달러, 1994년에 102억 달러, 1999년 1,197억 달러, 2011년에 5,244억 달러, 2021년에 6,150억 달러, 그리고 2022년에 7,321억 달러에 이르렀다. 우리나라의 수출입은 1997년까지 무역수지가 적자를 유지하다가 1998년부터 무역수지가 계속 흑자를 유지해 오고 있었다. 그러나 2022년 들어 477억 적자로 돌아서, 이후로 2023년 현재에 이르기까지 계속 적자를 유지하고 있다. 이와 같은 현상은 러시아와 우크라이나 전쟁과 중국으로의 수출감소로 인하여 적자로 돌아섰다. 이는 한국의 외교통상정책의 원인 때문이라는 분석이 있다.

특히, 우리나라의 2023년 4월 수출입 동향에 따르면 4월 수출액은 496억2천만 달러로 전년 대비 14.2% 줄어들었으며, 4월 수출은 전달(551억 달러)에 비해서도 감소했다. 수출은 작년 10월부터 7개월 연속 감소세를 나타냈다. 수출과 함께 수입도 감소했지만, 2023년 4월 무역수지는 26억2천만 달러 적자를 기록하고 있다.

특히, 수출 동향을 품목별로 보면 주력 상품의 부진 양상이 두드러진다. 4월 반도체 수출은 63억8천만 달러로 작년 같은 달보다 41.0% 급감했으며, 반도체 수출 증가율은 전달(34.5%)보다도 악화했는데 반도체 한 품목에서만 수출이 44억 달러 줄었다. 이는 4월 전체 수출 감소액인 83억 달러의 절반을 넘는 수준이다. 반도체뿐만 아니다. 디스플레이(29.3%) 등 정보기술(IT) 품목, 석유제품(27.3%), 철강(10.7%) 등이 수출 감소 품목으로 전반적으로 수출이 감소되는 추세이다. 또한 한국의 수출이 감소한 데는 중국 수출이 감소한 영향이 크다. 1992년 한국과 중국 교역이 시작된 이래로 한국은 중국에 무역수지 흑자를 유지하고 있으나 2022년부터 수출이 급감하고 있는 실정이다. 수출대상 국가별로는 반도체 수출 비중이 높은 중국(26.5%), 아세안(26.3%) 등으로의 수출이 감소했다. 한국의 최대 무역 흑자국이던 중국은 최근 들어서는 최대 무역 적자국으로 돌아섰다. 중국과의 무역적자는 2022년 10월 이후 7개월째 이어졌다.

한국은 무역수지 적자에도 수출입은 2022년 현재 세계 7위의 교역규모를 유지하고 있다. 우리나라는 무역이 경제발전을 촉진시키는 기본적인 전략이 되는 동시에 국민경제의 발전에 지대한 영향을 미치게 된다. 이처럼 자원이 부족한 한국은 수출입이 국가 전체에 미치는 영향이 매우 크며, 무역의존도가 높은 한국으로서는 수출입이 국가경제성장에 중요한 역할을 하고 있다.

무역이 우리나라의 경제에서 차지하는 비중이 매우 크며, 국민의 경제생존을 유지시켜 준 커다란 요인이었음에도 불구하고 대한민국의 대학은 무역학을 학문외적인 영역으로 간주하며, 자본과 자원이 많은 국가의 학문적 기본을 흡수하려는 경향을 보이고 있다. 한국에 맞는 가장 범주가 큰 학문적 영역이 무역임에도 대학에서 무역학과의 교과과정이 점차로 축소되고 있는 것이 사실이다. 이에 본 교재는 무역의 중요성을 부각시키고, 무역 초보자에게 무역을 쉽게 설명하고, 체계화시킬 수 있는 지식을 제공하고자 한다.

또한 최근에 이슈화되어 있는 4차 산업혁명을 이끄는 분야는 '빅데이터', '인공지능

(AI)', '3D 프린팅', '사이버 안보', '공유경제', '나노', '바이오', '드론', '로봇' 등의 기술과 '글로벌 비즈니스 분야와의 융합과 커넥팅'과 동시에 '사람과 사람', '사물과 사물이 인터넷 통신망으로 연결'하는 분야가 적극적으로 적용되고 있다. 이러한 4차 산업의 가장 핵심적 역할을 할 수 있는 전공으로 무역학이 그 중추적인 역할을 하고 있다. 글로벌 환경에서 국내외의 여러 분야에 상호 접속하여 초연결성과 초지능화된 글로벌 환경으로 인간과 인간, 인간과 사물 등을 국가영역에 구분 없이 접속하고 있다. "4차 산업의 수출입에 국가의 명운이 달려있다"고 해도 과언이 아니다. 또한 세계환경의 변화에 신무역적 접근으로 요약되는 외교통상분야에서 무역의 역할이 매우 중요해졌다. 탄소중립인 RE100(Renewable Energy 100), 미국의 인플레이션 감축법(IRA), 반도체법과 칩4 동맹 그리고 일본의 수출금지조치 등 무역 보복성 환경 등으로 급변한 무역환경 변화에 우리나라는 그 대응책을 강구해야 하며, 외교적 관계유지에 큰 관심을 가져야 한다.

본 교재는 알기 쉽게 저술하였으며, 교재의 체계적 구성으로 무역을 전공하는 학생들에게 기초 입문서로서의 역할을 충실히 하고자 하였다. 1장 무역이란 무엇인가, 2장 기업의 해외진출과 해외시장조사, 3장 국제협상과 무역매매계약, 4장 무역매매계약 체결을 위한 기본조건, 5장 인코텀즈(Incoterms) 2020, 6장 무역대금결제, 7장 수출입물품의 운송, 8장 무역보험, 9장 수출입통관절차, 10장 무역대금 회수와 선적서류 제시, 11장 관세환급, 12장 국제환경변화와 신무역 접근, 13장 디지털 비즈니스와 4차 산업혁명 등의 체계로 기본 무역실무 매뉴얼 교재를 정리하였다.

이상의 교과체계는 무역분야를 실무분야뿐만 아니라 해외시장 접근방법, 국제통상협상분야, 4차 산업혁명 시대를 적용시킬 수 있는 분야 그리고 최근 국제무역환경 변화에 따른 우리나라의 무역 적용이라는 분야까지 다양한 내용을 담고자 노력하였다. 아울러 무역학을 이해하고자 하는 학생들에게 보다 간편하고, 습득하기 쉽도록 저술하였으며, 무역학 기초분야를 매뉴얼로 엮어 토론방식의 체계로 구성하였다. 또한 본 저자가 40여 년 동안 무역학을 전공하면서 배워온 가장 합리적인 무역학 습득방법을 제시하였다. 본 교재를 출판하도록 도움을 주신 많은 동료 교수와 선후배 교수께 진심으로 감사드리며, 졸저를 출판하도록 허락해 주신 도서출판 청람 이수영 사장님께 진심으로 감사드린다.

2023년 7월

이제홍 드림

| 차례 |

1장 | 무역이란 무엇인가

2장 | 기업의 해외진출과 해외시장조사

3장 | 국제협상과 무역매매계약

5장 | 인코텀즈(Incoterms) 2020

6장 | 무역대금결제

7장 | 수출입물품의 운송

8장 | 무역보험

10장 | 무역대금 회수와 선적서류 제시

11장 | 관세환급

12장 | 국제환경변화와 신무역 접근

1장 무역이란 무엇인가

1장 무역이란 무엇인가

1절 | 무역의 개요

1. 무역의 의의

무역의존도가 높은 한국경제는 무역의 건전한 발전 여부가 국민경제에 중요한 요인이 되고 있다. 한국은 자원이 부족하기 때문에 인적자원과 저임금의 노동력으로 성장을 이루어 왔으나 현재는 기술과 지식자원으로 부족자원을 대체하여 세계 속의 한국경제를 성장시키는 계기가 되었다.

특히, 수출상품의 생산이 증가하면 고용이 증대되며 비교우위상품을 생산하기 위하여 산업구조도 재정비된다. 뿐만 아니라 대량생산에 의한 비용의 절감과 국제경쟁력의 강화로 산업합리화가 촉진되며, 수출의 증대로 국제수지의 개선도 도모할 수 있다. 수입은 비경쟁원자재 공급과 소비자 후생증대효과를 가져온다. 또한 무역은 한 나라의 경제발전을 촉진시키는 기본적인 전략이 되는 동시에 국민경제의 발전에 지대한 영향을 미치게 된다.

1) 무역의 개념

인간은 재화(goods)와 용역(service)의 생산과 소비 그리고 매매와 교환활동을 통하여 경제생활을 영위하고 있다. 이와 같은 경제활동의 근저에는 무역이 있다. 무역은 국제간 상거래, 즉 물품의 경제적 거래가 국제간에 이루어지는 현상으로 수출과 수입을 말한다.

무역은 외국무역(foreign trade) 또는 대외무역(overseas trade)이라고도 부르며, 세계의 국가가 국제상거래에 참여한다는 의미에서 국제무역(international trade) 또는 세계무역(world trade)이라 혼용하여 표현되고 있다.

2) 무역의 정의

「대외무역법」상의 정의는 수출은 매매, 교환, 증여, 사용대차, 임대차의 목적으로 물품을 국내에서 외국으로 판매하는 행위이며, 수입의 경우는 수출과 반대로 국외에서 국내로 물품이동이 일어나는 것을 말한다.

「관세법」상의 정의는 외국물품이 내국물품화되는 것이 수입이고, 내국물품이 외국물품화되는 것이 수출이다.

2. 무역의 특성

1) 거래교섭의 복잡과 위험발생

무역거래는 언어, 법률, 제도 및 제반환경이 상이한 당사자 간에 이루어지기 때문에 복잡한 계약절차에 의해 이루어지며, 장기간 동안 원거리를 운송하는 데 따른 물품손상의 위험(운송위험: transportation risks), 상대방에 대한 신용상태의 불확실로 인한 수출대금의 회수불능위험(신용위험: credit risks), 수입업자가 수출업자에 대해 가지는 정확한 계약물품의 수취위험(상업위험: mercantile risks), 국제시장에서의 가격변동이나 통화의 환율변동(환위험: exchange risks), 전쟁과 폭동(비상위험: contingency risks) 등으로 인하여 발생하는 위험이 있다.

2) 정형화된 상관습의 적용

무역거래는 국가마다 언어가 서로 상이하고, 공간적으로 원격성이 존재할 뿐 아니라 상이한 주권국가에 속하는 당사자 간에 일어나는 현상이다. 당사자들은 자신의 상관습을 중시하는 경향이 있으므로 분쟁이 발생되었을 때 준거법의 적용문제가 발생한다. 따라서 당사자들은 명시계약을 보완하기 위하여 상관습을 정형화한 정형거래조건을 사용하고 있다.

3) 화물의 해상운송이 주종

무역거래는 공간적으로 격지성이 존재하는 당사자 간의 거래이므로 국내거래와는 달리 계약내용의 이행에 있어 물품운송이 특히 중요하다. 무역거래는 주로 해상운송을 매개로 하여 발전되어 왔으며, 대량수송이 가능하기 때문에 해상의존도가 매우 높게 나타나고 있다.

4) 다수복합계약의 체결

무역거래의 성립에는 우선 목적물에 대한 품질, 수량, 가격이 중심적인 조건이 되며, 그 다음에 물품인도를 위한 선적, 보험, 대금결제 등이 부수적인 조건이 된다. 무역거래는 매매계약을 주계약으로 하고 운송계약, 보험계약, 신용장계약, 환계약 등을 종속계약으로 하여 다수 복합적으로 이행된다.

5) 산업관련효과의 발생

국제분업을 통하여 국가 간에 무역거래가 이루어지면 국제적 공급 및 수요를 충족시킬 뿐만 아니라 당사국의 국내산업을 육성 · 발전시켜 국민경제의 수준을 향상시켜 준다. 국내 주요산업이 필요로 하는 원료를 자원이 풍부한 세계 각국으로부터 수입공급하고, 국내에서 생산된 상품을 수출하여 외화를 획득하여 수익을 증대시켜 준다.

3. 무역의 대상

1) 상품거래

상품거래는 무역거래의 대부분을 차지하고 있으며, 원료(raw materials), 공업제품(manufactured goods) 및 식료품(food stuffs) 등의 거래가 이에 속하며, 이러한 거래를 '눈에 보이는 무역' 또는 유형무역(visible trade)이라고도 한다.

2) 기술거래

기술거래는 외국과 기술원조 및 기술제휴계약을 체결하고, 그 제공한 기술의 대가를 받게 되는 특허권(patent licence), 실용신안권(utility model licence), 상표권(brand licence), 의장권(design license) 등과 같은 공업소유권(industrial property rights)의 양도 및 노하우(know-how) 제공 등의 형태로 이루어지고 있다.

3) 용역거래

용역(service) 거래는 상품을 외국에 운송하는 수송서비스, 운송 중의 화물에 보험을 부보하는 보험서비스의 제공에 대한 대가로 지급과 수취되는 운임(freight) · 보험료(insurance premium) 및 수수료(commission) 등을 의미한다. 이러한 기술 및 서비스와 같은 용역 제공은 눈에 보이지 않는 무역으로서 무형무역(invisible trade)이라고도 한다.

4) 자본거래

자본거래는 서비스의 제공이나 상품의 판매와는 직접적인 관계없이 외국에 자본을 대여해 주거나 투자를 한 후에 이자 · 배당금 등을 받는 행위 또는 상품대금을 대여해 주는 신용공여 등의 거래를 말한다. 이러한 자본거래도 주요 무역거래대상으로 등장하고 있다.

5) 전자적 무체물 거래

인터넷에 의해 주도되고 있는 디지털 혁명은 국제무역거래에 물리적 재화의 디지털화를 이루어냈으며, 디지털 재화를 창조하기에 이르렀다. 이에 무체물로서 ① 소프트웨어, ② 부호 · 문자 · 음향 · 이미지 · 영상 등을 디지털 방식으로 제작하거나 처리한 자료 또는 정보 등이 무역거래의 디지털화한 재화로서 등장하게 되었다.

4. 한국에서 무역의 중요성

1) 무역의존도

오늘날 세계 대부분의 국가들은 규모 또는 비중의 크고 작은 차이는 있지만 무역에 의존하는 국민경제생활을 영위해 나가고 있다. 이때 국민경제생활에서 무역이 차지하는 비중을 무역의존도(dependence on foreign trade)라고 한다. 즉, 한 나라의 국민경제가 어느 정도 무역에 의존하고 있는가를 표시하는 지표를 무역의존도라고 한다. 이는 일반적으로 국민소득 또는 국민총생산에 대한 수출입 총액의 비율로서 계산된다.

$$\text{무역의존도} = \frac{\text{1년간 수출총액} + \text{수입총액}}{\text{1년간의 국민총생산액}} \times 100$$

$$\text{수출의존도} = \frac{\text{1년간 수출총액}}{\text{1년간의 국민총생산액}} \times 100$$

$$\text{수입의존도} = \frac{\text{1년간 수입총액}}{\text{1년간의 국민총생산액}} \times 100$$

2) 무역의존도의 중요성

무역의존도는 해당 국가에서 무역의 중요성의 정도를 나타내는 지표이다. 따라서 이 지표는 무역이 그 나라의 국민경제에 대해 어떠한 역할을 하며, 또한 어느 정도의 영향을 주고 있는가를 보여준다.

일반적으로 국토가 광대하고 천연자원이 풍부한 국가는 국내분업에 의한 자급자족도가 높아서 무역의존도가 낮으며, 국내시장이 협소하면서도 소득수준이 높은 국가는 무역의존도가 높다. 무역의존도가 높다는 것은 그 나라 경제가 외국경제와 밀접한 관계를 맺고 외국경제에 의존하는 정도가 크다는 것을 의미한다.

5. 수출과 국민경제

1) 외화공급의 원천

국민경제에서 수출은 경제력의 확대에 필요한 원자재 및 기계시설 등의 수입을 위한 외화를 획득함으로써 경제성장을 측면에서 지원하는 역할을 하고 있다. 수출은 경제발전의 원동력이 되는 시설투자에 필요한 외화를 공급해 주는 외화공급의 원천으로서의 역할을 하고 있다.

2) 산업구조의 고도화 추진

수출은 외화공급원으로서의 역할뿐만 아니라 생산활동 및 소득을 증대시키고 나아가 대량생산에 의한 규모의 경제를 실현 가능하게 하는 방대한 해외시장을 공급함으로써 산업구조의 고도화에 기여한다. '수출증대 → 생산증대 → 규모의 경제 실현 → 경쟁력 강화 → 수출증대'로 이어지는 선순환이 계속되며, 대량생산에 의한 경쟁력의 강화효과를 유발한다.

3) 경기조절의 기능

수출은 내수 감퇴기에는 위축된 국내시장을 보완하여 대폭적인 생산수준의 저하와 실업의 증가를 방지하는 안정장치로서의 기능을 한다. 특히, 내수가 급격히 증가할 경우에는 수출이 어느 정도 둔화되고, 내수가 매우 부진할 경우에는 수출이 상대적으로 활발해져 이를 상계(상쇄)하는 것이다.

4) 생산유발의 효과

수출은 당해 수출산업의 수출품 생산을 유발하고, 이는 다시 동 수출품 생산과 관련되는 모든 산업의 생산을 연쇄적으로 유발함으로써 전 산업에 걸쳐 생산을 증대시키게 된다.

5) 고용유발의 효과

수출의 증가는 관련산업의 생산활동을 직접 · 간접으로 증대시켜 고용을 창출하게 된다. 그러나 이러한 고용창출의 효과는 노동이나 자본의존도 등에 따른 그 나라 산업의 성격에 따라 크게 달라진다. 즉, 일국의 산업구조가 고도화되어 노동생산성이 향상되면 1단위 수출상품을 생산하는 데 필요한 노동의 비율, 즉 노동계수가 낮아져 고용유발의 효과는 감소되고 그 반대의 경우는 증가하게 된다.

6) 수입유발의 효과

수출의 수입유발효과란 수출상품의 생산과 직접 · 간접으로 관련된 원자재나 기자재 등의 수입유발액이 어느 정도인가를 나타내는 것을 말한다. 따라서 수입유발액은 총수출에서 수출에 의한 소득유발액을 공제함으로써 얻을 수 있다.

7) 소득유발의 효과

수출은 그 상품의 생산활동과 관련된 여러 산업의 생산을 유발시켜 여기에 투입된 노동 · 자본 · 토지 등의 생산요소에 대해 소득을 실현시켜 준다. 일국의 수출이 유발하는 소득액은 각 수출산업별 생산유발액에 각 산업별 부가가치율을 곱해서 구할 수 있다.

6. 수입과 국민경제

1) 비경쟁원자재의 공급원

수입은 공업화에 필수불가결하고 국내에서 생산이 불가능한 원자재의 공급원으로서 중요한 역할을 하고 있다. 즉, 비경쟁자본재가 수입되면 선진국의 국내투자가 증대되어 경제성장을 촉진하게 되고, 비경쟁원료의 수입은 국내원료의 투입기회를 창조하는 등 국내원료와 보완적으로 결합되어 생산설비의 가동을 촉진시킨다.

2) 시설의 확대 및 합리화 추진

생산 공급력 증대를 위해서는 시설확대 · 기술혁신 · 생산근대화를 위한 과정에서 시설재에 대한 수요가 왕성해진다. 이러한 수요는 선진자본재의 수입으로 충당될 수밖에 없는데, 선진자본재의 수입은 시설의 확대와 합리화를 추진하여 국제환경 변화에 대응해 나갈 수 있도록 산업의 체질을 강화시켜 경쟁력을 제고시키는 한편, 내재적 성장잠재력을 증대시켜 지속적이고 안정적인 경제성장을 유도해 나가게 된다.

3) 경제능률 향상

수입이 이루어짐으로써 단기적으로는 국내시장의 가격구조가 국제화되어 물품의 가격인하효과를 얻을 수가 있고, 장기적으로는 국내산업의 체질이 강화되고 기술수준이 제고됨으로써 우수한 제품을 생산할 수 있는 이익을 얻게 된다. 즉, 수입은 외국기업과의 경쟁을 유도시켜 기술개발을 통한 품질의 고급화, 생산성 향상을 통한 원가절감 등 기업경영의 합리화를 도모하게 하여 경제능률이 증대된다.

4) 소비자 후생증대

소비자 입장에서는 수입이 개방됨으로써 보다 싼 외국제품의 사용에 의한 후생증가는 물론 국내상품의 품질 및 가격조건이 개선됨으로써 소비자의 후생이 증대되는 효과를 기대할 수 있다.

2절 | 무역거래의 이해와 무역형태

1. 무역거래의 이해

무역거래는 서로 다른 나라에 거주하고 있는 사람들 간에 이루어지는 것으로 거래당사자 간에 서로에 대한 신뢰가 무엇보다 중요하지만, 첫 거래에서부터 신뢰를 쌓는다는 것은 불가능하다.

이러한 문제점을 보완하기 위하여 무역거래는 국내거래와는 달리 물품인도와 대금결제라는 직접적인 방법보다는 서류와 대금결제라는 간접적인 방법을 많이 채택하고 있다. 무역절차를 이해하기 위해서는 계약의 성립과정, 물건의 흐름, 돈의 흐름, 서류의 흐름 및 국제상관습법 내지는 법규 등을 정확히 파악해야 한다.

1) 계약 성립 흐름 이해

- 계약을 체결하기 위한 사전단계는 무엇인가?: 행정절차, 시장조사, 거래선 발굴
- 계약은 어떻게 성립되는가?: 청약과 승낙의 의사표시
- 계약은 언제부터 효력이 발생하는가?: 의사표시의 효력발생시기 및 발생요건

2) 물건 흐름 이해

- 어느 나라와 거래할 것인가?: 국가 리스크 조사
- 어느 시장과 거래할 것인가?: 시장조사
- 어느 기업과 거래할 것인가?: 신용조사
- 어느 상품으로 거래할 것인가?: 상품조사
- 인도장소를 어디로 할 것인가?: 무역조건 조사
- 어떤 운송수단을 이용할 것인가?: 운송방법 조사

3) 외환 흐름 이해

- 어떤 통화로 거래할 것인가?: 통화가치의 안정성, 유통성 조사
- 어떤 결제수단을 이용할 것인가?: 결제방법에 대한 조사
- 대금결제가 서류를 통해 어떻게 이루어지는가?: 운송서류 조사

4) 서류 흐름 이해

- 계약서가 왜 작성되어야 하는가?
- 계약서의 종류는 어떠한 것이 있는가?
- 물품인도와 관련된 서류는 어떠한 것이 있는가?
- 통관과 관련된 서류는 어떠한 것이 있는가?
- 대금결제에 필요한 운송서류는 어떠한 것이 있는가?

5) 국제상관습법 및 법규 이해

- 국제상관습이란 무엇인가?

- 자국의 무역을 규율하는 기본법은 무엇인가?
- 외국의 무역을 규율하는 법들은 어떠한 것들이 있는가?

2. 무역형태의 유형

1) 이동경로에 따른 분류

(1) 수출무역과 수입무역

무역은 그 대상인 상품이나 용역의 이동방향에 따라 수출무역, 수입무역, 통과무역으로 구분된다. 수출무역(export trade)은 수출을 의미하는 것으로 물품을 국내에서 국외로 반출하는 형태이고 그 반대급부로 외환을 수취하므로 외환보유고를 증가시킨다.

수입무역(import trade)은 수입을 의미하는 것으로 물품을 국외로부터 국내로 반입하는 형태이고 그 반대급부로 외환을 지급하므로 외환보유고를 감소시킨다. 그러나 국민경제 입장에서 꼭 필요한 자본재나 원자재의 확보를 위해서는 필연적인 수단이 된다.

(2) 통과무역

통과무역(transit trade)은 물품이 수출국으로부터 제3국을 경유하여 수입국으로 이동하는 경우 제3국 입장에서 볼 때의 무역형태를 의미한다. 이 경우 제3국은 물품이 자국을 통과하는 데 따른 노임, 수수료, 운임, 보관료 등을 획득하게 된다. 네덜란드는 스위스, 오스트리아 등 중부유럽국과 비유럽 여러 나라와 무역거래를 연결하는 통과무역국으로 유명하다.

2) 주체에 따른 분류

(1) 직접무역

직접무역(direct trade)은 양국이 수출업자와 수입업자 간에 제3자를 개입시키지 않고 직접 매매계약부터 수출입활동까지를 수행하는 형태의 무역이다. 따라서 수수료 절약에 따른 이윤증가, 시장정보의 정확한 파악, 무역업무의 직접적 통제, 수출마케팅의 활성화 등의 장점이 있다. 반면 방대한 조직관리 및 수출마케팅에 따른 비용증대, 정보수집의 곤란성, 전문지식의 부족 등의 단점도 나타난다.

(2) 간접무역

간접무역(indirect trade)은 수출업자와 수입업자를 제3국의 무역업자가 연결시켜 주고 수수료를 취득하는 형태이다. 이러한 간접무역에는 다음과 같은 몇 가지의 유형이 있다.

① 중개무역

중개무역(merchandising trade)은 양국의 거래당사자 사이에 제3국 무역업자가 개입하여 매매계약이 체결되며 상품은 수출국에서 수입국으로 직접 이동되고 중개자는 양 당사자로부터 수수료를 받는 방식이다.

② 중계무역

중계무역(intermediate trade)은 수출을 목적으로 외국에서 물품을 수입하여 원형 그대로 제3국으로 다시 수출하는 형태이다. 즉, 다른 나라에서 생산한 물건을 구입해 또 다른 나라에 파는 것을 말한다. 따라서 계약의 형태는 수출업자와 중계자, 중계자와 수입업자 간의 두 건의 계약이 체결된다. 중계자 입장에서는 수입과 수출의 차액 즉, 중계수수료를 수취하게 된다.

(3) 민간무역과 국영무역

민간무역(private trade)은 무역의 담당 주체가 민간기업이 되는 형태로, 개인 또는 개별기업들이 무역을 통한 이윤추구를 목적으로 행하고 있다.

국영무역(state trade)은 국가가 무역의 주체가 되어 국가의 계획통제 또는 무역협정 등에 의하여 이루어지는 무역형태이다. 국영무역에는 정부가 직접 무역의 주체로 나서서 비영리목적으로 무역을 하는 정부무역(government trade)과 국가의 공공기관이 정부를 대신해서 무역을 수행하는 공무역(public trade)이 있다.

3) 대상품에 따른 분류

(1) 유형무역과 무형무역

유형무역(visible trade)은 눈으로 볼 수 있는 구체적 형태를 지닌 상품(commodities)을 대상으로 하는 무역형태로 가시적 무역이라고 한다. 이 경우 반드시 세관통관을 거쳐야 하기 때문에 무역통계에 집계되고 국제수지표상에도 무역수지로 표시된다.

무형무역(invisible trade)은 용역(services)이라고 인식되는 부분으로 눈에 보이지 않는 운송, 보험, 관광, 기술 및 경영 노하우 등을 대상으로 하는 무역형태로 불가시적 무역이라고 한다. 이 무형무역은 세관통관을 거치지 않기 때문에 무역통계상에 기록되지는 않으나 국제수지표상에는 무역외수지로 나타난다.

(2) 수평무역과 수직무역

수평무역(horizontal trade)은 생산단계가 같거나 유사한 상품 간의 무역으로, 공산품과 공산품 또는 1차상품과 1 차상품 간의 무역을 의미한다. 수평무역은 기술수준이나 산업구조가 유사한 국가 간의 거래로 주로 선진국 간의 경쟁적 무역형태를 의미한다.

수직무역(vertical trade)은 생산단계가 서로 상이한 상품 간의 무역으로 공산품과 1차상품 또는 중간재 간의 무역을 의미한다. 수직무역은 경제구조가 상이한 선진국과 개발도상국, 개발도상국과 저개발국 간의 보완적 무역에서 주로 이루어진다.

4) 결제방식에 따른 분류

(1) 구상무역

구상무역(compensation trade)이란 두 무역당사국 간의 무역을 균형시키기 위해 이용되는 방법으로, A국이 B국에 일정액의 상품을 수출한 경우 수출대금에 상응하는 액수의 수입을 B국으로부터 이행하는 형태의 무역이다. 유환구상무역은 두 건의 무역거래에 대해 각각의 현금결제가 이루어지지만, 무환구상무역은 국가 간의 화폐 흐름이 없는 순수한 의미의 물물교환방식이다.

(2) 삼각무역

삼각무역(triangular trade)은 2국 간의 무역이 상호 균형을 잃고 일방적인 편무역이 되어 더 이상의 무역을 진전시키기 어려울 경우, 이들 국가와 특수한 관계에 있는 제3국을 개입시켜 3국 간의 협정에 의해 이루어지는 무역형태이다.

예를 들어, A국이 B국에 수출초과인 경우, A국에 대해서는 수출초과이고, B국에 대해서는 수입초과인 C국을 개입시켜 무역을 진행한다면 3국 간의 무역관계는 균형을 유지할 수 있게 된다.

(3) 연계무역

연계무역(counter-trade)이란 수출과 수입을 연계시키는 모든 대외무역의 거래방식으로서, 이 연계무역은 국가 간 수출입의 균형을 유지하기 위한 정책적 제도로 동서 간의 교역에 물물교환의 형태로 주로 이용되어 왔다.

연계무역의 대표적 형태로는 ① 물물교환방식의 바터무역(barter trade), ② 수출자가 수출금액의 일정비율에 해당하는 상품을 수입자로부터 구매하는 대응구매(counter purchase), ③ 플랜트, 설비, 기술 등을 수출하고 대금결제는 제공한 설비에서 생산한 제품으로 회수하는 제품환매(product buy-back), ④ 수출상품의 부품 일부를 수입국에서 수입하거나 제품의 생산기술을 수입국으로 이전시켜 주는 상계무역(offset trade) 등이 있다.

5) 기타의 무역

(1) 플랜트 수출

플랜트 수출(plant export)은 일반적으로 공장설비나 선박, 철도 등의 자본재를 대상으로 하는 수출이다. 즉, 각종 상품을 생산하기 위한 기계, 장치 등의 하드웨어와 그 설치에 필요한 엔지니어링, 노하우, 건설시공 등의 소프트웨어가 결합된 생산단위체의 종합수출을 의미한다.

플랜트 수출의 대표적 형태로 턴키계약(turn-key contract)이 있는데 이는 플랜트의 설계부터 기계의 제조 · 장치 · 시운전에 이르기까지의 현지 제반업무를 수출업자가 모두 담당하는 수출계약형태이다.

(2) 기술무역

기술무역(trade of techniques)이란 기술도입과 대립되는 말이며, 자신이 보유하고 있는 기술을 외국에 특허권, 상표권, 의장권, 실용신안권 등의 공업소유권과 노하우의 형태로 제공하고 로얄티(royalty) 등의 기술료를 받는 형태이다.

이는 기술이나 노하우를 독립된 상품으로 인정하고 무역의 거래대상으로 확대한 것으로, 우리나라는 그동안 기술도입에 치우쳐 왔으나 최근 자체 기술개발과 외국과의 기술제휴, 현지투자 등의 형태로 기술수출이 크게 늘어나고 있다.

(3) 녹다운방식 수출

녹다운(knock-down)방식 수출이란 완제품으로 수출하는 것이 아니라 부품이나 반제품으로 수출하고 현지에서 제품으로 완성시키는 현지조립방식의 수출을 의미한다. 이 방식은 선진국의 자동차 등과 같은 기계류 수출에서 많이 이용되는데 상대국의 수입제한이나 고율관세 등의 무역장벽을 피해 우회적으로 상대시장에 침투할 수 있다는 장점이 있다.

(4) OEM방식 수출

OEM(original equipment manufacturing)방식의 수출이란 수출자가 수입자로부터 상품생산을 의뢰받아 자사의 상표를 부착하는 것이 아니라 수입자의 상표를 부착하여 인도하는 일명 주문자상표부착방식 수출을 의미한다.

한편, 우리나라의 OEM 수출 중소기업들은 독자설계 또는 독자개발능력을 확보하여 '제조업자 개발/디자인 생산'(original development/design manufacturing: ODM)[1]에 의한 수출이라는 새로운 형태의 수출로 전환하고 있다.

3절 | 특수거래형태의 무역

1. 위탁판매수출

'위탁판매수출'은 물품을 무환으로 수출하여 당해 물품이 판매된 범위 안에서 대금을 결제하는 계약에 의한 수출을 말한다(대외무역관리규정 제2조 제4호). 즉, 물품을 무환으로 수출하여 당해 물품이 판매된 범위 내에서 대금을 결제하고 판매잔량을 수출국으로 송부하는 방식의 수출을 말한다.

위탁자는 매매계약을 체결하지 않고 자신의 위험부담으로 외국의 수탁자에게 물품을 송부하지만 소유권은 위탁자에게 있으며 수탁자는 물품을 판매한 후 판매대금에서 경

1 ODM 수출이란 제품개발능력을 갖춘 제조업체가 판매망을 갖추고 유통업체에 상품 또는 재화를 제공하는 생산방식이다.

비와 수수료를 공제한 금액을 위탁자에게 송금한다.

이 거래방식은 수탁자의 입장에서는 자금이나 위험부담 없이 물품의 관리책임만 있으나, 위탁자는 거의 전적인 부담을 지면서 적극적으로 새로운 수출시장을 개척하고자 할 때 사용된다. 유사한 거래형태로는 BWT와 CTS가 있다.[2]

2. 수탁판매수입

'수탁판매수입'은 물품을 무환으로 수입하여 당해 물품이 판매된 범위 안에서 대금을 결제하는 계약에 의한 수입을 말한다(대외무역관리규정 제2조 제5호). 즉, 물품을 외국에서 무환으로 수입하여 당해 물품이 판매된 범위 내에서 수입대금을 결제하고 일정기간 후 판매잔량은 재수출하는 조건의 거래방식을 말한다.

이 거래방식은 자금이나 위험은 물품의 소유권을 가진 위탁자(수출자)가 부담하므로 수탁자(수입자)는 위탁자가 지정한 조건에 따라 상품을 판매한 후 판매잔량은 위탁자에게 반환하고, 그 판매대금에서 경비와 수수료를 공제한 나머지를 위탁자에게 송금한다.

3. 위탁가공무역

'위탁가공무역'은 가공임을 지급하는 조건으로 외국에서 가공할 원자재의 전부 또는 일부를 거래상대방에게 수출하거나 외국에서 조달하여 이를 가공한 후 가공물품을 수입하는 수출입을 말한다(대외무역관리규정 제2조 제6호).

이는 외국의 저렴한 노동력을 활용하거나 외국의 고도 기술을 이용하고자 하는 경우에 이용되는 거래로서, 중국, 베트남과의 거래에서 많이 활용되고 있으며, 향후 북한과의 교역 시 활용도가 높을 것으로 보이는 거래형태이다.

---

2 • BWT(Bonded Warehouse Transaction)방식: 보세창고인도조건의 수출로서 수출자가 본인의 책임하에 수입국 내에 관리인(지사 또는 별도의 제3대리인)을 지정하고, 사전에 매매계약이 체결되지 않은 채 물품을 수입국 내 보세창고에 무환으로 입고한 후 현지에서 매매계약이 성립되어 판매하는 방식의 거래를 말한다. 이는 통상 인도기일이 짧은 범용성 원자재나 선용품 등의 거래에 활용되며, 적극적인 판매활동으로 수출증대를 도모한다.

• CTS(Central Terminal Station)방식: 교역상대국의 인가를 받아 해외에 현지법인을 설립하여 그 법인의 명의로 수입하여 현지에서 직접 판매하는 방식으로서 해외시장 개척을 위해 이용된다.

4. 수탁가공무역

'수탁가공무역'은 가득액을 영수하기 위하여 원자재의 전부 또는 일부를 거래상대방의 위탁에 의하여 수입한 후 이를 가공한 후 위탁자 또는 그가 지정하는 자에게 가공물품을 수출하는 수출입을 말한다(대외무역관리규정 제2조 제7호).

즉, 가득액을 가득하기 위하여 거래상대방의 위탁에 따라 원자재를 수입하여 이를 가공한 후 위탁자 또는 그가 지정하는 자에게 가공물품을 수출하는 방식을 말한다.

외국의 무역업자가 우리나라의 숙련된 노동력 또는 고도의 기술을 이용하고자 하는 경우의 거래형태로서 수출과 수입이 하나의 계약에 따라 연결되어 이루어진다.

5. 임대수출

'임대수출'은 임대(사용임대를 포함한다. 이하 같다)계약에 의하여 물품을 수출하여 일정기간 후 다시 수입하거나 그 기간의 만료 전 또는 만료 후 당해 물품의 소유권을 이전하는 수출을 말한다(대외무역관리규정 제2조 제8호).

6. 임차수입

'임차수입'은 임차(사용임차를 포함한다. 이하 같다)계약에 의하여 물품을 수입하여 일정기간 후 다시 수출하거나 그 기간의 만료 전 또는 만료 후 당해 물품의 소유권을 이전받는 수입을 말한다(대외무역관리규정 제2조 제9호).

이 방식은 주로 영세한 중소기업이나 외자도입업체가 추가 생산시설을 수입할 때 이용하고 있으며 임차한 시설을 사용하여 생산한 제품을 임대인에게 수출하는 조건으로 거래하는 경우가 많다.

7. 연계무역

'연계무역'은 물물교환(barter trade), 구상무역(compensation trade), 대응구매(counter purchase), 제품환매(buy back)의 형태에 의하여 수출 · 수입이 연계되어 이루어지는 수출입을 말한다(대외무역관리규정 제2조 제10호). 즉, 동일한 거래당사자 간에 수출과 수입이 연계된 무역거래로서 거래당사국 간의 수출입의 균형을 유지하거나 통상협력의 수단으로 이용될 수 있다.

(1) 물물교환

수출 · 수입거래가 하나의 계약서에 의해 작성되고 환거래의 발생 없이 상품을 1대 1로 교환하는 무역을 말한다.

(2) 구상무역

환거래가 발생하고 대응수입의무를 제3국에 전가할 수 있는 거래를 말한다. 이는 원칙적으로 수출 · 수입거래를 하나의 계약서에 의해 작성하고, Back to Back L/C, Tomas L/C, Escrow L/C 등 특수신용장을 사용하여 거래하며,[3] 대응수입이행기간은 통상 3년 이내이다.

(3) 대응구매

한 건의 거래가 이루어질 때 수출액의 일정비율에 상당하는 물품을 일정기간 내에 대응수입해야 한다는 점에서는 구상무역과 비슷하나 사실상 독립된 두 개의 거래라는 점에서는 구상무역과 다르다. 동구권과의 거래에서 주로 이용되며 수출 · 수입거래 시 각각 별도의 계약서에 의해 거래된다. 두 개의 일반신용장이 개설되고, 형식상 완전히 분리된 두 개의 일반무역거래형태이며, 환거래가 발생하여 상호 간에 합의된 통화로 결제되고, 대응수입의무를 제3국으로 전가가 가능하다.

---

3 • 동시개설신용장(Back to Back L/C): 수출입의 거래당사자 중 일방이 일정액의 수입신용장을 발행하는 경우에 거래상대방이 동액의 수입신용장을 동시에 발행할 경우에만 발행한 신용장이 유효하도록 하는 조건의 신용장을 말한다.
• 토마스신용장(Tomas L/C): 수출입 쌍방이 동시에 동액의 신용장을 발행하는 것이 아니라 한쪽은 신용장을 발행하고 상대방은 일정기간 후에 동액의 신용장을 발행하겠다는 보증서를 발행해야만 내도된 신용장이 유효하도록 하는 조건의 신용장을 말한다.
• 기탁신용장(Escrow L/C): 수입업자가 수입신용장을 발행하는 경우에 신용장의 한 조건으로 그 신용장에 의하여 발행되는 어음의 매입대금이 수익자에게 직접 지급되지 않고 수익자 명의로 매입은행, 개설은행 또는 제3국의 환거래은행 기탁계정에 기탁하여 두었다가 수익자가 원신용장 발행국으로부터 수입하는 상품의 대금결제에만 사용하도록 하는 조건의 신용장을 말한다.

(4) 제품환매

플랜트나 기술 등의 수출에 대응하여 그 설비나 기술로 생산되는 제품을 수입하는 형태로서, 플랜트나 기술을 수출한 수출업자는 제공한 플랜트나 기술에서 직접 파생되는 제품 또는 이를 이용하여 생산된 제품으로 수출대금을 회수한다. 이 거래방식은 단순한 간이 생산기기의 수출에 따른 제품환매에서 첨단기술의 이전을 수반하는 거래에까지 그 범위가 광범위하다. 이 중에서 특히 기술이전을 수반하는 형태를 산업협력(industrial cooperation)이라고 한다.

8. 중계무역

'중계무역'은 수출할 것을 목적으로 물품을 수입하여(관세법 제154조의 규정에 따른) 보세구역 또는 (동법 제156조의 규정에 의하여) 타소장치의 허가를 받은 장소 이외의 국내에 반입하지 아니하고 제3국으로 수출하는 수출입을 말한다(대외무역관리규정 제2조 제11호). 즉, 수출할 목적으로 물품을 수입하여 원상태를 변경시키지 않은 상태로 제3국에 수출하여 수입대금과 지급액과의 차액, 즉 중계수수료(FOB-CIF에 해당하는 가득액)를 취하는 거래를 중계무역(intermediate trade)이라고 한다.

그리고 중계무역과 유사한 거래형태로는 중개무역, 통과무역, 스위치무역 등이 있다.[4]

---

4 • 중개무역(merchandising trade): 중개무역이란 수출입 양 당사자 간의 거래상품이 제3국의 중개업자의 중개로 거래되는 경우에 제3국의 입장에서 본 무역형태로서, 물품은 중개인이 있는 제3국을 거치지 않지만 대금결제는 중개인이 있는 제3국을 통하여 이루어진다. 중계무역인 경우에는 중간상인이 매매차익을 목적으로 계약의 당사자로서, 중개무역의 경우에는 중간상인이 중개수수료를 목적으로 최종수입업자나 최초수출업자의 대리인으로서 수출입거래에 개입하게 된다.
• 통과무역(passing or transit trade): 통과무역이란 거래상품이 수출국으로부터 수입국에 직접 송부되지 않고 제3국을 통과하여 수입국에 송부되는 경우에 제3국(통과국)의 입장에서 본 것으로서, 물품이 수출국으로부터 수출될 때 수입국을 미리 정하여 제3국을 통과하는 것이다. 반면, 중계무역은 수출국으로부터 수출될 때 실제 수입국이 결정되지 않은 채 중계항에서 양륙된 후에 최종목적지가 정해지는 경우가 있다.
• 스위치무역(switch trade): 스위치무역이란 매도인과 매수인 간에 직접 매매계약이 체결되고 상품도 수입국으로 직접 이동되는데, 대금결제는 제3국의 업자(switcher)를 개입시켜 행하는 거래로서, 외환관리상의 편의나 금융수단의 채용을 필요로 하는 경우에 주로 이용된다.

9. 외국인도수출

'외국인도수출'은 수출대금은 국내에서 영수하지만 국내에서 통관되지 아니한 수출물품을 외국으로 인도하는 수출을 말한다(대외무역관리규정 제2조 제13호).

10. 외국인수수입

'외국인수수입'은 수입대금은 국내에서 지급되지만 수입물품은 외국에서 인수하는 수입을 말한다(대외무역관리규정 제2조 제12호). 산업설비수출, 해외건설, 해외투자, 위탁가공무역 등에 필요한 기재 · 자재 및 원자재를 외국에서 수입할 필요가 있을 때 운송시간과 경비를 절감하기 위하여 수입대금은 국내에서 지급하고 물품은 해외현장으로 직접 송부되는 경우에 이용되는 거래방식이다.

11. 무환수출입

'무환수출입'은 외국환거래가 수반되지 아니하는 물품의 수출 · 수입을 말한다(대외무역관리규정 제2조 제14호).

2장

기업의 해외진출과 해외시장조사

2장 기업의 해외진출과 해외시장조사

1절 | 기업의 해외시장 선택요인

1. 해외시장 선택의 의미

시장선택이라는 것은 인적자원이나 기술, 자본 등의 제한된 자원을 가진 기업들이 자신들이 보유하고 있는 제품을 가지고 각 국가시장을 비교 · 평가하여 진입시장을 선택하는 것이다. 따라서 국내시장에서 축적된 경험을 바탕으로 글로벌 시장기회를 고려하는 기업들에 있어 진입할 국가시장을 결정하는 것은 매우 중요하다.

1) 판매시장 및 생산기지의 선택

해외시장의 선택은 구체적으로는 기업활동 및 자원의 국제적 배치, 자사의 판매시장 및 생산지역의 선택문제이다. 즉, 주된 판매시장을 어디로 할 것이며 판매제품의 생산지역을 어디에다 선택할 것인가의 문제이다.

이들 생산 및 판매지역의 결정은 별개의 문제가 아니며 상호 연계성을 지니고 있다.

2) 경쟁자와 경쟁범위의 결정

자사가 특정 지역으로 진입한다는 것 자체는 그 지역에서 이미 활동 중인 기업들과의 경쟁을 선포하는 것과 같은 의미이다. 따라서 기업들이 특정 시장을 선택한다는 것은 그 시장의 잠재력과 그 시장의 경쟁구조, 현재 및 미래의 경쟁기업, 자사의 경쟁우위 등을 고려하여야 한다.

3) 글로벌 시장 확대전략 수립

시장선택에 있어서 또 하나의 중요한 사항인 자사의 범세계적 네트워크와 국제시장의 동태적 변화과정을 고려하여야 한다. 즉, 해당 지역에서의 잠재적인 판매 가능성만을 고려하는 것이 아니라 자사의 범세계적 네트워크를 고려하여 생산 및 판매지역을 선정하는 것이 필요하다. 또한 시장선택에 있어서는 현재의 시장상황뿐만 아니라 향후 시장의 진전 및 통합 정도와 시장 내 다양화를 고려한 동태적인 시장선택과정을 도입해야 한다.

2. 해외시장 선택요인

1) 기업내부 평가

해외시장 진입 결정에 있어 해당 기업내부의 글로벌 전략, 진입목적, 보유자원 등에 대한 평가가 이루어져야 한다. 예를 들어, 회사의 전략적 목표가 판매시장 확보가 목적인지, 아니면 생산이 목적인지에 따라 선택되는 국가시장이 달라져야 한다.

또한 자원규모, 해외시장의 중요성, 경영진의 장기적 목표 등은 해외시장 선택에 영향을 미친다. 그리고 해외시장에서의 목표를 이루기 위해서는 기업이 보유하고 있는 자원의 양에 따라 진입시장과 전략은 달라질 수 있다.

2) 시장잠재력

시장잠재력이란 일정기간에 주어진 환경하에서 특정 국가의 특정 산업 내 전체 기업들이 달성할 수 있는 매출량 내지 매출금액의 총계를 의미한다. 시장잠재력은 시장크기와 성장률로 결정되므로 시장잠재력을 평가할 때는 현재의 시장크기뿐만 아니라 미래 시장의 크기, 즉 성장률을 반드시 감안해야 한다.

3) 매출 가능성 평가

글로벌 기업이 시장의 전체적인 전망을 분석하였다 하더라도 자사의 시장점유 가능성을 알려 주는 것은 아니다. 이를 알기 위해서는 제품과 시장특유에 관한 다음과 같은 조사가 필요하다.

① 경쟁에 관한 분석이 필요하다. 이는 시장진입 시 반응에 대한 강도를 판단할 수 있다.
② 시장의 진입장벽이 얼마나 높은지를 판단할 수 있는 시장에 대한 분석이 필요하다.
③ 소비자의 구매능력과 구매의사를 알기 위한 조사가 필요하다.
④ 자사제품의 상대적인 우위의 정도와 해당 시장에 진입 시 적합성에 관한 분석이 필요하다.
⑤ 당해 시장의 접근 가능성을 판단하기 위한 유통에 관한 정보가 필요하다.

특정 해외시장에서의 시장점유율 예측은 어떤 방법으로 진입하느냐에 따라 달라지므로 진입방법의 선택도 함께 고려해야 한다.

4) 기업의 목적

기업의 입장에서는 비용최소화의 원칙보다는 기업의 목적에 따라서 시장을 선택할 수 있다. 회사의 전략적 동기, 목표, 성과 등을 고려하여 해당 시장이 판매시장이 목적인가 혹은 제3국 진출을 위한 교두보를 마련하기 위한 시장진입 목적인가에 따라서 시장 선택은 달라진다.

5) 비용

시장선택에 있어서 또 하나의 변수는 생산원가를 최소화할 수 있는 지역을 선택하는 것이다. 생산에 필요한 자원이 노동력과 투입원자재 그리고 기술 등의 비용뿐만 아니라 이들 자원의 이동에 따르는 비용과 세금 등을 고려하여 최소의 비용을 통하여 생산 가능한 시장을 선택하는 것이 필요하다.

6) 위험과 불확실성

해외시장을 선택하는 데 있어 현지 소비자들과 경쟁대상기업 그리고 정부의 규제나 입법활동 등에 대한 정확한 평가를 통해 불확실성과 위험을 줄이려는 노력이 필요하다. 해당 시장이 위험이 크거나 불확실하다면 시장선택에 불안요인으로 작용하여 다른 시장을 선택하는 것이 바람직하다.

7) 경쟁환경

진입지역의 선정에 있어서 영향을 미치는 또 하나의 요인은 산업구조와 경쟁자의 전략이다. 산업구조는 자사 상품의 특성이 소수의 기업들이 지배하고 있는 범세계적 산업(global industry)이라면 이 산업에서의 주된 경쟁자들의 반응을 예상하여 진입지역을 선정해야 하며, 해당 산업의 경쟁강도가 다수의 중소기업들이 경쟁하는 산업(multidomestic industry)이라면 해당 국가에서 기업의 전략적 요인들이 많은 영향을 미친다.

2절 | 기업의 해외시장 진출요인

1. 외부환경요인기준

1) 현지국 시장환경요인

현지국 시장환경요인은 다시 시장수요 및 성장력과 관련한 시장매력요인, 생산효율성과 관련한 생산매력요인, 경쟁집중도 척도인 시장구조요인, 국가위험도 및 법률규제와 같은 정치 · 정책요인 등으로 세분화할 수 있다.

(1) 현지국 시장매력요인

해외시장 진출 시 대상 국가시장 선택에서 시장규모와 성장잠재력은 가장 먼저 고려되는 입지 변수 중 하나이다. 협소하고 낮은 시장성장률의 해외시장은 진출방식 중 판매량 대비 손익분기점이 낮은 속성이 있는 간접수출 또는 라이선싱 등의 진출방식이 유효하다.

(2) 현지국 생산매력요인

현지국의 저렴한 노동력, 풍부한 생산부존 자원의 존재는 현지 생산투자를 유인하는 매력요인이다. 현지국의 생산매력요인은 임금비용, 원자재비용과 같은 원가를 구성하는 비용뿐만 아니라 발달된 하청기업구조, 교통, 통신, 항만시설 등 사회간접자본시설을 포함한다.

(3) 현지국 시장구조요인

현지시장이 과점적 경쟁상태와 같은 불완전 경쟁구조일 때, 즉 현지시장이 몇몇 토착기업에 의한 시장집중도가 크다면, 현지에서 강력한 토착기업들과 경쟁할 수 있도록 진출기업은 적극적으로 시장개입 정도를 줄여야 할 것이다. 이 점에서 수출방식보다는 직접투자방식 진출이 요구된다고 할 수 있다. 반대로 현지국 시장이 완전경쟁구조를 지녔다면 현지 관여가 적은 수출방식을 검토할 수 있다.

(4) 현지국 정치 · 정책요인

수출규제(관세 및 쿼터), 투자규제(업종 및 소유지분율 제한)의 존재는 해당 진출방식에 직접적인 제약요소로 작용한다. 정치 · 정책요인은 개별 진출방식에 직접적인 제한 및 촉진효과를 발생시키는 제도적 요인의 성격을 갖는다.

2) 본국 시장환경요인

(1) 본국 시장매력요인

현지국의 시장환경이 매력적인 경우 수출 및 라이선싱보다는 투입자원량을 많이 요구하는 직접투자방식이 선호된다. 반대로 본국시장의 환경요인이 매력적일 경우에는 기업은 국내외 시장에 대한 전체 내부자원의 배분적 운용 차원에서 직접투자방식보다는 수출방식이 선택될 수 있다.

(2) 본국 생산매력요인

본국에서 임금비용이 낮거나 성숙한 부품조달시장, 기타 생산에 필요한 기반시설이 잘 발달되어 있는 경우에는 국내에서 만든 제품의 국제경쟁력을 확보할 수 있다. 즉, 국내의 국내생산 매력요인이 높으면 이를 활용하는 수출방식이 기업의 주요한 해외시장 진출방식이 될 것이다. 그러나 본국의 생산조건이 열악하다면 해외시장에 생산시설을 이전시키고, 현지의 저렴한 생산요소를 활용하는 직접투자방식을 선호할 수 있다.

(3) 본국 시장구조요인

본국 시장의 경쟁구조는 해외시장 진출방식에 영향을 미친다. 국내시장이 치열한 과점구조 상황이면 해외시장으로의 확장을 통해 위험을 분산시키고 새로운 경쟁우위를 확보하려 한다. 한편 과점적 경쟁구조에서는 기업들은 경쟁력 균형상태를 위협하는 경쟁업체의 행위를 모방하는 경향을 보인다.

(4) 본국 정치 · 정책요인

국내기업의 수출활동과 해외직접투자에 대한 본국 정부의 정치적 상황과 정책적 자세는 기업의 진출방식 선택권을 제약하는 요소이다. 기업이 해외시장에 생산시설을 옮기는 해외직접투자는 산업공동화현상 발생을 우려하는 본국 정부로부터 종종 간접적인 제한이나 철회할 것을 요구받는 경우가 발생한다. 반면 국내고용이 창출되고 연관산업이 발전하는 수출방식은 본국 정부의 세제감면, 금융지원 등 각종 특혜를 제공받으며 권장된다.

3) 지리적 요인

(1) 물리적 거리

물리적 측면에서 지리적 거리가 멀수록 운송비용은 높아져 완제품을 국내에서 생산하여 해외로 이전하는 수출방식 채택을 어렵게 한다. 무게 및 외형이 큰 제품을 생산하는 기업이라면 수출방식은 더욱 큰 제약을 받을 것이다. 물리적 거리(physical distance)와 수출 간 관련성을 보면, 다른 조건이 동일할 때, 선적하여 대양을 횡단하는 데 소요되는 시간이 하루가 더 길어질수록 양국 간 무역거래 가능성은 1.5% 낮아진다는 것이다.[1]

---

1 D. L. Hummels(2001), "Time as a Trade Barrier", *Working Paper*, Krannert School of Management, Purdue University.

(2) 심리적 거리

심리적 거리(psychic distance)에 대한 정의를 "기업과 시장 사이의 정보 흐름을 방해하거나 교란하는 요소"[2]로 규정하고 있다. 심리적 거리는 기업의 현지시장에 대한 파악 능력 또는 노력을 방해하는 실체에 대해 초점을 맞추고 있다는 데 차이가 있다. 결국 심리적 거래는 본국과 현지국 시장 간 입지의 비유사성을 나타내는 요소이다. 만일 심리적 거리가 크다면 상대적으로 위험도가 낮은 수출진출방식이 직접투자방식보다 선호될 가능성이 크다. 국제화과정에서도 심리적 거리가 적은 시장부터 먼저 진출하고, 점차 비유사성 시장까지 그 영역을 확대하는 순차적 시장접근현상이 나타난다.

2. 내부환경요인기준

1) 내부자원요인

기업이 보유한 내부자원량은 기업의 국제화과정뿐만 아니라 국제화과정에서 구체적인 해외시장 진출방식을 선정하는 데도 영향을 미친다. 또한 현지시장에서 상대 파트너와 공동으로 사업을 진출하는 방식이냐 아니면 단독사업을 추진하는 방식이냐에 따라 자사가 보유한 자원이 해외시장에 공개될 가능성이 높다.

(1) 내부자원량

기업이 보유한 내부자원량이 많을수록 진출방식의 선택 폭을 넓게 한다. 수출보다는 합작투자, 단독투자 순으로 진출 시 요구하는 내부자원량이 크다. 또한 내부자원의 크기뿐만 아니라 경영관리 노하우, 재무적 자본량, 생산기술 수준, 마케팅 노하우 등 질적인 내부자원의 폭이 넓어도 다양한 진출방식 선택의 폭을 넓게 한다.

(2) 기업전략 · 조직

일반적으로 내부자원이 대기업일수록 풍부하다고 볼 때, 기업규모는 진출방식 결정에 큰 영향을 미치는 요소이다. 일반적으로 해외시장에 대한 개입 정도는 최고경영자의 태도, 기업수준의 전략, 조직 내에서 국제사업부의 위치 등 조직구성체의 특성을 반영한

2 J. Johanson and F. Wiedersheim-Paul(1975), "The Internationalization of the Firm－Four Swedish Cases", *Journal of Management Studies*, 12(3), pp.305-322.

다. 또한 순차적 진입 차원에서 이전의 성공적인 해외시장 진출경험은 이후의 적극적인 해외시장 개입의지로 연결된다.

(3) 자원 확보의 위험

내부자원 확산의 위험은 기업특유의 우위가 라이선싱 또는 합작투자방식 선택 시 사업파트너에게 수용될 수 있는 위험을 의미한다. 단독투자방식을 채택하면 이러한 위험은 감소되거나 제거할 수 있다. 그러나 단독투자를 금지하는 현지의 법적 · 제도적 장벽이 존재하고, 기업이 보유한 내부자원이 한정되어 있어, 단독투자에 필요한 재원 확보가 어렵다면 의도하지 않은 내부자원 확산 위험에 직면할 수 있다.

2) 제품요인

기업이 현재 국내시장에서 생산하여 판매하고 있는 제품의 특징은 해외시장 진출방식을 촉진하거나 제약하는 요인으로 작용한다.

(1) 제품외형

제품외형기준은 운송이나 보관 등에 영향을 미쳐 진출방식 선정에 반영된다. 특히, 물리적 거리가 긴 경우에는 제품외형은 진출방식 선정에 직접적인 영향을 줄 수 있다. 제품의 크기, 외형이 운송을 어렵게 하거나 높은 추가비용을 지불하게 한다면 생산지는 소비시장과 근접할수록 기업이윤은 증대될 것이다. 이 경우에는 수출보다는 라이선싱이나 현지 직접생산투자가 더욱 선호되는 진출방식이 된다.

(2) 제품속성

제품속성이 표준화인가 현지시장 적응을 위해 수정의 필요성이 있는 속성을 가졌는가에 따라 진출방식이 달라진다. 국제화 초기단계에 있는 기업이 표준화된 속성의 제품을 생산하고 있다면 수출을 통한 해외시장 진출을 수월하게 진행할 수 있다. 제품이 현지국 소비자의 기호와 선호를 맞추는 데 상당한 수준의 적응이 필요한 상황이라면, 현지시장과 밀접한 관계를 유지해야 하므로 간접수출보다는 직접수출이, 수출보다는 직접투자가 더욱 적절하다.

(3) 제품차별화

시장에서 프리미엄 가격을 책정할 수 있는 제품차별화 수준이 높은 제품은 수출에 의한 진출방식에 적합하다. 높은 운송비와 수입관세가 있더라도 고가격으로 인해 기대 수출마진을 국내 생산업체가 확보할 수 있다. 이러한 제품일수록 제조국 원산지효과가 크다. 라이선싱이나 직접투자를 통해 현지에 진출할 경우 생산기술이 공개될 가능성이 높다는 점도 수출방식을 더욱 선호하게 하는 요인이다.

3절 | 기업의 해외시장 진출과정

1. 기업의 해외시장 진출단계[3]

1) 제1단계: 간접수출 또는 우연한 수출

제1단계는 간접수출이나 비정기적인 수출 또는 우연한 수출주문에 응하는 단계로서, 여기에는 소극적인 라이선싱도 포함된다. 이 단계는 통상 해외시장에 대한 개입수준이 아주 낮다.

2) 제2단계: 적극적 수출 또는 라이선싱

제2단계에서는 대리인 · 유통업자 또는 지사 · 법인을 통한 직접수출과 의욕적인 라이선싱이 이루어지게 된다. 이 단계에 이르면 국제경영과 국내경영이 구별된다.

3) 제3단계: 적극적인 수출, 라이선싱, 해외생산에 대한 자본투자

제3단계에서는 일부 국가에서는 현지생산이 이루어지고, 다른 국가에서는 수출 또는 라이선싱이 이루어진다. 그리고 조직구조는 무역부에서 국제사업부로 전환된다. 그러

---

3 F. R. Root, *Entry Strategies for International Markets*, Revised and Expanded ed.(New York: Lexington Books, 1994), p.40.

나 이 단계에서는 여전히 국제경영이 국가와 지역을 초월하여 통합되지 못하고 또 국제사업전략도 국내사업전략과 통합되지 못한다.

4) 제4단계: 글로벌 마케팅 및 생산

제4단계에서는 수많은 시장이 수많은 국가로부터 공급되며, 국제사업부 조직이 지역

| 표 2-1 | 해외진출형태의 장 · 단점

<table>
<tr><th>유형</th><th>형태</th><th>장점</th><th>단점</th></tr>
<tr><td>수출방식</td><td>수출</td><td>• 입지 및 경험상의 경제성 실현</td><td>• 높은 운송비
• 무역장벽
• 현지 마케팅 대리점 관리</td></tr>
<tr><td></td><td>라이선싱</td><td>• 연구개발비 부담 및 위험회피</td><td>• 기술에 대한 통제력 상실
• 입지 및 경험상의 경제성 실현 불가능
• 범세계적인 전략적 조성 불가능</td></tr>
<tr><td rowspan="3">계약방식</td><td>프랜차이징</td><td>• 연구개발비 부담 및 위험회피</td><td>• 품질에 대한 통제 불가능
• 범세계적인 전략적 조성 불가능</td></tr>
<tr><td>관리계약</td><td>• 위험회피
• 전문 경영지식이나 경험 활용</td><td>• 경영의사결정에 참가 불가
• 일시적 수탁관리
• 수익이 수수료에 국한</td></tr>
<tr><td>턴키 프로젝트</td><td>• 공정기술의 활용에 따른 수익 확보</td><td>• 경쟁기업 양성
• 장기적인 시장 확보 불가능</td></tr>
<tr><td rowspan="3">직접투자 방식</td><td>계약생산</td><td>• 투자 불필요
• 관세장벽 회피
• 낮은 생산비</td><td>• 품질관리
• 공급제한</td></tr>
<tr><td>단독투자</td><td>• 기술보호
• 범세계적인 전략적 조성 가능
• 입지 및 경험상의 경제성 실현</td><td>• 높은 수준의 비용과 위험</td></tr>
<tr><td>합작투자</td><td>• 현지파트너의 지식에 대한 접근 가능
• 연구개발비용 및 위험 분산
• 정치적으로 수용 가능</td><td>• 기술에 대한 통제력 상실
• 범세계적인 전략적 조성 불가능
• 입지 및 경험상의 경제성 실현 불가능</td></tr>
</table>

출처: C. W. L. Hill, *International Business: Competing in the Global Marketplace* (Burr Ridge, Ill.: Irwin, 1994), p.410. 일부 추가

별, 제품별 조직부로 전환된다. 그리고 국내시장은 수많은 시장 중 단지 하나의 시장으로만 간주된다.

글로벌화를 위한 우선단계는 기업들이 해외진출방식의 대안으로서 한두 가지 진출형태만을 고려하지만 국제화수준이 높아갈수록 기업들은 이용 가능한 모든 진출방식을 선택하게 된다. 따라서 국제화의 최종단계에 접어든 글로벌 기업은 진출하고자 하는 목표시장의 특성에 따라 각기 다른 진출방식을 택하게 되고, 그 결과 자신이 진출하고 있는 모든 해외시장에서 다양한 형태의 진출방식을 활용하게 된다.

2. 수출을 통한 해외시장 진출

수출은 초기 해외시장 진출을 위한 전형적 진출방식이다. 국내기업은 수출을 시작으로 점차 해외 현지 사업활동 기반을 강화하는 방향으로 발전해 나간다. 그런데 수출은 산업 및 제품 종류에 따라서는 국제화 초기단계에서뿐만 아니라 시간이 흐르더라도 궁극적인 국제화방법이 될 수 있다. 그리고 특정 업종의 기업들에게 수출방식은 해외시장 진출의 첫 단계가 아니라 해외시장 진출을 위한 가장 적합하고도 주된 방식이다.

수출을 시도하는 기업이 가장 먼저 결정해야 하는 사안이 수출유통경로의 결정이다. 즉, 직접수출을 할 것인가, 간접수출을 할 것인가를 결정해야 한다.

1) 간접수출(Indirect Export)

(1) 외국업자 경유

① 새로운 사업을 탐색하는 외국업자

광범위한 국내외의 상품동향을 체크하여 어느 상품이 자사의 취급에 적합할 것인가의 새로운 상품탐색에 노력하고 있는 외국업자들을 볼 수 있다. 적절한 상품을 발견하면, 즉시 그 상품을 취급하는 기업에 연락을 하여 상대방의 수출거래 가능성을 타진한다.

② 외국업자로부터 비즈니스 조회를 받은 기업의 대응

외국에서 주문이 들어오면 적극적으로 수출에 대응할 자세를 나타내 외국의 상대방 조사를 시작한다. 상대기업의 신용상황을 체크하고 상품을 수출하며 대금을 회수하면, 그 다음 상대국에서의 마케팅은 상대기업의 책임이다. 주문을 받은 상품을 수출하고 대금을 받으면 거래는 종료된다.

(2) 국내상사 경유

외국에서가 아니라 국내의 무역상사로부터 직접 수출의뢰가 들어온다. 이 경우는 상사가 모든 수출업무를 대신해 주기 때문에 수출이라고는 하지만, 외국에 대한 지식과 수출업무 경험이 없어도 국내거래와 같이 외국과의 거래가 가능하다.

(3) 수출상대방

수출하는 경우, 거래선을 충분히 조사하고 또 수출되는 상품이 어떻게 마케팅이 되는가를 체크해야 한다. 경우에 따라서는 자사의 종업원을 현지에 파견하여 현지 마케팅의 실정을 체크하기도 하며, 또 거래선에 적극적으로 마케팅 전략을 제언할 필요가 있다.

2) 직접수출(Direct Export)

(1) 성장전략으로서의 수출

기업이 매출을 신장시키기 위한 전략으로서 외국의 시장을 확대하면 당연히 매출은 늘고 기업의 성장과 직결된다. 이 경우도 수출은 상사를 경유한다든지 자사가 직접 한다든지 둘 중의 하나가 된다.

(2) 상사경유

외국에 상품을 적극적으로 수출하려고 상사는 상품개발로부터 유통 채널의 선택에 이르기까지의 모든 활동을 담당해 주기 때문에 제조업자는 제조에 전념하면 된다는 것이다. 그러나 수출량이 증가하면 자사가 직접 현지에서 스스로 외국시장의 실태를 파악해 놓는다든지 수입선과의 커뮤니케이션을 강화한다든지 하여 자사 사원의 외국출장이 증가되므로 최종적으로는 현지에 주재원을 파견하게 된다.

(3) 자사수출

수출량이 더욱 증가하여 거래가 활발해지면 자사가 직접 수출할 경우에는 수출의 노하우가 필요하다. 시장조사에도 충분할 만큼 돈과 시간을 들여야 하며, 당연한 것이지만 리스크도 커진다. 그러나 직접 수출을 하면 경험과 지식의 내부축적이 가능해지고 또 자사의 방침도 철저해진다.

(4) 수출을 성공시키는 요인

① 좋은 수입업자 선택

좋은 업자를 선택하는 것과 만나는 것, 이것은 말하기 쉬워도 실제로는 매우 힘들다. 매매상의 거래조건이 엄격하여도 판매를 확실히 신장시켜 주는 업자도 있고, 또 거래조건도 좋고 호의적인 업자는 판매에 힘써주고 유력상품으로 키워 주기도 한다.

② 수출업자의 노력

시장에 있어서 상품력 다음으로 중요한 것은 상품에 대한 고객들의 태도와 상품이 소비자, 즉 고객에게 얼마만큼 충분히 이해되어 있는가, 또한 소매점에서 어떻게 전시되어 있는가의 체크도 필요하다. 이러한 일련의 체크는 수입업자에 의해 실시되는 것이 당연하지만, 좀처럼 자사가 만족스럽게 실시하지 못하는 것이 실태이다. 그러나 자사가 직접 실시하든지, 비용을 부담하여 수입업자에게 대행시키든지 하는 것은 수출업자의 노력의 의지이다.

③ 유력업자와 업무제휴

서로의 제휴에 의한 성과에 매력이 있다고 생각하는 경우에는 외국의 유력한 업자와 업무계약을 체결하여 상호 협력체제를 구축함으로써 상대기업이 장점으로 하는 시장에서의 마케팅은 상대에 일임하고, 그 대신 자사가 장점인 시장에서의 마케팅은 자사가 책임지는 마케팅 상호 교체를 실시한다.

(5) 자사수출과 현지판매회사의 설립

① 왜 판매회사인가

수출량이 증가하여 거래가 확대되면 수출업자에게 일임하였던 현지의 마케팅 활동에 한계가 보이게 된다. 그 원인으로서는 수입업자의 능력의 한계도 생각할 수 있지만 더욱 중요한 원인으로서 수출업자의 마케팅에 관한 지식, 경험의 축적에 의한 수입업자의 불평불만을 들 수가 있다.

② 자사경영 판매회사

- **사람과 자본**: 인건비, 시설비, 마케팅비, 운전자본금 등 모두를 자본금, 차입금과 현

지의 매출수입에서 충당하지 않으면 안 된다. 판매가 상당히 호조이고 이익이 수반되지 않는 한, 처음에는 적자경영을 각오해야 한다. 인재의 고용문제도 용이하지 않다. 신설회사에 현지의 우수한 인재를 고용하는 것은 매우 어려운 문제이다.

- **현지경영의 노하우**: 자사에 의해 판매회사를 설립하여 운영하는 경우 인적자원, 자본의 문제와 더불어 또 다른 중요한 문제는 마케팅을 전개하는 데 합당한 실력을 소유하고 있는가 하는 점이다. 우선 뛰어난 노하우를 가진 우수한 인재를 고용하고 경영을 맡겨 경영 노하우를 흡수함과 동시에 자사의 인재육성을 도모할 필요가 있다.

③ 기존 판매회사의 매수

신설회사 설립의 어려움을 회피하는 방책의 하나로 생각할 수 있는 것은 기존 판매회사의 매수(acquisition)이다. 금전으로 노하우와 시간을 사는 것이다. 문제는 얼마에 살 것인가, 매수 후의 경영을 어떻게 할 것인가이다.

④ 공동출자 판매회사의 설립

유력기업과 전략적 제휴(strategic alliances)를 하여 공동출자에 의해 판매회사를 설립하고 협력하여 마케팅을 하는 마케팅 파트너십 계약(marketing partnership agreements)이다. 상대기업이 갖고 있는 강점과 자사의 노하우를 결합함으로써 100% 출자판매회사나 기존 회사 매수에 의한 장점을 향유할 수 있지만 자사의 방침의 관철이라는 점에

표 2-2 간접수출과 직접수출의 장 · 단점

구분	간접수출	직접수출
장점	• 적은 투자자원의 투입 • 진출위험의 최소화 • 진출 가능성 테스트, 진입과 퇴출이 용이하여 유통경로상 활동의 유연성 증가	• 미래의 수익기회 획득 가능성 존재 • 현지 유통경로에 대한 강력한 통제 • 직접적 시장접촉에 따른 소비자 동향 파악 용이
단점	• 잠재적 시장접근 및 수익창출의 기회 손실 • 현지 유통경로에 대한 통제력 감소 • 간접적 시장접촉에 따른 소비자 동향 파악 미흡	• 판매조직 구축에 대한 투자금이 소요되어 초기 투자비용의 과다 지출 • 간접수출보다 해외시장에 대한 관여 및 개입도가 커 그만큼 위험에 노출 • 특히 비교적 퇴출에 대한 유연성이 낮고, 직접수출만을 고집할 경우 다양한 유통경로 구성이 곤란

서는 제휴상대와의 이해조정문제가 남아 있고 자유로운 움직임이 구속받는 것을 유의해 둘 필요가 있다.

3) 공동수출

공동수출은 수출제조기업이 시장조사나 판촉, 수송, 유통 등 해외마케팅 활동에 있어, 다른 기업과 협력계약을 체결하여 공동의 활동을 추진하는 것을 말한다. 공동수출은 일종의 유통경로를 대상으로 하는 제휴방식의 한 유형이라 할 수 있다. 상호 보완성은 공산품에 한정된 것은 아니며, 쌀, 목재, 말린 과일, 오렌지 등 농수산물 품목에서도 이미 공동수출방식은 활발하게 적용되고 있다.

공동수출을 지칭하는 용어로 피기백(piggybacking)이 있다. 보통 피기백 마케팅은 한 생산기업의 제품이나 서비스가 다른 회사의 유통조직을 통해 판매되는 것을 말한다. 피기백 방식의 수출은 수출하는 회사의 제품이 현지에 유통조직을 가진 회사의 제품라인을 완성시켜 줄 수 있는 보완적 관계가 있는 경우에 성립할 가능성이 더욱 높다.

4절 | 해외시장 진입전략 수립

1. 진입전략의 목표 및 환경의 분석

1) 진입전략의 목표 수립

해외시장에 진입하려는 기업의 전략 방침 및 중점분야가 명확하게 설정되어야 한다. 이 단계에서 진입하고자 하는 시장 및 달성목표가 구체적으로 제시되어야만 다음 단계인 내부자원의 평가와 외부환경에 대한 분석이 용이해진다. 그런데 해외시장에서 달성하고자 하는 목표를 구체적으로 설정하기 위해서는 먼저 해외시장에 대한 환경분석이 선행되어야 한다.

2) 외부환경의 분석

해외시장에 진출하려는 기업은 새로운 시장환경에 대한 정확한 정보의 수집이 요구된다. 해외시장 진입전략을 수립하기 위한 조사활동의 대부분은 새로운 시장환경에 대한 정보를 수집하는 데 투입되어야 한다. 만약 현지국의 경기전망, 시장잠재력 등 환경분석을 소홀히 하게 되면 해외시장 진입은 실패로 끝날 가능성이 높아진다.

(1) 현지국의 진입조건

이는 진입하려는 현지국에서 소유지분을 제한하거나 외국인의 시장진입을 금지하는 등 기업의 자원을 현지로 이동시키는 것과 관련되는 법률적인 조건을 의미한다. 이러한 조건에 따라 기업의 해외시장 진입전략은 수출이나 OEM(주문자상표부착생산)방식 또는 합작투자나 라이선싱 등의 구체적인 대안이 선택된다.

(2) 현지국의 거시적 환경

해외시장에 진출하려는 기업은 현지국의 경제상황 및 법률과 사회 · 문화에 대한 광범위한 정보의 수집과 분석을 필요로 한다. 특히 해외시장에 처음 진입하는 기업은 이들에 관한 조사활동이 없이는 전략을 수립할 수 없다.

(3) 현지국의 미시적 환경

해외시장에 진출하고자 하는 기업은 교역대상이 되는 특정 제품(재화와 서비스)에 대한 시장환경과 경쟁기업에 대한 분석을 선행해야 한다. 현지국의 미시적 환경에 대한 분석은 다음과 같은 현지국의 구체적 사업환경에 관한 것이다.

① 제품시장환경

현지시장에 진입하려는 기업은 먼저 이미 진입한 다른 국가의 제품 시장환경과 새로운 제품시장환경 간의 유사점과 차이점에 대해 상당한 관심을 가져야 한다. 제품시장환경의 특성을 비교하는 데 있어서 주요한 항목들은 [표 2-3]과 같다.

② 경쟁기업의 분석

사업환경평가의 핵심적 부분은 경쟁기업에 대한 분석인데, 여기에서는 현실적인 경쟁기업뿐만 아니라 잠재적인 경쟁기업에 대한 평가도 이루어져야 한다. 경쟁기업에 대한 분석은 일반적으로 경쟁기업의 시장점유율 및 수익성, 경쟁기업의 사업목표, 경쟁기업의 과거 및 현재의 전략, 경쟁기업의 강점과 약점 등의 측면에서 이루어져야 한다. 참고로 경쟁기업의 강점과 약점이 될 수 있는 항목은 [표 2-4]에 열거되어 있다.

| 표 2-3 | 제품시장의 미시적 환경

분석항목	구체적 내용
일반적 특성	제품시장규모, 산업집중도, 수입비율, 시설가동률, 제품의 안정도에 관한 법률 규제 및 기준, 기술 사양
소비자 특성	1인당 국민소득, 소득분배, 인구의 통계적 특성, 상관습, 구매 패턴, 쇼핑 패턴, 구입과정
마케팅 특성	평균가격, 가격범위, 제품 본질, 보완상품, 유통 채널, 상품의 인도기간, 광고
경쟁기업	규모, 특수한 능력, 정부와의 연관성, 부품조달원, 기술의 종류와 수준, 기업 간 협정, 고객의 충성도, 기술 도입 계약 현황

| 표 2-4 | 경쟁기업의 강점과 약점의 분석항목

항목	주요 내용	
기술혁신	• 연구개발(R&D) • 보유기술	• 신제품의 개발능력 • 특허권
제조	• 원가구조 • 원자재 조달능력 • 근로자의 작업태도 및 동기수준	• 장비 • 수직적 통합의 정도 • 생산능력
재무 (자본조달능력)	• 영업부의 조달능력 • 부채 조달능력 및 조달의사 • 모기업의 지원	• 단기순자산 • 주식발생능력 및 발행의사
경영관리	• 최고경영층의 자질 • 구성원의 충성도-이직률	• 중간관리층 및 운영체제의 우수성 • 전략적 의사결정의 우수성
마케팅	• 제품 품질 • 상표명 • 소매상과의 관계 • 판매원 • 고객의 욕구에 대한 지식	• 제품 계열의 폭 • 유통망 • 광고 및 판촉기법 • 서비스의 질
고객의 특성	• 대상 시장의 규모 및 성장성	• 고객의 충성도

출처: D. A. Aaker, *Strategic Market Management*, New York: John Wiley & Sons, 1992, p.66.

③ 목표시장의 분석

사업환경의 평가작업에는 잠재적인 목표시장을 파악하는 것도 포함된다. 만약 현지국 시장에서 특정 시장부문만을 목표로 하고자 할 경우 시장세분화작업을 통하여 세분시장을 찾아낼 수가 있다.

④ 현지시장의 성공요인

모든 산업에는 몇 가지 성공요인이 있는데, 예를 들어 어떤 산업에서는 주요한 구매업자와의 계약체결 여부가 성공요인이 될 수가 있으며, 어떤 경우에는 상품의 적기공급과 애프터서비스가 성공요인이 되기도 한다. 그런데 이러한 성공요인은 같은 산업이라고 하더라도 국가에 따라 다를 수 있다.

2. 투자국의 일반환경분석

1) 일반경제환경

투자현지국의 경제수준이나 성장잠재력, 하부구조 등을 평가하여 전체 기업들에게 미치는 거시환경요인을 분석할 수 있다.

① 국민소득, 경제성장률, 제조업의 일반수준, 경제발전 등 현재의 경제수준 관련자료

② 국토면적, 인구, 천연자원, 지정학적 위치, 교육수준 등의 장래의 성장잠재력

③ 도로, 항만, 공항, 전력, 용수시설 등 사회간접시설 현황

④ 정부의 경제개발계획, 외국인투자정책 및 개방일정 등 정부의 대외경제정책

⑤ 은행 및 보험산업, 현지금융, 외환 등 금융환경분야 등이 포함된다.

2) 산업 및 행정규제, 법률적 환경

거시환경요인분석에 이어서 필요한 것은 현지국의 산업 및 각종 규제요인과 법률적인 측면을 평가하는 것이다. 현지시장에의 진입장벽을 파악하고 현지경영에 수반되는 비용요소들을 분석하는 것이 필요하다.

① 외국인 업체 전용공단, 부동산 임대료 및 기간 등 공장입지와 관련된 요인

② 개별기업 차원에서의 주력산업 및 현지국에서의 발전단계

③ 회사설립과 공장건설 및 영업허가절차상의 용이성 및 비용

④ 건물 · 토지 등 부동산 취득의 용이성 및 비용

⑤ 특허권 등 지적소유권 취득의 용이성

⑥ 소득세 감면, 현지물품구입에 대한 세금공제, 감가상각비율의 조정 등 외국기업에 대한 세제상의 우대조치

3) 노동환경

현지국의 노조설립의무, 노임의 변화추세 등을 분석하는 것으로 현지국에서 생산판매하거나 혹은 제3국에 수출하기 위하여 제조자회사를 설립하려는 기업들은 특히 중요하게 수집 · 분석하여야 한다.

① 숙련 및 미숙련 노동자의 수급상황

② 현지국의 임금수준, 이직률 및 노동의 질

③ 노동쟁의, 파업, 노동조합 등의 노사관계

④ 노동자의 사고방식이나 문화차이에 따른 인사관리문제

4) 시장 및 경쟁환경

진출기업들의 경쟁정도나 현지국시장의 시장 및 경쟁상황을 평가함으로써 자사의 진출 가능성과 현지에서의 경쟁에 대비하기 위한 전략 수립에 도움이 될 수 있다.

① 당해 제품의 현지시장규모 및 성장 가능성

② 당해 제품의 제3국 수출 가능성

③ 당해 제품의 현지제조 후 국내반입 가능성

④ 진출대상산업의 현지경쟁상황 및 진출기업의 경쟁력

⑤ 현지 또는 외국기업과의 자본, 기술, 마케팅상의 협력 가능성

5) 정치 · 경제적 위험

정치적 환경의 변화와 경제변수의 변화는 기업운영에 커다란 영향을 미칠 수 있기 때문에 위험을 관리하기 위하여 기업은 다음과 같은 요소들을 평가하여야 한다.

① 정치제도 및 지도자의 급격한 변화 가능성

② 전쟁, 폭동, 테러 혹은 잦은 데모 가능성

③ 국내시장개방, 무역, 외국인투자 등 대외경제정책의 급격한 변경 가능성
④ 현지국민의 외국기업에 대한 적대감 정도나 특정 외국에 대한 폐쇄적인 외교정책
⑤ 물가, 환율, 물류비용 증가 등 경제적 변화

3. 해외시장의 세분화

시장을 세분화하기 위해서는 비교 가능한 자료를 수집하여 측정할 수 있는 세분시장의 규모가 상당히 커야 하며 세분시장 소비자들에게 접근 가능해야 한다. 일반적으로 사용되는 시장세분화기준은 다음과 같다.

1) 인구통계적 변수

인구통계적 변수는 소비자집단을 분류하는 객관적인 기준으로 가장 널리 이용되는데 연령, 성별, 가족구성원의 수, 소득수준, 종교, 인종, 직업 등을 세분화의 기준으로 삼는다. 예를 들면, 국제기업이 시장을 불교, 기독교, 회교, 천주교 신앙권으로 구분하거나 소득수준에 따라 1천 달러 미만, 1천~5천 달러 미만, 5천~1만 달러 미만, 1만 달러 이상으로 분류하는 것이다.

2) 문화적 변수

문화적 세분화는 각국의 문화적 특성의 유사성에 의해 시장을 분류하는 것으로, 특히 해외시장의 세분화기준으로 매우 중요하다. 즉, 문화는 소비자의 행동과 사고방식에 절대적인 영향을 미침으로써 소비자들의 의 · 식 · 주 및 기타 선호체계를 변화시키기 때문에 문화적 특성에 의해 각국 시장을 분류하는 것이 중요하다.

3) 지리적 변수

지리적 세분화는 시장을 국가나 주(도), 지역, 시, 군 등의 상이한 지리적 단위로 나누는 것이다. 예컨대, 시장을 아시아권, 유럽권, 북미권, 남미권, 아프리카권 등으로 구분하는 것이다. 이때 국제기업은 지리에 따라 기본적 욕구와 선호의 차이를 인식하여 차별적인 마케팅 활동을 전개해야 할 것이다.

4) 행동적 변수

행동세분화는 구매자들이 제품에 대해 갖고 있는 지식, 태도, 반응 등의 기준에 따라 시장을 나누는 것이다. 구체적인 행동변수로는 사용률, 사용 여부, 구매동기, 충성도, 추구하는 편익 등을 들 수 있다.

5) 제품수명주기를 이용한 시장세분화

국제기업은 마케팅 전략을 수립할 때 국제적인 추세나 패턴의 변화를 중시해야 하는데, 그중에서도 특히 시장세분화전략은 세계시장의 동태적 특성을 반드시 반영하여야 한다.

동태적인 시장특성을 고려하여 시장을 세분화하는 방법으로는 제품수명주기를 국제시장에 적용하는 방법이 많이 활용된다. 제품수명주기는 일반적으로 특정한 한 시장에서 시간경과에 따른 특정 제품의 변화추세를 분석하는 데 사용되지만, 국제기업활동에 있어서는 일정시점 혹은 일정기간 동안 여러 국가시장의 제품수명주기상의 상대적 위치를 파악하는 방법으로 활용할 수 있다.

5절 | 기업의 국제화

1. 기업의 국제화 개요

기업의 국제화란 기업이 점진적으로 경영활동을 확대하여 세계시장으로 개입을 넓혀가는 과정이라 말할 수 있다.

여기서 기업활동이 국제적으로 확대된다는 것은 여러 가지 의미를 내포하고 있다.

첫째는 기업활동의 지리적 범위(geographic scope)가 한 국가로부터 세계 여러 나라로 넓어진다는 것을 의미한다. 보통 국내시장으로부터 소수의 해외시장으로 진출한 후 이를 발판으로 전 세계시장으로 확대된다.

둘째는 세계에서 여러 가지 사업을 동시에 수행할 수 있을 정도로 사업범위(business

scope)가 넓어지게 된다는 것을 의미한다. 즉, 국제사업다각화를 말한다.

셋째는 기업이 경영기능을 세계 어느 곳이든지 가장 효율적인 국가에서 수행할 수 있도록 기능범위(functional scope)가 넓어지는 과정을 의미한다. 예를 들어, 생산, 원자재 조달, 연구개발, 재무, 인사, 마케팅 등의 활동도 세계 여러 나라에서 수행하게 된다는 것이다.

넷째는 기업이 새로운 국가, 사업 및 기능활동에 참여하는 방식이 수출, 해외직접투자, 국제계약형태, 인수합병 등으로 다양해지는 것을 의미한다.

이상의 네 가지 의미는 독립적이라기보다는 서로 상대적으로 영향을 미치고 있다.

2. 기업국제화의 요인

1) 시장요인

디지털 네트워크화로 전 세계적인 미디어의 영향으로 소비자들의 의식구조 등이 비슷하게 나아가고 있는 것이다. 그리고 해외여행의 증가로 전 세계적으로 글로벌 브랜드를 선호하는 글로벌 소비자들이 늘어가기 시작했으며 글로벌 브랜드의 시장 위력이 전 세계적으로 커지게 되었다. 이에 따라 기업들도 글로벌 광고를 늘리고 유통망을 전 세계적으로 운영하는 등 글로벌 마케팅을 적극 도입하였다.

2) 비용요인

규모의 경제를 위한 노력이 계속되어 기술혁신이 가속화되고 있다는 점을 들 수 있다. 또한 생산 면에서 저임의 노동력을 보유한 중국, 인도 및 태국, 베트남, 인도네시아 등의 신흥공업국가들이 등장하고 제품수명에 비해 제품개발비용이 급증하게 됨에 따라 비용을 줄이기 위한 생산방식의 글로벌화, 즉 글로벌 생산방식에 대한 요구가 점점 증대하게 되었다. 이와 같은 요인들이 합쳐져서 글로벌화를 촉진하고 있다.

3) 정부요인

WTO체제 아래에서 국가 간의 관세 및 비관세 무역장벽이 점점 축소되고, 지역경제공동체가 전 세계적으로 확대되고 있다. 또한 많은 국가에서 개방적 시장경제체제를 받아들여 정부의 생산자 및 소비자로서의 역할이 감소되어 경제운영에 있어서 민간기업의 역할이 점점 커지고 있다. 이 모든 요인들이 글로벌화를 정부 차원에서 촉진하고 있다.

4) 경쟁요인

외국기업에 의한 인수합병이 늘어나고 많은 국가가 점차 주요 시장으로 등장하면서 세계적 차원에서 경쟁을 시도하는 새로운 경쟁자들이 탄생하게 되었다는 점을 들 수 있다. 특히 자동차와 전자산업에서 세계유수 기업들은 이러한 글로벌 경쟁전략을 사용하고 있다. 또한 기업들 간의 글로벌 차원에서의 전략적 제휴가 늘어나고 많은 기업들이 점차 세계적 차원에서 생산기지를 결정하면서 국가 간의 상호 의존성이 심화되는 글로벌 네트워크를 구축하는 기업들이 늘어나게 되었다.

3. 기업의 국제화과정

기업의 국제화란 단순한 국내경영에서 벗어나 국내와는 상이한 환경과 조건 아래에 있는 세계시장에 대해 수출활동을 시작으로 해서 복잡하고 방대한 세계적인 경영활동에 이르기까지의 과정을 말한다.

여기서는 보편적으로 기업의 국제화단계를 다음과 같이 네 가지로 구분하여 살펴보고자 한다.

1) 국내지향기업(본국중심기업)(Ethnocentric)

기업의 입장에서 볼 때 영업을 처음 시작할 때는 충분한 국제시장에 대한 경험과 노하우(know-how)가 축적되지 못한 상태이므로 국내시장에서의 영업활동은 해외시장진출을 위한 교두보 역할을 하게 될 것이라고 생각된다. 따라서 국내지향기업은 생산시설의 가동률을 극대화하여 국내시장 점유율을 높임으로써 수익을 극대화하는 것이 정책적 목표가 된다.

2) 해외지향기업(수출기업)

기업은 자체의 존속 내지 성장을 위해서는 협소한 국내시장으로 벗어나 필연적으로 해외시장으로 진출할 수밖에 없다. 해외지향기업은 수출에 의한 해외시장 개척과 규모의 경제 달성을 통한 수익의 증대를 목표로 삼게 된다. 현재 우리나라의 기업체 중 종합무역상사 및 일반무역회사 그리고 수출업무를 직접 수행하고 있는 섬유 · 전자 등 대부분의 제조업체가 이에 해당된다고 할 수 있다.

3) 현지지향기업(글로벌 기업)(Polycentric)

기업의 수출이 아무런 장애가 없이 증대된다면 기업 입장에서는 바람직한 일일 것이다. 또한 기업이 속해 있는 모국의 입지조건이 다른 국가와 비교하여 유리하다면 이것도 제품의 경쟁력을 유지시킬 수 있는 강력한 요인이 된다.

기업은 무역규제를 피하기 위해 또는 유리한 입지조건을 이용하기 위해 현지국에 직접 생산시설을 투자하게 되는데, 이러한 기업들이 바로 국제화된 기업들이라고 할 수 있다.

4) 세계지향기업(세계기업)(Geocentric)

한 국가가 자국의 자원만을 가지고 독자적인 경제활동을 계속하기는 어렵기 때문에 장기적으로 볼 때 전 세계시장은 통합되고 글로벌화되면서 무역자유화운동에 따라 무역장벽이 낮춰질 것이며, 전자상거래의 증가와 운송수단의 급속한 발달로 인해 제품가격에서 차지하는 수송비의 비중은 적어질 것이다. 이때 기업의 형태 또한 제품을 세계에서 가장 저렴한 원가구조를 가진 국가에서 생산하여 이를 전 세계시장을 대상으로 판매하는 전략을 수행하는 기업으로 바뀌게 된다.

이러한 기업이 바로 세계지향기업 또는 세계기업인 것이다. 결국 세계기업은 다각적 생산 · 판매의 네트워크(network)를 통한 경영의 적정화를 목표로 한다고 할 수 있다.

4. 기업의 국제화 동기[4]

1) 방어적 전략으로서의 국제화 동기

① 관세장벽이나 수입규제, 독점금지 또는 무역협정 등과 같은 각종 규제조치로부터 기업을 보호하고자 하는 경우
② 해외시장에서의 민족주의의 고조 등으로 인해 현지생산을 종용받는 경우
③ 수송비가 과다하게 소요되거나 수송 자체가 어려운 제품인 경우
④ 대리인이나 라이선싱 제휴자와의 관계가 어려워져서 자기 기업이 직접 개입해야 할 필요가 있는 경우
⑤ 해외시장에서 애프터서비스를 제공하는 데 어려움이 있거나 기타 기술적인 어려움에 봉착하는 경우
⑥ 특허권을 보호하고자 하는 경우
⑦ 원자재 및 부품조달의 어려움을 극복하고자 하는 경우
⑧ 경쟁업체나 공급업체 또는 고객의 국제화에 대응하고자 하는 경우
⑨ 경기변동의 위험 등 기업의 제반위험을 지역분산화와 제품다각화로 회피하고자 하는 경우

2) 공격적 전략으로서의 국제화 동기

① 자본이나 설비, 인적자원 및 노하우 등을 보다 적극적으로 활용하여 기업의 수익을 증대시키고자 하는 경우
② 범세계적인 시장전략 및 계획을 수립하여 추진함으로써 자원 및 시장에 대한 각종 기회를 보다 적극적으로 활용하고자 하는 경우
③ 외국의 새로운 기술과 노하우를 습득하고자 하는 경우
④ 국내시장에서는 더 이상 확장 가능성이 희박하여 기업의 성장을 위해 국제화전략을 택하는 경우

---

4 M. Z. Brooke and L. H. Remmers, *The Strategy of Multinational Enterprise* (London: Longman Group Ltd., 1970), pp.227-229.

3) 기타의 국제화 동기

기업들은 국내의 유휴시설을 활용하기 위한 동기에서 국제화를 추진하는 경우가 있다. 예를 들어, 규모의 경제효과가 큰 산업에서 경쟁력을 확보하기 위하여 대규모 설비투자를 했을 경우 좁은 국내시장 때문에 기업들은 국제화 없이는 유휴시설문제를 해결할 수 없다.

① 해외투자에 대한 유리한 환경조성이나 조세 및 금융상의 혜택 등 각국 정부가 제공하는 유리한 정책을 활용하고자 하는 경우
② 다른 기업의 해외진출에 자극을 받는 경우
③ 기업 내부에서의 국제화하고자 하는 강력한 욕구가 작용하는 경우

4) 진출요인별 국제화의 동기

(1) 기존시장 유지 및 신시장 개척

기업들은 기존시장을 유지하거나 새로운 시장을 개척하기 위해 국제화를 추진하게 된다. 자국 내 시장에서 해외시장으로의 확대를 꾀하는 시장확대전략에는 방어적 시장추구와 공격적 시장추구의 두 가지 형태로 나눌 수 있다.

방어적 형태란 기존 수출대상국의 무역규제 때문에 기업이 그 수출시장을 상실할 위험이 있을 경우 그 국가에서 생산하여 직접 판매하는 경우 또는 우회생산 및 수출을 목적으로 제3국이 직접 투자하는 경우 등이 해당된다. 이에 비해 공격적 형태란 잠재시장 규모가 큰 새로운 시장을 확보할 목적으로 적극적으로 진출하는 방법을 말한다.

(2) 원가절감

생산요소가격이 상대적으로 저렴한 지역이나 국가에 진출하여 생산함으로써 생산효율성을 추구하려는 동기에서 해외에 직접 투자하는 기업들이 있다. 이를 생산효율성 추구형 직접투자라 한다. 생산 효율성을 추구하기 위한 투자형태로는 가격경쟁력을 확보하기 위하여 임금이 싼 지역에 진출하는 것을 들 수 있으며, 또한 해외시장의 수요량까지 감안한 기업의 생산량 증가는 기업의 경제와 원자재의 대량구매 및 대량수송 등으로 인한 원가절감을 가져온다. 그리고 수송비가 많이 드는 제품일 경우 현지에서의 생산을 통한 수송비의 절감효과를 위해 해외에 진출하는 경우도 있다.

(3) 자원개발

해외의 풍부하고 저렴한 자원을 개발해 수입하기 위해서 국제화를 추진할 수 있다. 특히 이러한 동기는 주로 천연자원이 부족한 국가들이 광업, 어업, 임업 등의 분야에서 자원개발을 통한 원재료의 안정적 확보를 추구하게 된다. 이러한 전략적 동기에서 해외에 직접 투자하는 기업들을 자원추구형 기업(resource seekers)이라 부른다.

(4) 첨단기술 및 지식습득

고도의 첨단기술이나 선진경영기법을 습득하기 위해 현지국에서 직접 사업활동을 영위하거나 합작투자를 통한 국제화를 추구할 수 있다. 예를 들어, 반도체기술을 습득하기 위해 미국의 실리콘밸리에 직접 투자하는 경우 등이다.

(5) 경쟁기업에 대한 견제

경쟁기업체에 대한 견제의 목적으로 국제화를 추진할 수 있다. 예를 들어, 어느 기업이 해외에 진출할 경우에 함께 따라 나가는 선도기업 추종형(follow the leader)의 직접 투자가 있다. 또한 선점적 지위를 누리기 위해 어느 국가에 다른 기업이 진입하기 전에 우선적으로 진출하는 방법을 택할 수 있다. 그리고 경쟁자를 견제하기 위한 방편으로 그들의 본국시장에 진입하는 경우도 있다.

3장

국제협상과 무역매매계약

3장 국제협상과 무역매매계약

1절 | 국제협상 일반론

협상(negotiation)은 자신이 협상상대로부터 무엇을 얻고자 하거나 상대가 자신으로부터 무엇을 얻고자 할 때 발생하는 상호작용적인 의사소통과정이다(A negotiation is an interactive communication process that may take place whenever we want something from someone else or another person wants something from us).[1] 또한 Moran, R. & Harris, P.(1999)[2]는 "협상은 상호 이익이 되는 합의에 도달하기 위해 둘 또는 그 이상의 당사자가 서로 상호작용을 하여 갈등과 의견의 차이를 축소 또는 해소시키는 과정이다"라고 정의하고 있다(안세영, 2006).[3]

여기에서 국가협상이란 국제거래에서 교환하고자 하는 것들을 서로가 만족할 만한 수준에 도달할 수 있도록 양측이 조정해 나가는 과정이라고 할 수 있다. 상호 의존성이 증가하는 세계경제 속에서 국제협상은 문화와 전통을 달리하는 국가들 간에 일어나는 가치를 부여하고 교환하는 과정이다.

---

1 Shell, G. R.(1999), *Bargaining for Advantage: Negotiation Strategies for Reasonable People*, Viking, p.6.

2 Moran, R. & Harris, P.(1999), *Managing Cultural Differences: Leadership Strategies for A New World of Business*, Gulf Professional Publishing, Houston, p.54.

3 안세영(2006), 글로벌 협상전략, 제3판, 박영사, p.12 재인용.

1. 국제협상의 의의

국제협상에서는 서로 다른 문화적 배경의 사람들이 서로 다른 생각, 감정, 행동 등을 가지고 만나기 때문에 문화적 배경에 대한 이해가 매우 중요하다. 국제협상은 해외시장을 진출하기 위해 기업은 "공동의 이익교환이나 실천에서 이해충돌이 있을 경우 의견일치를 목적으로 분명하게 자신의 의사를 개진하는 과정"으로 정의되고 있다.

국제협상을 이해하고 공부하기 위해서는 몇 가지 기본가정들을 이해해야 한다.

첫째, 서로 다른 문화적 배경의 국제협상을 이해하고 그 과정을 관리할 수 있다는 가정이다.

둘째, 다른 사람의 경험을 통해 협상기술, 유형, 형태, 방법 등을 배울 수 있다는 것이다.

셋째, 개인의 성격에 따라 좀더 유능한 협상인이 될 수 있다.

국제협상가는 협상상대국의 정치, 경제, 문화, 사회적 배경을 충분히 이해하고 개인적인 유대관계에 신경을 써야 하며 좋은 결과를 낳기 위해서는 다음과 같은 실수를 피해야 한다.

① 자기 자신만이 합리적이고 과학적이라고 생각하지 말 것

② 상대방이 준비가 안 되었을 때 너무 몰아세우지 말고 좀더 적절한 시기를 선택할 것

③ 자신만의 개인적 이해관계를 떠날 것

④ 정치적, 문화적으로 매우 미묘한 문제를 피할 것

⑤ 상대방의 협상계획을 존중할 것

⑥ 혼동되는 전문어는 피할 것

⑦ 조직의 위계를 뛰어넘지 말 것

2. 국제협상의 특징

협상은 국내협상이든 국제협상이든 그 특징은 차이 없이 적용될 수 있다. 레위키 등(Lewicki et al., 1997)[4]에 의해 정의된 네 가지 특징을 살펴보면 다음과 같다.

---

4 Lewicki, R. J., Saunders, D. M. & Minton, J. W.(1997), *Essentials of Negotiation*, Chicago, Irwin, pp.4-5.

1) 상호 의존관계에 있는 둘 또는 그 이상의 당사자

당사자는 개인이거나 기업, 정부, 국제기구일 수 있다. 이 같은 당사자가 협상을 한다는 것은 상호 의존적 관계가 있다는 것을 의미한다. 협상자 간의 상호 의존성이 어떠하냐에 따라 협상자 간의 관계전략이 달라진다. 예를 들면, 한국 정부와 칠레 정부 간에 통상협상을 하더라도 상호 의존성은 그리 크지 않은 반면, 한미 간 통상협상을 할 때는 상호 의존성이 매우 크다고 할 수 있다.

2) 보다 나은 성과를 기대한 자발적 행위

당사자가 서로 협상테이블에 앉았다는 것은 현상태보다 나은 성과를 얻기 위한 자발적 행위이다. 예를 들면, 아무리 가격차이가 크더라도 외국 바이어와 협상이 이루어진다면 이는 서로 간에 보다 나은 성과를 얻기 위한 자발적 행위이다.

3) 협상자 간의 상호작용(Interactive Behaviour)

협상은 상대방과 밀고 당기는 쌍방적 행위이다. 이는 협상전략을 잘 수립하더라도 상대방의 입장, 협상경험, 협상목적, 대응전략 등에 따라 전혀 다른 결과가 나올 수 있다. 협상의 이 같은 상호작용 때문에 기업이나 국가의 다른 행위와 비교해 협상의 결과에 대한 성과를 예측하기 어렵다.

4) 갈등해소과정(Conflict Resolution)

협상이란 이해당사자 간의 갈등을 해소하는 과정이라고 볼 수도 있다. 협상의 특징은 문화적 차이가 큰 외국과의 국제협상에서 두드러진다. 해외에 공장을 세워 생산활동을 할 때 현지노동자나 현지 정부와 문화적 차이 때문에 많은 갈등과 마찰이 발생한다. 이 같은 문화적 갈등 해소를 위한 협상은 글로벌 기업의 중요한 일 중의 하나이다.

3. 국제협상의 종류

국제협상은 다른 국가 또는 다른 문화권에 속한 협상자 간의 협상이라고 정의할 수 있다. 학자에 따라서는 국가와 문화권의 개념을 구분해서 국제협상을 다루기도 한다. 왜냐하면 한 나라에도 여러 개의 문화권이 존재할 수 있기 때문이다. 따라서 국제협상은 크게 세 가지로 대별할 수 있다.

1) 국제정치관계협상

국제정치관계협상은 미소핵감축협상, 중동협상, 남북핵문제협상과 같이 국제정치, 군사, 외교상의 협상이슈를 국가 간 또는 국제기구 간에 협상하는 것이다.

2) 국제통상협상

국제통상협상은 국가 간 FTA협상, WTO협상, 지구온난화협상 등과 같이 협상당사자가 모두 정보 또는 국제기구인 경우를 말한다.

3) 국제경영협상

국제경영협상은 한쪽 당사자만 국제기업이면 상대가 누구인가를 가리지 않는다. 상대가 외국기업이나 해외투자기업의 외국인 근로자일 수도 있고 외국 정부나 국제기구일 수도 있다. 예를 들어, 베트남에 투자한 한국기업이 현지노조와 임금협상을 한다거나 조세감면을 받기 위해 베트남 정부와 협상하는 것 등이 모두 국제협상의 범주에 속한다.

4. 협상의 유형

협상 유형은 당사자에게 귀속되는 손익을 기준으로 분배적(distributive) 협상과 결합적(integrative) 협상으로 구분된다(Lewicki, Saunders & Minton, 1999).[5]

1) 분배적 협상

분배적 협상은 승자와 패자가 분명한 매우 투쟁적인 방향의 협상으로 어느 한쪽이 큰

5 Lewicki, R. J., Saunders, D. M. & Minton, J. W.(1999), *Negotiation: Readings, Cases, and Exercises* (3rd ed.), New York: McGraw-Hill.

피해를 감수해야 한다. 분배적 협상은 당사자들에게 귀착되는 이익의 크기가 고정되어 있는 상황에서 분쟁의 당사자가 이익을 나누어 가지려 하며, 하나의 당사자가 이익을 얻고 상대방은 손해를 보는 승리-패배(win-lose)모형이다.

협상행태와 이익배분 측면을 보면 분배적 협상은 양 당사자가 정해진 이익을 "누가 많이 갖느냐" 식의 피자 나누기(pizza-cutting)형태로서 상대가 많이 얻으면 그만큼 자신의 이익은 적어진다. 정보의 흐름과 관련 분배적 입장은 가능한 한 자신의 정보를 적게 노출시키면서 상대방의 정보를 수단과 방법을 가리지 않고 수집하고자 한다. 상대에 대한 배려 측면은 분배적 협상은 자기 이익과 주장에만 집착, 상대에게 관철시키고자 하며, 협상전략은 분배적 관점은 이익을 최우선시하여 허위, 거짓정보 유포, 위협, 지연 등 기만술책을 마다하지 않는다.

2) 결합적 협상

결합적 협상은 당사자들이 자신의 일방적 이익을 극대화하고자 한다. 또한 결합적 협상은 상호 공조를 바탕으로 상호 간 이익을 극대화하고자 한다(Fisher & Ury, 1981). 결합적 협상은 협상이익은 정해진 것이 아니고 서로 협조하고 더 큰 피자를 만들면(lager pizza-cooking) 그만큼 자신들의 몫을 키울 수 있는 윈-윈(win-win) 게임으로 인식한다. 또한 결합적 협상은 원활한 정보의 흐름이 서로에게 윈-윈 게임을 도출하는 밑거름이 된다고 보아 자신의 정보를 공개한다. 결합적 협상은 상대의 요구가 무엇인지, 상대의 입장은 어떤 것인지에 대한 배려를 강구하며, 결합적 협상은 신뢰를 바탕으로 전략적 제휴, 합작투자 등 서로의 강점을 찾고자 한다.[6]

5. 협상의 5대 요소

협상자는 다양한 협상전략을 통해 초기의 협상포지션에서 시작해 가능한 협상목표에 가까운 최대한의 협상성과를 얻기 바란다. 협상성과와 협상의 5대 요소 간에는 다음과 같은 관계가 있다.

① **협상목표 설정(goal setting)**: 협상목표를 높게 설정할수록 높은 협상성과를 얻을 수

6 이종수 · 권찬호(2011), "국가간 협상문화 특성과 사례분석", 공공정책과 국정관리, 5(2), pp.111-134.

있다.

② **협상력(bargaining power)**: 협상력이 강하면 높은 협상성과를 얻을 수 있다.

③ **관계(relationship)**: 협상상대와의 관계가 좋으면 보다 나은 성과를 얻을 수 있다.

④ **배트나(BATNA: Best Alternative To Negotiated Agreement, 대안)**: 협상에 실패하더라도 의존할 수 있는 대안(BATNA)이 있으면 보다 나은 성과를 얻을 수 있다.

⑤ **정보**: 상대보다 많고 유리한 정보를 가지고 있으면 보다 나은 협상성과를 얻을 수 있다.

1) 협상의 제1요소: 협상목표 설정

협상성과에 가장 큰 영향을 미치는 것이 목표설정이다. 쉘(Shell, 1999)은 "협상에서 얻고자 하는 목표를 분명히 하지 않으면 협상자는 협상테이블에서 언제 상대에게 '예' 또는 '아니오'라고 할지를 모른다"라고 강조한다. 명확한 협상목표를 설정하고 이를 얻기 위해 노력할수록 보다 많은 협상성과를 얻을 수 있다.

2) 협상의 제2요소: 협상력

협상력은 힘(power) 또는 지렛대(leverage)라고 표현되기도 한다. 이는 "협상테이블에서 자신이 원하는 것을 얻어낼 수 있는 능력(ability to bring about outcomes which negotiators desire)" 또는 "협상에서 자신이 원하는 조건으로 합의를 얻어낼 수 있는 힘(power to obtain an agreement on your own terms)"이라고 한다.

쉽게 말하면 협상력이란 협상목표를 달성할 가능성을 높이는 다음과 같은 여러 가지 수단을 말한다.

① 상대에게 압력을 가하거나 위협을 할 수 있는 힘

② 상대가 협상상황이나 협상목표를 자신과 같게 보도록 하는 힘

③ 협상테이블에서 상대를 통제하는 힘

④ 협상상대의 마음을 바꾸도록 하는 힘

3) 협상의 제3요소: 관계

(1) 협상자 간 관계의 유형

협상자 간 관계는 호혜적 관계－거래적 관계－적대적 관계의 세 가지 유형이 있다.

① 호혜적 관계란 서로 협상을 통해 상호 이익을 얻을 수 있다고 생각하는 윈-윈적 상황이다. 이 경우 협상자간의 신뢰, 존경, 공감대 등이 형성되며, 일반적으로 이 같은 관계는 장기간 지속된다.

② 거래적 관계는 일과성 관계를 말하며, 이 경우 상인과 관광객은 신뢰나 신의보다는 당장의 협상이익에 집착하여 그들의 관계는 한번에 끝난다고 생각한다.

③ 적대적 관계는 말 그대로 협상자가 서로를 적이나 적대자로 보는 관계이다.

개인적 관계－업무적 관계로서의 유형은 개인적 관계는 개인적 요소에 의해 형성되는 관계를 말하며, 업무적 관계는 협상자가 오랜기간 동안 같이 일을 하면서 형성된 관계를 말한다.

(2) 관계의 5대 구성요소

협상자 간에 깊은 관계가 형성되면 높은 협상성과를 기대할 수 있는데, 관계는 다음에 나타나는 5대 요소에 의해 영향을 받는다(Lewicki, R. J., Hiam, A. & Olander, K. W., 1996).[7]

① 신뢰로서 협상자 간의 신뢰수준이 높으면 좋은 관계가 형성되고 협상테이블에서 서로 협조하려 한다.

② 공통점으로서 협상자 간에 취미, 가치체계 등에서 공통점이 많으면 관계형성이 쉽다.

③ 존경으로서 상대를 존경하면 관계형성이 쉬우며, 상대의 입장을 잘 이해해 주고 잘 대해 주려는 경향이 강하다.

④ 상호 관심으로서 협상자가 상대로부터 정보를 얻기를 원한다거나 상품구입을 절실히 원한다든가 하여 서로 간에 관심이 많으면 관계가 쉽게 형성된다.

⑤ 호의적 감정으로서 상대에 대해 호의적 감정을 가지면 관계형성이 쉽게 될 수 있다.

---

7 Lewicki, R. J., Hiam, A. & Olander, K. W.(1996), *Think Before You Speak: Complete Guide to Strategic Negotiation*, New York, John Wiley & Sons, Inc., pp.49-50.

(3) 관계에 대한 동서양 협상문화

관계에 대한 동양 협상문화와 서양 협상문화의 차이에 의존한다. 동양 협상자는 관계지향협성을 하는 경향이 있는 반면, 서양 협상자는 그렇지 않다. 동양 협상문화권에서는 관계 형성이 협상과정에서 큰 비중을 차지하며, 협상성과에 큰 영향을 미친다. 반면 미국은 관계보다는 정보나 사실을 중시하는 협상문화이다.

4) 협상의 제4요소: BATNA

좋은 배트나(BATNA, 대안)를 가지면 가질수록 강한 협상력을 가지고 좋은 협상성과를 얻을 수 있다. BATNA는 협상자가 합의에 도달하지 못할 경우 택할 수 있는 다른 좋은 대안을 말한다.

5) 협상의 제5요소: 정보

어떤 의미에서 협상과정은 일종의 정보수집과 정보교환의 연속이라고 해도 과언이 아니다. 정확한 정보를 바탕으로 협상테이블에서 상대에게 효율적인 요구를 할 수 있다. 일반적으로 전 협상과정을 통하여 수집해야 할 기본정보는 다음과 같다.

① 상대의 협상목적
② 상대의 약점과 강점
③ 상대의 협상전략과 BATNA
④ 상대의 내부 이해관계자 간의 갈등(내부협상전략)
⑤ 상대의 시간제약
⑥ 상대 협상대표의 개인적 정보

정보의 3원칙은 다음과 같다.

① 정보의 양으로서 다양한 방법과 수단을 통해 가능한 한 많은 정보를 수집하는 것이 필요하다. 이때 과거의 유사한 협상사례, 협상상대의 과거 협상사례를 수집하는 것도 중요하다.
② 정보의 질로서 잘못되거나 정확하지 않은 정보는 오히려 협상에 방해가 될 수 있다.
③ 정보의 교환으로서 정보의 흐름은 양방향이다. 즉, 자신의 정보를 주어야 상대도 정보를 제공한다.

6. 국제협상의 절차

1) 국제협상 준비단계와 고려사항

(1) 준비단계

협상 전에 협상당사자의 입장을 알기 위하여 다음과 같은 점에 유의해서 계획을 수립해야 한다. 즉, 협상당사자인 우리와 상대방이 협상에 임하는 이유, 그리고 협상당사자인 우리와 상대방이 본협상에서 달성하려는 목표에 유의하여 계획을 세워야 한다.

또한 협상형태가 '제로 섬 게임'(어느 한쪽이 이득을 보면 상대방은 손해를 보는 경우)인지 '포지티브 섬 게임'(양 당사자 모두 이득을 볼 수도 있는 경우)인지 검토하여 공통되는 이익과 상반되는 이익의 경중을 비교하여 주된 협상형태가 무엇인지를 판단한다.

(2) 협상계획 준비 시 고려해야 할 사항

협상에 임하기 전에 정보수집을 철저히 하는 것이 협상을 유리하게 이끌 수 있는 조건이 된다는 것을 인식해야 한다. 협상 전에 계획을 수립할 때 고려해야 될 중요한 항목들은 다음과 같다.

① 목적을 달성하기 위해서 우리가 제안해야 되는 것은 무엇인가를 확인하기 위하여 우리의 기본적 목적은 무엇인가, 그 목적을 달성하기 위한 이상적인 대응은 무엇인가, 재정적 문제점은 무엇인가, 결정과정의 대안점은 무엇인가(유연성의 문제), 우리와 경쟁하는 사람은 누구인가 등을 살펴봐야 한다.

② 이러한 것들을 달성하기 위하여, 즉 우리가 무엇을 어떻게 해야 할 것인가를 확인하기 위하여 토론을 누가 이끄는가, 누가 행정을 검토하는가(사실 입증), 우리가 요구해야 할 질문은 무엇인가, 우리가 가지고 있는 힘은 무엇인가, 다른 당사자가 가지고 있는 힘은 무엇인가, 누가 긴장을 줄이고 사람들에게 호의를 보이는가, 열망의 현재수준은 무엇이며 요구되어야 할 수준은 무엇인가, 우리가 사용해야 할 협상형태 · 전략 · 수단은 무엇인가 등을 살펴봐야 한다.

③ 실패할 경우에 대비하여 우리는 재협상할 것인가, 어떤 희생과 이득이 중요한가, 우리가 이용해야 할 새로운 전략은 무엇인가 등을 살펴봐야 한다.

2) 협상상황분석

협상상황분석에서 고려해야 할 사항을 단계별로 살펴보면 다음과 같다.

(1) 협상의 사전단계

① 사전협상이 얼마나 오래 될 것인지를 살펴본다. 특히 협상하기 위한 의사결정에 있어서 장애요인과 최종적으로 결정할 것은 무엇인가를 살펴본다.

② 내·외부적으로 영향력이 작용하는지를 살펴본다. 협상속도를 늦추거나 빠르게 하고, 제3자의 간접적인 개입 정도를 파악한다.

③ 협상당사자들은 문제해결방안과 문제의 정의에 대해 어느 정도로 의견일치를 보고 있는지 파악한다.

④ 자신의 역할을 어떻게 규정하고 있으며, 상대방은 이에 대해서 어떻게 인식하고 있는지 파악한다.

(2) 본격적인 협상준비단계

① 협상하기로 일단 결정이 났다면, 실제 협상에 들어가기 전에 다른 부서로부터 제시되는 다른 결정사항이 무엇인지 살펴봐야 한다.

② 실제 협상을 위한 위임사항에 어떤 과정을 거쳐 합의에 도달했으며 협상의 목적이 정확하게 이해되었는지를 점검한다.

③ 협상 장소와 시기는 어떻게 결정하였는지 살펴본다.

④ 중재자가 필요한지 점검한다.

⑤ 특정 스태프의 도움이 어느 정도 필요한지 살펴본다.

⑥ 국제조직, 비정부조직, 기타 법인체가 개입되어 있는지를 파악한다.

⑦ 지금 진행 중인 협상이 대규모 협상과정 중 일부인지 여부와 매끄러운 진행을 위해 필수적인 요건이 무엇인지 파악한다.

⑧ 대중매체가 알고 있는 협상준비과정은 어디까지인지 파악한다.

⑨ 협상을 위해 각 당사자의 조직은 어떻게 준비하고 있는지 점검한다.

⑩ 언어장벽을 극복할 수단이 마련되어 있는지 확인한다.

⑪ 예비단계 동안 비공식적인 접촉으로 어떠한 것이 있었는지 점검한다.

(3) 실제 협상

① 실제로 누가 참석했는가, 예상치 못한 참석자가 있는가, 협상주도는 누가 하는가, 참가자 각자의 역할은 무엇인가에 대해서 살펴본다.
② 협상의 공개성 여부를 미리 파악한다.
③ 일정표가 있는가, 일정표가 있다면 문제를 어떻게 다룰 것인지 점검한다.
④ 비공식적 조직이 있다면 그것은 내부적으로 어떻게 연결되어 있는지 확인한다.
⑤ 협상진행 중의 분위기를 살펴본다.
⑥ 어떠한 협상전략이 사용되었는지 확인한다.
⑦ 협상에서 상호 양보가 이루어지고 있는지 점검한다.
⑧ 두 그룹 사이에 사용되는 통신수단이 무엇인지 점검한다.
⑨ 각 협상당사자는 그들의 처음 입장을 변경시킬 수 있는지 조사한다.
⑩ 기간 내에 협상이 이루어질 수 있는지 미리 예측한다.
⑪ 무슨 전략을 사용하여 결론에 도달할 것인지 대안을 점검한다.
⑫ 협상이 이루어지지 않았다면 그 이유가 무엇인지 조사한다.
⑬ 협상결과에 대한 매체의 역할이 무엇인지 검토한다.

(4) 협상 후

① 최고경영자가 협상결과를 이해하고 동의했는지 점검한다.
② 제시된 것 중 얼마나 많은 것이 협상에서 이루어졌는지 살펴본다.
③ 협상이 결렬되었다면, 이유를 분석하기 위해 재설명을 시도했는지 검토한다.
④ 제3자가 협상에 끼친 영향이 무엇인지 살펴본다.
⑤ 협상결과에 대해 반대하는 계층의 불만을 조사한다.
⑥ 협상결과를 실제 행동으로 옮기는 데 어떤 문제가 있는지 조사한다.
⑦ 협상에서 해결되지 않은 문제가 무엇인지 조사한다.

위의 각 단계별 검토사항은 전체 협상기간 중에 최고경영자나 스태프들이 반드시 고려해야 한다.

7. 성공적인 국제협상

1) 국제협상기술

유능한 협상가는 사람을 다루는 방법을 알고 있으며 이를 상황에 맞추어 적용할 줄도 안다. 협상기술은 독자적이면서 협동적이고, 실증적이면서 공상적이고, 통제받으면서 자유롭게 표현되기도 한다. 이와 같은 양면성을 가지기 때문에 협상기술은 무한하고 다양하다. 협상에 능숙하다는 것은 협상기술을 적절하게 잘 활용할 수 있다는 것을 의미한다. 협상기술을 향상시키기 위해서 다음과 같은 사실을 명심해야 한다.

① 적절히 자기의 강한 의도를 표현하라.
② 강한 의도를 나타내는 중에도 이성을 잃지 말라.
③ 상대방과의 관계를 손상시키지 않는 범위 내에서 단호히 이야기하라.
④ 협상내용에 손상을 주지 말고 관계를 개선시켜라.
⑤ 잘 듣게 하기 위해서는 명확하게 이야기하라.
⑥ 듣는 것과 질문하는 것을 효과적으로 하라.
⑦ 협상에서 해결되지 않은 문제가 남아 있는지 점검하라.

협상기술에 대한 정확한 인식은 실제 협상에 임했을 때, 상대방의 반응을 정확히 파악할 수 있고, 우리 측의 의견을 정확하게 전달할 수 있어야 하기 때문에 이론과 실제에 대한 연습이 필요하다. 협상에서 익혀야 할 기술에 대해 언급해 보면 다음과 같다.

① 의견충돌(가치관, 실제문제)의 성격을 파악하는 능력이 필요하다.
② 정면충돌을 함으로써 발생되는 효과에 대해 이해한다.
③ 상대방의 관점을 듣는 능력이 필요하다.
④ 의견일치를 가져오는 문제해결과정 활용능력이 필요하다.
⑤ 제기되는 문제, 위치를 명확히 한다.
⑥ 가능한 해결책을 평가한다.
⑦ 함께 결정하고 문제해결에 힘을 쓴다.
⑧ 계획을 실행한다.
⑨ 실제 해결책을 평가한다.

협상기술은 방법론적인 측면과 협상 유형 측면에서 고려될 수 있다. 먼저 방법론적인 측면에서 본 협상기술은 크게 관례적인 것과 비관례적인 것으로 나눌 수 있다. 협상 유형 측면에서 보면, 크게 타협 · 종합 · 시너지에 기반을 둔 협상으로 구분할 수 있다. 타협은 누가 무엇인가를 양보해야 하는 협상이고, 종합은 모든 의견을 수렴하는 방식의 협상이며 시너지는 창조적 아이디어를 중요시하는 효과적인 협상을 말한다.

2) 국제협상의 전략 및 전술

(1) 협상전략

협상전략의 유형은 다음과 같다.

① **욕구충족전략**

협상가는 양보를 통해 상대방의 만족수준을 높일 수 있다. 협상가가 이루어야 할 만족수준을 높이려고 할 때 교섭이 힘들어진다. 적은 양보가 행해졌을 때 상대방의 만족수준은 낮아지고, 협상가는 그만큼 강경한 입장을 취할 수 없게 된다.

② **호혜전략**

협상상황에 따라서 호혜의 정도를 결정해야 한다. 욕구충족전략과 같이 협상가가 판단하기를 양보에 대한 보상이 올 것이라고 예상하면 양보를 하게 된다.

③ **강화전략**

상대방의 양보에 따라 협상가의 양보 정도를 결정한다. 즉, 상대방이 양보를 할 때마다 협상가도 그만큼 양보를 하게 된다. 협상가가 먼저 양보를 하는 것이 아니라 상대방이 하는 정도에 따라서 하게 된다. 하지만 양보의 정도가 똑같게 되리라는 보장이 없다.

④ **긴장을 점진적으로 감소시키는 전략**

협상가의 양보는 협상이 진행되면서 변경된다. 이는 긴장을 감소시키기 위한 제안자의 의도를 강조하는 방향으로 고안되고 토론되어야 한다. 발생장소 · 시간을 공식적으로 발표해야 하며, 제안이 상대방에게 도움이 될 수 있도록 제안자의 능력을 손상시키지 않아야 한다.

(2) 협상전술

협상전술은 협상에서 만족한 결과를 얻기 위해 사용하는 협상의 방법이다. 협상전술은 크게 비이성적 전술과 이성적 전술로 나눌 수 있다.

① 비이성적 전술

비이성적 전술은 자신들에게 협상수단이 될 수 있는 것을 손상시킴으로써 상대방이 협상하지 않을 수 없게 만드는 것이다.

② 이성적 진술

이성적 전술은 합리적인 사고를 바탕으로 하며 크게 토론전술, 교섭전술로 나누어진다. 토론전술은 양측에서 받아들일 수 있는 협정을 체결하기 위해 제안 · 토론 · 설명 · 번역 등에 당사자 쌍방이 참가하는 것이다. 토론전술에는 협상과제에 대한 해결권을 가지고 있는 사람을 협상초기에 협상가가 요구하는 구조적 토론, 상대방이 당면한 문제를 정확히 파악할 수 있는 문제해결을 위한 토론, 상대방의 입장을 난처하게 만드는 경쟁적 토론 등이 있다.

교섭전술은 상대방을 직접적으로 움직이게 하거나 의도대로 상대방을 유도하기 위해 사용된다. 교섭전술에는 위협전술, 강압전술을 바탕으로 하는 공격적인 교섭전술과 타협전술, 보상전술을 근간으로 하는 비공격적인 교섭전술 그리고 상대방에게 강자 · 약자 · 중립의 입장을 표현하는 상황교섭전술 등이 있다.

그림 3-1 협상전술

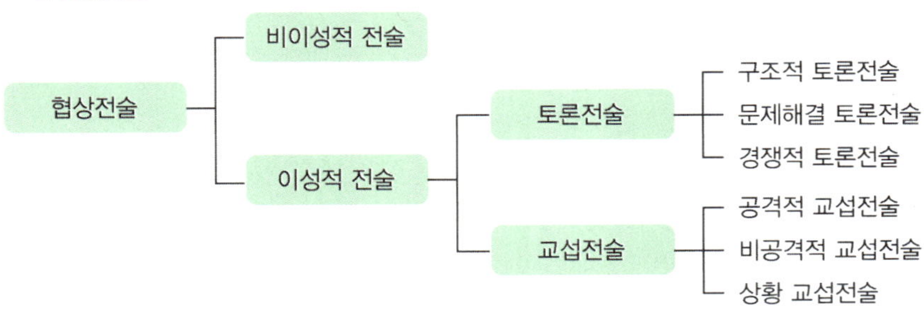

3) 협상 시 주의사항

국제협상의 전략과 전술은 협상상황에 맞추어 적절하게 활용되어야 한다. 특히 유의해야 할 점은 협상 시 수단과 방법을 가리지 않는 비도덕적 · 비윤리적 방법들은 사용을 자제하고 정도(正道)를 걸어야 한다는 사실이다. 또 협상 시 자기는 보통 어떠한 방법을 가장 많이 사용하는가를 점검해 봄으로써 자기 협상스타일의 문제점을 파악하고 개선할 수 있다.

8. 국제협상의 주요 이슈

1) 국제협상과 문화

(1) 국제협상과 문화 그리고 심리학

국가 간의 협상은 협상당사자의 목표의식, 사고과정, 의사결정 등에 있어서 국내협상보다 훨씬 복잡할 뿐만 아니라 협상과정에서 고려해야 할 상황 역시 상식의 수준을 벗어나기도 하는데, 이의 대부분은 상이한 문화적 요인에 기인한 것이다.

문화적 요인이란 실제로 쉽게 인식되고 한정되지 않는 매우 모호한 개념이다. 상이한 문화를 가진 사람들과의 협상에서는 동작이나 비언어적 행동, 예의, 권위 및 지위에 대한 태도 등 사소한 일들에 대한 인식차이로 오해를 불러일으키거나, 심리적 불편을 주고 의사소통이 어려워지게 되는 경우가 비일비재하기 때문이다.

심리적인 상호작용은 개인 간에도 차이가 있지만, 개인이 몸담고 있는 조직과 국가의 문화차이에 따라서도 크게 달라진다. 따라서 서로 다른 문화를 가진 협상가의 문화적 배경과 상대방과의 문화적 차이에 대한 사회심리학적 연구가 필요하다.

(2) 국제협상에서의 고려요인

① 협상당사자의 상황

상이한 문화로 인해 협상당사자가 지니는 협상에 대한 인식, 태도, 접근과 진행방법 등이 상이하다. 또한 협상당사자의 협상형태, 협상팀 구성, 협상팀 내부의 역할배분, 힘의 배분 등 집단역할이 다르게 나타나며, 협상 시 협상당사자에게 필요한 자질도 매우 중요하다.

② 의사결정의 형태

상대방의 의사결정을 예측하고 이러한 의사결정과정이 자신에게 유리한 방향으로 작용하도록 하는 것은 협상가의 중요한 자질 중 하나이다. 상대방의 의사결정과정을 알기 위해서는 개인적인 의사결정 유형뿐만 아니라 조직 내에서 이루어지는 의사결정 유형을 파악해야 한다.

③ 국가적 특성이 협상에 미치는 영향

협상당사자는 민족과 국가의 산물로서 개성이 형성되기 때문에 협상에 있어서 국가의 특성을 파악하는 것은 중요하다.

고려사항은 다음과 같다. 첫째, 자기 국가에 대한 이미지와 상대방 국가의 이미지가 협상에 어떻게 영향을 주는가, 둘째, 협상당사자는 어떠한 가치관과 어떤 묵시적인 가정을 가지고 있는가, 셋째, 논리 전개와 합리화 스타일 그리고 그에 따른 설득의 방법에 문화적 차이가 존재하는가 등이다.

④ 문화적 차이에 따른 잡음

국제협상 시 의사전달에 있어서 협상당사자들 간에 의사전달이 명쾌하게 이루어지지 않는 어려운 상황이 발생할 수 있다. 상대방의 몸짓, 행동, 무의식적인 습관, 예법, 의복형태 등의 요인에 의해서 협상자는 불편함을 느끼거나, 감정적 손상을 일으킬 수 있고, 또한 토의 주제에 대해 주의를 집중시키기 어렵게 될 수도 있다.

⑤ 언어상의 고려점

언어는 문화와 밀접하게 관련되어 있기 때문에 협상가는 언어의 개념, 의미, 뉘앙스, 기본적 사고 바탕 등에 있어서 통역의 한계가 어디까지인가를 명확하게 인식해야 한다. 의사전달은 말 그 자체뿐만 아니라 표정, 몸짓, 목소리의 강약, 운율, 장단 등에 따라서 달라지지만 통역만으로는 이러한 사항들을 제대로 전달하지 못한다.

2) 의사전달과 국제협상

(1) 협상가의 개인적 자질

협상능력은 얼마든지 교육과 훈련을 통해 개선시킬 수 있으며, 개인적 능력은 크게 협상기술, 협상권한, 협상결과에 대한 기대와 포부, 협상안건에 관한 전문지식에 따라 결정된다. 국제협상에 있어서 상대방의 협상능력을 평가하기 위해서 다음과 같은 질문을 던져볼 수 있다.

① 해외에서는 어떠한 협상훈련을 받는가?

② 협상에 관한 권한 또는 힘은 어떻게 정의되고 있으며, 그러한 힘은 다시 나오는가?

③ 각 국가에 관한 전문협상가는 양성되고 있는가?

④ 협상결과에 대한 기대의 정도는 어느 정도인가?

(2) 협상에 있어서의 욕구

협상준비는 상대방이 협상에서 어떻게 나올까 하는 추측작업을 포함한다. 하지만 추측결과를 전략적 행동에 반영하는 것은 매우 위험한 일이다. 따라서 어떤 종류의 협상에 서든지 협상가는 다음과 같은 협상에 대한 욕구를 지니고 있다.

① **성취욕구**

협상가들은 목적을 잘 수행하고 성취하기 위해 어떠한 상황에서라도 개입하려고 한다. 따라서 의사결정에 대한 책임과 다소의 위험을 감수하려는 성향을 보인다.

② **협력욕구**

협상가들은 상대방과의 교류를 원한다. 또한 다른 사람 혹은 구성원들 간의 의견교환을 즐긴다. 그들은 다른 사람들의 욕구나 기대감에 민감하다. 협력을 바탕으로 쌍방이 이득을 얻는 협상이 좋은 협상이다.

③ **힘**

협상가들은 팀의 이익, 조직의 이익, 자기 자신의 이익을 위해 힘을 갖고 싶어 한다. 협상가들은 다른 사람에게 영향을 주고, 자기도 타인으로부터 영향받기를 원한다. 그 결과 위신 세우기를 좋아하며 자기들의 지위와 공식적인 인정에 대해 매우 민감하다.

(3) 의사전달 성향

협상에 있어서 의사전달 성향은 크게 네 가지로 나타난다. 행동, 과정, 관념, 사람을 중심으로 다음과 같이 협상이 전개될 수 있다.

① 행동지향적인 협상가는 목적, 결과, 행동, 성취, 일의 수행, 일의 진척, 효율성에 관심을 둔다.

② 과정지향적인 협상가는 조직, 구조, 과정, 사실, 전략, 전술, 선택, 방법에 관심을 둔다.

③ 대인관계지향적인 협상가는 팀워크를 통해 협상에 접근하고 싶어 하며, 또한 건전한 의사전달, 좋은 관계, 사회적 사교를 통해 접근하고 싶어 한다.

④ 관념지향적인 협상가는 개념, 이론, 모델, 사고구조, 감정, 창의성에 초점을 맞춘다.

이러한 기본적인 개념하에서 협상당사자들의 의사전달을 통해서 서로의 관심분야, 집중적인 태도가 나타난다.

3) 비언어적 의사전달과 국제협상

유능한 협상가라면 여러 가지 형태로 전달되는 비언어적 의사전달에도 신경을 써야 하며, 특히 국제협상에서는 각국 특유의 의사전달형태 및 차이에 관심을 가져야 한다. 더구나 무의식적으로 전달되는 표정이나 몸짓이 협상의 실마리가 될 수도 있음을 명심해야 한다.

(1) 비언어적 의사전달

숙달된 협상가가 되려면 전체 의사전달과정에 상당히 영향을 주는, 숨어있는 의도나 몸짓을 이해하는 방법을 배워야 한다. 슈내퍼(Mel Schnapper)는 신체언어(body language)의 다섯 가지 중요한 영역을 다음과 같이 제시했다.

① **동작(kinesics)**: 얼굴 찡그림, 손짓, 발동작 등 모든 신체적 움직임
② **근접(proxemics)**: 상대방과의 거리 정도
③ **시각(oculesics)**: 눈을 마주보거나 회피함
④ **촉각(haptics)**: 악수, 포옹, 어깨를 치는 것 등의 신체접촉
⑤ **침묵(chronemics)**: 대화 중의 침묵 시간, 횟수, 의미

(2) 메타커뮤니케이션

메타커뮤니케이션은 우리가 주고받는 의사전달의 숨은 의미에 관한 것이다. 협상에서 상대방의 속마음을 읽기란 보통 어려운 것이 아니다. 그렇지만 유능한 협상가는 의사전달과정에서 오고가는 여러 가지 내포된 의미를 끌어낼 수 있어야 한다.

2절 | 국제기업협상

1. 국제기업협상의 의의 및 성격

1) 국제기업협상의 의의

국제기업협상은 각국 기업인 또는 기업인과 외국 정부의 관료들의 공통된 문제를 해결하기 위해 접촉하는 것을 가리킨다. 더구나 글로벌 기업은 그 활동영역이 범세계적이고, 독특한 경영철학, 문화 · 사회 · 경제구조를 가지고 있기 때문에 협상은 이들 간의 이해상충을 해결하기 위한 중요한 수단이 된다.

따라서 국제기업협상 시 다음과 같은 점에 유의해야 한다.

① 협상에 임하기 전에 특히 중요한 것은 사전준비가 더 유리한 협상결과를 가져오는데 도움이 된다는 것을 인식해야 한다.

② 국제협상의 과정은 국가 간의 문화차이에 대한 분석을 전제로 한 것이기 때문에, 성공적이고 효과적인 협상을 위해서 이것에 대한 이해가 반드시 필요하다.

③ 협상의 각 단계는 협상과정과 관련이 있는 다양한 환경에 의해 영향을 받는다. 이러한 점에서 협상과정과 관련이 있는 환경에 대해 정확히 파악하고 있어야 한다. 특히 각 협상의 조건과 배경을 이해하는 것이 필요하다.

④ 협상과정에 있어서 협상력의 원천, 다양한 환경 그리고 대안에 따른 효용이 계속적으로 변화한다는 점을 명심해야 한다.

⑤ 협상에 임한 각 참여자들의 목표는 서로 상이하고, 각 참여자는 협상을 그들의 목표달성을 위한 하나의 수단으로 사용하고 있다는 점이다.

2) 국제기업협상의 성격

① 협상은 4Cs로 특징지어지는데 이것은 공통되는 이익(common interests: 협상할 어떤 것), 상반하는 이익(conflicting interests: 협상대상이 되는 어떤 것), 타협(compromise: 어떤 쟁점에서 주고받는 것), 기준 혹은 목적(criteria or objectives: 달성기준이 되는 것)을 말한다.

② 각국의 정치 · 경제 · 사회 · 문화적 체계로 외부환경을 구성하고, 또 그 국가가 사용하는 협상접근방법에 직접 영향을 미친다. 국제기업협상에 있어서 효과적인 국제기업협상을 위해서는 기술 · 재무 · 회계 · 법률 측면에서의 전문적 능력뿐만 아니라 사회적 · 문화적 · 정치적 · 경제적 체계에 대한 이해도 필요하다.

③ 협상가는 그가 협상하고 있는 상황을 포함하여 광범위한 시야를 가져야 한다. 이러한 시각을 개발하기 위해서 협상가는 협상하고 있는 것을 모두 포함하는 광범위한 틀의 성격을 이해하고, 그가 참여하고 있는 특정 협상의 의미를 광범위한 틀 안에서 해석할 수 있어야 한다.

④ 시간이 지남에 따라 4Cs는 계속 변하고, 협상 각 참가자의 이용 가능한 정보, 노하우, 대안이 계속 변하기 때문에 4Cs와 환경, 각자의 시각에 대한 새로운 해석이 필요하다.

⑤ 국제기업협상은 쌍무적 또는 다자간적인 다국적협상이 발생할 수도 있다. 그러므로 각 상황에 있어서 당사자는 광범위한 협상전략과 접근방법을 가져야 하고 다른 그룹의 협상상황을 이해하고 해석할 필요가 있다.

⑥ 협상이란 수많은 기술의 통합적 표현이라고 볼 수 있는데, 다음과 같은 것들이 필요하다. 즉, 재무 · 마케팅 · 생산 · 회계 · 정치학과 같은 분야의 기능적 기술과 사회 · 문화 · 경제 · 정치적 환경에 대한인지, 집단역학의 성격 그리고 개인의 능력과 행위에 대한 지식이 필요하다.

2. 국제경영활동과 국제기업협상

글로벌 기업은 무역에서 해외직접투자에 이르기까지 여러 방법을 통하여 해외로 진출하고자 할 때 국제기업협상을 수행하게 된다. 특히 글로벌 기업의 국제경영활동은 다음과 같은 이유 때문에 연속적인 국제협상의 과정으로 파악되기도 한다.

① 원자재 확보

② 미숙련 · 반숙련 · 숙련노동의 확보

③ 원가절감

④ 통화가치 하락에 대한 조치

⑤ 정부의 재정규제조치로 인한 불리한 효과상쇄조치

⑥ 생산 및 분배의 합리화
⑦ 공장, 기계장치, 생산방식의 대체
⑧ 현금흐름의 증대
⑨ 경영다각화
⑩ 외화표시 준비자산취득
⑪ 외국의 기술취득
⑫ 해외신용의 자본전환
⑬ 현지에 대한 애프터서비스, 재고관리, 창고, 경영을 위한 설비
⑭ 연구개발투자(R&D), 산업기밀의 누설을 방지하기 위한 조치
⑮ 기존 해외영업의 강화
⑯ 과잉생산물의 처분
⑰ 현물 삼각거래 주선
⑱ 관리시스템을 위한 시험단위 설치
⑲ 글로벌화 가능성 모색

글로벌 기업의 협상자는 성공적인 협상을 위해서 당장의 교섭에 관련된 문제뿐만 아니라 그들이 협상하는 큰 배경, 즉 여타의 고려대상, 과거 유사한 프로젝트의 교섭사례, 정치적 · 경제적 이익집단의 반응 등을 포함한 광범위한 시야를 개발해야 한다.

3. 국제기업협상의 구성요소

1) 국제기업협상의 참여자

국제기업협상의 주요 참여자로는 다른 글로벌 기업, 현지기업, 본국 혹은 현지국 정부, 국제기구, 소비자집단, 노동조합, 시민조직 등을 들 수 있다. 그런데 글로벌 기업은 세계적 관점에서 최적화를 추구하고 있고, 정부는 경제적 · 정치적 목적을 갖고 있으며, 국제기구는 기구의 고유한 목적을 가지고 있다.

글로벌 기업의 국제경영활동에 반드시 필요한 활동이 협상이다. 글로벌 기업은 현지국 정부가 그들의 경제적 목적을 달성하는 데 있어서 큰 도움이 될 수도 있고, 정부나 소비자집단에 대하여 글로벌 기업의 이러한 공헌을 호의적으로 평가하기도 한다.

2) 협상력의 원천

협상상황에 있어서 주요 참가자와 쟁점이 결정되면 협상과정과 결과는 주로 각 참여자의 협상력에 의해서 결정된다. 이러한 협상력의 원천을 기본적인 협상력의 원천과 인식된 협상력의 원천 두 가지로 나누어 살펴보자.

① 기본적인 협상력의 원천

기본적인 협상력의 원천은 주로 힘과 시간, 정보이다. 힘이란 다른 사람 혹은 집단으로 하여금 힘의 행사자가 원하는 어떤 것을 하도록 시키거나, 원하는 방향으로 행동이 일어나게 만들 수 있는 능력을 가리키는 것으로 보상의 힘, 강압적인 힘, 합법적인 힘, 준거적 힘, 전문적 힘 등의 다섯 가지가 있다.

② 인식된 협상력의 원천

협상에서 중요한 협상력의 원천은 인식된 협상력이라고 볼 수도 있다. 인식된 협상력의 원천은 주로 협상결과의 가치와 협상결과의 희소성, 각 당사자들이 협상에서 이용하는 협상기술의 세 가지로 구성된다.

첫째, 협상결과의 가치란 협상결과의 중요성에 대한 협상당사자들의 주관적인 평가를 의미하는 것으로 가치를 적게 두는 쪽이 가치를 크게 두는 쪽에 대하여 상대적으로 협상력의 우위를 가진다고 본다.

둘째, 협상결과의 희소성이란 협상에서 얻고자 하는 목적을 그 협상 이외의 다른 곳으로부터 획득할 가능성을 의미하는 것이다. 이는 대안의 존재 여부와 대안을 교체시킬 때 발생하는 전환비용 등에 의하여 결정된다.

셋째, 협상의 기술이란 협상과정에서 자신의 이익을 극대화시킬 수 있는 능력을 의미한다. 협상당사자들이 서로 상대방에 대한 완전한 정보가 없기 때문에 협상기술은 협상결과에 큰 영향을 미친다.

4. 현상인식을 위한 국제기업현상 분석들

1) 국제기업협상 분류기준

(1) 참여자에 의한 분류

국제기업협상의 주요 참여자는 글로벌 기업이다. 글로벌 기업들은 그들의 국제경영 활동을 수행하면서 다양한 국제기업협상의 상대자를 만난다. 이들 중에는 다른 글로벌 기업, 현지기업, 현지 혹은 본국 정부, 국제기구, 소비자, 노동조합, 시민압력단체, 희생자 등이 포함된다.

이들 주요 참여자들은 목적이 상이하고, 추구하는 바가 다르기 때문에 갈등과 협력의 이중성 속에서 다양한 쟁점에 부딪히게 된다.

① 글로벌 기업 대 여타 글로벌 기업, 현지기업

글로벌 기업은 글로벌 시장에서 경쟁과 협력의 위치에 놓이게 된다. 고객특성, 기술특성, 기업특성, 산업특성 등에 따라 글로벌 기업은 동일한 부문에서 경쟁하기도 하고 협력하기도 한다.

② 글로벌 기업 대 본국과 현지국 정부

글로벌 관점에서의 최적과 특정지역 관점에서의 갈등과 협력을 낳는다.

현지국 정부는 경제개발, 자본투자, 기술이전, 취업기회제공 등의 측면에서는 글로벌 기업을 환영하지만 과다한 송금, 글로벌 관점의 경영, 본국 정부의 대리인, 문화적 종속이라는 측면에서는 부정적으로 인식한다.

본국 정부 입장에서 볼 때, 글로벌 기업은 자본과 우수인력의 유출, 국내 고용의 감소 등이 부정적이지만 신시장 개척, 이익창출기회 발견 측면에서는 긍정적이다.

③ 글로벌 기업 대 국제기구

국제기구와 글로벌 기업 간에도 많은 갈등과 협력의 쟁점이 존재한다. 개발도상국의 경제를 발전시킨다는 측면에서 글로벌 기업의 개발도상국 진출은 국제기구로부터 긍정적인 평가를 받기도 하지만, 개발도상국에서의 이익수탈, 종속성의 심화 등의 측면에서 국제기구는 글로벌 기업에 대해 집단적 행동으로 대응하려는 움직임도 보이고 있다. 이와 같은 현상은 국제환경문제, 소비자보호문제 등에서도 나타나고 있다.

④ 글로벌 기업 대 소비자 · 노동자 · 시민 · 희생자 · 테러집단 등

이들 집단들은 글로벌 기업과 서로 다른 입장을 취하기 때문에 글로벌 기업과 상당한 갈등을 보인다. 즉, 소비자들은 그들의 권익을 보호하기 위해 글로벌 기업과 갈등을 일으키고, 노동자들은 임금협상, 근로조건 개선 등을 위해 글로벌 기업과 충돌하기도 하며, 시민압력단체들은 그들의 복지를 위해서 글로벌 기업과 마찰을 일으키고, 희생자들은 특히 공해산업에 대해 글로벌 기업과 대립할 수 있다. 물론 이러한 갈등을 해결하기 위해서 협상을 한다.

(2) 쟁점에 의한 분류

글로벌 기업은 국제경영활동을 수행하면서 다양한 쟁점들에 대하여 협상을 하게 되는데, 이러한 것에는 테러리즘, 인권, 정치, 뇌물, 마케팅, 노동문제, 환경, 기술, 경제적, 재무적 측면 등이 있다.

(3) 시장접근 유형에 의한 분류

글로벌 기업이 사장에 접근하는 방법으로는 수출, 라이선싱, 합작투자, 해외직접투자가 있다. 물론 각각의 경우 협상이 필요하다. 그리고 시간이 지남에 따라 공헌과 혜택의 조합을 재조정할 때 재협상의 문제가 생기기도 한다. 그리고 글로벌 기업들은 자신의 능력과 상황의 변화, 글로벌 관점에서의 최적화를 위하여 국제경영활동을 지속하면서 협상을 수행한다.

(4) 지역에 의한 분류

글로벌 기업이 협상해야 할 문제들을 지역에 따라 분류할 수도 있다. 가장 쉬운 예로는 협상문제가 나타난 곳이 선진국이냐, 개발도상국이냐, 후진국이냐에 따라 분류할 수도 있고, 유럽, 동남아, 북미대륙, 아프리카 등으로 구분할 수도 있다.

3절 | 국제간 무역거래 커뮤니케이션과 무역매매계약

1. 국제무역매매계약 체결과정

| 그림 3-2 | 무역계약의 체결절차

절차	참고사항
해외시장조사 (Market Research)	① 해외시장조사 상식적인 판단 및 문헌을 통하여 자기 회사제품이 팔릴 수 있는 기후, 문화, 시장 여건 등을 파악하여 판매지역 선정 • 관련기관: 무역투자진흥공사, 무역협회
거래선 명단 입수	② 거래선 명단의 입수 무역유관기관에 비치된 거래선 명부(directory)를 조사하여 신뢰되는 거래선의 명단 및 주소 입수 • 관련기관: 무역협회, 상공회의소, 무역투자진흥공사
자기소개서 발송 (Circular Letter)	③ 자기소개서의 발송 거래상대방에게 자신을 알리는 편지(circular letter) 발송
물품에 대한 문의 · 답신 (Inquiry)	④ 품목에 관한 문의 및 답신 자기소개서를 받고 답장을 보낸 거래선을 상대로 거래하고자 하는 품목에 관한 상세한 정보를 전달하여 구매의욕 고취
신용조사 (Credit Inquiry)	⑤ 신용조사 계약으로 연결될 가능성이 있다고 판단되는 거래선의 신용을 신용조사 전문기관에 의뢰하여 조사 • 관련기관: 수출보험공사, 무역투자진흥공사, 한국신용정보, Dun&Bradstreet Korea, SPC, 신용보증기금
거래제의 (Business Proposal)	⑥ 거래제의 신용조사결과 거래 가능업체로 판정된 상대방에게 구체적인 사항을 제시하여 거래제의
청약 및 주문 (Offer and Order)	⑦ 청약 및 주문 수출상이 수입상에게 판매조건을 서면으로 작성하여 제시(selling offer)하거나, 수입상이 수출상에게 구매조건을 서면으로 작성하여 제시(buying offer)
반대청약을 위한 합의 (Counter Offer)	⑧ 반대청약을 통한 합의 청약을 받은 자가 청약제의자에게 청약사항을 일부 수정하여 다시 제의하는 것으로, 청약과 반대청약이 여러 번 되풀이되면서 거래조건에 대한 최종합의에 이르게 됨
계약체결 (Contracts)	⑨ 계약의 체결 거래조건에 대한 최종합의가 이루어진 당사자 일방이 이를 서면으로 작성하여 당사자가 서명

2. 해외시장조사

1) 해외시장조사 의의

외국과 무역거래를 하는 데 해외시장조사가 필수적인 전제조건이며, 그 방법은 우선 대상시장의 전반적 개황(정치, 경제, 사회, 풍토, 기후, 언어 등)을 조사하고, 취급상품에 대한 세부적인 내용(무역관리제도, 시장특성, 수요와 공급, 유통구조, 경쟁상대, 거래처 등)을 조사하는 일련의 과정이다. 특히 보다 체계적인 해외시장조사를 통하여 더 유망한 시장을 발굴할 수 있다.

2) 시장조사의 내용

① **일반사항**: 해당국의 정치, 경제, 사회, 문화, 종교, 인구, 언어 등
② **경제동향**: 경제성장, 국민소득, 물가, 임금, 고용, 국제수지 등
③ **산업동향**: 산업구조, 특히 제조업 등
④ **무역동향**: 대외무역구조, 특히 품목별 · 지역별 경쟁국 진출동향 등
⑤ **무역관리제도**: 통화정책, 수입관리제도, 대한 수입규제, 기타 관세율 및 외환관리제도 등
⑥ **시장특성 및 유통구조**: 일반적인 시장특성 외에 소비자계층, 상관습 및 구매시기, 유통구조의 형태, 주요 수입상 명단 등
⑦ **시장접근방법**: 중개상, 전문수입상, 도매상 등
⑧ **교역현황**: 우리나라의 전체 교역량 및 해당 품목에 대한 수입규모
⑨ **기타 사항**: 해당국의 항만사정, 통신시설, 여행 시 유의사항, 국민성, 상관습, 소비자 분석 등

| 표 3-1 | 해외시장조사의 주요 확인사항

해외시장조사	조사내용
수출입 상품조사	• 고객의 효용 충족 가능성 여부 • 시장대상 및 판매 가능성 • 원가계산 및 이익 • 적정이윤 발생시기 • 특수부품의 사용 여부 • 특허문제 • 유사제품의 유무 • 제품수명주기
대외조사	• 목표시장에서 당해 상품의 현재 및 미래 수급능력 • 해당 상품 수요의 계절성여부 • 타국가 또는 동일국가에의 수급정보 • 지금까지의 공급국 및 공급상사 • 당해 상품의 유통과정 • 수요상품의 품종, 품질 및 가격 • 국산품의 가격 및 수입가격 • 당해 국가에서의 수출입제한 내용 등 구비요건 • 당해 국가의 정치 · 경제적 상황 • 애프터서비스, 광고 등
대내조사	• 국내시장에서의 수급상황 • 타지역과의 수출입량 및 가격 • 수출입공고 등에 의한 수출제한 내용의 유무

3) 시장조사의 방법

① UN 무역통계연보(Yearbook of International Statistics), IMF 발간연보(International Financial Statistics) 등의 수출입통계 자료를 통한 국별 자료 이용

② KOTRA나 한국무역협회 등의 국내외 경제단체 및 유관기관 이용

③ 주한 외국공관의 이용

④ 국내외 광고회사의 이용

⑤ 현지를 직접 방문하여 조사하는 등 자체 시장조사방법

3. 거래처의 발굴

1) 자체 홍보물의 이용

(1) 거래처 발굴을 위한 홍보물 제작

해외 배포용 카탈로그 등은 세심하게 계획하여 제작하되 전문가에게 의뢰하여 제작하는 것이 바람직하며, 홍보물의 내용은 상품의 설명에 주안점을 둔다.

(2) 홍보물의 배포

홍보물을 배포할 적절한 바이어의 명단은 KOTRA, 한국무역협회, 상공회의소 등 경제단체 및 유관기관이나 이들이 발간하는 잡지, 주한 외국 대사관 상무관실 등을 통해서 입수할 수 있다.

또한 인터넷을 통하여 디렉토리(directory)를 제공하거나 무역거래를 알선하는 사이트에서도 입수할 수 있다. 이외에도 국내외에서 개최되는 전시회나 박람회 참가 시 배포하는 것도 효과적이다.

2) 해외광고의 이용

(1) 국내발간 해외배포용 매체 광고

국내에서 발간되는 해외배포용 매체는 Korea Export, Korea Trading Post, Korea Trade, Buyers Guide 등이 있는데, 매체의 성격, 배포부수, 배포지역, 구독층 등을 신중히 분석하여 적절한 매체를 선정하는 것이 효과적이다.

(2) 해외발간 매체 광고

3) 해외 공공기관의 이용

각국의 상공회의소 또는 WTC(World Trade Center), WTCA(World Trade Centers Association) 등 무역관련기관에 거래의 알선이나 관련업자의 소개를 의뢰한다.

4) 각종 사절단 및 전시회 참가

무역관련기관에서 구성, 파견하는 각종 투자 및 무역사절단, 박람회, 전시회에 참가한다.

4. 신용조회

1) 신용조회의 의의

무역거래에서 거래대상업체에 대한 신용상태를 확인하는 것은 향후 거래 가능성을 진단하고 위험요소를 사전에 예방한다는 면에서 매우 중요하다. 국제무역이 신용을 바탕으로 이루어지고 있는 현상황에서 신용조회(credit inquiry)는 그 어느 때보다 중요성이 강조되고 있다.

2) 신용조회의 내용

신용조회에 있어 필수적으로 조사해야 할 내용에는 Character, Capital, Capacity 등 3C's(three C's)가 있다.

① Character: 상대방의 성실성(integrity), 영업태도(attitude toward business), 업계의 평판(reputation), 계약이행에 대한 열의(willingness to meet obligations)나 인격 등에 관한 내용이다.

② Capital: 상대방의 재정상태(financial status), 즉 수권자본(authorized capital)과 납입자본(paid-up capital), 자기자본과 타인자본의 비율, 기타 자산상태 등 지급능력에 관한 내용이다.

③ Capacity: 상대방의 영업형태, 연간매출액 및 생산능력, 연혁 내지 경력 등 영업능력(business ability)에 관한 내용이다.

이외에 Country와 Currency, 즉 상대국의 정치 · 경제적 상황과 통화상태를 추가하여 5C's라고도 한다. 또한 거래조건(Condition), 담보능력(Collateral)을 포함하여 7C's라고 한다.

3) 신용조회의 의뢰

신용조사는 일반적으로 거래은행을 통하는데, 상대국의 거래처나 상공회의소 등을 활용하기도 한다. 조회처가 은행인 경우 Bank Reference(은행조회)라 하고, 은행이 아닌 경우 Trade Reference(동업자조회)라 한다.

5. 거래제의

1) 거래제의

거래처를 발굴한 후 다음 요령에 따라 거래제의 서신을 보낸다.

(1) 작성요령

① 상대방을 알게 된 경위
② 거래제의 상사의 업종, 취급상품, 거래국가 등
③ 거래제의 상사의 자국 내에서의 지위, 경험, 생산규모 등
④ 거래조건(특히 결제 및 가격조건 등)
⑤ 신용조회처(주로 거래은행명 및 주소)
⑥ 정중한 결문

(2) 작성 시 유의점

① 간단명료한 문장 작성
② 해당 시장은 처음이므로 상대회사를 통하여 개척하고자 한다는 점을 강조한다.
③ 과장된 회사 소개는 삼간다.
④ 회사규모를 표현하려면 생산량이나 연간 매출액 등으로 표시한다.
⑤ 품질의 우수성과 경쟁적인 가격을 제시할 수 있는 회사라고 언급한다.
⑥ 처음부터 청약이나 견본을 보내지 않으며, 상대방이 관심을 표명할 때 즉시 송부한다.
⑦ 거래관계가 성립되면 상호 이익을 바탕으로 하고자 한다는 점도 명시한다.

2) 조회(Inquiry)

(1) 내용검토

수입업자로부터 조회서신을 받으면 그 내용을 검토하여 즉시 회신할 수 있는 점은 지체 없이 하고, 시간을 요하는 사항은 언제까지 조치해 주겠다고 통보한다.

(2) 작성 시 유의점

① 조회에 대해 감사의 표시를 하고, 조회내용의 골자를 기술함으로써 상대방의 기억을 새롭게 한다.
② 상품의 설명 또는 특징을 설명할 때에는 지나친 과장을 하지 않고 간결하게 표현한다.
③ 조속한 주문이 유리하다면 그 점을 강조한다.
④ 카탈로그나 가격표를 보낼 경우 필요한 사항이 있으면 서신으로 보충해 준다.
⑤ 견본 수배가 안 될 때에는 별봉으로 곧 송부한다고 언급한다.
⑥ 조속한 시일 내에 주문이 있기를 바란다고 언급하고, 가까운 시일 내에 직접 만나서 상담하기를 희망한다고 언급한다.

6. 청약

1) 청약의 의미

청약(offer)이란 청약자(offerer)가 피청약자(offeree)와 일정한 조건으로 계약을 체결하고 싶다는 의사표시로서 청약자가 승낙과 결합하여 특정한 내용을 가지는 계약을 성립시키려는 것을 목적으로 하는 일방적이고 확정적인 의사표시를 말한다.

2) 청약의 종류

(1) 청약의 주체기준

① 판매청약(selling offer)

매도인이 매도인에게 거래를 하고 싶다는 판매의사표시를 말하며, 무역거래에서 청약이라고 하면 판매청약을 말한다.

② 매입청약(buying offer)

매수인이 매도인에게 거래를 하고 싶다는 매입의사표시를 말하며, 일종의 조회와 비슷하며 매입주문서(purchase order, 구매주문서) 등의 형식으로 이루어진다.

(2) 청약의 확정력 기준

① 확정청약(firm offer)

청약자가 청약내용에 대하여 승낙(acceptance) 회답의 유효기간(validity of offer)을 지정하고 그 기간 내에 승낙하면 계약이 성립되는 청약이다. 즉, 확정청약(firm offer)의 유효기간 내에 상대방이 승낙을 하면 당사자 쌍방을 법률적으로 구속하는 매매계약이 성립한다.

② 자유청약(free offer, 불확정청약)

청약의 유효기간이 정해져 있지 않은 청약으로서 보통 권유장(circular letter)과 함께 보내지며, 피청약자가 승낙을 하여도 청약자의 재확인이 필요하다. 또한 청약자의 자유의사에 따라 언제든지 청약내용을 변경하거나 취소가 가능하다. 이를 불확정청약이라고도 한다. 또는 이를 조건부 청약(conditional offer)이라고 한다.

- **무확약청약(offer without engagement)**: 청약에 제시된 가격이 미확정적이어서 시세변동(market fluctuation)에 따라 변경될 수 있다는 조건을 붙인 청약(offer subject to market fluctuation)이다.
- **재고잔류조건부 청약(offer subject to being unsold, 선착순판매조건부 청약)**: 청약에 대한 승낙의 의사가 피청약자로부터 청약자에게 도달했다 하더라도 바로 계약이 성립되는 것이 아니라 그 시점에서 당해 물품의 재고가 남아 있는 경우에 한하여 계약이 성립되는 청약으로서 선착순매매조건부 청약(offer subject to prior sale)이라고도 한다(offer subject to being unsold: offer subject to prior sale).
  - 재고가 남아 있는 경우나 먼저 승낙해 온 피청약자에게만 판매한다는 청약
  - 재고품을 조속히 처분하려고 할 경우 여러 곳에 동시에 청약를 하게 되는 청약
- **점검매매조건부 청약(offer on approval)**: 청약과 함께 물품을 송부하여 피청약자가 물품을 점검해 보고 구매의사가 있으면 그 대금을 지급하고 그렇지 않으면 반품해도 좋다는 조건의 청약이다.
- **반품허용조건부 청약(offer on sale or return)**: 청약과 함께 물품을 대량으로 송부하

여 피청약자가 이를 판매하게 하고 팔리지 않은 잔품은 다시 반납하도록 하는 조건의 청약으로서 잡화류 등의 위탁판매에 주로 사용된다.

- **확인조건부 청약(sub-con offer)**: 청약자가 청약을 할 때 단서로서 계약의 성립에는 청약자의 확인을 필요로 한다는 내용(offer subject to our final confirmation)이 명시된 조건부 청약이다. 당해 상품의 시세변동폭이 크거나 환시세의 변동이 심할 경우 청약의 유효기일에 'Validity of offer: This offer is subject to our final confirmation'이라고 명시함으로써 피청약자의 승낙만으로는 계약이 성립되지 않고 다시 청약자의 최종확인이 있어야만 계약이 성립한다.

③ **반대청약(counter offer)**

피청약자가 청약에 대해서 그 조건을 변경하거나 혹은 새로운 조항을 추가한 청약을 청약자에게 한 것을 말하며, 반대청약은 원청약의 거절임과 동시에 피청약자가 청약자에게 행하는 새로운 청약으로 보아야 한다. 따라서 반대청약은 승낙이 아니기 때문에 계약을 성립시킬 수가 없다.

7. 승낙

승낙(acceptance)은 피청약자가 청약자의 청약에 대하여 그 청약의 내용 또는 조건을 모두 수락하고 계약을 성립시키겠다는 의사표시를 말하는 것이다. 계약을 유효하게 성립시키기 위해서는 ① 승낙은 청약의 유효기간 내에 행해져야 하며, ② 청약의 모든 내용에 대해 무조건 승낙(unconditional acceptance)하는 완전한 승낙(complete acceptance)이어야 한다.

8. 무역계약의 체결

1) 매매계약서의 형태

(1) 매도계약서(Sales Note)와 매입계약서(Purchase Note)

매도인이 매도계약서 2통을 작성하여 서명한 다음 매수인에게 보내고 매수인은 서명한 다음 1통을 매도인에게 반송한다. 동시에 매수인도 매입계약서 2통을 작성하여 서명한 다음 매도인에게 보내고 1통에 매도인이 서명한 다음 매수인에게 반송하고 상호 간에 계약내용을 확인한다.

(2) 주문서(Order Sheet)와 주문승낙서(Acknowledgement of Order)

① 주문서

주문서란 매수인이 자기가 구입하고자 하는 상품의 품명, 품종, 단가, 단위, 합계수량, 결제통화, 합계금액, 선적시기, 지급조건, 보험조건, 포장명세, 화인, 기타 거래에 필요한 제조건으로 주문하고 싶다는 취지를 기재하고 서명을 한 상용문서로서 매수인이 매도인에 대하여 매입을 신청하는 것이다.

② 주문승낙서

주문승낙서란 매도인이 당해 상품의 품명, 품종, 단가, 단위, 합계수량, 결제통화, 합계금액, 선적시기, 지급조건, 보험조건, 포장명세, 화인, 기타 거래에 필요한 제조건이 기재된 매수인의 주문서를 승낙한다는 취지를 기재하고 서명한 상용문서로서 매도인이 매수인에게 보낸다.

2) 무역계약서의 작성

무역계약은 청약(offer)과 승낙(acceptance)을 통한 당사자 간의 합의에 의하여 성립하므로 계약서의 작성이 반드시 필요한 것은 아니다. 그러나 매매당사자 간에 이러한 분쟁을 방지하기 위해서 무역계약의 조건을 명백히 할 필요가 있으며, 또한 이를 문서화하여 서명한 매매계약서(sales contract)를 상호 교환하여 보관하는 것이 필요하다.

3) 무역계약서의 조항

매매계약서에 기재될 사항은 품명, 품질, 규격, 수량, 가격, 선적 등에 관한 사항과 일반적으로 모든 거래에 공통되는 사항, 즉 불가항력, 무역조건, 권리침해, 클레임조항, 중재, 준거법 등에 관한 사항이다. 결국 매매계약서의 기재내용은 매매당사자 간에 합의된 사항을 빠짐없이 정확히 기재해야 한다.

4) 무역계약의 체결방법

(1) 총괄계약 시

① 무역거래 일반약정(General Terms and Conditions) 체결

② 매도인 발행 청약(offer)에 매수인이 승낙(acceptance) 서명(혹은 매수인 발행 order에 매도인이 acknowledgement 서명)한 후 각기 1통 보관

③ 매도인의 확정청약에 대해 수락의 표시를 전신이나 서신으로 발송

(2) 개별계약 시

계약서를 2통 작성하여 서명 후 상대방에게 송부하고 상대방은 이를 검토, 서명한 후 1통을 반송한다.

① **매도인 측 작성:** Sales Note, Sales Contract, Confirmation of Order

② **매수인 측 작성:** Purchase Note, Purchase Contract, Order

| 그림 3-3 | 매입주문서(purchase order)의 예

① OKAMOTO INDUSTRIES, INC.

3-27-12, HONGO BUNKYO-KU TOKYO, JAPAN
TEL, 817-4261, 4266 FAX. 814-0895

PURCHASE ORDER

③ Your Ref ______________
④ Our Ref______________
⑤ Date & Place________September 27, 2022

② Messers.
CHOSUN TRADE CO., LTD.
309 Pilmundaero, Dong-gu,
Kwangju, South Korea,

⑥ Dear Sir.
We OKAMOTO INDUSTRIES, INC., as Buyer, hereby confirm our purchase of the following goods in accordance with the terms and conditions given below

⑦ Description	Automobile Tubes 500-13 TR13 2,100 PCS. 600-14 TR13 3,900 PCS.
⑧ Quality	As per previous shipment
⑨ Packing	Each 20 PCs. to be packed into an exportable carton box. export standard packing
⑩ Quantity	6,000PCS. only

⑪ Price	CIF YOKOHAMA, Japan in U.S. Dollars. 550-13 TR13 @US$1.80/PCE 600-14 TR13 @US$1.90/PCE
⑫ Amount	Total: US$11,190.00
⑬ Insurance	Insurance policy/certificate blank endorsed for 110% of CIF Value with claims payable in japan in the currency of the draft insurance to include ICC(A) with institute war clauses, SRCC clauses
⑭ payment	By L/C at sight in your favour by full cable. Advising through korea exchange bank, Seoul, Korea from the fuji bank Ltd., Tokyo(interest if for seller's account)
⑮ shipment	Shipment should be effected directly from Busan, Korea to Yokohama, Japan by direct container vessel as follows: by early Feb/2005
⑯ Marks & No	To be marked on both sides of each carton box as follows: C/NO. 1-1up Item: auto tube Size : ___________ Q'lty: ___________
⑰ Remarks	One original certificate of origin form "A" & two copies of nonnegotiable B/L, Invoice, Packing list, Insurance polity should be given by you under a captain's care for delivery to us.

CASE MARKS

AI

C/No: 1-1up
MADE IN KOREA

⑱ CONFIRMED BY OKAMOTO INDUSTRIES, INC. James Porter ___________________ Executive Director	⑲ CONFIRMED BY CHOSUN TRADE CO., LTD. J. Hong Lee ___________________ General Manager

주: ① 수입자: 청약에 대해 오더를 하는 당사자이다.
② 수출자: 수입자가 수출자 앞으로 발행한 매입주문서(purchase order)이며, 수출자의 청약에 대한 카운터 청약로 볼 수 있다.
③, ④ 청약 및 오더 번호
⑤ 발행일자
⑥ 거래제시: 상대방에 대한 청약 및 오더를 아래 조건으로 제시하는 것이다.
⑦, ⑩ 상품명 및 수량
⑧ 상품의 품질
⑨ 포장: 수출품의 포장방법을 지시하는데 주로 "Export standard(carton, wooden) packing"이 표시된다.
⑪ 가격조건 및 단가
⑫ 총액

⑬ 보험조건: CIF조건 수출인 경우 보통 수입업자는 CIF가격(송장금액)의 110% 보험금액을 요구하며, 위험 부보조건을 명시한다.
⑭ 결제조건: 수출자를 수익자로 한 sight L/C 개설요청에 대해 개설방법, 개설은행 및 통지은행 등을 표시하고 있다.
⑮ 선적조건
⑯ 화인: 수출품에 표시될 화인을 나타낸다.
⑰ 기타 사항: 필요서류 등이 표시된다.
⑱ 수입업자: 오더의 발행자로 수입자가 된다.
⑲ 수출업자: 오더의 상대방으로 수출자가 된다.

4장

무역매매계약 체결을 위한 기본조건

4장 무역매매계약 체결을 위한 기본조건

1절 | 무역계약기초

1. 무역계약의 의의

무역계약이란 국제간에 이루어지는 매매계약(contract of sale of goods)으로서 매도인(seller)이 매수인(buyer)에게 약정품(계약상품)의 소유권(property in goods)을 양도하여 상품을 인도할 것을 약속하고 매수인은 이를 받아들이고 그 대금을 지급할 것을 약정하는 계약이다.

매건별로는 수출자의 청약(offer)에 대한 수입자의 승낙(acceptance)에 의하거나, 수입자의 주문(order, Purchase Order: P/O)에 대한 수출자의 주문승낙(acknowledgement)으로 의해 무역계약이 체결된다.

2. 무역계약의 특징

1) 합의계약(合議(諾成)契約: Consensual Contract)

합의계약은 낙성계약이라고 하며, 청약자(offeree)의 청약(offer)에 대해서 피청약자(offeree)가 이를 승낙(acceptance)함으로써 무역계약이 성립하는 것을 말한다.

2) 쌍무계약(雙務契約: Bilateral Contract)

쌍무계약은 매매당사자들 사이에 일정한 의무를 부담하는 것을 말한다. 매도인(seller)은 계약물품을 인도해야 할 의무, 매수인(buyer)은 계약물품에 대한 대금지급을 해야 할 의무이기 때문에 쌍무의 성격을 갖는다.

3) 유상계약(有償契約: Remunerative Contract)

유상계약은 계약당사자들이 서로 대가적 채무를 부담하는 계약을 말한다. 매도인이 계약물품을 인도하는 급부행위에 대해서 매수인은 대금을 지급하는 반대급부가 동시에 발생해야만 무역계약이 성립된다.

4) 불요식계약(不要式契約: Informal Contract)

불요식계약은 계약체결을 특별한 형식에 구애받지 않고 서면, 구두 또는 언어에 의한 명시계약이나 또는 행동에 의한 묵시계약에 의해서 무역계약이 성립된다는 것이다. 따라서 무역계약의 내용이나 그 형식이 자유롭기 때문에 불요식계약이라 한다.

3. 무역계약의 종류

1) 개별계약(Case by Case Contracts)

개별계약은 매 거래 시마다 양 당사자가 거래조건에 합의하면 계약이 성립되는 것으로 매매계약서(sales note)나 매입주문서 또는 구매주문서(purchase order)가 이 범주에 속한다.

2) 포괄계약(Master Contract)

포괄계약은 지정품목에 대해서 일반거래조건을 협의한 후 상호 합의점에 도달하였을 경우 그 내용을 문서화하여 교환하게 되는데, 이를 일반거래협정서라 한다. 이는 매 거래 시마다 제조건 등을 재확인 내지 계약하는 번거로움을 없애고 문제발생 시 그 책임이 분명해진다.

3) 독점계약(Exclusive Contract)

독점계약은 수출입을 전문으로 하는 특정 상사 간의 매매를 국한시키는 계약으로 이 경우도 독점계약서를 작성 교환한다.

2절 | 무역계약의 조건

물품매매계약은 일반적이고 기본적인 거래조건의 내용을 협정하여 문서로 교환하는 '일반무역조건협정서(Agreement on General Terms and Conditions of Business; Memorandum of Agreement)'를 계약기준으로 한다.

일반무역조건협정서의 내용은 거래형태에 대한 조건, 청약과 승낙에 의해 계약이 성립되는 조건, 품질 · 수량 · 선적 · 지급 · 보험 · 포장 등 계약물품에 대한 조건 그리고 분쟁의 해결 및 법적 구제조건 등을 협정하게 된다.

실무적으로는 매매당사자 간에 표준화 내지 정형화된 매매계약서를 이용하고 있다. 무역매매계약 약정품에 관한 기본 6가지 조건은 다음과 같다.

① 품질조건(terms of quality)
② 수량조건(terms of quantity)
③ 가격조건(terms of price)
④ 운송조건(terms of shipment)
⑤ 결제조건(terms of payment)
⑥ 보험조건(terms of insurance)

이 6가지 조건 중 어느 한 조건에 대하여 상이한 점이 있으면 거래당사자 사이에 분쟁이 야기되어 원활한 거래가 이루어질 수 없다.

1. 품질조건(Quality Terms)

1) 품질결정방법

(1) 견본매매(Sales by Samples)

공산품거래 시 가장 일반적으로 사용되는 품질약정조건이다. 외국의 매수인이 수입할 물품의 전부에 대하여 품질, 형태 등을 검사한다는 것은 불가능하므로 매도인으로 하여금 수출품을 대표하는 일부 현품, 즉 견본을 제시하는 방법으로 결정한다.

(2) 상표매매(Sales by Trade Mark)

특정 상품의 상표나 품명이 세계적으로 널리 알려진 경우 그 상표나 품명에 의하여 상품의 품질을 결정하고 매매가 성립되는 경우로서 세계일류 유명상표의 경우에 사용된다(예 Coca Cola 등).

(3) 명세서매매(Sales by Specification)

선박이나 중대형 기계류, 의료기구 등 견본제시가 불가능할 경우에 그 상품의 재료나 구조, 성능 등의 명세서를 작성하고, 경우에 따라서는 사진, 청사진, 카탈로그 등을 첨부하여 품질을 결정하는 경우에 사용된다.

(4) 규격매매(Sales by Type or Grade)

규격이 국제적으로 지정되어 있거나 수출국의 공적 규정(예 KS, JIS, ISO)에 의해서 정해져 있는 경우 당해 물품의 품질을 결정하고 매매가 이루어지는 것을 말한다.

(5) 점검매매(Sales by Inspection)

매도인이 매수인 앞으로 보낸 상품을 실제 점검한 다음 품질을 결정하여 매매가 이루어지는 거래로서 이는 신규상품의 시장개척 시에 이용되는 경우가 많다.

(6) 표준품매매(Sales by Standard, Sales by Type)

주로 농림수산물이나 광산물과 같은 1차상품거래 시 사용되며 대표적으로 FAQ와 GMQ가 있다.

① FAQ(Fair Average Quality)

'평균중등품질조건'으로서 당해년도 당해 지역에서 생산되는 동종 물품 가운데 중급 수준 품질의 것을 인도하기로 약정하는 방법이다. 이는 주로 곡물과 천연과실 등의 농산물에 사용되는 품질조건으로 인도상품의 표준품질은 선적의 시기 및 장소에 따라 그 계절 출하품의 평균중등품질이어야 한다는 조건이다.

② GMQ(Good Merchantable Quality)

'판매적격품질조건'으로서 물품을 인도할 당시의 품질이 당해 물품의 성질이나 상관습상 판매하기에 적합한 수준이기만 하면 된다. 이 조건은 주로 원목, 냉동어류 광석류 등과 같이 견본의 이용이 곤란한 거래에 이용되는 품질조건으로서 그 인도상품은 거래상 적절하다고 인정되는 품질일 것을 보증하는 조건이다. 따라서 당초의 숨은 하자(잠재하자: hidden defects)가 인도 후에 나타난 경우에도 수입자는 수출자에게 클레임을 제기할 수 있다.

③ USQ(Usual Standard Quality)

이는 '보통표준품질조건'으로서 공인검사기관 또는 공인표준기준에 의해서 보통품질을 표준품의 품질로 결정하는 조건이다. 이는 미국의 원면거래 등에서 주로 이용된다.

2) 품질결정시기

공산품의 경우와는 달리 곡물은 쉽사리 부패되는 성질을 지니고 있어 선적 시의 품질과 양륙 시의 품질이 다를 수 있기 때문에 품질검사의 기준시기를 어느 때로 할 것인가는 매매당사자에게는 중요한 문제이다.

(1) 선적품질조건(Shipped Quality Terms)

인도물품의 품질이 약정품질과 일치하느냐의 여부를 선적시점의 품질에 의하여 결정하는 방법으로서 주로 공산품의 경우에 널리 이용되고 있다. 이 조건에서는 매도인이 운송 중에 변질된 물품이나 조수 등에 의한 물품의 손해에 대하여는 책임이 면제된다.

(2) 양륙품질조건(Landed Quality Terms)

인도물품의 품질과 약정된 품질과 일치하는가 여부를 도착지 양륙시점의 품질에 의하여 결정하는 방법을 말한다. 따라서 운송 도중에 변질되기 쉬운 농산물이나 도착지에 양륙해서 정확한 분석에 의거하여 품질이 결정되는 광산물 등에 주로 이용되고 있다. 이 조건에서는 매도인이 운송 중의 물품의 변질 등에 대하여 모든 책임을 지며, 매수인이 수입상품에 관하여 품질의 불일치임을 발견하였을 경우에는 수입지의 사증기관에 품질 감정을 의뢰하고 거기에서 발행된 감정보고서(survey report)를 매도인에게 보내어 손해배상을 청구하는 것이 보통이다.

① TQ(Tale Quale)

이 조건은 선적품질조건이며 매도인은 운송 중의 손실에 대해서는 책임을 부담하지 않는 조건이다. 영국 런던곡물시장에서 정립된 곡물거래에서 사용되는 선적품질조건이다.

② RT(Rye-Term)

이 조건은 양륙품질조건이며 원래 호밀(rye)거래에서 사용되었다고 하여 RT라고 하는데, 운송 중의 손실에 대해서 매도인이 책임을 지는 조건이다.

③ SD(Sea Damage)

이 조건은 원칙적으로는 매도인이 약정한 물품의 품질을 선적할 때까지만 책임을 부담하고, 양륙 시에는 책임을 부담하지 않는 선적품질조건이지만, 선적하여 항해 중에 발생하는 바닷물에 의한 손해, 즉 습손, 증기손, 염분 침투, 곰팡이 등에 기인하는 품질손해에 대하여 추가적으로 매도인이 부담하는 조건으로 선적품질조건과 양륙품질조건을 절충한 조건이다.

3) 품질 증명방법

계약상품의 품질결정의 증명방법에 관해서는 협정서에 명시할 필요가 있다. 계약상품의 선적 혹은 도착 시에 계약상의 품질과 동일하다는 것을 입증하기 위하여 받아야 한다.

① 선적품질조건에서는 매도인은 그 사증기관으로부터 선적지에서의 품질증명을 받은 후 비로소 면책된다.

② 양륙품질조건에서는 매수인이 착화지에 외형 및 품질의 결함을 발견하면 권위 있는 사증기관에 의뢰하여 이것을 감정, 증명하게 한 후, 그 보고서를 증거로 하여 상대방에게 배상을 청구할 수 있다.

2. 수량조건(Quantity Terms)

상품은 성질과 형상에 따라 중량(weight), 용적(measurement), 개수(piece), 길이(length) 등의 단위로 거래된다. 포장된 상품을 매매하는 경우에는 포장재료의 중량을 포함한 총중량(gross weight)인가, 포장재료의 중량을 포함하지 않은 순중량(net weight)인가를 명기할 필요가 있다.[1]

생산, 포장 등 기타의 사정으로 계약수량대로의 수량을 인도하기가 곤란할 것으로 예상되는 경우에는 약간의 과부족을 용인하는 조항(more or less clause)을 두어야 할 것이다.

1) 수량의 단위

상품의 성질에 따라 중량, 길이, 용적, 포장개수 등으로 구분하고 있다.

(1) 부피(Measurement)

목재나 액체류의 거래에 사용한다.

① 1ton=40ft^3: 전 세계에 사용

② 1ton=1m^3: 북유럽, 우리나라, 일본

③ 1BM(Board Measure)=1,000 Board Feet

(2) 무게(Weight)

원재료에 많이 쓰인다.

① **영국계**: L/T(Long Ton, English Ton, Gross Ton)=2,240lbs=1,016.05kgs=270,946관

② **미국계**: S/T(Short Ton, American Ton, Net Ton)=2,000lbs=907.18kgs=241,916관

③ **프랑스계**: M/T(Metric Ton, French Ton, Kilo Ton)=2,204lbs=1,000kgs=266.677관

(3) 개수

잡화나 기계, 완구 등의 거래에 사용한다.

---

1 ① 총중량조건: 포장한 그대로의 중량을 매매의 중량으로 하는 조건이다.
② 순중량조건: 총중량에서 포장물의 중량을 뺀 중량을 기준으로 하는 매매조건이다.

① Piece: 개
② Dozen: 12pcs
③ Gross: 12 × 12pcs

용적과 개수의 단위도 상품에 따라 다음과 같이 사용한다.

① 목재 등: cubic meter(M^3; CBM)
cubic feet(Cft)
super feet(square feet × 1inch)
② 석유 등 액체: 영국의 1gallon(imperial gallon) = 4,546liters
미국의 1gallon(wine gallon) = 3,787.3liters
③ 일반개체물품: 1gross(12 × 12 = 144)
1small gross(12 × 10 = 120)
1great gross(12 × 12 × 12 = 1,728)

(4) 포장(Package)

일정수량을 내용으로 한 포장을 거래의 단위로 하며, 원면이나 시멘트 등의 거래에 사용한다.

(5) 길이(Length)

직물, 전선 등의 거래에 사용한다.

(6) 면적(Square)

타일, 합판 등의 거래에 쓰인다.

2) 살화물의 수량약정(Bulk Products의 수량약정: 수량의 과부족 인용조건)

살화물(bulk cargo)이란 비포장상태로 거래되는 대량의 불가산(uncountable) 물품을 말하며, 포대나 용기에 넣지 않은 곡물류, 석탄, 광석, 모래, 자갈 등을 말한다.

(1) 과부족용인조항

목재, 광산물 등과 같은 원자재나 곡물 등과 같은 살화물 형태의 물품은 종류에 따라

장기간의 수송기간 중에 감량이 생길 수 있거나 정확한 계약수량을 선적하기가 어렵기 때문에 계약수량과 실제로 인도하는 수량을 정확하게 일치시키기 곤란한 경우가 있다. 수량 과부족용인조항은 매매당사자가 합의하여 계약물품의 수량에 대하여 일정비율까지의 초과 또는 부족은 서로 양해하고 계약을 이행한 것으로 결정하는 조건으로서, 인도수량에 신축성을 부여하는 수량조건을 말한다. 즉, 과부족용인조항은 수량 과부족의 허용범위를 명확하게 하기 위하여 "Quantity shall be subject to a variation of 5% more or less at seller's option(수량은 매도인이 임의로 5%의 과부족을 허용하는 조건으로 한다)"와 같이 그 용인되는 수량의 한도와 과부족 선택권자를 명시하는 조건을 말한다.

(2) 개산수량조건

개산수량조건(approximate quantity terms)은 과부족용인조항을 설정하지 않고 계약물품의 수량 앞에 'about, approximately, some, around' 등의 표현을 추가하여 수량을 결정하는 조건으로서 개별단위로 포장을 하지 아니하고 운송되는 살화물의 경우에 인도수량에 신축성을 부여하는 수량조건을 말한다.

신용장거래에서는 신용장통일규칙(UCP 600) 제30조 a항에 따라 10%의 수량과부족을 허용하는 것으로 해석하지만, 무신용장거래에서는 어느 정도의 과부족을 허용할 것인지에 대하여 국가 또는 관습의 차이로 인하여 당사자 간에 분쟁이 야기될 수 있으므로 당사자는 개별계약서에 수량을 명백하게 합의하거나 또는 과부족용인한도를 일반거래조건협정서에 포괄적으로 명시해 두어야 향후에 발생할 수 있는 분쟁을 예방할 수 있다.

(3) 손해면책조항(Franchise Clause)

이것은 물품이 물리적, 화학적 성질상 필연적으로 감량을 발생시키는 경우, 일정률의 감량을 면제한다는 특수조항조건부 수량조건이다.

(4) 공제조항(Deduction Clause)

이것은 약정품의 계약수량에 관하여 미리 일정률의 감량을 예상하여 평균상당률의 수량을 공제하는 것을 특약하는 경우의 조건을 말한다.

3) 수량에 제한

(1) 최소주문수량(Minimum Order Quantity)

단번에 대량생산이 불가능할 경우의 수량을 상대방이 요구할 시는 최대인수 가능수량(maximum quantity acceptable)을 약정해야 한다.

1회당 주문수량이 적은 경우에는 생산비가 비싸지고 또한 해상 및 육상운임도 최저운임이 적용되어 비싼 운임을 지급하게 되어 매도인으로서는 예기하지 않은 손실을 입는 수가 있다. 1회당 주문수량의 최소한을 최소인수 가능수량으로서 사전에 약정해야 한다.

(2) 최대주문수량(Maximum Order Quantity)

최소인수 가능수량(minimum quantity acceptable)조건, 즉 'An order shall be accepted so long as the quantity exceeds 1,000 dozen' 등과 같이 약정해야 한다.

특정 시기 또는 특정 상품에 있어서는 계절에 따라 수요 및 공급의 변동이 심해 대량의 수량을 한번에 공급하기가 어려운 경우도 있다. 이 밖에도 공장설비나 생산능력의 한계, 또는 자원의 고갈 등의 경우에는 주문에 응할 수 없는 경우도 생기므로 인수할 수 있는 최대인수 가능수량에 대해서 약정할 필요가 있다.

3. 가격조건(Price Terms)

1) 가격조건의 내용

무역가격은 국내거래에서 발생하지 않는 부대비용(운송비, 보험료, 행정비용, 관세 등)이 필연적으로 수반되는데 이 부대비용의 부담자를 수출상, 수입상 중 누구로 할 것이냐는 매매당사자가 계약에서 채택하는 INCOTERMS상의 정형거래조건에 따라 달라지게 된다. 즉, 가격조건을 무엇으로 결정했느냐에 따라 비용의 부담자, 위험의 이전시기, 소유권의 귀속 여하가 모두 달라지기 때문에 이것을 알아야 가격협상 및 상담이 가능해지는 것이다.

2) 수출입물품 가격결정요소

가격결정요소 = 물품의 제조(생산)원가 + 이윤(희망이익) + 요소비용(부대비용)

위의 가격결정요소에서 요소비용(부대비용)은 다음과 같다.

① 포장비

② 검사비

③ 수출국 내에서의 내륙운송비(inland freight)

④ 부두비용: 선적항에서의 창고료(storage, go-down rent), 부두사용료(wharfage charge), 항구세(port duties) 등

⑤ 행정비용: 수출국에서의 수출추천 및 수출승인(E/L)비용 등 수입국에서의 수입추천 및 수입승인(I/L)비용 등

⑥ 선적비용: 수출통관비용(cost of export clearance), 수출관세, 선적비(shipping charges), 적하비(loading charges), 적입비(stowing charges)

⑦ 운임(freight)

⑧ 보험료(insurance premium)

⑨ 목적항에서의 양하비(unloading charges)

⑩ 목적항에서의 부두비용: 목적항에서의 부두사용료(wharfage charge), 항구세(port dues), 창고료(storage, go-down rent) 등

⑪ 수입관세(import duties)

⑫ 수입통관비용(cost of import clearance)

⑬ 수입국 내에서의 내륙운송비와 보험료

⑭ 각종 수수료(commission)와 이자 또는 외환비용(cost of exchange)

⑮ 기타 영업비용과 잡비

3) 무역가격의 설정

실제 무역거래에서는 국제적으로 무역거래관습상 형성된 정형화된 거래조건으로서 매매당사자 간의 법률관계(권리 · 의무)를 정해 놓았는데 이것을 정형거래조건(trade terms) 즉, Incoterms 2020이라 한다(5장 인코텀즈 2020에서 자세히 설명).

4) 무역가격의 표시통화

① **달러**: US Dollar, Canadian · Hong Kong · Singapore · Fiji Dollar 등

② **프랑**: Swiss · France · Luxemburg Franc 등

③ **파운드**: English · Cyprus · Egypt · Sudan · Malta Pound 등

5) 선내하역비용의 명시

소량화물이나 개품화물인 경우에는 정기선(liner)에 의해 운송되어 선박회사가 운임에 포함하여 선내하역비를 부담한다.

살화물(bulk cargo)의 선내하역비조건이 F.I., F.O., F.I.O. 등일 경우에는 화주가 선내하역비의 일부 또는 전부를 부담해야 한다.

① FIO(Free In and Out): 선적비 및 양륙비는 선사부담이 아니다.

② FI(Free In): 선사가 양륙비용만 운임에 부과한다.

③ FO(Free Out 또는 free discharge): 선사가 선적비용만 운임에 부과한다.

4. 결제조건(Payment Terms)

무역거래는 매매당사자가 원격지 간에 떨어져 있기 때문에 무역계약을 체결할 시 대금의 결제방법, 결제시기 그리고 결제통화 등에 대하여 상세하게 약정하여야 한다. 특히 무역매매계약에서는 보통 결제조건 시에 화환어음(documentary bill of exchange)을 이용한다. 즉, 선적서류가 첨부된 환어음을 매수인이 결제한다.

1) 무역대금의 결제방법

6장 무역대금결제에서 자세히 설명하고, 이하에서는 요약하여 설명한다.

(1) 송금방식에 의한 결제(Remittance Basis)

송금방식을 수입상이 물품을 받기 전 또는 받은 후에 송금하여 주는 방식으로 사전송금방식과 사후송금방식이 있다.

① **사전송금방식(Payment in Advance)**

사전송금방식은 수출상의 입장에서 무역대금의 회수불능 등과 같은 위험부담은 없어 좋은 조건이라 할 수 있으나 수입상은 대금만 먼저 지급하고 그 후에 물품을 받지 못하는 위험을 부담하게 된다.

② **사후송금방식(Sales on Consignment)**

사후송금방식은 물품을 받은 후 대금을 지급하는 수입상은 안전하나 수출상은 대금 미회수의 위험을 부담하게 된다.

(2) 추심방식에 의한 결제(Collection Basis)

추심결제방식의 D/P, D/A조건은 관련은행의 지급확약이 없이 오직 매매당사자의 책임하에 거래가 이루어지기 때문에 거래 전에 상대방의 신용조사가 선결되어야 한다.

① **D/P조건(Documents against Payment: D/P)**

환어음을 일람불어음(at sight bill of exchange)으로 발행하여 수입상에게 제시하여 그 어음금액을 추심을 통해 결제받는 방법이다.

② **D/A조건(Documents against Acceptance: D/A)**

환어음을 기한부어음(usance bill of exchange)을 발행하여 수입상에게 제시하면 수입상은 일람불조건식으로 결제하는 것이 아니라 환어음의 결제유예기간(at 30 days after sight) 등을 확인(인수)만 함으로써 운송서류를 인도받은 후 약정기간(만기일)에 대금을 추심에 의해 결제하는 방법이다.

(3) 신용장의 결제(Letter of Credit: L/C)

무역매매계약의 결제조건을 근거로 수입상(applicant)의 요청에 의하여 수입상 거래은행인 신용장개설은행(issuing bank 또는 opening bank)이 신용장조건에 일치하는 운송서류와 상환으로 수출상(beneficiary) 또는 그 지시인에게 무조건 대금을 지급하거나 만기일에 가서 인수한 어음에 대한 대금지급을 약정하겠다고 개설은행이 개설하는 증서이다.

2) 결제시기

무역대금결제시기는 환어음의 지급(payment by bill of exchange), 선지급(payment in advance), 동시지급(concurrent payment), 후지급(deferred payment) 그리고 두 가지 이상을 혼합한 혼합지급이 있다.

(1) 환어음의 지급

무역거래에서 환어음(draft)에 의해 결제가 이루어지는 방식은 신용장과 추심결제가 대표적인 경우이다.

① 일람지급어음(Sight Draft; Sight Bill of Exchange; Demand Bill)

수출상이 발행한 어음이 지급인(drawee)에게 제시되면 즉시(한국은 7일, 미국은 3일 내) 어음금액을 지급하는 어음을 말한다.

신용장에 의해 발행되는 환어음은 수출상(beneficiary)의 거래은행에 어음매입(negotiation)과 동시에 신용장과 운송서류가 일치하면 즉시 무역대금을 지급하게 된다.

② 기한부어음(Usance Bill; Term Bill; Time Bill)

수출상이 발행한 어음이 어음지급인에게 제시되면 지급인이 그 어음을 인수(acceptance)하여 일정기간 지급유예를 확인받고 일정기간 후 만기일에 지급하는 환어음을 말한다.

- 일람후 정기출급(at ×××days after sight): 어음지급인에 의해 인수된 날로부터 기산하여 어음면에 기재된 일정기간 이내 지급한다.
- 일부후 정기출급(at ×××days after date): 어음의 발행일로부터 기산하여 어음면에 기재된 일정기간 내에 지급한다.
- 확정일출급(at ×××days after(or from) B/L date or fixed date): 정해진 일자(fixed date)로부터 기산하여 어음면에 기재된 일정기간 내에 지급한다. 한편 기한부어음에 의한 대금결제 시에는 계약서상에 일정기간의 유예기간 동안의 이자부담에 관한 약정을 사전에 체결하여야 한다.

(2) 선지급(Payment in Advance)

수출대금을 선적 또는 인도하기 이전에 미리(in advance) 결제하는 건이다.

① 주문과 함께 매수인이 은행수표(bank check), 우편송금, 전신환송금 등으로 송금하는 사전송금방식(remittance basis)이다.

② 주문과 동시게 송금하여 현금결제가 이루어지는 주문불(Cash With Order: CWO)

방식이다.

③ 수출상이 신용장 수취와 함께 상품선적 전에 미리 대금의 일부가 결제되는 전대신용장(red clause L/C; packing L/C)에 의한 방식이다.

(3) 후지급(Deferred Payment)

수출대금의 결제가 상품의 선적이나 인도 또는 환어음의 일람후 일정기일 내에(at ×××days after sight) 이루어지는 외상거래방식의 연지급조건이다.

일반적으로 기한부신용장(usance L/C)이나 D/A거래와 같이 1년 이내에 대금이 지급되는 것을 단기, 1년 이상의 거래를 중장기연지급이라고 한다.

(4) 동시지급(Concurrent Payment)

현물 또는 현물과 동일시되는 선적서류를 인도받음으로써 동시에 대금지급이 이루어지는 방식이다.

① 운송증권을 포함한 수입상이 요구하는 운송서류를 수출지에 상주하는 수입상의 지점이나 대리인에게 넘겨주면서 동시에 대금결제가 이루어지는 서류상환인도(Cash Against Document: CAD)이다.

② 수출상이 자기의 비용과 위험부담으로 수입지에 상주하는 수출상의 지점이나 대리인에 현품을 인도하고 현지에서 수입상의 검품을 통하여 현물을 인도와 동시에 대금결제가 이루어지는 현물인도방식(Cash On Delivery: COD)이다.

(5) 혼합방식

누진불(progressive payment) 또는 할부지급(instalment payment)방식인데 수입상이 현품을 주문과 동시에 대금의 일부를 지급하고 선적 시 또는 현품이 도착 후 수년에 걸쳐 일부씩 누진적으로 지급하는 것으로 플랜트 등 대형거래에서 많이 이용되는 조건이다.

3) 결제통화

환위험(exchange risk), 즉 환시세의 변동이 심하지 않은 안정된 통화로서 국제통용성 및 공신력이 높은 통화를 채택해야 한다.

① 안정성(stability)

② 교환성(sonvertibility)

③ 유통성(circulativeness)

5. 선적조건(Shipment Terms)

선적조건은 7장 수출입물품의 운송에서 자세히 설명하고, 이하에서는 요약하여 설명한다.

1) 선적시기(Shipping Date: S/D)의 약정

(1) 단월조건(單月條件)

- 표시방법: 'March shipment', 'During March' 등

(2) 연월조건(延月條件)

- 표시방법: 'Shipment to be made from March to May, 1994' 등

(3) 특정일자조건

- 표시방법: 'Shipment to be made within 45 days after receipt of L/C', 'Shipment to be effected within 3 months after(from) date of this contract' 등

(4) 신용장상의 일자와 관련된 용어

① to, from, till(until): 해당일 포함

② After: 해당일 제외(다음날)

③ 특정 달의 first half(1~15), second half(16~말일)

④ 특정 달의 beginning(1~10일), middle(11~20일), end(21~말일)

⑤ on or about ×××일: ×××일 전후 5일씩

(5) 실무상 유의점

선적일에 대한 해석기준으로 '즉시' 선적조건에 대하여 확실하게 약정할 필요가 있다. 즉, 'prompt shipment', 'immediate shipment', 'as soon as shipment' 등은 막연하고 그 해석기준이 국가마다 상이하므로 이러한 표현은 매매당사자 사이에 분쟁이 야기되기 쉽

기 때문에 이러한 표현은 선적일로 절대 사용되어서는 안 된다.

2) 분할선적(Partial Shipment)

(1) 분할선적의 의의

할부선적(shipment by instalments, instalment shipment)이라고 하며, 할부선적은 분할횟수, 수량, 각 분할분의 선적시기 등을 구체적으로 정한 경우를 말한다. 무역계약 약정 시 분할선적을 허용하는 표현은 'partial shipments are allowed' 그 반대는 'prohibited' 라고 약정하면 된다. 이러한 표현이 없을 경우에는 분할선적을 허용하는 것으로 본다.

(2) 분할선적의 유의사항

① 신용장거래인 경우 어느 분할분의 선적이 약정대로 이루어지지 않았다면, 당해분에 대한 unpaid와 잔여계약분에 대한 취소권을 개설은행 측이 가지게 된다.

② 계약이나 신용장상에 분할선적에 관한 약정이 없을 경우 분할선적을 금지하는 조항만 없다면 분할선적은 허용하는 것으로 해석한다.

3) 환적(Transshipment)

(1) 환적의 의의

이적이라고도 하며, 복합운송(combined transport, multimodal transport)에서는 환적이 일반적이다. 직항선적 약정 시(direct shipment by customary route 등) 환적이 금지된다고 보지만, 직항선적의 약정이 있더라도 해난에 조우하여 피난항(port of refuge)에 기항하거나 선용품 조달을 위한 일시적인 기항은 인정된다.

단일 운송증권에 의한 복합운송이나 신용장상에 환적금지에 대한 명시가 없는 한 운송인이 환적할 권리를 갖는 것으로 규정되어 있다.

(2) 환적의 유의점

실무상 환적금지의 명시가 없어도 수출상 자신의 안전과 환적으로 인한 분쟁의 소지를 예방하기 위해서 약정품의 특성을 고려하여 환적이 금지된다고 보는 직항선(direct vessel by customary route)으로 약정하는 것이 바람직하다.

4) 선적일의 입증

(1) 선적선화증권(Shipped B/L)

B/L(Bill of Lading) 발급일이 신용장상의 선적일보다 빠르면 된다.

(2) 수취선화증권(Received for Shipment B/L)

B/L상의 본선적재일(on board notation)이 신용장의 선적일보다 빨라야 한다.

(3) 신용장의 유효기간(Expiry Date: E/D)과 선적기일(Shipping Date: S/D)

① L/C상 유효기간은 정해져 있으나 선적기일이 정해져 있지 않으면 E/D를 최종선적일(Latest Shipping Date: S/D)로 본다.

② E/D가 국경일, 일요일, 은행의 휴무일일 때 E/D는 다음 영업일까지 자동연장되지만, Latest Shipping Date(S/D)는 연장되지 아니한다. 따라서 수출상은 S/D가 공휴일인 경우 당일 또는 전일까지 선적을 완료해야 한다.

6. 보험조건(Insurance Terms)

보험조건은 8장 무역보험에서 자세히 설명하고, 이하에서는 요약하여 설명한다.

무역상품을 운송하는 과정에서 좌초(stranding) 등과 해상고유의 위험이나 전쟁 등과 같은 인위적 위험을 커버하기 위해서는 적하보험(cargo insurance)에 부보하여야 한다. 적하보험은 무역조건상 CIF나 CIP로 무역계약이 체결될 경우에는 수출상이 자기의 부담으로 부보를 하여야 하나 FOB, FCA 및 CFR일 경우에는 수입상이 적하보험계약을 체결하여야 한다.

1) 보험금액의 결정

(1) 보험금액 결정

보험금액(insured amount)이란 보험사고 또는 소정의 손해가 발생한 경우 보험자(insurer; assurer)가 지급해야 하는 금액 또는 그 최고한도의 금액으로 보험자와 피보험자(insured; assured) 간에 상호 협의하여 정하도록 되어 있다.

(2) 무역실무상 보험금액

무역실무상 보험금액은 상업송장금액에 희망이익(expected profit)을 가산한 금액을 보험금액으로 정하고 있다. 즉, 수출상과 수입상이 무역계약을 체결 시 보험조건상에 'the amount of invoice plus 10%' 또는 '110% of invoice value'와 같이 송장금액에 10%를 가산한 금액으로 또는 그 이상으로 할 것인지의 희망이익에 대해 약정해야 한다.

2) 보험조건의 선택

(1) 의의

적하보험에서의 보상범위는 계약에서 명시한 보험조건에 따라서 발생한 멸실이나 손상에 한정되어 있기 때문에 보험에 부보하고자 하는 화물의 성질, 포장상태, 운송방법 등을 충분히 고려한 후 가장 경제적이면서도 화물의 안전운송에 효과적으로 대체할 수 있는 가장 적합한 보험조건을 선택하여야 한다.

(2) 보험조건

① 의의

매도인이나 매수인이 자신을 위하여 보험에 부보해야 할 무역거래조건의 경우에는 보험계약에 관한 명시적인 규정이 필요 없지만, CIF 또는 CIP계약과 같이 매도인이 매수인을 위해 화물을 보험에 부보하는 경우에는 보험조건을 명확히 결정해 둘 필요가 있다.

② 담보조건

협회적하보험약관(Institute Cargo Clause: ICC)에는 ① ICC(A): ICC(All Risk: A/R), ② ICC(B): ICC(With Average: WA), ③ ICC(C): ICC(Free from Particular Average: FPA)조건 등이 있으며, 필요에 따라 전쟁위험이나 동맹파업위험에 대비한 IWC나 ISC로 부보하거나 내륙운송확장담보(ITE)도 고려한다.

한편 기본조건 중 물품의 성질과 운송의 사정에 따라 추가로 부보해야 할 부가위험을 부보하기 위해서는 부가위험(extraneous risks)을 추가해야 하며, 기본조건과 부가조건 이외에 특약을 해야만 담보가 되는 ICC(wars/strikes, riots and civil commotions: 전쟁 및 파업 · 폭동 · 소요)조건 등도 있다.

7. 포장 및 화인조건(Terms of Packing and Mark)

1) 포장조건

(1) 포장의 의의

포장(packing)은 내용물을 보호하는 견고성과 포장비용 자체의 절감 그리고 운임절감을 고려한 경제성을 감안하여 포장조건을 결정하는데, 그에 적합한 포장을 해야 할 의무를 수출상이 부담하여야 한다.

(2) 포장기능 및 계약

포장은 제품의 보호나 판매촉진의 의미를 갖는다. 포장은 내용물을 보호하는 견고성과 포장비용 자체의 절감 그리고 운임절감을 고려한 경제성을 감안하여 포장조건을 약정한다. 한편 포장의 불완전으로 인한 약정품의 손상은 적하보험약관상 보험자의 면책조항에 적용되므로 세심하게 포장을 수행하여야 하며, 화인에 있어서도 기호와 번호가 불완전하게 표시된 포장으로 인한 사고는 수출상이 책임을 져야 됨에 유의해야 한다.

(3) 책임

운송 도중 물품에 사고가 발생했을 경우 그 사고의 원인이 포장불량 때문인 것으로 판명되면 이에 대한 책임은 전적으로 수출상에게 돌아가므로 보험회사나 선박회사에게 책임을 물을 수 없는 경우가 발생하게 된다.

(4) 포장의 종류

① 개장(Unitary Packing)

개장은 소매의 단위가 되는 최소의 묶음을 개별적으로 하나씩 행하는 포장방법이다. 개장에는 상표나 또는 제조업체의 이름이 기재되고 보기 좋게 디자인된 포장지가 사용된다.

② 내장(Interior Packing)

내장은 개장물품을 수송 또는 취급하기에 편리하도록 보통 몇몇의 개장을 합하여 행하는 포장방법이고 내장은 외장보다 튼튼한 포장재가 사용되어 그 내용물이 수분이나 습기 또는 광선이나 진동 등에 의해 손상되지 않도록 포장재료를 쓴다.

③ 외장(Outer Packing)

물품의 성질, 운송수단 및 거리 등을 고려하여 골판지, 송판, 철강재, 방수재, 충격 방지재 등 적합한 포장재가 사용되어야 하므로 어떠한 소재를 선택할 것인가를 계약 시에 정해 두어야 한다. 물품의 성질, 운송수단과 거리, 환적 여부, 포장비와 운임, 기후조건, 당사국의 포장규정이나 상관습 등을 감안하여 포장재와 포장단위를 약정하되, 과대포장(over packing)되지 않도록 유의하여야 한다.

2) 화인(Marks)

① 화인의 개요

화인(shipping mark)은 화물의 분류를 원활히 수행하고 화물의 운송 및 보관 시 필요한 화물 취급상의 지시, 주의를 포장에 표시하기 위하여 매수인이 매도인에게 요구하는 경우가 많다.

② 화인의 구성

- 주화인(Main Mark): 특정한 기호(Symbol)를 표시하고 그 안에 수입자의 상호 등의 약자를 표시한다.
- 부화인(Counter Mark): 주화인만으로 다른 화물과의 구별이 어려울 때, 주화인 아래에 생산자 또는 공급자의 약자를 표시한다.
- 상자번호(Case Number): 송장(invoice), 적하목록(MF: manifest) 기타 운송서류와 대조하여 식별, 확인하기 위하여 상자 겉면에 표시하는 일련번호 등을 기재한다.
- 도착항표시(Port Mark): 화물이 다른 곳으로 잘못 운송되는 것을 막기 위한 필수적인 화인으로서 복수항로의 경우 'New York via Seattle' 등으로 표시한다.
- 중량표시(Weight Mark): 운임계산, 통관, 하역작업 등을 용이하게 할 수 있도록 순중량(net weight)과 총중량(gross weight)을 표시한다.
- 원산지표시(Origin Mark): 생산국을 외장의 맨 아래에 표시한다.
- 주의표시(Care Mark, Side Mark, Caution Mark): 화물취급상 특히 주의할 점(this side up, fragile, keep dry 등)을 통상 외장의 측면에 표시한다.
- 기타의 표시: 수입자의 요청에 따라 주문표시(order no.), 지시표시(attention mark), 물품의 등급(grade) 또는 품질표시(quality mark) 등이 기재되어야 한다.

(2) 반드시 표시해야 하는 화인

주화인(main mark), 도착항 표시(port mark), 상자번호(case number), 원산지표시(origin mark) 등은 필수적으로 표시해야 한다.

3) 검사(Inspection)

무역거래계약서에서 상품이 계약조건에 합치되어 있는가를 확인하기 위하여 제3자인 검사기관에 상품을 검사시키는 일이다.

8. 클레임 및 중재(Claim and Arbitration) 관련 계약

1) 불가항력

일반적으로 불가항력(force majeure)에 의한 손해는 면책되지만, 손해를 입은 측에서는 여러 가지 명목으로 클레임을 제기할 가능성이 있다. 특히 수출상의 공급불능이 있을 경우 그 원인이 당사국의 수출규제, 천재지변, 전쟁, 내란 등에 의한 것일 때는 면책된다는 조항을 두는 것이 좋다.

이 밖에 환율이 크게 평가절하되거나 절상되는 경우에도 환차손을 둘러싸고 분쟁이 발생할 수 있으므로 환율적용에 대하여 별도로 약정하여 두는 것이 좋다.

2) 권리침해

공업소유권 등에 관한 권리침해(infringement)에 대해서는 면책문언을 넣어두는 것이 좋다.

3) 클레임 제기기한

클레임의 제기기한을 설정해 두는 것은 실무상 필요한 경우가 많다.

4) 중재

무역매매계약에 관하여 발생하는 분쟁은 소송에 의하여 해결하기보다는 중재(arbitration)에 의하여 해결하는 편이 현실적으로 유리하다.

5) 준거법

계약의 해석에 있어서 어느 국가의 법률을 적용하느냐 하는 문제는 미리 결정하여 계약서에 밝혀두는 것이 좋다.

이상의 품질조건, 수량조건, 가격조건, 결제조건, 선적조건, 보험조건, 포장 및 화인조건, 클레임 및 중재 관련 계약의 8개 항목은 모두 계약체결 시 당사자가 일일이 합의하면서 결정하는 일은 극히 드물며 일반적으로 중요한 사항에 대해서만 합의하여 결정하며 나머지 사항은 계약서 작성 시 이면조항에 일방적으로 삽입하는 경우가 많다.

5장 인코텀즈(Incoterms) 2020

5장 인코텀즈(Incoterms) 2020

1절 | 인코텀즈 2020의 개관

국가들마다 무역관행과 무역조건의 해석상의 상이로 발생하는 마찰을 없애고 국제무역거래의 관습과 용어의 통일을 위하여 1936년 1월에 국제상업회의소가 무역조건의 해석에 관한 국제규칙을 제정하였다. 그 후 국제무역환경의 변화에 따라 무역조건의 내용을 개정할 필요성이 생겨 1953년, 1967년, 1976년, 1980년, 1990년 및 2000년 그리고 2010년, 2020에 걸쳐 8번 개정하였다. 인코텀즈(ncoterms)는 'International Commercial Terms'의 약자로 정식명칭은 'International Rules for the Interpretation of Trade Terms (무역조건의 해석에 관한 국제규칙)'을 말한다. 이는 무역거래계약에 있어서 화물거래의 일시 및 장소, 위험의 이전, 소유권의 이전, 운송계약 및 운임의 지급, 보험계약 및 보험료지급, 통관절차 및 관세지급 및 기타의 경비부담에 대하여 매도인 및 매수인이 어떻게 부담하는가를 국제적으로 통일한 규칙이다.

1. 인코텀즈 2020의 개정

수출입상품의 소유권의 이전(인도시점), 비용부담의 범위를 표시한 것으로서 상품의 인수지점은 어디인가, 어느 지점에서 상품은 수출자로부터 수입자에게 인도되는가, 매도인과 매수인에 대한 책임은 어디까지인가, 운임이나 보험료 등의 비용은 누가 어느 지점에서 어느 지점까지 부담하는가를 약정하는 것이다.

특히 주요 개정내용으로 DAT(Delivered at Terminal)를 DPU(Delivered at Place

Unloaded)로 명칭을 변경하였으며, DPU는 인도장소(목적지)가 터미널로 제한되지 않는다. DPU와 DAP의 유일한 차이점은 DPU는 물품을 도착 운송수단으로부터 양하한 후 인도하며, DAP는 물품을 도착 운송수단에 실어둔 채 양하를 위하여 매수인의 처분하에 둠으로써 인도한다. 따라서 이제 DAP는 DPU 앞에 배치된다.

2. 인코텀즈 2020 요약

(1) 매도인의 물품 이전에 대한 위험 분기점

① 적출지에서 종료: EXW, FCA, FAS, FOB, CFR, CIF, CPT, CIP

② 목적지에서 종료: DAP, DPU, DDP

(2) 매도인이 주운송비를 부담하는 인코텀즈

CFR, CIF, CPT, CIP, DAP, DPU, DDP: Freight Prepaid

(3) 운송인과 운송계약을 체결하는 주체

① 매도인: CFR, CIF, CPT, CIP, DAP, DPU, DDP

② 매수인: FCA, FAS, FOB

* EXW: 매수인의 선택사항

(4) 위험분기점과 비용분기점이 다른 인코텀즈: CFR, CIF, CPT, CIP

(5) 매도인이 보험가입의무가 있는 인코텀즈: CIF, CIP

(6) 매도인의 통관의무

① EXW: 매도인은 수출/수입통관의 의무를 부담하지 않음

② FCA, FAS, FOB, CFR, CIF, CPT, CIP: 매도인은 수출통관 의무를 부담

③ DAP, DPU: 매도인은 수출/통과국 통관의무를 부담

④ DDP: 수출기업은 수출/통과국/수입 통관의무 모두 있음

(7) 매도인이 최종운송수단에서의 양하의무를 부담하는 인코텀즈: DPU

| 표 5-1 | 인코텀즈 2020 요약

		계약이행을 증명하는 서류의 조건				
Incoterms	Full Name	적합 운송서류	운임기재	보험 서류	수출 면장	수입 면장
EXW	Ex Works(place)	운송지시서, 물품수령증	Buyer/ Collect	×	×	×
FCA	Free Carrier(place)	수취선화증권, 항공운송서류, 도로운송서류	Buyer/ Collect	×	○	×
FAS	Free Alongside Ship(port)	수취선화증권	Buyer/ Collect	×	○	×
FOB	Free On Board(port)	선적선화증권	Buyer/ Collect	×	○	×
CFR	Cost and Freight(port)	선적선화증권	Seller/ Prepaid	×	○	×
CPT	Carriage Paid To(place)	수취선화증권, 항공운송서류, 도로운송서류	Seller/ Prepaid	×	○	×
CIF	Cost Insurance and Freight(port)	선적선화증권	Seller/ Prepaid	○	○	×
CIP	Carriage and Insurance Paid to(place)	수취선화증권, 항공운송서류, 도로운송서류	Seller/ Prepaid	○	○	×
DAP	Delivered At Place	Delivery Order, 물품수령증	Seller/ Prepaid	×	○	×
DPU	Delivered at Place Unloaded	Delivery Order, 물품수령증	Seller/ Prepaid	×	○	×
DDP	Delivered Duty Paid(place)	Delivery Order, 물품수령증	Seller/ Prepaid	×	○	○

| 그림 5-1 | 인코텀즈 2020의 활용

Incoterms는 International Commercial Terms의 약어로 국제상업회의소(International Chamber of Commerce)에서 제정한 국제규칙으로 계약당사자인 매도인과 매수인이 준수해야 하는 의무, 비용부담, 보험가입 의무 등에 대하여 규정

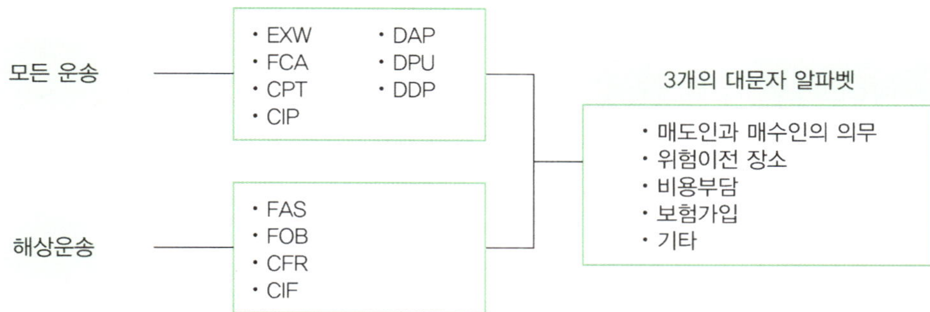

2절 | 인코텀즈의 2020 조건별 설명

1. EXW(Ex Works): 공장인도조건(insert named place of delivery)(지정장소)

'공장인도조건(EXW)'은 매도인이 자신의 영업구내 또는 기타 지정장소(예컨대, 작업장, 공장, 창고 등)에서 물품을 매수인이 임의로 처분할 수 있는 상태로 두면 되고, 그때까지의 위험과 비용을 매도인이 부담한다. 매도인은 물품을 수취용 차량에 적재하지 않아도 되고, 물품의 수출통관이 요구되더라도 매도인은 이행할 의무가 없다. 당사자들은 지정장소 내의 지점을 가급적 명확하게 명시하는 것이 바람직하다. 매수인은 지정장소에 합의된 지점이 있는 때에는 그 지점부터 물품의 수령에 수반되는 모든 비용과 위험을 부담한다. 따라서 이 조건은 매도인의 최소의무를 나타내며, 국내거래에 적합하고 국제거래에서는 통상 FCA를 채택하는 것이 더 적절하다.

2. FCA(Free Carrier): 운송인인도조건(insert named place of delivery)(지정장소)

'운송인인도조건(FCA)'은 인도의 지정장소가 매도인의 영업구내인 경우 물품이 매수인이 제공한 운송수단에 적재된 때 물품이전에 관한 매도인의 위험(파손이나 훼손)부담이 매수인에게 이전된다. 인도의 지정장소가 매도인의 영업구내가 아닌 경우에는 물품이 매도인의 운송수단에 실린 채 양하준비된 상태로 매수인이 지정한 운송인 또는 제3자의 처분에 놓인 때 물품이전에 관한 매도인의 위험(파손이나 훼손)부담이 매수인에게 이전된다.

물품의 수출통관은 매도인이 하여야 한다. 그러나 매도인은 물품을 수입통관하거나, 수입관세를 부담하거나, 수입통관절차를 수행할 의무가 없다.

운송계약은 매수인이 운송계약을 체결할 의무를 지며, 매수인의 요청에 따라 매도인은 운송계약을 위한 정보를 매수인에게 제공해야 한다.

물품이 적재되었음을 기재한 운송서류(예 본선적재 선화증권)가 필요한 경우 매수인은 자신의 위험과 비용으로 운송서류를 매도인에게 발행하도록 운송인에게 지시해야 하며 매도인은 그 서류를 매수인에게 제공해야 한다. 그리고 수출/수입통관의 의무로서 매도인은 수출통관의 의무를 부담하며 이에 대한 비용을 부담하고 매수인은 통과국 및 수입국 통관을 위해 부과되는 절차와 비용을 부담한다.

3. FAS(Free Alongside Ship): 선측인도조건(named port of shipment)(지정선적항)

'선측인도조건(FAS)'은 매도인이 지정선적항에서 매수인이 지정한 선박의 선측부두 또는 바지(barge)에 물품이 놓인 때 또는 그렇게 인도된 물품을 조달한 때 물품이전에 관한 매도인의 위험(파손이나 훼손)이 매수인에게 이전된다. 매수인은 그러한 시점 이후의 모든 비용을 부담한다. 물품이 컨테이너에 적재되는 경우에는 매도인이 물품을 선측이 아니라 터미널에서 운송인에게 교부하는 것이 전형적이다.

FAS에서 매도인은 해당되는 경우에 물품의 수출통관을 하여야 한다. 그러나 매도인은 물품을 수입통관하거나 수입관세를 부담하거나 수입통관절차를 수행할 의무가 없다.

운송계약은 매수인이 지정목적지까지의 운송계약을 체결할 의무를 지며, 운송서류/인도의 증거는 매도인은 자신의 비용으로 운송에 관한 통상적인 증거를 매수인에게 제공해야 하며, 그러한 증거가 운송서류가 아닌 경우 매도인은 매수인의 위험과 비용으로 매수인이 운송서류를 취득하는 데 협력을 제공해야 한다. 수출/수입통관의 의무로서 매도인은 수출통관의 의무를 부담하며 이에 대한 비용을 부담해야 하며, 매수인은 통과국 및 수입국 통관을 위해 부과되는 절차와 비용을 부담한다.

매수인은 수출통관에 부과되는 모든 관세, 세금 등을 부담하며 매수인은 통과국 및 수입통관에 부과되는 모든 관세, 세금 등을 부담한다. 그리고 매수인이 지정한 선박이 정시에 도착하지 않거나 물품을 수령하지 않아 발생하는 추가비용을 부담한다.

4. FOB(Free On Board): 본선인도조건(named port of shipment)(지정선적항)

'본선인도조건(FOB)'은 물품이 지정된 선적항에서 '본선에 적재(on board the vessel)' 된 때 매도인이 인도하는 것을 의미한다. 이것은 매수인이 그 지점으로부터 물품의 멸실 또는 손상의 모든 비용과 위험을 부담하여야 한다는 것을 의미한다. FOB조건은 매도인에게 수출을 위하여 물품을 통관할 것을 요구하고 있다. 이 조건은 해상운송 또는 내륙수로운송에만 사용될 수 있다. 만일 당사자가 본선의 난간을 횡단하여 물품을 인도할 의도가 없는 경우에는 FCA(운송인인도)조건을 사용하여야 한다.

운송계약은 매수인이 지정목적지까지의 운송계약을 체결할 의무를 진다. 그리고 운송서류/인도의 증거로서 매도인은 자신의 비용으로 매수인에게 물품이 인도되었다는 통상적인 증거를 매수인에게 제공해야 하며, 그러한 증거가 운송서류가 아닌 경우 매도인은 매수인의 위험과 비용으로 매수인이 운송서류를 취득하는 데 협력을 제공해야 한다. 수출/수입통관의 의무로서 매도인은 수출통관의 의무를 부담하며 이에 대한 비용을 부담해야 하며, 매수인은 통과국 및 수입국 통관을 위해 부과되는 절차와 비용을 부담한다.

매도인은 물품을 인도하기 위한 목적에서 필요한 점검작업(품질점검, 용적측량, 중량측정, 수량계수)에 드는 비용을 부담하며, 매도인은 수출통관에 부과되는 모든 관세, 세금 등을 부담하며, 매수인은 통과국 및 수입통관에 부과되는 모든 관세, 세금 등을 부담한다. 그리고 매수인이 지정한 선박이 정시에 도착하지 않거나 물품을 수령하지 않아 발생하는 추가비용을 부담한다.

5. CFR(Cost and Freight): 운임포함인도조건(named port of destination)(지정목적항)

'운임포함인도조건(CFR)'은 매도인이 물품을 본선에 적재하여 인도하거나 이미 그렇게 인도된 물품을 조달하는 것을 의미한다. 물품의 멸실 또는 손상의 위험은 물품이 본선에 적재되는 때에 이전한다. 매도인은 물품을 지정목적항까지 운송하는 데 필요한 계약을 체결하고 그에 따른 비용과 운임을 부담하여야 한다.

매도인은 자신의 운송계약에 따라 목적항 내의 명시된 지점에서 양륙비용을 지출한 경우에, 당사자 간에 달리 합의되지 않았다면 이를 매수인에게 구상할 수 없다. 이 조건에서 매도인은 해당되는 경우에 물품의 수출통관을 하여야 한다. 그러나 매도인은 물품을 수입통관하거나 수입관세를 부담하거나 수입통관절차를 수행할 의무가 없다.

운송계약은 매도인이 지정목적항까지의 운송계약을 체결할 의무를 지며, 운송서류/인도의 증거로서 매도인은 자신의 비용으로 매수인에게 합의된 목적항에서 통상적인 운송서류를 매수인에게 제공해야 한다. 운송서류가 유통 가능한 형식(negotiable form)으로 발행된 경우 원본의 전통(full set)을 매수인에게 제공해야 한다. 수출/수입통관의 의무로서 매도인은 수출통관의 의무를 부담하며 이에 대한 비용을 부담해야 하며, 매수인은 통과국 및 수입국 통관을 위해 부과되는 절차와 비용을 부담한다.

6. CIF(Cost, Insurance and Freight): 운임, 보험료포함 인도조건(named port of destination)(지정목적항)

'운임, 보험료포함 인도조건(CIF)'은 매도인이 물품을 본선에 적재하여 인도하거나 이미 그렇게 인도된 물품을 조달하는 것을 의미한다. 물품의 멸실 또는 손상의 위험은 물품이 본선에 적재되는 때에 이전한다. 매도인은 물품을 지정목적항까지 운송하는 데 필요한 계약을 체결하고 그에 따른 비용과 운임을 부담하여야 한다.

또한 운송 중 매수인의 물품의 멸실 또는 손상의 위험에 대비하여 보험계약을 체결한다. 매수인이 유의할 것은 CIF에서 매도인은 단지 최소조건으로 보험에 부보하도록 요구될 뿐이므로 보다 넓은 보험의 보호를 원한다면 매수인은 매도인과 명시적으로 그렇게 합의하든지 아니면 스스로 자신의 추가보험을 들어야 한다. ICC(Institute Cargo Clause) C약관에 따른 적하보험에 가입해야 하며, 매매계약과 동일한 통화이어야 하며, 매매대금의 110% 이상으로 부보되어야 한다.

운송계약은 매도인이 지정목적지까지의 운송계약을 체결할 의무를 진다. 그리고 매도인은 매수인에 대하여 보험계약 체결의 의무를 지며, 아울러 매도인은 부보의 증거를 매수인에게 제공해야 한다. 이 조건에서 매도인은 해당되는 경우에 물품의 수출통관을 하여야 한다. 그러나 매도인은 물품을 수입통관하거나 수입관세를 부담하거나 수입통관절차를 수행할 의무가 없다.

그리고 운송서류/인도의 증거로서 매도인은 자신의 비용으로 매수인에게 합의된 목적항에서 통상적인 운송서류를 매수인에게 제공해야 하며, 운송서류가 유통 가능한 형식(negotiable form)으로 발행된 경우 원본의 전통(full set)을 매수인에게 제공해야 한다. 수출/수입통관의 의무로서 매도인은 수출통관의 의무를 부담하며 이에 대한 비용을 부담해야 하며, 매수인은 통과국 및 수입국 통관을 위해 부과되는 절차와 비용을 부담한다.

7. CPT(Carriage Paid To): 운송비지급인도조건(insert named place of destination)(named place of destination)(지정목적지)

'운송비지급인도조건(CPT)'은 매도인이 합의된 장소(당사자 간에 이러한 장소의 합의가 있는 경우)에서 물품을 자신이 지정한 운송인이나 제3자에게 인도하고 매도인이 물품을 지정목적지까지 운송하는 데 필요한 계약을 체결하고 그 운송비용을 부담하여야 하는 것을 의미한다. 당사자들은 위험이 매수인에게 이전되는 장소인 인도장소 및 매도인이 체결하는 운송계약의 목적지인 지정목적지를 계약 내에서 가급적 정확하게 지정하는 것이 좋다.

운송계약은 매도인이 지정목적지까지의 운송계약을 체결할 의무를 지며, 운송서류가 유통 가능한 양식(negotiable form)으로 발행된 경우에는 원본의 전통(full set)이 매수인에게 제공되어야 한다.

합의된 목적지까지 운송하는 데 여러 운송인이 사용되고 당사자들이 특정한 인도지점에 관하여 합의하지 않는 경우에, 위험은 전적으로 매도인에 의하여 선택되어 매수인으로서는 아무런 통제도 할 수 없는 지점에서 물품이 최초운송인에게 인도되는 때에 이전되는 것이 기본규칙이다. 그 후의 어느 단계(예컨대, 항구 또는 공항)에서 위험이 이전하기를 원하는 경우에, 당사자들은 이를 매매계약에 명시하여야 한다.

수출/수입통관의 의무에 대해 매도인은 수출통관의 의무를 부담하며 이에 대한 비용을 부담해야 하며, 매수인은 통과국 및 수입국 통관을 위해 부과되는 절차와 비용을 부담한다. 비용부담으로서 매도인은 물품이 인도된 때까지 물품에 관한 모든 비용을 부담하며, 매도인은 양하비용을 부담하지 않으며, 매도인은 수출통관에 부과되는 모든 관세, 세금 등을 부담하며, 매수인은 물품이 인도된 때부터 물품에 관한 모든 비용을 부담한다. 또한 매수인은 물품을 수령하지 않아 발생하는 추가비용을 부담하며, 통과국 및 수입통관에 부과되는 모든 관세, 세금 등을 부담한다.

8. CIP(Carriage and Insurance Paid to): 운송비, 보험료지급 인도조건(insert named place of destination)(named place of destination)(지정목적지)

'운송비, 보험료지급 인도조건(CIP)'은 매도인이 합의된 장소(당사자 간에 이러한 장소의 합의가 있는 경우)에서 물품을 자신이 지정한 운송인이나 제3자에게 인도하고 매도인이 물품을 지정목적지까지 운송하는 데 필요한 계약을 체결하고 그 운송비용을 부담하여야 하는 것을 의미한다.

매도인은 또한 운송 중 매수인의 물품의 멸실 또는 손상의 위험에 대비하여 보험계약을 체결한다. CIP에서 매도인은 해당되는 경우에 물품의 수출통관을 하여야 한다. 그러나 매도인은 물품을 수입통관하거나 수입관세를 부담하거나 수입통관절차를 수행할 의무가 없다.

운송계약 매도인이 지정목적지까지의 운송계약을 체결할 의무를 지며, 매도인은 매수인에 대하여 물품의 멸실 또는 손상에 대한 보험계약 체결의 의무를 지며, ICC(Institute Cargo Clause) A약관에 따른 적하보험에 가입해야 하며, 매매계약과 동일한 통화이어야 하며, 매매대금의 110% 이상으로 부보되어야 한다. 매수인의 요청이 있는 경우 매도인은 자신의 비용으로 운송에 관한 통상적인 서류를 매수인에게 제공해야 해야 하며, 운송서류가 유통 가능한 형식(negotiable form)으로 발행된 경우에는 원본의 전통(full set)이 매수인에게 제공되어야 한다.

수출입통관에 있어서 매도인은 수출통관의 의무를 부담하며 이에 대한 비용을 부담해야 하며, 매수인은 통과국 및 수입국 통관을 위해 부과되는 절차와 비용을 부담한다. 매도인은 물품이 인도된 때까지 물품에 관한 모든 비용을 부담하며, 매도인은 양하비용을 부담하고, 매도인은 수출통관에 부과되는 모든 관세, 세금 등을 부담한다. 그리고 매수인은 물품이 인도된 때부터 물품에 관한 모든 비용을 부담하며, 매수인은 통과국 및 수입통관에 부과되는 모든 관세, 세금 등을 부담한다.

9. DAP(Delivered at Place): 도착장소인도조건(insert named place of destination)

'도착장소인도조건(DAP)'은 선택된 운송방식을 가리지 않고 사용될 수 있으며 둘 이상의 운송방식이 채택된 경우에도 사용될 수 있다. 따라서 이 조건은 물품이 지정목적지에서 도착운송수단에 실린 채 양하준비된 상태로 매수인의 처분하에 놓이는 때에 매도인이 인도한 것으로 되는 것을 말한다. 매도인은 그러한 지정장소까지 물품을 운송하는데 수반하는 모든 위험을 부담한다.

매도인이 자신의 운송계약에 따라 목적지에서 양하에 관한 비용을 지출한 경우에, 당사자 간에 달리 합의되지 않았다면 매도인은 이를 매수인에게 구상할 수 없다. DAP에서 매도인은 해당되는 경우에 물품의 수출통관을 하여야 한다. 그러나 매도인은 물품을 수입통관하거나 수입관세를 부담하거나 수입통관절차를 수행할 의무가 없다.

매도인이 지정목적지까지의 운송계약을 체결할 의무를 지며, 매도인은 자신의 비용으로 매수인이 물품을 수령할 수 있도록 하는 데 필요한 서류를 제공해야 하며, 매도인은 수출통관 및 통과국(수입국 제외) 통관에 관한 의무와 비용을 부담하며 아울러 매수인이 수입통관의무를 부담한다. 비용부담으로서 매도인은 물품이 인도된 때까지 물품에 관한 모든 비용을 부담하며, 매도인은 운송비용을 부담한다. 그러나 매도인은 양하비용을 부담하지 않으며, 매도인은 수출국/통과국 통관에 부과되는 모든 관세, 세금 등을 부담한다. 아울러 매수인은 물품이 인도된 때부터 물품에 관한 모든 비용을 부담하며, 매수인은 수입통관에 부과되는 모든 관세, 세금 등을 부담한다.

10. DPU(Delivered at Place Unloaded): 도착지양하인도조건(insert named place of destination)

'도착지양하인도조건(DPU)'은 물품이 지정목적지에서 또는 지정목적지 내에 어떠한 지점이 합의된 경우에는 그 지점에서 도착운송수단으로부터 양하된 상태로 매수인의 처분하에 놓인 때 매도인이 매수인에게 물품을 인도하며, 위험을 이전하는 것을 의미한다.

매도인은 물품을 지정목적지까지 가져가서 그곳에서 물품을 양하하는 데 수반되는 모든 위험을 부담한다. 따라서 인도와 목적지의 도착은 같은 것이다. DPU는 매도인이 목적지에서 물품을 양하하도록 하는 유일한 인코텀즈 규칙이다. 따라서 매도인은 자신의 그러한 장소에서 양하를 할 수 있는 입장에 있는지 확실히 하여야 한다. 당사자들은 매도인이 양하의 위험과 비용을 부담하기를 원하지 않는 경우에는 DPU를 피하고 그 대신 DAP를 사용하여야 한다.

DPU에서는 매도인이 물품의 수출통관을 하여야 한다. 그러나 매도인은 물품의 수입을 위한 또는 인도 후 제3국 통관을 위한 통관을 하거나 수입관세를 납부하거나 수입통관절차를 수행할 의무가 없다. 따라서 매수인이 수입통관을 못하는 경우에 물품은 목적지 국가의 항구나 내륙터미널에 묶이게 될 것이다. 그렇다면 물품이 목적지 국가의 입국항구(port of entry) 내륙터미널에 묶여있는 동안에 발생하는 어떤 멸실의 위험은 매수인이 부담한다.

매도인은 매매계약에 일치하는 물품제공 및 상업송장과 그 밖에 요구될 수 있는 일치성에 관한 증거 제공의무를 지며, 물품이 지정목적지에서 도착운송수단으로부터 양하된 상태로 매수인의 처분에 놓였을 때 물품이전에 관한 매도인의 위험(파손이나 훼손)이 매수인에게 이전된다. 그리고 매도인이 지정목적지까지의 운송계약을 체결할 의무를 지며, 매도인은 자신의 비용으로 매수인이 물품을 수령할 수 있도록 하는 데 필요한 서류를 제공해야 하며, 매도인은 수출통관 및 통과국(수입국 제외) 통관에 관한 의무와 비용을 부담하며 아울러 매수인이 수입통관의 의무를 부담한다.

11. DDP(Delivered Duty Paid): 관세지급인도조건(named place of destination)(insert named place of destination)(지정목적지)

'관세지급인도조건(DDP)'은 수출통관된 물품이 지정목적지에서 도착운송수단에 실린 채 양하준비된 상태로 매수인의 처분하에 놓이는 때에 매도인이 인도한 것으로 되는 것을 말한다. 매도인은 그러한 목적지까지 물품을 운송하는 데 수반하는 모든 위험을 부담하고, 또한 물품의 수출통관 및 수입통관을 모두 하여야 하고, 수출관세 및 수입관세를 모두 부담하여야 하며, 모든 통관절차를 수행하여야 하는 의무를 부담한다. DDP는 매도인의 최대의무를 나타내는 조건이다.

운송계약은 매도인이 지정목적지까지의 운송계약을 체결할 의무를 진다. 운송서류/인도의 증거로서 매도인은 자신의 비용으로 매수인이 물품을 수령할 수 있도록 하는 데 필요한 서류를 제공해야 하며, 매수인은 매도인이 제공한 서류를 인수해야 한다. 수출/수입통관의 의무로 매도인은 수출통관, 통과국 수입통관에 관한 의무와 비용을 부담한다.

매도인은 물품이 인도된 때까지 물품에 관한 모든 비용을 부담하며, 운송비용을 부담한다. 그러나 매도인은 양하비용을 부담하지 않으며, 수출국/통과국/수입국 통관에 부과되는 모든 관세, 세금 등을 부담한다. 그리고 매수인은 물품이 인도된 때부터 물품에 관한 모든 비용을 부담한다.

6장 무역대금결제

6장 무역대금결제

1절 | 송금결제방식

1. 송금의 의의

송금(remittance)은 채무자가 채권자에게 채무액을 송부하는 것을 말하며, 여기서 이용되는 환을 송금환이라 한다. 송금환은 채무자인 수입상이 채권자인 수출상에게 물품대금을 지급하기 위하여 외국환은행에 지급을 위탁하는 방식으로 순환(順換)방식이라고도 한다.

송금은 수입업자가 수출업자에게 물품대금을 외국환은행에 지급을 위탁하는 방식으로 송금결제방식은 사전송금방식과 사후송금방식이 있다. 송금방식은 무역대금을 결제할 경우, 거래당사 간 신뢰가 무엇보다 중요하다. 송금환에는 송금수표, 우편환, 전신환 등이 이용된다.

1) 송금수표

보통 송금환이라고 하는데, 수입업자가 거래은행에 수입대금을 지급하면 은행은 수출업자를 수취인으로 하고 수출업자 소재지의 외국환은행을 지급인으로 하는 송금수표(Demand Draft: D/D)를 발행해 준다. 수입업자는 이를 수출업자에게 직접 우송하고 수출업자는 이를 지급인에게 제시하여 수출대금을 회수한다. 무역거래에서는 거의 이용되지 않는 방식이다.

2) 우편환과 전신환

수입상이 물품대금을 외국환은행에 입금함과 동시에 수출상에게 외화로 지급해 줄 것을 위탁하면, 지급지시를 받은 채무자의 환거래은행은 송금수취인인 수출상에게 송금 도착을 통지하여 송금액을 수취하도록 한다. 이때 외국환은행 간의 지급지시서(payment order)가 우편일 경우를 우편환(Mail Transfer: M/T)이라 하고, 전신일 경우를 전신환(Telegraphic Transfer: T/T)이라 한다. 전신환은 당일 또는 그 다음날 결제될 수 있으므로 상대방 간에 이자문제가 발생하지 않는다.

| 그림 6-1 | 전신환에 의한 송금절차

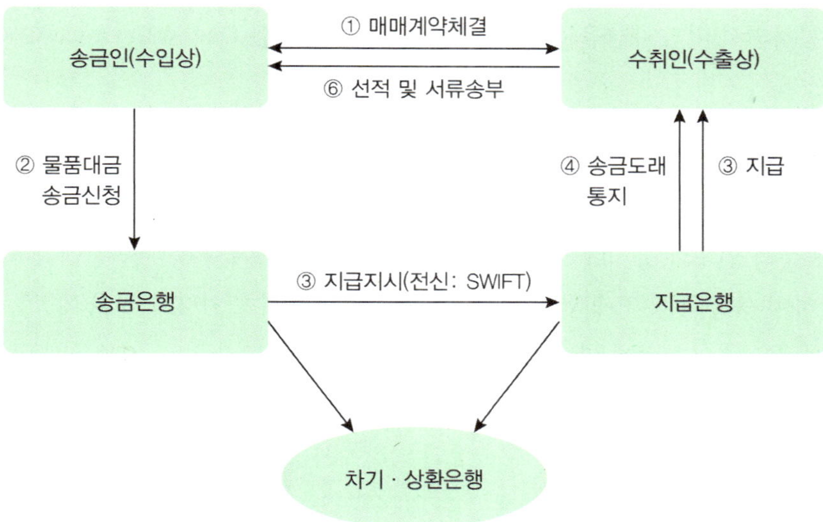

2. 송금방식

송금방식에 의한 수출에는 선불방식인 CWO와 동시지급방식인 COD, CAD로 구분된다.

수출대금을 직접 외화로 송금받는 조건으로 수출하는 거래방식으로서 수출대금을 송금받는 시기에 따라 수출대금 전액을 수출물품 선적 전에 외화로 송금받은 후 수출하는 사전송금방식 수출과 물품의 인도와 동시에 또는 인도 후 일정기간 후에 수출대금을 외화로 송금받는 사후송금방식으로서 대금교환도 조건부수출(COD, CAD)로 구분된다.

1) 사전송금방식

사전송금방식(advance remittance before shipment)은 수입상이 계약물품의 선적 전에 수출상에게 무역대금 전액을 미리 송금하여 지급하고 수출상은 계약서의 약정기일 이내에 계약물품을 선적하는 방식이다.

이 방식은 수출상의 입장에서는 대금결제에 대한 신용위험(credit risk)은 제거할 수 있으나, 수입상은 물품인도를 받기 전에 대금을 송금해 주기 때문에 계약물품을 수출상이 선적하지 않았거나 계약과 다른 물품을 선적할 때 발생하는 상업위험(mercantile risk)을 배제할 수 없다. 사전송금방식은 단순송금방식(advance payment) 또는 선지급방식(payment in advance or cash in advance)이라고도 하며 수입상이 수출상 앞으로 물품을 주문하면서 미리 대금을 송금한다는 의미로 주문지급(Cash with Order: CWO)이라고 한다.

2) 사후송금방식

수출물품의 인도와 동시에 또는 인도 후 일정기간 이내에 수출대금 전액을 외국환은행을 통하여 송금받는 거래방식이다. 대금결제기간은 수출업자가 자율적으로 결정하며, 이 방식은 송금시점에 따라 선적서류지급불, 상품인도지급불, 외상불로 구분할 수 있다. 수입상의 입장에서는 계약물품을 인수한 후에 무역대금을 송금하기 때문에 상업위험의 부담은 제거할 수 있지만, 수출상의 입장에서는 계약물품을 먼저 선적하기 때문에 대금결제에 대한 신용위험을 배제할 수 없는 부담을 지게 된다.

(1) 상호계산방식

상호계산(Open Account: O/A)방식은 일정기간 동안(통상적으로 30일에서 180일 동안) 수출입상 간에 물품매매계약을 체결한 후, 매 건별로 구매계약서나 구매주문서 등에 의하여 수출상이 물품을 선적한 후에 선적서류 원본을 수입상에게 직접 송부하면, 수입상은 물품매매계약서상의 결제조건에 따라 선적일기준으로 일정기간이 경과한 후에 수출상이 지정한 은행의 계좌로 대금을 송금하여 결제하는 방법이다.

이 방식은 주로 본지사 간 혹은 고정 거래처 간에 지속적으로 수출입거래를 하는 경우 거래할 때마다 대금을 결제하지 않고 3개월 또는 6개월 단위로 미리 정한 결산시기에 양자 간의 채권 · 채무를 상계한 후 대금의 차액만을 결제하는 경우가 있어 '청산결제방식'이라고도 부른다.

(2) 동시결제방식

동시결제방식(concurrent payment)은 수출상이 상품을 인도하여 수입상이 계약물품과의 일치 여부를 확인한 후 대금이 결제되는 방식으로, 선적 이후에 물품대금이 결제대금이기 때문에 사후송금방식의 일종으로 볼 수 있으며, 대금교환의 대상에 따라 현물상환방식(COD)과 서류상환방식(CAD)으로 구분된다.

① **현물상환방식**

현물상환방식(Cash On Delivery: COD)은 수출상이 물품을 선적하고 선적서류를 자신의 지사나 대리인(주로 수입업자의 국가에 소재) 또는 거래은행에게 송부하여 현품이 목적지에 도착하면 그 지사나 대리인이 화물을 수입통관하여 수취하여 보관하였다가 수입상이 직접 현품을 검사한 후 이상 여부를 확인하여 물품을 인수하면서 대금을 결제하는 방식이다.

② **서류상환방식**

서류상환방식(Cash Against Documents: CAD)은 수출상이 상품을 선적하고 선적서류를 수입업자의 지사나 대리인(주로 수출상의 국가에 소재)에게 제시하거나 또는 해외의 수입상에게 직접 서류를 송부하여, 당해 서류와 상환으로 대금의 결제가 이루어지는 방식이다. 통상 수입상의 지사나 대리인 등이 수출국내에서 물품의 제조과정을 점검하고, 수출물품에 대한 선적전 검사(Pre-Shipment Inspection: PSI)를 한 후 지급한다.

(3) 송금방식 거래 시 유의사항

수출대금은 반드시 외국환은행을 통하여 송금받아야 한다. 또한 수입지에 지사 등이 없는 경우 수출업자는 운송서류 작성 시 화물의 수화인(consignee)을 수입자의 거래은행으로 하고 통지인(notify party)을 수입업자로 하여, 물품대금을 송금하지 않은 채 운송인으로부터 물품을 인수받지 못하도록 하여야 한다.

2절 | 추심결제방식

추심결제방식은 은행의 지급확약 없이 당사자들 간의 매매계약에 의해서 수출업자가 화환추심어음(bill of documentary collection)을 발행하여 수입업자로부터 수출대금을 추심하는 결제방식이다.

수입자은행은 대금지급을 약속하지 않고 단순히 어음을 추심하는 업무만 수행하며, 추심결제방식의 거래에는 결제기간으로만 보아 신용거래 시 일람불(at sight)과 유사한 지급인도조건(D/P)거래와 Usance거래와 유사한 인수인도조건(D/A)거래가 있다.

1. 인수인도조건(Documents against Acceptance: D/A)

인수인도조건은 수입업자가 환어음에 대한 인수(acceptance)만으로 운송서류를 찾아갈 수 있는 어음인수 서류인도조건이다. 수출자가 기한부환어음을 발행하여 추심은행을 통하여 수입자에게 제시하면 수입자는 어음상에 'Accept'라는 표시와 함께 서명하고 환어음을 인수하고, 추심은행은 수입자에게 선적서류를 인도하면, 추심은행은 어음의 지급만기일에 어음지급인(수입자)으로부터 대금을 지급받아 추심의뢰은행에 송금하면 수출자가 대금을 영수하는 거래방식이다.

2. 지급인도조건(Documents against Payment: D/P)

수출자가 수출물품을 선적한 후 수입자를 지급인으로, 수출자를 수취인으로 일람불(at sight)어음을 발행하여 선적서류와 함께 거래 외국환은행에 추심을 의뢰하고 의뢰받은 은행(추심의뢰은행)은 이를 수입지의 은행에 추심요청을 하게 되고 이의 요청을 받은 추심은행(수입자의 거래은행)은 어음지급인(수입자)이 환어음대금을 지급함과 동시에 선적서류를 수입자에게 인도하고 그 대금을 추심의뢰은행(수출자의 거래은행)에 송금하여 수출자가 수출대금을 영수하는 거래방식이다.

D/P방식의 거래에서는 수입업자는 반드시 대금지급을 완료해야만 운송서류를 찾을 수 있고 화물을 인도받을 수 있으며 대금은 추심은행을 거쳐 수출업자에게 전달된다.

3. D/A, D/P의 추심과정

| 그림 6-2 | 추심결제방식 흐름

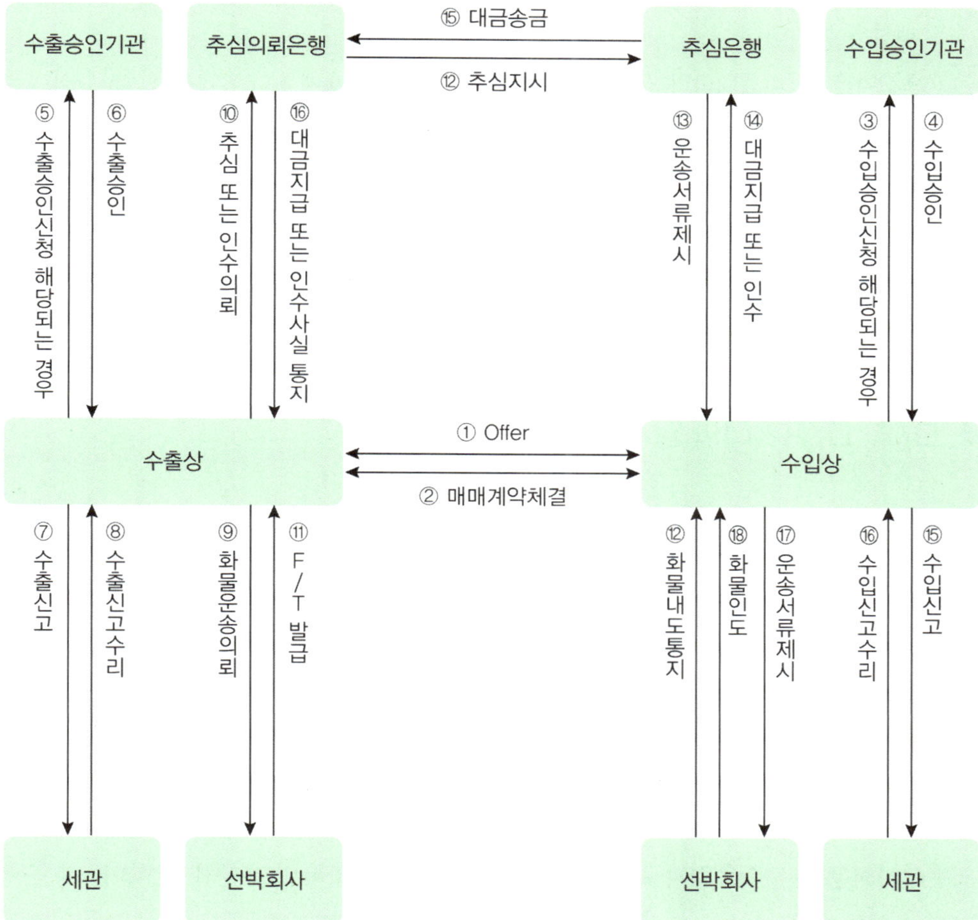

① 무역계약의 체결

② 계약물품의 선적과 선화증권의 입수

③ **화환어음의 추심의뢰:** 수출업자는 계약에서 약정된 운송서류와 환어음을 발행하여 거래은행(추심의뢰은행)에 제시하면, 거래은행은 수입업자에게 수출대금을 추심해 줄 것을 요청한다.

④ **추심의뢰은행의 송부서류:** 추심의뢰은행(remitting bank)은 아무런 책임 없이 수입업

자가 소재하는 곳에 있는 거래은행(추심은행) 앞으로 운송서류와 환어음을 송부하면서 추심을 의뢰한다.

⑤ **추심통지:** 추심은행(collecting bank)은 수입업자에게 운송서류와 환어음이 도착한 사실을 통지한다.

⑥ **추심완료 및 수출대금의 상환:** 지급인인 수입업자는 매매계약서에서 만약 수입대금을 즉시 지급할 것을 약정하였다면 이를 지급하고 운송서류를 입수한다. 수입대금을 일정기간 후에 지급할 것으로 약정하였다면, 일정 기간(만기일) 후 대금을 지급할 것을 약속하는 서명행위(인수)와 상환으로 운송서류를 입수한다.

⑦ **계약물품의 입수:** 수입업자는 추심은행으로부터 입수한 운송서류 중 선화증권을 선박회사에 제시하고 계약물품을 찾는다.

4. D/A, D/P거래의 당사자

1) 추심의뢰인(Principal)

추심의뢰인은 자기가 거래하는 은행에 수출대금의 추심을 의뢰하는 수출업자를 말하며, 수출업자는 추심을 의뢰하면서 화환어음을 발행하기 때문에 발행인(drawer)이며 또는 수입업자에 대해서 채권을 주장할 수 있는 채권자(creditor)이기도 하다.

2) 추심의뢰은행(Remitting Bank)

추심의뢰은행은 수출업자로부터 추심을 의뢰받은 수출국의 은행을 말하며, 이 은행은 수출업자가 제시한 화환어음과 운송서류를 수입업자가 소재하는 추심은행 앞으로 송부하면서 수출대금의 추심을 의뢰한다.

3) 추심은행(Collecting Bank)

추심은행은 추심의뢰은행으로부터 송부되어 온 운송서류와 추심지시서를 수입업자에게 제시하여 수입대금을 징수하는 은행을 말한다. 특히 수입업자에게 직접 운송서류를 제시하는 추심은행을 제시은행(presenting bank)이라고 한다.

4) 지급인(Drawee)

지급인은 수입업자를 말하며, 수입업자는 추심지시서에 따라 어음이 자기에게 제시되면 채무자로서 수출업자가 발행한 환어음에 대해서 지급할 의무가 있다.

5. 추심거래와 신용장거래와의 차이점

추심방식의 특징을 먼저 살펴보면, 추심방식은 추심에 관한 통일규칙(Uniform Rules for Collections: URC)의 적용을 받으며, 선적서류는 은행을 통해서 송부해야 하고, 대금결제는 은행을 통해서만 추심해야 한다. 그리고 어음을 첨부한 거래이어야 한다. 추심거래가 신용장거래와 차이를 나타내는 것은 첫째, 수입대금의 지급책임자와 환어음상의 지급인이 다르다. 둘째, 국제규범이 다르다. 셋째, 화물의 소유권과 법적 의미가 다르다. 넷째, 은행에 지불하는 수수료가 차이가 있다. 다섯째, 서류심사의무가 다르다.

3절 | 신용장 결제방식

1. 신용장의 의의

신용장(Letter of Credit: L/C)은 수입업자(매수인)의 의뢰로 거래은행인 신용장발행은행이 신용장 제조건에 일치되고 약정된 기간 내에 신용장상에 요구된 서류가 제시되었을 때 수익자인 수출상에게 대금지급할 것을 확약한 것이다. 즉, 신용장개설은행이 어음발행인(수출업자) 및 어음수취인(어음매입은행)에 대하여 확약하는 증서(document)이다.

2. 신용장의 기능

1) 국제무역촉진기능

신용장은 수출대금결제를 보장하고 상품의 수령을 확실하게 함으로써 국제무역을 촉진시키는 역할을 수행한다.

2) 금융수단의 기능

신용장에 의한 수출대금은 개설은행이 지급을 확약하고 있으므로 수출자는 내도된 신용장을 근거로 수출에 소요되는 자금을 융자받을 수 있게 된다. 또한 수출자는 수출을 이행하고 나면, 환어음을 발행하여 자기 거래은행에 매입 또는 할인을 의뢰함으로써 수출대금을 회수한다.

3. 신용장거래의 특성

1) 신용장의 독립성

신용장은 매매계약에 근거하여 개설되는 것이지만, 일단 신용장이 개설되면 신용장은 매매계약으로부터 독립되어, 그 자체로서 별도의 법률관계를 형성하는데, 이를 신용장 독립성이라 한다.

2) 추상성

신용장거래는 상품거래가 아니고 서류상의 거래라는 추상성을 갖는다. 신용장거래의 목적은 물품이나 서비스 그 자체나 계약의 이행 등에 있지 않고 서류에만 국한된다. 신용장은 오로지 제출된 서류만을 근거로 심사하여야 하는바 이를 신용장의 추상성이라 한다.

3) 안정성과 편리성

수출상이 신용장조건에 일치하는 서류를 제시하는 한 개설은행은 무조건 대금을 지급해야 하며, 때문에 수출상은 대금회수에 대한 불안감이 해소된다. 또한 수입상 측에서 신용장내용을 변경하거나 취소할 때는 수출상의 명시적 동의를 얻어야 하므로 신용장이 개설되는 때부터 거래내용이 확정되기 때문에 수입상이나 개설은행의 일방적인 횡포가 불가능하다.

4) 엄밀일치의 원칙

신용장에 따라 은행이 제시되는 서류는 신용장에 지정된 모든 서류이어야 하고, 동시에 신용장에서 요구된 양식과 정확히 일치해야 한다. 또한 서류상의 상품명세는 신용장상의 명세와 일치해야 한다.

5) 사기거래방지의 원칙

제시된 서류가 신용장의 모든 조건에 합치한다고 하더라도 은행의 서류수리 전에 그 서류가 위조나 사기로 작성되었음이 밝혀지게 되면 은행은 그 서류를 수리할 의무가 없다.

4. 신용장거래의 과정

① 국내의 수입자가 외국의 수출자와 매매계약을 체결하고 물품매도확약서를 받는다.
② 수입자는 수입승인을 받아야 할 경우 해당 협회나 조합에 수입승인을 신청하여 수입승인서(I/L)를 받는다.
③ 수입자는 거래은행 신용장거래약정을 체결한 후 수입신용장개설을 의뢰한다.
④ 수입신용장(L/C)개설을 의뢰받은 외국환은행은 L/C를 발행하여 수출자가 소재하고 있는 외국의 통지은행에 L/C 도착을 통지한다.
⑤ 통지은행은 수출자에게 L/C 도착을 통지한다.
⑥ 수출자는 수출승인을 받아야 할 경우 협회나 조합에 수출승인을 신청하여 수출승인서를 발급받는다.
⑦ 수출업자는 수출물품을 확보한 후 운송업자(선박)에게 선적을 요청한다.
⑧ 수출업자가 의뢰한 물품을 선적한 후 선장(선사)은 선적증서인 B/L을 수출업자에게 발행해 준다.

| 그림 6-3 | 신용장거래의 메커니즘

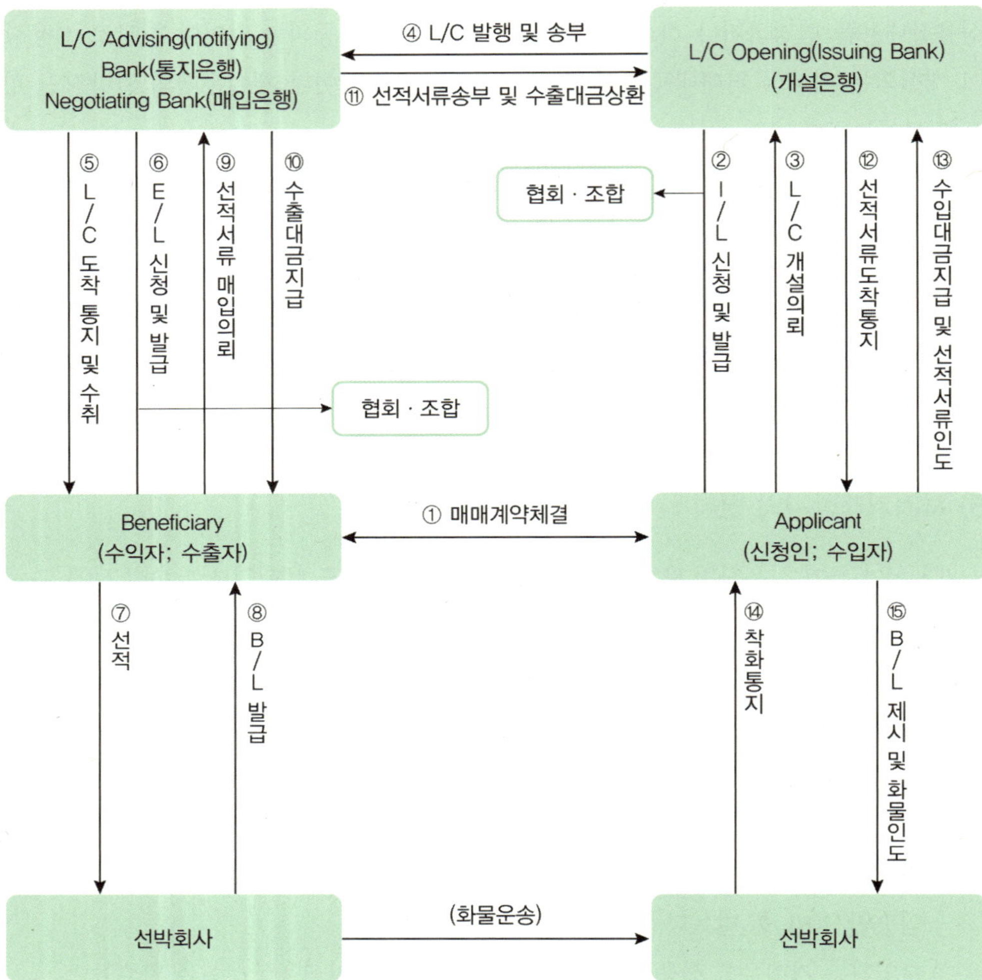

⑨ 수출업자는 선적서류인 B/L, 상업송장, 원산지증명서, 포장명세서, 환어음 등 선적서류를 발행하여 매입은행에게 수출거래대금 지급에 대해 매입요청을 한다.

⑩ 매입은행은 수출업자가 제시한 B/L, 상업송장, 원산지증명서, 포장명세서, 환어음 등 선적서류를 매입하여 환어음대금을 지급한다.

⑪ 개설은행은 매입은행으로부터 운송서류가 도착하면 수입자에게 운송서류도착 통지를 한다. 매입은행은 선적서류, 환어음을 개설은행 또는 상환은행에 수출대금 상환요청을 한다.

⑫ 개설은행은 수입업자에게 B/L, 환어음 등 선적서류가 도착했다는 통지를 한다.
⑬ 수업업자는 개설은행에 수입대금을 지급하고 B/L, 환어음 등 선적서류를 인도받는다.
⑭ 선박회사는 화물이 도착하면 수입자에게 화물도착 통지를 한다.
⑮ 화물도착 통지를 받은 수입자는 선박회사에 B/L 등 선적서류를 제시하고 화물을 인도받는다.

5. 신용장의 당사자

1) 개설의뢰인(Applicant)

개설의뢰인이라 함은 매매당사자 간의 약정에 따라 수입지에서 자신의 거래은행에 신용장의 개설을 의뢰하는 자를 말한다. 개설의뢰인은 원칙적으로 매수인에 해당하며, 화물의 수화인인 동시에 환어음의 결제자가 된다.

따라서 개설의뢰인은 무역과정에 따라 Importer, Opener, Buyer, Accountee(대금결제인), Drawee(환어음지급인), Consignee(수화인), Accredited Buyer(수신매수인) 등이 된다.

2) 개설은행(Issuing Bank, Opening Bank)

개설의뢰인의 요청과 지시에 따라 수출자 앞으로 신용장을 발행하는 은행으로서 Credit Writing Bank, Grantor라고도 한다. 신용장의 개설은행이나 확인은행의 원칙적인 지급의무를 특히 강조하고 있다.

3) 수익자(Beneficiary)

신용장의 수취인을 수익자 또는 수혜자라고도 하며 수출자가 신용장거래 시에 수익자가 된다. 수익자는 무역실무과정에 따라 Exporter, Shipper, Drawer, Payee(대금영수인), Accreditee(신용수령인), Addressee User(수신사용인) 등이 된다.

4) 통지은행(Advising Bank, Notifying Bank)

신용장의 통지방법은 첫째 수익자에게 직접 통지하는 방법, 둘째 수익자 소재지에 있는 개설은행의 환거래은행을 통해 통지하는 방법이 있다. 후자의 경우 개설은행의 요청을 받아 신용장을 통지해 주는 은행을 신용장통지은행이라 한다. 통지은행은 개설은행의 요청에 의하여 신용장이 개설되었음을 단순히 통지하는 데 그치며, 거래에 대하여 어떠한 책임을 지거나 또는 약정을 하는 것은 결코 아니다.

5) 확인은행(Confirming Bank)

확인은행은 수출상이 개설은행의 신용을 믿지 못하여 신용 있는 제3의 은행으로 하여금 당해 신용장의 대금지급을 재차 확약하도록 요청하는 경우 이에 따라 개설은행과 동일한 지위를 맡게 되는 은행을 말한다. 대금지급의 책임을 부담하고 있기 때문에 개설은행과 동일한 기본 관계당사자로서의 지위를 부여하고 있는 것이다.

6) 매입은행(Negotiating Bank)

수익자는 물품선적을 완료한 후 개설은행 앞으로 환어음을 발행하고 신용장에서 요구하는 운송서류를 첨부하여 자기의 거래은행에 환어음의 매입을 신청하는데, 이때 환어음을 매입하는 은행을 매입은행이라고 한다.

7) 지급은행(Paying Bank)

신용장에서 매입은행에 의한 수출환어음의 매입을 인정하지 않고 특정 은행이 화환어음과 상환하여 수익자에게 지급할 것을 규정하고 있는 신용장을 지급신용장(straight credit)이라고 한다. 지급신용장에 의거하여 지급을 위탁받은 은행을 지급은행이라고 한다.

8) 인수은행(Accepting Bank)

신용장에 의해 발행되는 어음이 기한부어음일 것을 조건으로 하는 신용장을 기한부신용장(usance credit)이라고 하는데, 기한부신용장에 의거하여 발행된 기한부어음을 인수하는 은행을 인수은행이라고 하며, 인수은행은 어음의 만기일에 비로소 지급은행이 된다.

9) 결제은행(Settling Bank)

신용장의 결제통화가 수입국이나 수출국의 통화가 아닌 제3국의 통화일 경우는 제3국에 있는 개설은행의 예치환거래은행이 결제은행이 되며, 어음을 매입한 은행에 대금을 상환해 주는 은행이라고 해서 상환은행(reimbursing bank)이라고도 한다.

6. 수입신용장의 개설

1) 개설의 근거

신용장개설을 위해서는 수출상과 수입상이 매매계약을 체결해야 한다. 이 계약의 제반내용 중 결제조항(payment clause)에서 거래방식을 신용장방식으로 정하였을 경우, 이것을 근거로 신용장이 탄생하게 된 것이다.

2) 개설절차

기본계약의 의무이행을 위하여 수입상은 자신의 거래은행으로 찾아가 신용장개설을 의뢰하는데 이때 개설은행은 수입상에게 자기 은행 고유의 신용장개설의뢰서를 수입상에게 교부하게 되고, 수입상이 이 서류를 작성하고 제출하면 개설은행은 이것을 근거로 신용장을 작성한다.

3) 신용장개설방법

(1) 우편에 의한 개설(Mail Credit)

개설신청서의 내용에 따라 소정의 신용장양식 1세트를 작성하여 원본 및 사본 1매는 통지은행에 발송하고, 결제은행에는 사본 1매를 수입대전 결제요청서(reimbursement request)와 함께 발송한다.

(2) 전신에 의한 개설(Cable Credit)

금융비용 절약, 납기단축 등을 위하여 신용장개설사실을 신속히 통지할 필요가 있을 경우 전신으로 신용장을 개설하게 된다. 전신에는 Short Cable에 의한 방법, Full Cable

표 6-1 개설절차

개설절차	참고사항
수입계약 (offer sheet)	
⬇	
수입승인	〈수입승인대상〉 수출입공고, 별도공고, 통합공고에 의해 수출입이 제한되는 물품
⬇	
신용장거래약정	〈신용장거래약정서의 내용〉 ① 수입대금의 지급확약 ② 개설에 따른 수수료 및 신용장에 관련하여 은행이 부담하는 제비용의 보상의무 ③ 수입화물의 담보차입 및 처분권 ④ 선적서류상 부정 · 불명확한 사항에 대한 처리 ⑤ 우편 또는 전신상의 사고에 따른 면책 등
⬇	
신용장개설 신청	〈수입신용장개설신청 시 구비서류〉 ① 수입신용장개설신청서 ② 담보차입증 ③ 신용장거래약정서 ④ 보험증서(CIF · CIP조건의 경우는 제외) ⑤ Offer Sheet(상품명세가 As Per Offer No. ~일 경우)
⬇	
수입신용장개설	〈신용장개설방법〉 ① 수입신용장개설방법은 우편에 의한 개설(mail credit)과 전신에 의한 개설(cable credit)이 있음. ② 우편에 의한 개설 시는 통지은행에 신용장양식 원본과 사본 1매를 발송하고 결제은행에 사본 1매 및 수입대전 결제요청서(reimbursement request) 송부 ③ 전신에 의한 개설은 short cable과 full cable이 있는데, short cable의 경우 신용장이 개설되었다는 사실을 통지, 수출자가 수출준비를 할 수 있도록 하기 위한 것으로(details to follow 문언삽입) 추후 신용장 원본(mail confirmation)을 송부하여야 함.

에 의한 방법 등이 있다.

① Short Cable에 의한 개설

신용장이 개설되었다는 뜻을 미리 통지하여 수익자로 하여금 수출준비를 하게 하는 통지이며, 'details follow'란 문언을 삽입, 추후 신용장원본(mail confirmation)을 우편으로 송부하여 모든 조건은 이에 의하도록 하여야 한다.

② Full Cable에 의한 개설

통지은행의 오역이나 신용장 당사자 간에 문구해석의 차이로 인한 마찰을 줄이기 위하여 신용장 전문을 그대로 전신으로 보내는 방법이다. 요즈음에는 국제통신망의 발달로 거의 대부분 Full Cable에 의하여 신용장을 통지하고 있다.

③ SWIFT(국제은행 간 자금결제 통신망)

SWIFT는 Society for Worldwide Interbank Financial Telecommunication의 약자로서 미국, 유럽 등 15개국의 은행들이 중심이 되어 1973년에 국제간 외환송금, 국제기관간 자금이체 · 추심, 상업신용장 및 자본거래와 같은 외국환거래의 메시지를 전달하기 위한 국제데이터 통신망을 구축하기 위해 설립되었다. SWIFT를 이용하면 종전의 전통적인 결제방법(우편, 팩스, 텔렉스)에서 벗어나 신속 · 정확하고 안전한 자금결제 업무처리를 할 수 있다.

④ 인터넷에 의한 신용장개설

국내 시중은행들은 인터넷에 의한 신용장개설서비스를 제공하고 있다. 이러한 인터넷 신용장개설서비스는 수입업체들과 은행 등의 업무를 간편하게 처리하게 한다. 수입자가 은행을 방문하지 않고도 신용장개설을 신청할 수 있어 신용장개설시간과 부대수수료를 줄일 수 있다. 수입업체가 인터넷뱅킹을 통해 수입신용장개설을 신청하면 은행은 개설신청전문을 발송하고 발신전문 사본은 수입자에게 메일로 발송한다.

(3) 신용장개설신청 시 구비서류

① 수입신용장개설신청서(Application for Commercial Letter of Credit) 및 담보차입증

개설의뢰인이 개설은행에게 지시하는 신용장에 기재할 모든 사항을 적은 서류이다. 이는 매매계약을 근거로 작성되고, 개설은행은 이 서류와 동일한 내용으로 신용장을 개설한다. 신용장의 개설은 대외적으로 지급을 확약하는 여신행위이므로 이와 수반하여 수입업자로부터 통상 수입신용장개설신청서의 배면에 인쇄되어 있는 신용장거

래약정서를 요구하고 있다. 그 주요 내용은 ① 수입대금의 지급확약, ② 개설에 따른 수수료 및 신용장과 관련하여 은행이 부담할 제비용의 보상의무, ③ 수입화물의 담보 차입 및 그 처분에 관한 것, ④ 선적서류상의 부정, 불명확함에 대한 사항 및 우편 또는 전신상의 사고에 따르는 면책에 관한 사항 등이다.

② 신용장거래약정서(Commercial Letter of Credit Agreement)

은행과 고객 사이의 신용장거래에 따른 각종 비용과 위험부담을 포괄적으로 커버하기 위하여 개설은행이 개설의뢰인에게 요구하는 서류이다.

③ 수입승인서(Import License: I/L)

수입행위가 적법함을 증명하는 기본서류로서 신용장의 내용은 이 수입승인서가 허용한 범위 내에서 개설되어야 한다.

④ Offer Sheet(상품명세서가 as per offer...일 경우)

이 서류는 내수용 수입승인 시에 필수 구비서류이다.

⑤ 보험증서

CIF, CIP조건의 경우는 제외한다.

7. 신용장의 통지

1) 통지

개설은행의 요청에 의거 수출지에 소재하는 제3의 은행이 신용장개설사실 및 내용을 수익자에게 알려주는 행위이며, 개설은행은 자행과 환거래계약이 체결된 은행(corres bank)을 통하여 통지업무를 맡기는 것이 상례이나 수출입 당사국 간의 거래가 희소한 경우에는 개설은행이 통지은행을 일방적으로 선택하여 신용장을 보내는 경우도 있다.

2) 통지은행의 역할

통지은행은 개설은행의 의사를 '신속', '정확'하게 수출상에게 전달하는 데 있다. 통지은행의 실수로 수익자가 손해를 입었을지라도 통지은행이 '상당한 주의의무(reasonable care)' 및 '상당한 기간 내(reasonable time) 의무'를 다했다고 주장하면 면책된다.

8. 신용장 접수 시 검토사항

1) 원본(진정성: Authenticity)의 확인

신용장을 받으면 통지은행에서 받은 신용장이 우편신용장의 경우 개설은행의 서명에 대해, 전신신용장인 경우 'Test Key'의 확인을 거쳐 원본이 확실한지 파악한다.

2) 개설은행의 신용확인

신용장은 개설은행이 수출대금에 대한 지급을 보증하는 증서이므로 그 개설은행의 신용상태가 중요하다. 따라서 신용상태에 의문이 있을 경우에는 통지은행이나 매입은행 혹은 다른 조사기관을 통하여 개설은행의 신용도를 조회해야 한다.

3) 신용장 형식요건에 대한 점검

'Revocable(취소 가능)'이란 말이 있는지 없는지, 신용장통일규칙을 따른다는 말이 있는지, 발행은행이 수익자가 발행하는 화환어음을 인수, 지급 및 매입을 확약한다는 말이 있는지 등을 확인한다.

4) 계약내용과 대조

상품의 규격, 단가, 선적기일, 포장조건, 보험조건, 대금결제조건, 분할선적 및 환적 여부, 기한부신용장의 경우, 이자(usance interest)부담조건 등의 사항을 검토하여 내용이 다르거나 조건을 바꿀 필요가 있을 경우에는 바로 변경을 요구해야 한다.

5) 기타 조건의 확인

신용장 효력에 대한 특별한 유보조건 등의 기재 여부와 조건이행이 사실상 불가능한 조항이 있는지 확인한다.

9. 신용장의 유형

1) 화환신용장(Documentary L/C)

화환신용장이란 수출상이 객관적인 위치에 있는 제3자가 발행한 운송서류인 선화증권 및 보험증권 등을 은행에 제시하고, 은행은 이 서류와 상환하여 신용장대금을 지급하는 방식의 신용장이다.

대금청구 시의 구비서류로 매매당사자가 아닌 제3자(선박회사 및 보험회사)가 발행한 서류를 제출하도록 한다는 데 그 본질이 있다. 현재 통용되고 있는 대부분의 신용장이다.

2) 무화환신용장(Clean L/C)

수출상이 Nego를 할 때 객관적인 위치에 있는 제3자가 발행한 운송서류가 아닌 수출상 또는 수입상이 개인자격으로 발행한 단순한 상업송장, 어음 등을 제출하는 경우 은행이 이것을 받고 대금을 지급하는 신용장이다. 무화환신용장은 다시 화물의 존재 유무에 따라 다음과 같이 세분된다.

(1) 보증신용장(Stand by L/C)

신용장의 발행목적이 화물의 인수에 있지 않고, 금융의 융통 등 서비스의 제공에 있는 경우에 사용되는 신용장이다. 주로 본사가 해외지사의 현지금융을 보증하거나 국제입찰 참가 시 계약보증금이나 이행보증금을 조달할 때 이용되며 개설은행(본사 거래은행)이 해외에 있는 금융제공은행(주로 개설은행과 본지점인 경우가 많음)을 수익자로 하여 신용장을 개설하며 해외은행은 신용장개설의뢰인이나 그가 지시하는 자(지사)로부터 영수증이나 확인서를 받고 현금을 지급하거나 지급보증서를 발행하는 방식으로 전개한다.

(2) 화물수취신용장(Cargo Receipt L/C)

원양어선 등이 공해에서 포획한 수산물을 직접 해외의 거래선에게 인도할 경우 거래선으로부터 물품인수증(영수증)이나 확인서 등을 받고 이 서류로서 Nego를 하게 된다.

3) 취소가능신용장(Revocable L/C)

신용장상에 취소가능(revocable)이라는 문자가 표시되어 있으면 개설은행은 수익자의 동의 없이 일방적인 의사표시로 신용장의 매입통지가 있기 전에는 아무 때나 취소권을 행사할 수 있다. 취소권의 행사시한은 매입은행의 매입통지가 개설은행에 도착할 때까지만 가능하며 그 이후의 과정은 취소불능신용장과 동일하다.

우리나라에서는 취소가능신용장은 인정하지 않고 있기 때문에 해외로부터 취소가능신용장을 받은 자는 수출승인(E/L)을 받을 수 없다. 그러나 수입할 때는 취소가능신용장을 개설하더라도 아무런 제한조치가 따르지 않는다.

4) 취소불능신용장(Irrevocable L/C)

취소불능신용장은 일단 개설이 완료되면 수익자의 동의 없이는 취소 또는 변경 등이 불가능하며 수익자는 안심하고 신용장조건대로 서류만 갖추면 대금지급을 보장받는다는 특징을 가지고 있으며 신용장상에 취소가능(revocable)이라는 문구를 명시하고 있지 않는 한 모든 신용장은 취소불능으로 취급한다.

5) 조건부 취소불능신용장(Conditional Irrevocable L/C)

신용장상에 취소가능(revocable)이라는 표시가 없어 외견상으로는 취소불능으로 인정되지만 'Special Instruction'란에 당해 신용장의 이행이 개설은행이나 개설의뢰인의 일방적인 행위에 의거 좌우될 수 있는 내용을 포함하고 있는 경우를 말한다. 이러한 신용장을 수리하였을 경우에 수출상은 개설의뢰인의 신용 및 성실성을 면밀히 검토하여야 한다.

6) 상환청구가능신용장(With Recourse L/C)

수출상에게 선적서류를 매입한 은행이 여하한 사유에 의하여 개설은행으로부터 신용장대금을 받지 못하는 사유가 발생하면 매입은행이 동 대금을 수익자에게 소구(상환청구)할 수 있는 신용장이다.

7) 상환청구불능신용장(Without Recourse L/C)

신용장상에 'Without Recourse'라는 표현이 있는 경우 수익자가 Nego 시 환어음에 'Without Recourse' 표시를 하면 매입은행은 'Clean Nego'한 분에 대하여 일체의 소구권(상환청구권)을 행사할 수 없는 신용장이다. 우리나라에서는 은행연합회의 협정 및 어음법에 의거 이러한 신용장은 현재 인정하지 않는다.

8) 일람출급신용장(Sight L/C)

수출지에서 매입은행이 선적서류를 송부하면 개설은행은 서류상의 하자가 없는 한 즉시 신용장대금의 전액을 매입은행 계좌에 입금시켜 주는 형식의 현금거래신용장이다. 한국의 경우 개설은행이 대금지급을 지연할 수 있는 기간은 도착한 서류의 신용장조건과의 일치 여부 검토기간인 7일 이내로 한정된다.

9) 기한부신용장(Usance L/C)

개설의뢰인이 개설은행으로부터 선적서류를 수령할 때 현금을 지급하는 것이 아니고, 신용장에서 정해놓은 일정기간이 내도하여야 신용장대금을 결제하는 외상방식의 신용장이다.

10) 할부신용장(Installment L/C)

선적 또는 대금결제기간이 일정한 시기로 나누어져 있는 신용장이다. 수입상이 선적서류를 인도받을 때는 착수금만 지급하고 잔액은 일정기간별로 나누어 상환하도록 약정된 신용장을 할부지급신용장이라 한다. 이는 플랜트 수출 등과 같이 신용장금액이 거액인 경우 수입자의 자금부담을 경감시키고자 할 때 일어나며 거치기간까지 부여하는 경우가 많다.

11) 선대신용장(Advance Payment L/C)

수출상의 자금여력이 충분치 않고 수출물품이 집하과정을 거쳐야 하는 농수산물 등일 경우 수출편의를 위하여 신용장개설과 동시에 수출상으로 하여금 일정액의 금액을 미리 지급받을 수 있도록 하는 방식의 신용장이다. 이 신용장은 자금선대조건을 붉은 글씨로 쓰는 관례로 인하여 'Red Clause L/C'라고 한다.

12) 양도가능신용장(Transferable L/C)

수익자가 받은 신용장을 제3자에 신용장금액의 전부 또는 일부를 양도가능한 신용장이다. 양도가능신용장을 양수받은 자가 또다시 제3자에게 양도할 수는 없다. 양도가능신용장은 수출대행 시에 주로 이용된다.

13) 양도불능신용장

신용장의 수익자가 동 신용장을 제3자에게 양도할 수 없는 신용장이다. 양도가능(transferable)이란 명시가 없는 한 양도불능신용장이다. 대부분의 신용장은 양도불능신용장이다.

14) 지급신용장(Payment L/C)

수출지의 지급은행이 개설은행의 예치환거래은행(depositary bank)일 때 사용되며 무어음신용장이라고 하다. 주로 일람출급신용장으로 사용되며 이 신용장하에서는 일반적으로 통지은행만이 지급업무를 담당할 수 있다.

15) 연지급신용장(Deferred Payment L/C)

수출지의 연지급은행이 개설은행의 예치환거래은행일 때 사용되며 기한부신용장으로만 사용할 수 있고, 무어음신용장이다. 일반적으로 통지은행만이 연지급업무를 담당할 수 있으며 비배서신용장이다.

16) 인수신용장(Acceptance L/C)

인수신용장은 개설은행이 예치환거래은행으로부터 인수편의를 제공받을 때 사용되며, 인수편의(acceptance facility)는 수입상이 기한부수입을 하고자 하는 경우 해외에 있는 예치환거래은행이 개설은행을 위하여 신용장대금을 대신 지급하여 주고 어음의 만기에 대금을 개설은행으로 받는 신용공여형태를 말한다. 인수신용장은 기한부신용장으로만 사용되며, 인수신용장하에서는 통지은행만이 인수업무를 할 수 있는 비배서신용장이다.

17) 매입신용장(Negotiation L/C)

수출지의 매입은행이 개설은행의 무예치환거래은행(non-depositary bank)인 경우에 사용되며 어음부신용장, 즉 선적서류 매입의뢰 시 어음을 제시하여야 한다. 이는 일람출금 또는 기한부신용장을 사용하며 기한부신용장으로는 수출상이 신용을 공여하는 Shipper's Usance(선적인 유전스)의 경우가 대부분이다. 그리고 매입신용장에서는 어느 은행이나 매입할 수 있는 것이 원칙이고 예외적으로 통지은행만이 매입할 수 있는 경우가 있다.

18) 확인신용장(Confirmed L/C)

개설은행에 추가하여 제3의 은행이 추가 신용장대금의 결제에 대하여 확약한 신용장이다. 이 경우 추가 확약한 은행을 확약은행(confirming bank)이라 한다.

19) 미확인신용장(Unconfirmed L/C)

제3의 확인은행의 추가확약 없이 신용장개설은행만이 신용장대금의 결제를 확약하는 대부분의 신용장이다.

20) 원신용장(Master L/C)

수입자의 의뢰로 신용장개설은행이 수출자 앞으로 개설한 원래의 신용장이다.

21) 내국신용장(Local L/C)

내국신용장은 국내에서 수출자가 수출용 완제품을 구매하여 직수출하거나 수출물품 제조업체가 수출물품 제조에 필요한 원자재를 구매하여 직수출 또는 국내에 공급하고자 하는 경우에 발행된다.

22) 회전신용장(Revolving L/C)

동일 거래선으로부터 일정기간마다 동일한 물품을 계속 반복하여 수입할 필요가 있는 수입상은 이를 위하여 매월 새로운 신용장을 개설하거나 할부선적신용장을 개설하여야 한다. 이 신용장의 특징은 일단 이행이 완료되어 효력이 없어진 신용장도 개설은행이 매입은행에 대금지급사실을 통지하거나 또는 일정한 기간이 내도되는 등의 조건이 성취되면, 지난번과 꼭 같은 조건의 새로운 신용장으로 소생된다.

23) 동시개설신용장(Back to Back L/C)

연계무역에 주로 사용되는 신용장으로서 신용장조건 중에 수출상이 이 신용장을 받은 날부터 ××일 이내에 수입상을 상대로 Counter L/C를 개설해야 이 신용장이 유효하다는 문구를 넣은 신용장이다.

24) 기탁신용장(Escrow L/C)

신용장조건에 따라 수출상이 선적을 하면 수입상이 대금지불을 하게 되나 이 대금은 수출상에게 송금되지 않고, 양 당사자가 합의한 Escrow 계정으로 입금되는바, 일단 Escrow 계정으로 입금된 돈은 수출상이 수입상을 상대로 Counter L/C를 개설하였을 경우 그 결제자금으로만 인출되도록 제한을 받게 된다.

25) 토마스신용장(Tomas L/C)

토마스신용장의 여타 조건은 일반신용장과 다름이 없으나 수출상이 선적 후 Nego에 들어갈 때는 수입상 앞으로 "언제까지 Counter L/C를 개설하겠다"는 내용의 보증서를 제출하도록 제한하고 있는 신용장이다.

26) 견질신용장

이 신용장은 원신용장(Master L/C)의 수익자가 해외에서 양도불능신용장을 받았을 경우 이 신용장을 원만하게 이행하도록 하기 위하여 자기 책임으로 원신용장을 견질로 하여 제2의 신용장을 개설하는 것을 말하는 것이다.

제2의 신용장이 원신용장 수익자의 국내에서 내국인을 상대로 개설되면 내국신용장(local L/C)이 된다.

4절 | 기타 국제결제방식

1. 국제팩토링 결제방식

1) 국제팩토링의 개념

국제팩토링은 수출업자와 수입업자 사이에 팩터(factor)가 개입하여 수출업자에게는 수출대금의 지급을 보증하고 수입업자에게는 신용을 공여하여 무역거래가 이루어지도록 한다.

팩토링(factoring)은 제조업자가 구매자에게 상품을 외상으로 판매하면 팩터는 외상매출채권을 매입 · 관리하여 제조업자에게 상품대금의 지급을 보증하는 금융서비스를 말하며, 이러한 기본적인 업무 외에도 팩터는 제조업자를 대신하여 구매자에 대한 신용을 조사하고, 상품대금이 회수되는 기간 동안 제조업자에게 금융을 제공하거나 회계업무 등을 대행하고 있다. 따라서 국제팩토링은 팩토링의 금융서비스를 이용하여 수출대금을 결제하는 무신용장방식의 새로운 무역거래형태이다.

2) 국제팩토링거래절차

① **수출팩토링 거래상담, 수출팩토링 거래약정 체결**: 회사 개요, 최근 3개년도 영업결산보고서, 수입자별, 거래형태별, 수출취급액, 상품안내서 등을 수출팩터에게 제출하고 수출팩토링 거래약정을 체결한다.

② **신용승인 의뢰**: 팩토링거래가 가능하다고 판단되는 수입업자와 상담 후 수입팩터에게 수입업자에 대한 신용승인의뢰서(Credit Approval Request: CAR)를 발송(의뢰)한다.

| 그림 6-4 | 팩토링거래절차 흐름

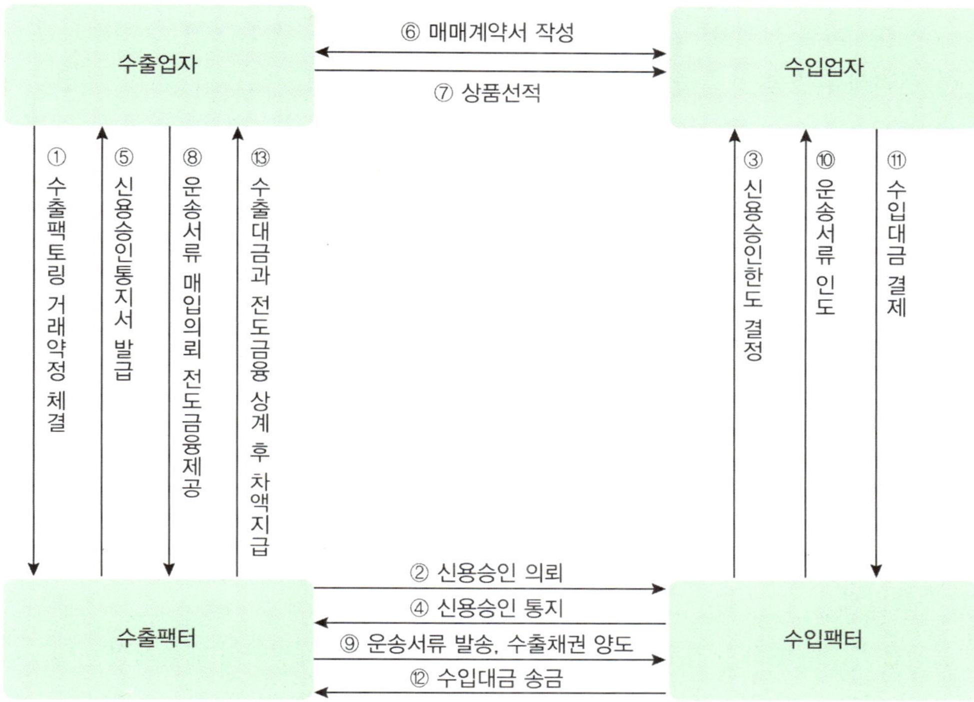

③ **신용조사 후 신용승인한도 결정**: 수입업자와 수입팩터 간에 신용한도 및 거래조건을 협의한 후 수입팩토링약정을 체결한다.

④ **신용승인 통지**: 수입팩터는 수입업자에 대한 신용승인양식(Credit Line: CL 또는 Individual Credit Approval: ICAR), 승인금액, 대금결제기간 등을 검토한 후 수출팩터를 통하여 수출업자에게 신용승인통지(answer to CAR)를 전달한다.

⑤ **신용승인통지서 발급**: 수출팩터는 신용승인통지를 접수한 즉시 수출업자에게 신용승인통지서를 발급한다.

⑥ **팩토링방식에 의한 매매계약서 작성**: 수출업자와 수입업자 간에 대금결제조건 등을 신용승인조건 범위 내로 하여 팩토링방식에 의한 거래임을 명시하여 수출계약을 체결하고 필요할 경우 관련기관에서 수출승인을 받는다.

⑦ 상품을 선적한다.

⑧ **선적서류 매입의뢰 및 전도금융 제공**: 수출업자는 수출팩터에게 수출채권매입의뢰서, E/L, 수출신고수리서, 상업송장, 선화증권 등 운송서류를 제시한 후 수출채권

액 범위 내에서 전도금융을 받을 수 있다. 이때 수출팩터는 전도금융 이자와 팩토링수수료를 선취한다.

⑨ 선적서류 발송 및 수출채권을 수입팩터에게 양도한다.

⑩ 선적서류를 수입업자에게 인도한다.

⑪ **수입대금 결제**: 수입업자가 계약상의 만기일에 수입팩터에게 수입대금을 입금, 수입업자가 대금지급을 지연시키는 경우에는 원칙적으로 수출업자가 금융연장에 대한 이자를 부담하고, 계약서에 명시된 조건에 따라 수입업자가 연체이자를 추가하여 송금하여 오면 수출업자에게 반환한다.

⑫ 수입대금을 송금한다.

⑬ 수출대금과 전도금융 상계 후 차액지급한다.

3) 국제팩토링의 당사자

(1) 수출업자

물품을 수출판매하는 자로서 팩터와 팩토링 거래약정을 체결하여 매출채권을 양도하며, 수출업자는 팩터의 주된 서비스대상이기 때문에 국제팩토링에서는 수출업자를 판매자(client)라 하며, 그 밖의 상품 또는 용역의 공급자(supplier), 매도인 등으로 불린다.

(2) 수입업자

수입업자는 물품을 수입 구매하는 구매자(customer)나 매수인을 말하며, 국제팩토링에서 궁극적으로 채무를 부담하는 당사자(debtor)이다.

(3) 수출팩터

국제팩토링에 관여하는 수출국의 팩토링회사를 수출팩터(export factor)라 하며, 수출채권을 관리하며, 수출업자에게 수출대금의 지급을 보증한다. 그 밖에 수출팩터는 수출상품의 생산 · 확보에 필요한 금융을 제공하기도 하며 수출업무와 관련된 경영서비스를 제공한다.

(4) 수입팩터

수입국의 팩토링회사를 수입팩터(import factor)라 한다. 수입팩터는 수입업자에 대한 신용조사 및 신용승인을 하고 수출채권을 양수받아 대금을 회수하여 송금하는 업무 등을 주로 한다.

2. 포페이팅에 의한 결제방식

1) 포페이팅의 개념

포페이팅(forfaiting)은 현금을 대가로 채권을 포기 또는 양도한다는 뜻으로 무역거래에서는 수출업자가 발행한 기한부어음을 포페이터(forfaiter)가 할인, 매입해 주는 금융기법이다. 포페이팅은 주로 신용장하에서 발행된 기한부환어음을 포페이터가 할인, 매입하는 중장기금융이라 할 수 있다.

결국 포페이팅을 이용하면 수입업자는 보증은행의 지급보증으로 거액의 물품을 연불조건으로 수입할 수 있고, 수출업자는 비록 연불조건의 외상수출이라 하더라도 포페이터로부터 수출대금을 일람조건의 수출과 같이 즉시 받을 수 있다. 특히 수출업자는 신용장 매입은행의 여신한도가 부족하여 환어음의 매입이 거절될 경우 포페이팅을 통한 매입방법을 강구할 수 있다.

2) 포페이팅의 특징

① 포페이팅은 주로 수출업자의 환어음이나 약속어음과 같은 채권을 대상으로 한다.

② 포페이팅은 규모가 크고 중장기 연불조건의 거래에 활용한다.

③ 포페이터는 수출업자에게 환어음에 대한 상환을 청구할 수 없다. 즉, 수출업자의 환어음을 할인 · 매입한 후 만기일에 실제 수입업자로부터 지금이 이루어지지 않더라도 수출업자에게 매입대금을 돌려줄 것을 요청할 수 없다.

④ 포페이터는 주로 고정금리부로 환어음을 매입한다. 수출업자는 환어음의 할인금리를 사전에 알 수 있어 자신이 부담하게 될 금융비용을 원가에 감안할 수 있다.

⑤ 포페이터는 수입업자 거래은행의 지급보증을 담보로 수출업자에게 금융을 제공한다. 포페이터는 수출업자에 대한 상환청구권도 없고 수입업자의 신용상태를 파악할 수 없기 때문에 보증은행의 지급보증을 담보로 수출업자에게 여신을 제공한다.

3) 포페이팅의 절차

① 수출업자와 수입업자 간 매매계약을 체결한다.
② 수입업자가 지급보증은행(신용장개설은행)에게 신용장개설을 신청한다.
③ 수입업자는 통지은행을 통해 수출상에게 신용장을 통지한다.
④ 수출업자가 수입업자에게 상품을 선적(인도)한다.
⑤ 수출업자와 포페이터는 포페이팅계약을 체결한다.
⑥ 수출업자는 선적서류를 포페이터에게 제시한다.
⑦ 포페이터는 지급보증은행에게 선적서류를 송부한다.
⑧ 결제은행(지급보증은행)은 인수접수를 통지한다.
⑨ 포페이터는 수출업자에게 대금을 할인지급한다.
⑩ 만기 시 지급보증은행은 수입업자에게 어음을 제시한다.
⑪ 수입업자는 개설은행(지급보증은행)에 만기결제를 한다.
⑫ 결제은행(지급보증은행)은 포페이터에게 만기결제를 한다.

그림 6–5 포페이팅절차의 흐름

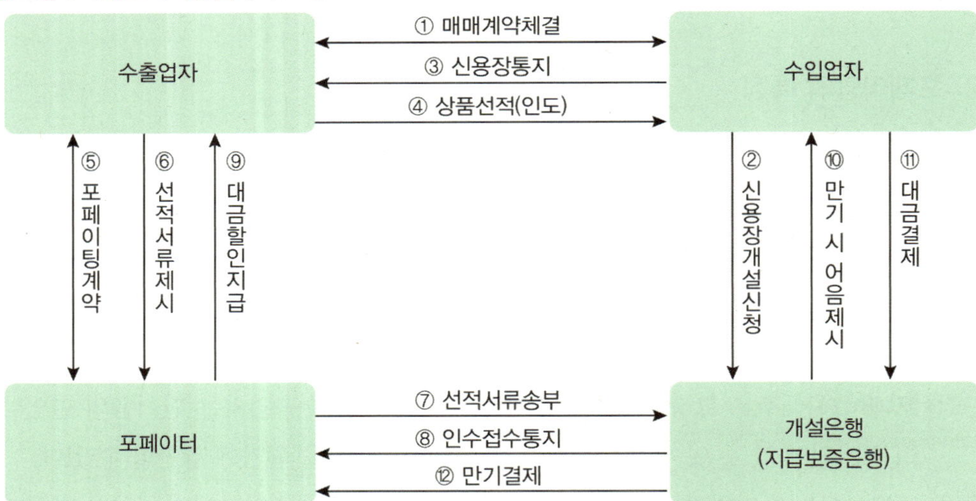

7장 수출입물품의 운송

7장 수출입물품의 운송

1절 | 해상운송 개요

1. 해상운송의 의의

해상운송(shipping by sea, ocean transportation)은 선박을 운송수단으로 하여 해상에서 이루어지는 운송을 뜻한다. 통상 화물을 운송할 선박을 수배하는 자는 해당 선박회사에 운임을 지급하는 화주가 된다. 상품의 매매조건이 수출업자(seller) 입장에서 볼 때 CIF조건일 때는 수출업자가 수배하고, 수입업자(buyer)의 입장에서 볼 때 FOB조건일 때는 수입업자가 운송선박을 수배하여야 한다.

2. 해상운송에 관한 사전지식

1) 매매조건과 선적의무

화물을 운송할 선박을 수배하는 자는 해당 선박회사에 운임을 지급하는 화주이다. 상품의 매매조건이 CIF(또는 CFR)조건일 때는 Seller가, FOB조건일 때는 Buyer가 운송선박을 수배하여야 한다. 물론 Seller와 Buyer의 거래관계, 상황에 따라 상대의 요청에 의해 선박수배를 주선해 주는 경우도 있다.

2) 선적선박

선박을 수배하는 경우는 상품의 수량 · 종류에 따라 운송선박이 다르다. 즉, 일반 완제품, 기계류 등과 같이 포장된 개품(個品))은 일반잡화선(general cargo carrier) 또는 컨테이너 전용선(full container ship)에 선적되며, 쌀, 옥수수, 밀 등의 곡물이나 광석, 석탄 등의 이른바 살화물(撒貨物, bulk cargo)은 곡물, 광석류 운반 전용선에 선적한다.

3) 서비스 항로

우리나라를 중심으로 현재 형성되어 있는 항로(또는 노선)는 한 · 일항로, 동남아항로, 북미항로, 호주항로, 중동항로, 구주항로 등이 있으며, 이들 항로에는 일정한 주기를 유지하며 계속적으로 취항하는 정기선(liner)과 화물에 따라 그때그때 원하는 곳까지 화물을 운송하는 부정기선(tramper)이 있다.

4) 운임부과기준

운임은 통상 해당물의 중량과 용적을 비교하여 많이 산출되는 톤수를 운임의 기준으로 삼는다(이를 revenue ton이라고 함). 주요 정기항로에 취항하고 있는 선박회사, 특히 운임동맹가맹 선사들은 운임률(tariff)을 갖고 있어, 운임의 적용기준과 화물별 운임률은 관련 선박회사에 문의하면 정확히 알 수 있다. 운임은 통상 기본요금과 제할증료(CAF, BAF) 및 취급수수료(THC), 제공과금으로 구성되므로 화주가 지불하는 총운임은 제부과요금을 합산하여 산출해야 한다.

5) 선박회사와의 접촉

정기선이 취항하지 않는 지역으로 화물을 보내고자 할 때에는 일반잡화의 경우보다 충분한 사전기간을 두고 선박회사와 접촉을 시작해야 한다. 부정기선 편으로 선적운송해야 할 경우는 가급적 1~2개월 전부터 선박을 물색하기 시작하여야 한다. 물론 어느 경우나 화주 입장에서는 충분한 시간을 갖고 임하면 그만큼 유리한 입장에서 선박을 물색할 수 있으므로 상황이 허락하는 한 선박회사의 접촉은 조기에 시작하여야 한다.

6) 운송계약의 형태

일반잡화를 운송하는 정기선의 경우는 별도로 운송계약서를 작성하는 것이 아니고 선박회사에서 정형화된 양식인 선화증권(Bill of Lading: B/L)을 발급함으로써 운송계약에 갈음하고 있다.

부정기선 화물, 즉 곡물 · 광석 · 석탄 등의 화물을 운송할 때에는 용선계약서(charter party) 가 작성되며, 이에 의거 선화증권이 별도로 발급된다.

3. 무역화물의 운송형태

국제간 거래에 있어서 무역화물운송은 일반적으로 항공기나 선박, 철도, 트럭을 주로 이용한 해상운송과 항공운송 그리고 도로철도운송 등으로 이루어지지만, 최근에는 복합운송방식으로 활발히 이용되고 있다.

1) 해상화물운송

해상운송은 화물운송선에 의하여 바다를 통하여 화물을 운송하는 방식으로 주로 대량화물이나 운송이 급박하지 않은 화물 또는 저렴한 운임으로 운송하고자 하는 경우에 주로 이용된다. 전자제품이나 공장기계 등과 같은 일반화물(general cargo)을 운송하는 화물선 및 자동차나 원유 등을 운송하는 전용선 그리고 기타의 특수화물을 운송하는 특수선박으로 나누어진다.

일반화물의 대부분은 컨테이너화(containerization)되어 컨테이너로 운송되며, 운송경로와 운임이 미리 정해져 있는 정기선(liner)과 운송수요에 따라 운행되는 부정기선(tramper)이 있다.

2) 항공화물운송

해상운송은 항공기에 의하여 공로를 통하여 화물을 운송하는 방식으로 주로 긴급물품이나 소량화물, 고부가가치제품인 전자제품, 신선도를 유지할 필요가 있는 활어, 어패류, 꽃 등의 운송에 이용되고 있다.

항공기에 의한 화물운송의 가장 중요한 특징은 운송시간 단축이며, 이외에도 해상운송이나 육상운송에 비하여 진동이 적어 포장을 간단하게 할 수 있어 포장비용이 싸다는 특징이 있다. 한편 항공화물의 인수는 항공화물운송대리점(cargo agent), 혼재업자(항공운송주선업: consolidator)가 주로 하며, 항공화물운송대리점은 항공회사의 운임률과 운송약관을 사용하며, 혼재업자는 자체의 운임률과 운송약관을 사용한다.

3) 복합운송

복합운송은 독립된 복합운송인이 단일의 운송계약에 복합운송서류를 발행해서 운송의 전 과정에 대해 화주에 대하여 책임을 지고, 동시에 복합운송인은 각 운송구간에 대해 하청운송인 내지 실제운송인에 각각의 운송수단에 의한 운송의 수행을 위탁하여 이루어지는 운송방식이다.

따라서 유효한 복합운송이 되려면, 첫째 복합운송계약, 국제간의 운송 및 운송수단의 이종복수성, 둘째 복합운송인에 의한 전 운송구간 일관책임(single liability)의 인수, 셋째 일관운임(single-factor rates on through routes)의 제시, 넷째, 복합운송서류의 발행이라는 기본요건을 포함하여야 한다.

이 복합운송은 규격화된 컨테이너를 사용함으로써 해상운송에 있어서 문전에서 문전(door to door)까지의 운송을 가능하게 하는 컨테이너 운송의 등장으로 급속하게 발전하고 있는 새로운 형식의 운송방식이다.

4. 무역화물의 운송인

운송인은 무역상품의 국제간 이동을 책임지는 자로서, 운송수단에 따라 해상운송의 경우는 해상운송인(ocean carrier), 항공운송의 경우는 항공운송인(air carrier), 육상운송의 경우는 육상운송인(overland carrier), 복합운송의 경우는 복합운송인(multimodal transport operator) 등으로 분류될 수 있다.

2절 | 해상운송계약

1. 해상화물운송의 의의

해상운송(shipping, carriage by sea, ocean transportation)은 해양을 통로로 하고 선박을 수단으로 하여 사람 및 물건을 운송하는 것을 말한다. 해상운송은 항공운송, 육상운송과 비교하여 신속성, 편리성, 안전성, 정확성 등의 면에서는 뒤떨어지지만 대량, 장거리, 저렴성의 특징을 가지고 있다. 삼면이 바다이고 자원을 해외에 의존하고 있는 우리나라는 화물운송의 대부분을 해상운송에 의존하고 있다.

2. 해상운송의 형태

1) 정기 선박운송

선박회사가 동일항로에 정기선(liner), 즉 정기적으로 선박을 운항할 경우를 정기 선박운송이라 한다. 이의 특징으로는 ① 사전에 작성 · 공포된 운항일정(sailing schedule)에 의해서 특정한 항로만을 왕복운항하며, ② 불특정다수 화주의 소량화물, 여객, 우편물 등의 수송을 주요 대상으로 하고, ③ 고정된 항로(route), 운임(tariff) 등에 의하여 평등한 서비스를 제공하는 것이다.

2) 부정기 선박운송

정기선의 경우 화물이 선박을 찾아오는 데 반해서, 부정기선(tramper)의 경우 선박이 화물을 찾아간다고 할 수 있다. 이의 특징은 ① 고정된 운항일정과 항로가 없으므로 항로의 자유선택이 가능하며, ② 대량의 화물(bulk cargo) 등의 수송을 주요 대상으로 하고, ③ 운임이 그 당시의 수요와 공급에 의한 완전경쟁으로 운임을 결정하게 된다는 것이다.

3. 해상화물의 운송계약

1) 개품운송계약

일반적으로 정기선로에 취항하는 정기선(liner)에 의한 운송의 대부분은 개개의 화물을 운송하는 계약하에 여러 화주로부터 화물을 모아 혼합 적재하여 운송하는 방식을 취하고 있다. 이것이 개품운송계약(contract of affreightment in a general ship)이다.

개품운송계약은 송화인(shipper) 또는 그 대리인이 운송인인 선박회사 또는 그 대리점 등에 운송을 신청(shipping request)하여 운송인이 이를 승낙(booking)함으로써 운송계약이 체결된다.

운송계약은 무역계약상의 가격조건에 따라 선복(ship's space)을 확보하여야 할 책임이 수출상에 있는지 또는 수입상에 있는지가 결정된다. 가령 FAS 또는 FOB의 경우에는 원칙적으로 수입업자가 선복을 확보할 책임이 있으며, 반면에 CFR이나 CIF에 의한 경우에는 원칙적으로 수출업자가 선복을 확보해야 할 책임이 있다.

2) 용선운송계약

용선운송계약(contract of affreightment by charter party, contract of sea carriage by charter party)은 타인소유의 선박을 세내어 일정한 조건을 정하여 차용할 때의 계약을 말한다.

다시 말하면 선주가 제공한 선박의 전부 또는 일부의 선복에 의하여 화물을 운송할 것을 약정하고, 이에 대하여 보수를 지급할 것을 약속하는 해상운송방법을 말한다. 용선계약에 이용되는 화물은 주로 특수한 화물로서 곡물, 석탄, 원목, 광석 등 1회의 적하가 대량일 때에 이용되며, 부정기선을 사용하는 것이 일반적이다.

(1) 일부용선계약(partial charter)

일부용선계약이란 용선운송계약 시에 선복의 전부를 빌리는 것이 아니고 일부만 차용하는 경우 체결되는 계약을 말한다.

(2) 전부용선계약(whole charter)

전부용선계약이란 용선계약 시에 선복의 전부를 빌리는 경우에 체결되는 계약을 말한다.

① 항해용선계약(Voyage Charter, Trip Charter)

항해용선계약이란 일정한 항구에서 항구까지 화물의 운송을 의뢰하는 화주(용선주)와 선박회사 간의 용선계약을 말하는데, 이를 '항로용선계약'이라고도 한다. 항해용선계약의 경우 적화의 수량에 따라 운임을 계산하는 방식을 운임용선계약이라고 하며, 한편 적량과는 관계없이 본선의 선복을 대상으로 하여 1항해에 대한 운임을 포괄적으로 약정하는 선복운임(Lump-Sum Freight)에 의한 방식을 선복용선계약(Lump-Sum Charter)이라고 한다.

② 기간용선계약(Time Charter)

기간(혹은 정기)용선계약이란 선박을 일정한 기간을 정하여 용선하는 계약으로, 이 경우 선주는 일체의 선박부속용구를 갖추고 선원을 승선시키는 등 선박의 운항상태를 갖추어 선박을 소정의 항구에서 용선자에게 인도하여야 하므로 전부용선이 된다.

③ 나용선계약(Bareboat Charter)

용선계약을 체결하면 선주가 선박과 함께 선원도 제공하도록 되어 있으며, 항해용선

| 표 7-1 | 개품운송계약과 용선운송계약의 비교

구분	개품운송계약	용선운송계약
운송형태	불특정다수의 화주로부터 개별적으로 운송요청을 받은 개개화물형태로 운송함	특정의 단일 화주의 특정 화물을 선적하기 위해 선박의 선복을 빌려주는 형태로 운송함
선박	정기선(liner)	부정기선(tramper)
화물	주로 컨테이너 화물 및 유니트 화물	원유, 철광석, 석탄, 곡물 등 대량 살화물(bulk cargo)
계약서	선화증권(B/L)이 발급됨으로써 최종적으로 확실한 계약서 역할	화주가 직접 여러 가지 조건을 운송인과 협의하여 용선계약서(C/P)를 교환
운임	Tariff Rate(공표된 운임)	Open Rate(수급관계에 따라 변동)
운임조건 (선내하역비)	Berth Term=Liner Term	FIO, FI, FO

계약인 경우에는 선주가 수선비 및 보험료 등도 부담하도록 되어 있으나, 용선주가 일종의 대차방식에 의하여 선원의 수배는 물론 운행에 관한 일체의 모든 감독 및 관리권한까지 행사하도록 하는 것이 나용선계약이다.

3절 | 정기선 운송과 부정기선 운송

1. 정기선 운송

1) 정기선 운송의 의의

정기선(liner, liner boat, regular liner)은 정기항로에 취항하고 있는 선박을 말하며, 정해진 기항항(寄港港) 사이를 정해진 운항일정(schedule)에 따라 항해하고 있다. 정기선은 컨테이너 화물전용의 컨테이너선과 그렇지 않은 재래선으로 분류하는데, 오늘날에 주요한 정기항로에는 컨테이너선이 투입되고 있다.

정기선운송(liner shipping)은 무역화물을 운송할 때에 정기선을 이용하는 것으로, 주로 완제품이나 반제품 등의 일반포장화물(general cargo)을 운송한다.

2) 정기선 운송의 특징

정기선 운송은 항해일정을 공시하여 일반화물의 운송을 인수하기 때문에, 부정기 선운송에서와는 다른 다음과 같은 특징을 가지고 있다.

첫째, 특정의 항로(구간)가 정해져서 정기적으로 발착(發着)하고 일정한 동형선(同型船)이 배선되므로 화물이 많든 적든 적하품이 있든 없든 반드시 취항한다.

둘째, 운송화물의 대상은 주로 소량의 일반화물이므로 단위가 1척 단위가 아니다.

셋째, 정기선의 운임은 미리 운임표(tariff)에 의하여 공시된다.

3) 정기선 화물의 대상

정기선은 그 성질상 운항이 정기적이기 때문에 운송되는 화물은 부정기선의 화물(주로 원료 등)과는 달리 주로 제품화된 화물이 많으나, 특수한 화물도 운송의 대상이 된다.

(1) 일반화물(General Cargo: G/C)

특별한 하역취급이나 적부(積付)를 필요로 하지 않는 화물이다. 일반적으로 정기선 운송에 적합하고 적량(適量)으로 포장되어 하역작업이 비교적 쉽고 다른 화물과 함께 적재할 수 있는 화물이 일반화물에 포함된다.

일반화물은 일반적으로 정량화물(fine or clean cargo) 및 조잡화물(rough cargo)로 나누어진다. 전자는 포장이 잘 되고 그 내용물도 청결, 건조한 것으로서 다른 화물과 혼재 또는 접촉하여도 다른 화물을 손상시킬 우려가 없는 화물을 말하며, 후자는 오염, 융해 또는 악취를 발산하여 다른 화물도 오염시킬 우려가 있는 화물로서 더러운 화물(dirty cargo), 먼지 나는 화물(dusty cargo), 냄새나는 화물(smelled cargo) 등이 이에 속한다.

(2) 특수화물(Special Cargo)

화물의 성질, 중량, 가격이 이상하고 특수한 화물로서 당연히 그 적부(積付)에도 특수한 조치를 필요로 하는 화물이다. 여기에는 위험화물(dangerous cargo), 부패성 화물(perishable cargo), 냉장 · 냉동화물(refrigerating or chilled cargo), 고가화물(valuable cargo), 동식물(live stock, plant), 중량화물(heavy cargo or heavy lift), 살화물 및 장척화물(bulky cargo, lengthy cargo) 등이 있다.

4) 정기선 항로의 취항선박

(1) 재래화물선(Conventional Ship)

컨테이너선과 대비되는 일반화물선(general cargo ship), 즉 컨테이너를 운송할 수 있는 구조를 갖고 있지 않는 선박으로 주로 일반잡화를 주 대상으로 설계한 선박이다.

(2) 컨테이너선(Container Ship)

컨테이너 화물의 운송에 적합하도록 설계된 구조를 갖춘 대형의 고속화물선을 말하며, 현재 세계 주요 정기항로에는 거의 컨테이너선에 의한 수송서비스가 제공되고 있다.

컨테이너선에는 선박 전체가 컨테이너의 적부에 적합한 구조를 갖고 있는 풀컨테이너(full-container)선과 선박의 일부만이 그러한 구조로 되어 있는 세미컨테이너(semicontainer)선이 있다. 풀컨테이너선은 컨테이너 화물만을 수송하는 전용 선박이다. 세미 컨테이너선은 일반화물과 컨테이너를 동시에 실을 수 있는 선박을 말한다. 정기항로에 세미컨테이너선이 취항하고 있는 것은 정기항로의 모든 기항지에 컨테이너선을 위한 하역시설, 컨테이너 터미널 등 육상시설이 완비되어 있지 않기 때문이다.

(3) 다목적선(Multi-Purpose Ship)

이 선박은 잡화나 철물화물 등 여러 종류의 화물을 적재할 수 있도록 설계된 선박을 말하는데, 일반화물선(general cargo ship)과 벌크선(bulk carrier)의 기능을 함께 구비한 선형(船型)이다. 다목적선은 정기선뿐만 아니라 부정기선으로도 사용하도록 설계되어 있다.

(4) RO/RO선(Roll On/Roll Off Vessel : RO/RO Vessel)

이 선박은 하역방식에 의한 컨테이너선의 분류의 하나로서, 본선의 선미나 수미를 통하여 트랙터나 포크리프트(forklift) 등에 의해 컨테이너의 적하 및 양하가 이루어지도록 건조된 선형이다. 그러므로 RO/RO선은 육상이나 본선상에 하역설비가 없어도 트레일러(trailer), 포크리프트 등을 사용하여 하역이 가능하다.

(5) LO/LO선(Lift On/Lift Off Vessel : LO/LO Vessel)

이 선박은 하역방식에 의한 컨테이너선의 분류 중의 하나로서, 컨테이너를 크레인 등을 사용하여 하역하고 화물창구를 통하여 상하로 올리고 내리게 하는 방식의 선박이다.

5) 정기선의 운임

(1) 정기선 운임의 구성

정기선 운임은 기본적으로 기본운임(basic rate)과 화물의 형상, 항만사정, 화물의 특수성, 항해 여건상의 사유 등에 따라 부과되는 할증료(surcharge) 및 기타 추가요금(additional charge) 등으로 구성되는 것이 보통이다.

(2) 할증료

할증료는 항로별로 기본운임의 몇 %로 정하거나 컨테이너당 또는 톤당 일정액을 정하여 공시하는 형식을 취하고 있으며, 화물의 기본운임은 원래 그 화물의 나름대로의 특성, 운송비용, 운임부담력, 화물의 종류, 재질 등에 따라 품목별로 차등 부과된다.

6) 정기운임의 계산방법

운임은 화물의 모양, 성질 등에 따라 산정되며, 그 기준은 일단 운송인이게 유리한 쪽으로 적용된다는 점이 가장 큰 특징이다.

(1) 화물의 중량기준

용적(부피)은 작지만 중량이 높은 화물, 예컨대 철강제품이나 화학제품 등은 중량을 기준으로 하여 운임이 책정된다. 중량기준 화물도 1 Long Ton=2,240lbs(1,016kg), 1 Short Ton=2,000lbs(907kg), Metric Ton=2,204lbs(1,000kg) 등 세 가지 톤 중에서 어느 것을 사용하느냐 하는 것은 선적지역이나 화물종류에 따라 각각 다르지만 실무상 Metric Ton이 보편화되어 있다.

(2) 화물의 부피기준(Measurement Basis)

부피가 큰 화물은 당연히 부피가 운임산정의 기준이 된다. 부피(용적)를 재는 단위는 Feet(cft)가 있는데 이 중에서 Cubic Meter(CBM)가 보편화되어 있다. CBM은 컨테이너 화물운송업무에서 기초가 되는 단위이다.

화물의 포장명세서(Packing List: P/L), 선적요청서(Shipping Request: S/R) 등에 W/M이라고 표기되어 있는 것을 보게 되는데, 이것은 Weight/Measurement를 뜻하며, 중량과 용적의 두 가지 중 어느 쪽이든 높은(큰) 쪽의 톤수가 운임산정의 기준이 된다. 이때 운임산정의 기준이 된 톤수를 운임톤(Freight Ton or Revenue Ton: R/T)이라고 한다.

(3) 종가단위(Ad Valorem)

종가라는 말은 가격에 따른다(according to the price)는 뜻이다. 종가단위가 적용되는 종가화물은 운송에 특별한 주의를 기울여야 하며, 운송사고가 발생하였을 때 운송의 배상책임도 일반화물에 비해 훨씬 무겁다.

(4) 박스운임(Box Rate)

컨테이너운송의 발전으로 운임체계를 단순화시키는 것은 필연적인 과제가 되었다. 그 결과 컨테이너 내부에 넣는 화물의 양(부피)에 상관없이 무조건 컨테이너 하나당 얼마라고 하는 식으로 운임을 책정하여 실무에서 사용하게 된 것이다.

7) 해상운임의 종류

(1) 지급시기에 따른 분류

① 선불운임(Freight Prepaid)

CIF 또는 CFR(C&F)조건에 의한 수출의 경우 수출업자가 선적지에서 운임을 지불하게 되는 것을 말한다.

② 후불운임(Freight to Collect)

FOB조건의 경우 수입업자가 화물의 도착지에서 운임을 지급하며, 이를 후불운임이라 한다.

(2) 부과방법에 따른 분류

① 종가운임(Ad Valorem Freight)

이는 귀금속 등 고가품운송에 있어 화물의 가격을 기초로 하여 이의 일정률을 운임으로 징수하는 경우의 운임이다.

② 최저운임(Minimum All Kinds Rate)

이 운임은 일정단위(CBM 또는 Ton)를 기초로 부과되는데 화물의 용적과 중량이 일정기준 이하(예 1CBM)일 경우의 운임을 말한다.

③ 무차별운임(Freight All Kinds Rate)

이는 품목 여부를 가리지 않고 일률적으로 부과하는 운임으로 FAK Rate라고 한다.

(3) 운송완성도에 의한 분류

여기에는 운송의 완성 여부에 불구하고 전액을 지급하는 전액운임, 그 완성도에 따라 지급되는 비교운임 및 화주가 계약한 수량보다 실제 적게 적재한 양, 즉 선적 부족분에 대해서도 지급되는 부적(不積)운임(dead freight) 등이 있다.

(4) 하역비부담에 의한 분류

화물의 적양(積楊)하역비용을 누가 부담하느냐에 따라 ① Berth Terms(B/T), ② Free In and Out(F.I.O.), ③ Free In(F.I.), ④ Free Out(F.O.) 등이 있다.

① Berth Terms(B/T)

화주가 화물을 선측까지 운송하여 선주에게 인도하면, 선주가 화물을 태클(tackle)로 들어올려 선적하면서부터 하역비와 화물손상비를 부담한다. 이 조건은 화주의 하역비 부담이 적다. 통상 정기선은 이 Berth Terms 조건으로 운임이 책정되므로 'Liner Terms'라고도 한다.

② Free In(F.I.)

본선 내로의 적재하역비와 그 사이의 손해비용은 선주가 부담하지 않는다.

③ Free Out(F.O.)

본선에서 화물을 양하할 때 하역비와 그 사이의 화물 손상비용은 선주가 부담하지 않는다.

④ Free In & Out(F.I.O.)

적양하역비(積楊荷役費)는 모두 선주가 부담하지 않는다.

(5) 특수운임

① 특별운임(Special Rate)

이 운임은 해운동맹이 비동맹과 화물유치경쟁을 할 때 일정한 화물에 대해 일정조건을 갖춘 경우 정상요율을 인하하여 특별요율로 화물을 인수하는 수단으로 사용되는 운임이다.

② 경쟁운임(Open Rate)

정기선 요율에 있어서 자동차, 시멘트, 비료, 광산물과 같은 선적단위가 큰 대량화물에 있어서는 해운동맹이 비동맹보다 경쟁력이 약하다. 이러한 경우 해운동맹은 이들 대량화물에 대해서는 요율을 별도로 정하지 않고, 그 동맹가입선사(member)가 임의로 적용하여 경쟁력을 높이고 있는데, 이들 품목을 Open Rate Cargo라고 하며, 이때 적용되는 운임을 경쟁운임이라 한다.

③ 접속운임(OCP Rate)

이것은 북미내륙의 육상운송의 종착역에 해당하는 OCP(Overland Common Point)지역으로 운송하는 경우 해상운송업자가 육상 · 항공운송까지 화주를 대신하여 계약을 체결하는 경우에 화주가 지급하게 되는 총괄운임을 말한다.

④ 최저운임(Minimum Rate)

최저운임은 용적 또는 중량이 운임산출톤에 미달되는 화물에 대한 B/L이 발행되는 경우에, 화물의 종류에 관계없이 B/L 한 건당을 단위로 하여 특정하게 운임을 설정하는 방법이다.

⑤ 지역운임(Local Freight)

태평양운임동맹(TPFC)의 요율에는 태평양 연안 여러 항구까지의 양륙화물에 대한 운임과 북미내륙지역을 도착지로 하는 화물에 대해 적용하는 미내륙항접속운임률 등의 두 가지가 있다. 미국 로키산맥의 동부지역은 Local Area라고 부르며 Main Port에서 내륙지역까지의 운송료를 Port Local Freight라고 한다.

(6) 미국 신해운법상의 운임

① 독자운임결정권(Independent Action: I/A)

이것은 미국항로에 취항하는 선사들에게 Tariff에 신고된 운임률이나 기타 조건에 관계없이 독자적인 운임률을 설정할 수 있도록 허용한 것으로서, 선사는 효력발생 10일 전까지만 FMC(미연방해사위원회)에 신고하게 되면 IA를 행사할 수 있게 된다.

② 우대운송계약(Service Contract: S/C)

이것은 화주 또는 화주단체가 일정기간에 대하여 일정량의 화물선적을 보증하고 이에 대해 선박회사 또는 해운동맹이 일정한 운임 및 선복 등을 보증하는 제도이다.

③ 기간별 물량별 운임(Time Volume Rate: TVR)

이것은 선박회사 또는 해운동맹이 일정기간 동안 일정하게 정해진 품목을 선적한다는 조건부로 화주에게 할인혜택을 주는 운임을 말한다.

(7) 할증운임

① 중량할증운임(Heavy Lift Surcharge)

이것은 단위당 화물이 3톤 또는 4톤을 초과할 경우의 할증운임과 컨테이너의 중량이 일정중량을 초과할 경우의 할증운임이다.

② 용적 및 장척할증료(Bulky/Lengthy Surcharge)

이것은 화물의 부피가 너무 크거나 길이가 너무 긴 화물에 대해 부과되는 할증료를 말한다.

③ **체선할증료(Port Congestion Surcharge)**

이것은 도착항의 항만사정이 혼잡할 때 받는 할증료이다.

④ **통화할증료(Currency Adjustment Factor: CAF)**

이것은 통화의 변동에 따른 환차손해를 화주에게 부담시키는 할증료이다.

⑤ **유류할증료(Bunker Adjustment Factor: BAF)**

이것은 유류가격의 인상으로 발생하는 손실을 보전하기 위한 할증료이다.

⑥ **Optional Charge(선택할증료)**

선적 시에 목적항을 2개로 정했다가 본선 출항 후 1개항을 도착항으로 선택할 때(48시간 이전) 부과되는 할증료이다.

최근에는 요율체계의 단순화 추세가 가속화되어 화물의 품목에 관계없이 '컨테이너 한 개당 얼마'라는 식으로 책정되는 품목별 무차별운임(freight all kinds)이 보편화되고 있다.

(8) 부대비용의 종류

① **부두사용료(Wharfage)**

이것은 부두사용료 또는 화물입출항료를 말하는 것으로 해양수산부의 '무역항의 항만시설 사용 및 사용료에 관한 규정'에 의하여 부과하며, 부산항의 경우 출항(수출)화물은 톤당 192원, 입항(수입)화물은 323원을 부과하고 있다.

② **터미널화물처리비(Terminal Handling Charge: THC)**

이것은 화물이 컨테이너터 미널에 입고된 순간부터 본선의 선측까지, 반대로 본선 선측에서 CY(Container Yard)의 게이트를 통과하기까지 화물의 이동에 따르는 비용을 말한다.

③ **CFS 작업료(CFS Charge)**

이것은 컨테이너 하나의 분량이 되지 않는 소량화물(Less than Container Load: LCL)을 운송하는 경우, 선적지 및 도착지의 CFS(Container Freight Station)에서 화물의 혼재(적입) 또는 분류작업을 하게 되는데 이때 발생하는 비용을 말한다.

④ **컨테이너세(Container Tax)**

1992년부터 항만배후도로를 이용하는 컨테이너 차량에 대해 부산시가 20피트(TEU) 컨테이너당 2만원씩 징수하는 지방세로 일종의 교통유발금이라 할 수 있다.

⑤ **서류발급비(Documentation Fee)**

선사가 선화증권(B/L)과 화물인도지시서(D/O) 발급 시 소요되는 비용을 보전하기 위한 비용을 말한다.

⑥ **도착화물인도비용(Destination Delivery Charge: DDC)**

북미수출의 경우 도착항에서의 하역 및 터미널 작업비용을 해상운임과는 별도로 징수하는 것을 말한다.

⑦ **체선료(Demurrage)**

적하(loading) 또는 양하(discharging)일수가 약정된 정박기간(laydays)을 초과하는 경우 초과일수에 대하여 용선자가 선주에게 지불하는 것으로 하루(1일) 또는 중량 톤수 1톤당 얼마를 지불하는 금액이다. 즉, 화주가 허용된 시간(free time)을 초과하여 컨테이너를 CY에서 반출해 가지 않을 경우 선박회사에 지불해야 하는 비용이다.

⑧ **지체료(Detention)**

화주가 허용된 시간 이내에 반출해 간 컨테이너를 지정된 선사의 CY로 반환하지 않을 경우 지불하는 비용을 말한다.

2. 부정기선 운송

1) 부정기선(Tramper)의 의의

부정기선은 정해진 항로를 정기적(규칙적)으로 운항하는 정기선과는 달리, 일정한 항로나 화주를 한정하지 않고 화물이 있을 때마다 또는 선복의 수요가 있을 때마다 또는 화주가 요구하는 시기와 항로에 따라 화물을 운송하는 것을 말한다.

2) 부정기선 운송의 유형

용선계약에는 선복 전부를 빌리는 전부용선계약(whole charter)과 선복의 일부만 빌리는 일부용선계약(partial charter)이 있다.

전부용선계약에는 선박이 어느 특정 항해를 위하여 용선되는 항해용선계약(voyage charter, trip charter, voyage charter party)과 선박이 어느 특정의 기간에 대하여 용선되는 정기용선계약(time charter, time charter party)이 있다.

(1) 항해용선계약의 체결

① 선복을 위한 조회(Inquiry of Ship'S Space)

수출업자가 자기 수출품을 운송하는 선박을 수배하는 경우에는 보통 해운중개인 또는 용선중개인(charter broker)을 통하여 조건에 알맞은 선박 중개를 의뢰한다. 중개인은 수출업자의 운임 등의 여러 조건을 선박회사에 조회하는데, 이것을 조회(inquiry)라 한다.

② 선복을 위한 확정청약(Firm Offer for Ship's Space)

수출업자로부터 조회를 받은 선박회사는 화주가 요구하는 여러 가지 조건을 검토하여 조건에 합당하면 화주에게 용선계약을 체결할 것을 신청하는데 이 신청서가 Firm Offer이다.

③ 선복확약서(Fixture Note)

선박회사가 제시한 신청서(firm offer)의 유효기간 내에 화주가 Firm Offer를 수락하면 용선계약이 성립된다. 이때 증빙서류로서 선복확약서를 작성한다. 이 선복확약서에 각 관계당사자인 선박회사, 화주, 중개인이 각각 서명하고 각자가 한 통씩 보관한다. 이 다음에 정식 용선계약서(Charter Party: C/P)를 작성하여 각 관계당사자가 서명한 후 각자가 보관한다.

④ 확정청약(Firm Offer)에 대한 반대청약(Counter Offer)

선박회사가 제시한 Firm Offer 조건을 화주가 일부 수정하여 수리하고자 하는 경우에는 화주가 희망하는 조건을 적은 Counter Offer를 선박회사에 보낸다. 이것은 선박회사가 제시한 조건을 일단 거절하고 새로이 용선계약조건을 제시한다는 뜻이 된다.

(2) 항해용선계약과 하역비 등

항해용선계약은 하역비 및 항비(港費) 등을 선주, 용선자 중 누가 부담하는가에 따라 다음과 같이 나누어진다.

① Gross Term

부정기선의 일반적인 방식으로 선주가 모든 하역비 및 항비를 부담한다.

② Net Term

용선자가 선적양하 하역비 외에 선박이 선적준비를 완료하고 나서부터 양륙을 완료할 때까지의 모든 항비를 부담한다. 이 방식은 선주가 사정을 잘 모르는 항구에 배선하는 경우나 중간기항지가 많은 경우에 선주에게 유리하다.

③ F.I.O. Charter

이 조건은 용선자는 선적양륙의 하역비용을 부담하고 선주는 항비를 부담한다. 변경된 형태는 F.O.B. Charter가 있지만, 이것은 선주가 양륙의 하역비용을 부담하는 것이다.

④ Lump Sum Charter

용선자는 선박의 사용에 대하여 총액의 운임을 지급하고 선주는 일정한 선복을 화물의 사용에 제공하거나 또는 선박이 운송할 수 있는 화물의 최대중량을 보증한다.

3) 부정기선의 운임

부정기선의 운임은 원칙적으로 용선료의 경우처럼 선복의 수급관계에 따라 결정된다. 운임은 통상 적하량을 기준으로 톤당 얼마로 표시한다. 운임계산의 기초가 되는 것은 톤 이외에도 그 종류가 많고, 각국의 관습에 따라 그 나라의 독특한 단위를 사용하고 있다.

(1) 선복운임(Lump Sum Freight)

운송계약에 있어서 운임은 운송품의 개수(個數), 중량 또는 용적을 기준으로 계산되는 경우와 선복(ship's space) 또는 항해를 단위로 하여 포괄적으로 지급되는 경우가 있다. 후자의 계약은 선복계약이라 하고 이 경우에 지급되는 운임을 선복운임이라 한다.

(2) 비율운임(Pri Rate Freight)

비율운임은 선박이 항해 중 불가항력, 기타 원인에 의하여 항해의 계속이 불가능하게 되어 운송계약의 일부만을 이행하고 화물을 인도한 경우에 특히 그때까지 행한 운송의 비율에 따라 선주가 취득하는 운임으로, 항로상당운임(distance freight)이라고도 부른다.

(3) 부적운임(Dead Freight)

부적운임 또는 공적(空積)운임은 용선할 때 일정량의 운송화물을 계약하였는데 화주가 그 계약수량을 선적하지 못하였을 때 선적하지 않은 화물량에 대해 지급하는 운임으로 일종의 위약배상금이다.

(4) 연속항해운임

이 운임은 어느 특정의 항로를 반복 연속하여 항해하는 경우에 약정한 연속항해의 전부에 대하여 적용하는 운임이다.

4절 | 선화증권

1. 선화증권의 의의

선화증권(Bill of Lading: B/L)은 선주가 선박에 화주로부터 의뢰받은 운송화물을 적재하고 또는 선적을 위하여 그 화물을 수취한 것을 증명하고, 이것을 도착항에서 일정조건하에 수화인이나 그 지시인에게 인도할 것을 약정한 유가증권이다.

B/L은 B/L상에 기재된 화물의 권리를 화체(化體)한 것으로서 선화증권의 이전은 바로 화물에 대한 권리의 이전을 의미하므로 화물을 처분할 시에는 반드시 관련 B/L을 갖고 있어야만 한다.

2. 선화증권의 기능과 역할

① 선화증권은 선장 또는 선주의 대리인으로서 정당한 권한을 부여받은 자가 서명한 화물수취증(receipt of goods)이다.

② 송화인과 운송인(선주) 사이에서 협정된 운송계약을 나타내는 증거서류이다.

③ 선화증권에 기재된 물건을 화체하는 권리증권(document of title)이다. 권리증권의 소지인은 증권에 기재된 물건을 임의로 처분할 수 있다.

3. 선화증권의 법적 성질

① 선화증권은 채권증권으로 선화증권의 소지인은 선화증권과 상환으로 물건의 인도를 청구할 수 있다.

② 선화증권은 요식증권으로 기재사항이 법으로 정해진 유가증권이다.

③ 선화증권은 문언증권으로 운송인은 선화증권의 선의의 소지인에 대하여 증권의 기재문언에 관하여 책임을 진다.

④ 선화증권은 요인증권으로 운송인 또는 그 대리인이 물건을 선적 또는 선적을 위하여 수취하였다는 요인이 있어야 비로소 발행된다.

⑤ 선화증권은 인도증권으로 증권의 정당한 소지인에게 물건을 인도하며 그 인도는 증권기재의 물건, 그 자체를 인도한 것과 동일한 효력을 갖게 한다.

⑥ 선화증권은 제시증권으로 수화인은 어떤 다른 방법으로 자기가 운송품의 정당한 인취권자라는 것을 증명하여도 선화증권을 제시하지 않으면 화물을 수취할 수가 없다.

⑦ 선화증권은 수령증권으로 증권과 바꾸지 않으면 채무자가 증권상의 채무를 갚지 않아도 되는 유가증권이다.

⑧ 선화증권은 처분증권으로 증권에 표시된 물건에 관한 처분(양도 등)을 하는 데는 그 증권으로 해야 한다.

⑨ 선화증권은 지시증권으로 증권에 지정된 자 또는 지정된 자가 다시 증권에 지정하는 자를 증권이 나타내는 권리의 정당한 행사 주체로 하는 유가증권이다.

4. 선화증권의 종류

1) 선적선화증권과 수취선화증권(Shipped or on Board B/L vs Received for B/L)

선화증권은 원래 본선에 화물이 선적된 후에 발행되는데, 증권 면에 'Shipped' 혹은 'Shipped on Board'와 같이 실질적으로 화물의 선적완료를 표시한 것이 선적선화증권이며, 지정선박이 아직 부두에 정박하지 않았거나 입항조차 하지 않았을 경우에는 우선 화물은 선박회사의 부두창고에 입고되어 'Received for shipment' 형식으로 발행되는 것이 수취선화증권이다.

2) 무사고선화증권과 사고부선화증권(Clean B/L vs Foul or Dirty B/L)

본선에 계약화물을 선적할 때 그 화물의 상태가 양호하고 수량이 맞아 비고(remarks)란에 아무 것도 기재되지 않고, 증권 면에 'shipped on board in apparent good order and condition'이라고 표시된 선화증권을 무사고 또는 완전선적증권이라고 한다.

한편 비고란에 '5 bags torn' 등과 같이 선박회사가 인수할 당시 포장상태가 불완전하거나 수량이 부족하면 이 사실을 증권에 기재하게 되며, 이런 사실이 기재된 선화증권을 사고부선화증권이라 한다.

3) 기명식 선화증권과 지시식 선화증권(Straight B/L vs Oorder B/L)

기명식 선화증권은 화물의 수취인으로서 수입자명이 기재된 선화증권으로, 무역화물에는 거의 이용되지 않고 이삿짐 또는 개인의 물품이 발송하는 경우에 많이 이용되며, 유통이 되지 않으므로 송화인의 배서는 필요 없다.

지시식 선화증권은 수화인명이 기재되지 않고 단순히 'Order', 'Order of A', 'Order of Bank'라고 되어 있어 수출업자가 이런 지시식 선화증권 이면에 백지배서만 하면 이 증권의 소지자가 그 화물에 대한 소유권을 갖게 된다.

4) 해양선화증권과 내국선화증권(Ocean B/L vs Local B/L)

해양선화증권은 부산과 뉴욕과 같이 국외 해상운송의 경우에 발행되는 선화증권이며, 내국선화증권은 부산과 인천과 같이 국내해상운송에서 발행되는 선화증권이다.

5) 유통선화증권과 유통불능선화증권(Negotiable B/L vs Non-Negotiable B/L)

선박회사는 선화증권을 발급할 때 주로 3통이 한 세트가 되는 선화증권 원본을 발행하는데, 이들 원본이라야 그러한 선화증권이 대표하는 화물과 상환이 되며, 또 은행에서는 신용장에서 요구하는 정당한 선화증권으로 인정하여 대금결제가 이루어진다.

한편 선박회사가 발급하는 원본 이외의 모든 선화증권에는 발급될 때 이미 'Non-Negotiable'이라는 도장이 찍혀 발급되기 때문에 이들 사본으로는 은행에서 Nego가 되지 않는다.

6) Port B/L과 Custody B/L

Port B/L은 선적될 화물이 부두의 운송인의 보관하에 있으며 지정된 선박이 입항은 되어있으나, 다만 화물이 본선에 적재되지 않은 경우 발행되는 수취선화증권의 일종이다. 한편 Port B/L과 같이 화물이 운송인에게 인도는 되었으나 지정된 선박이 아직 지정항구, 즉 화물이 준비되어 있는 항구에 도착되지 않았을 때 발행되는 수취선화증권의 일종이 Custody B/L이다.

7) 복합운송선화증권(Combined Transport B/L)

복합운송선화증권이란 수출국의 화물인수장소로부터 수입국의 인도장소까지 해상·육상·항공 중 적어도 두 가지 이상의 운송기관을 이용하여 운송되는 경우에 발행하는 운송증권으로서 복합운송인(combined transport operator)이 발행한다.

8) 제3자 명의 선화증권(Third Party B/L)

B/L상에 표시되는 선적인(shipper)은 일반적으로 신용장의 수익자가 되는 것이 보통이나 수출입거래의 매매당사자가 아닌 제3자(third party)가 선적인(shipper)이 되는 경우가 있는데 이를 제3자 선화증권이라 한다. 주로 중계부 은행은 이 서류를 수리하도록 정하고 있다.

9) 통과선화증권(Through B/L)

운송화물을 목적지까지 운송하는 데 선주가 다른 선박회사의 선박을 이용하거나 해운과 육상운송을 교대로 이용하여 운송된 경우 최초운송업자가 전 구간의 운송에 대하여 발행하여 모든 책임을 지는 운송증권을 통과선화증권이라고 한다. 미국에서는 육상과 해상운송을 겸한 선화증권을 Overland B/L이라고 하여 많이 이용되고 있다.

10) 환적선화증권(Transshipment B/L)

통과선화증권에서는 최초의 운송인만이 서명하여 그가 수화인 또는 동 증권 소지자에 대하여 운송상의 모든 책임을 지나, 이 환적선화증권은 화물을 목적지까지 운송 도중

중도항에서 다른 선박에 환적하여 최종목적지까지 운송할 때 발행되는 선화증권이며, 각 구간의 운송인이 연서하고 수화인 및 선화증권 소지자에 대하여 공동책임을 진다. 즉, 환적할 때마다 각 선박회사가 최초의 선화증권에 연대서명을 하여 공동책임을 지게 된다.

11) 적색선화증권(Red B/L)

이 선화증권은 보통 선화증권과 보험증권을 결합시킨 것으로서 이 증권에 기재된 화물이 항해 중에 사고가 발생하면 이 사고에 대해서 선박회사가 보상해 주는 선화증권이다. 선박회사는 또 보험회사와 모든 Red B/L 발행분에 대해서 일괄하여 부보하게 되므로 손해부담은 보험회사가 지며, 보험료만큼 선박회사는 운임에 추가시키므로 결국 보험료도 송화인이 부담하는 셈이 된다.

12) 용선계약선화증권(Charter Party B/L)

화주가 대량화물을 수송하기 위하여 일회 항해 또는 일정기간 동안 부정기선을 사용하는 경우, 화주와 선박회사 사이에 체결된 용선계약에 의하여 발행되는 선화증권을 말한다. 신용장통일규칙 제26조에 이런 선화증권은 별도의 명시가 없는 한, 은행은 수리를 거절할 수 있도록 규정하고 있다.

13) 부서부선화증권(Counter-Sign B/L)

해운화물 도착 시 지불운임이나 그 외 다른 채무가 부수되어 있는 경우 물품을 인수하는 자는 채무에 대한 대금을 선박회사에 지불하고 화물을 수취하게 되는데, 이때 선박회사는 결제를 끝낸 것을 증명하기 위하여 선화증권에 이서한다. 이러한 부서가 되어 있는 선화증권을 말한다.

14) 집단선화증권(Groupage B/L)

운송해 보낼 화물이 한 개의 컨테이너 분량이 안 되거나(less than container load cargo) 한 로트(lot)가 안 될 정도로 적은 분량이면 화물운송회사가 같은 목적지로 가는 화물을 같이 모아서 하나의 그룹으로 선적해 보낼 때 선박회사가 발급하는 선화증권을 집단선화증권이라 한다.

15) 약식선화증권(Short Form B/L)

절차의 간소화를 위해서 선화증권 면에 기재된 장문의 약관을 생략한 것을 약식선화증권이라 한다. Short Form B/L에는 분쟁이 발생하면 원래의 선화증권, 즉 Long Form B/L의 약관에 따른다는 문언이 기재되어 있다.

16) 기한경과 선화증권(Stale B/L)

이 용어는 선화증권의 어떤 형태를 말하는 것이 아니고 선화증권의 제시시기가 필요 이상으로 지연되었을 때 그러한 지연된 선화증권을 말하는 것이다. 신용장통일규칙 제47조에 모든 선적서류는 발행 후, 신용장에서 명시한 기간 내에 제시하면 은행은 특별히 신용장에 'Stale B/L Acceptable'이란 조항이 없이는 수리를 거절하게 된다.

17) 컨테이너 선화증권(Container B/L)

컨테이너 적재설비를 갖추고 있는 선박에 선적한 경우에 발행되는 선화증권을 Container B/L이라 한다. 컨테이너에 의한 운송의 경우 화주는 생산공장 또는 창고에서 컨테이너야드(Container Yard: CY)까지 자기 책임으로 운송하여 선박회사에 인도한다. 따라서 선박회사는 인수받은 화물이 화주가 포장하고 봉인한 것이기 때문에 그 내용을 알 수 없다는 뜻으로 'shipper's load and count' 또는 'said by shipper to contain'이라는 문언을 Container B/L상에 기재하고 있다.

18) 전자식 선화증권(Electronic B/L)

전자식 선화증권은 기존의 종이 선화증권을 발행하지 않고, 선화증권의 내용을 구성하는 정보를 전자적 방법에 의해 운송인의 컴퓨터에 보관하고, 운송인이 부여한 '개인키(private key: 비밀번호)'를 사용함으로써 물품에 대한 지배권 및 처분권의 권리를 그 권리자의 지시에 따라 하수인에게 그 정보를 전송하는 형식의 선화증권을 말한다.

전자식 선화증권도 선적 혹은 수취식 선화증권으로 발행될 수 있을 뿐만 아니라 지시식, 기명식으로도 발행될 수 있지만, 기존의 방식과는 아주 상이한 방법으로 사용되고 있기 때문에 하나의 새로운 선화증권으로 보는 것이 바람직하다.

5. 선화증권의 기재사항

| 표 7-2 | 선화증권의 기재사항

법정기재사항	임의기재사항
① 선박: 선박, 국적, 톤수 실제로는 Vessel난에 서명과 임의기재사항인 항해번호만 적음. ② 선장의 이름: 통상 기입 안 함. ③ 운송품의 종류 · 중량 · 용적 · 포장의 기호 및 개수: 도착지 통관에 중요한 내용으로 B/L내용과 화물의 내용이 사실과 다름으로써 발생하는 일체의 책임은 송화인이 지고 운임도 2배로 과징 ④ 송화인 성명/상호: 화물 발송자 ⑤ 선적항 ⑥ 양하항: 양하항이 기재되어 있지 않은 것은 무효 ⑦ 운임: 선불이면 'Freight Prepaid'라고 기입, 후불이면 그 액수 또는 'Freight Collect As Arranged'라 기입하기도 함. ⑧ 작성지와 작성일자: 작성지는 B/L을 서명, 발행한 장소, 발행일자는 본선 출항일자로 통일 ⑨ 선화증권의 발행 부수: 1부로 족하지만 정본 3부를 1세트로 발행, 정본 3부는 각기 동등한 효력을 가지며 그중 1부로 화물을 인도하면 나머지는 자동 무효	① 본선항해번호: 선사가 자체 업무편의상 참조용으로 붙이는 일련번호 ② 통지처: 수화인이 기입되지 않는 지시식 B/L에는 반드시 통지처를 기입 ③ 운임지불지 및 환율: 필요한 경우 지불처 기입, 환율은 본선입항일의 환율에 따르는 것이 통례 ④ B/L NO.: 취급상 업무편의를 위해 발행인이 임의로 정함. ⑤ 면책조항: B/L의 표면 또는 이면에 기입되어 있음. 선사마다 B/L의 면책조항의 종류가 다양하다. 주로 헤이그 규칙과 헤이그-비스비 규칙이 주류를 이룸.

6. 선화증권의 면책사항(Exception of B/L)

선박이 화물을 수송하는 동안 선박회사의 권리와 의무에 관한 여러 조항이 선화증권의 표면과 이면에 열거되어 있으나, 선박회사의 책임은 면책조항에 의해서 대부분 면제 또는 제한되어 있어 선박회사의 책임범위는 극히 좁다.

1) 위험의 제외에 관한 주요 조항

(1) 천재 및 해난의 제외

선박회사 및 그 사용인이 보통 예견 또는 방지할 수 없는 해난(perils of the sea), 예컨대, 폭풍, 좌초, 유빙 등에 기인한 손해 및 순수한 자연력에 의한 천재(act of God), 예컨대 결빙, 낙뢰 등에 기인한 손해에 대해서는 선박회사는 무과실을 입증하지 않고 면책된다.

(2) 전쟁위험의 제외

전쟁행위, 예컨대 어뢰, 폭탄 등의 폭발, 나포, 봉쇄 등에 기인하는 손해는 선박회사가 책임을 지지 않는다.

(3) 제3자의 행위에 기인하는 위험의 제외

검역, 억류 등의 법규에 기인하는 손해 또는 파업, 폭동, 절도 등에 기인하는 손해는 선박회사가 책임을 지지 않는다.

2) 책임의 제외에 관한 여러 조항

(1) 과실조항(Negligence Clause)

대부분 B/L에는 "항해 또는 선박의 관리에 있어서 수로 안내인(도선사), 선장, 항해사, 선원, 하역노동자(stevedore), 기타 선박 또는 그 선박회사의 사용인의 태만 또는 과실에 기인한 손해는 선박회사가 책임을 지지 않는다"는 취지의 조항이 기재되어 있다.

(2) 잠재하자조항

각국의 법규는 예외 없이 선박의 내항능력(seaworthiness)담보의 의무를 운송인에게 부과하고 있다. 통일조약도 출항 시의 내항능력 확보에 관해 운송인에게 상당한 주의를 요구하고 있다.

(3) 이로조항(Deviation Clause)

이로 및 재산 혹은 선박구조, 피난, 연료, 식량 등 필수물자의 적재를 위해서 항로 외를 항해하거나 예정항이 아닌 다른 항에 기항할 수 있다는 취지를 특약한다.

(4) 부지조항(不知條項; Unknown Clause)

선적할 때 포장 수 및 개수 등 화물현상을 엄격하게 선적지시서(Shipping Order: S/O)와 대조하지만, 화물이 상자 속 또는 포대 속에 들어 있는 경우에는 하역실무상 S/O와 화물의 대조는 불가능하다.

따라서 B/L 면에는 '화물의 외관상 양호한 상태'로 선적하고, '외관상 이것과 유사한 상태'로 화물을 인도한다고 기재하고 선적화물의 내용, 중량, 용적, 내용물의 수량, 품질, 종류 및 가격에 대해서는 선박회사는 책임을 지지 않는다는 취지를 특약한다.

(5) 파손 · 누손조항

변질하기 쉬운 물품, 혹은 파손 · 누손하기 쉬운 물품 등을 운송하는 경우에 그것을 불가항력(force majeure) 또는 화물고유의 성질 혹은 하자에 의해서 발행하였는지를 입증하기가 대단히 어렵기 때문에 이 입증책임을 면제받기 위해서 통상 갑판적 화물, 어패류, 동물, 육류, 과실류, 부패하기 쉬운 모든 물품, 유리, 도자기 또는 주물, 이손품 또는 나화물(裸貨物)의 파손, 누손, 습윤, 부패, 사망 등에 관하여 선박회사는 면책된다는 취지의 조항을 둔다.

(6) 고가품에 관한 조항

고가품은 보관 및 취급에 특별한 조치가 필요하므로 고가품을 선적할 때 송화인이 그 화물의 종류, 품질 및 가격을 명시하지 아니할 때에는 어떠한 사고에 의해서 발생한 손해라도 일정한 금액 이상으로 선박회사는 배상할 책임이 없다는 취지를 약정한다.

(7) 손해배상에 관한 조항

화물의 멸실, 손상 등의 이유에 의한 클레임 통지의 시기 및 방법에 대해서 표준 B/L은 본선에서 양륙 후 3일 이내 또는 양하장소에서 이동하기 전에 서면으로 하도지(荷渡地)의 선박회사 측에 통고할 것을 요구하고 있다.

통일조약은 클레임 제기의 시기를 화물을 인도할 때 또는 인도 전을 원칙으로 하고 만약, 멸실, 파손의 외견상 알 수 없는 경우에는 화물의 인도 후 3일 이내로 규정하고 있다. 손해배상의 시효에 대해서 표준 B/L은 클레임의 서면통지시기부터, 통일조약은 하도일로부터 1년 이내에 선박회사의 책임이 끝난다는 취지의 단기시효를 규정하고 있다.

5절 | 컨테이너 운송

물적 유통과정에서 수송의 3대 원칙인 ① 경제성, ② 신속성, ③ 안전성을 최대한도로 충족시킴으로써 화주, 선박운송업자, 도로운송업자, 철도운송업자, 항공운송업자 등 여러 부문의 이용자에게 상당한 이점을 제공하고 있으며, 화주의 입장에서 본 컨테이너 운송의 장점과 단점은 다음과 같다.

1. 컨테이너 운송의 장점

① 컨테이너는 그 자체가 상품의 외포장의 역할을 함으로써 포장비가 절감된다.
② 컨테이너에 의한 화물운송은 운송인들에게 화물취급 편리, 신속한 운송 등 여러 가지 이득을 주므로 화주들은 할인된 운임을 적용받을 수 있다.
③ 컨테이너의 최대 이점의 하나는 하역단계의 간소화에 따른 노동력의 절약과 화물의 기계적 처리로 인한 하역비의 대폭적인 절감이다.
④ CY 및 CFS 자체가 통관화물에 대한 보세창고의 역할을 하므로 화물의 통관을 위한 별도의 보세창고료가 면제되는 한편 실제로 CY나 CFS는 화물의 보세창고기능을 갖고 있는 만큼 창고료가 절감된다.
⑤ 컨테이너의 통관화물은 생산공장 또는 송화인의 창고에서 컨테이너에 적입, 봉인되는 즉시 신용장조건에 따른 B/L이 발급되어 곧 Nego할 수 있으므로 자본의 원활한 회전을 기할 수 있다.
⑥ 컨테이너 화물은 해상운송과 부대 육상운송과의 연결이 원만하고 환적할 때의 지연시간 없이 해륙일관수송이 가능하므로 화물의 생산지로부터 소비지까지의 수송

기간을 단축시킬 수 있으며 하역시간도 단축시킬 수 있다.

⑦ 컨테이너는 용기 자체가 견고하고 밀폐되어 있어 하역작업상의 안전은 물론 화물 운송 중의 풍랑 · 풍우나 온도 · 습도 등 기후상의 변동에 대하여 안전을 기할 수 있다.

2. 컨테이너 운송의 단점

화물의 크기가 컨테이너 내부의 용적이나 문의 치수보다 크거나 또는 중량이 컨테이너의 단위면적당 한계중량을 초과하는 화물은 컨테이너에 적입할 수 없는 부적합화물(unsuitable containerizable cargoes)이다.

① 컨테이너 수송기구가 비싸다.

② 컨테이너로 운송할 수 없는 화물이 있다.

③ 컨테이너선은 주로 갑판적재를 하는데 갑판적재화물은 비싼 보험료를 내야 한다는 것 등이다.

3. 컨테이너 화물의 수출운송절차

1) FCL(Full Container Load)운송

수출업자가 수출품을 생산한 후 선적을 위해서는 부산항까지 국내운송절차를 거치게 되는데, 이에 대한 경로는 공로(육상), 철도, 연안운송(인천항 → 부산항) 등에 의한다.

보통 FCL은 화주의 공장에서 수출통관 후 보세운송이 되며, 트랙터에 끌려서 고속도로 또는 국도를 이용하여 공로(육상)운송되는 경우가 대부분이다. 때로는 의왕 ICD를 통한 철도운송 또는 인천 → 부산항 간의 연안해송도 이용된다.

① 선적의뢰 시 선적요청서(Shipping Request: S/R)를 비롯한 포장명세서(Packing List: P/L), 상업송장(Commercial Invoice: C/I) 등의 서류를 제출한다. 특히 빈 컨테이너(empty container)를 투입요청 시 시간, 장소 등에 관해 정확히 알려주어야 한다.

② 통관(수출신고)은 원칙적으로 장치장소에 장치한 후이지만 상품 제조 전에 수출신고하고자 할 경우 제조 · 가공 완료예정일 기준으로 수출신고가 가능하다.

③ 빈(empty) 컨테이너 투입장소(공장)가 보통 대전 이북지역인 경우 의왕 ICD, 대전 이남지역인 경우 부산 ODCY에 장치되어 있는 컨테이너를 이용한다. CY Operator가 빈 컨테이너를 화주에게 임대할 경우, 기기수도증(Equipment Interchange Receipt: EIR) 5부를 작성하여 이 중 1부를 화주에게 전달한다.

④ 수출통관이 완료된 후 수출면장(Expert Permits: E/P)이 발급된 경우 화주는 컨테이너에 화물을 적입하고, 빈 컨테이너 투입 시 함께 전달된 선사봉인(carrier's seal)을 직접 컨테이너에 장착한다.

⑤ 보세운송은 외국으로 반출될 물품을 보세상태(통관된 상태)로 개항, 보세구역, 타소장치 허가장소 간에 한하여 국내운송이 허용되는 것으로 수출의 경우 보세운송 허용기간은 30일 이내이며, 보세운송 신고 시 구비서류는 수출신고서이다.

⑥ 부산지역으로 운송된 컨테이너는 일단 부산지역 Off-Dock CY(ODCY: 부두 밖 컨테이너 야드)에 반입된다. 컨테이너를 곧바로 BOTOC(Busan Container Terminal Operation Company)나 PECT(Pusan East Container Terminal)에 반입하지 않는 것은 컨테이너 터미널(컨테이너 전용부두)의 과부족으로 인해 모든 컨테이너를 마샬링 야드에 장치할 수 없기 때문이다.

⑦ ODCY에 반입한 후 CY Clerk(담당자)로부터 수출신고서(보세운송도착보고용)에 장치확인을 받아 관할세관에 보세화물 도착보고를 한다.

⑧ ODCY에 반입된 화물은 BCTOC(PECT) 반입이 결정되면 ODCY에 있는 각 선사의 업무담당자(link clerk)는 컨테이너와 함께 접수된 수출면장을 확인한 후 BCTOC(PECT) 게이트에 제출한 반입계(gate-in slip)를 작성하여 해당 트럭기사 편으로 전달한다. 이때 ODCY에서 BCTOC 마샬링 야드까지의 단거리 운송을 Shuttle Drayage(셔틀운송)라 하며, 보통 본선 입항 3일 전(원칙 5일 전)부터 출항 12시간 전까지만 반입이 가능하다.

⑨ BOTOC(PECT)에 반입된 컨테이너는 작업절차를 거쳐서 해당 선박에 선적된다.

2) LCL(Less than Container Load)운송

비만재화물(LCL)은 20′ 또는 40′ 컨테이너 1대에 채울 만한 물량이 되지 못하기 때문에 FCL과 같이 컨테이너 Door to Door운송(빈 컨테이너의 화주공장 투입)과정이 필요없이 Loose Cargo(일반화물) 상태로 트럭에 실려 운송인(대부분 운송주선인)이 지정한 부산지역의 CFS로 운송된다.

화주의 수출화물이 LCL인 경우 일반적으로 화주가 직접 일반차량(트럭)을 수배하여 주선인이 지정한 CY/CFS까지 운송하고 있으나 운임상의 혜택과 동일 지역행 화물의 혼재를 용이하게 하기 위해 차량수배도 주선인을 이용하는 것이 유리하다.

① 선적의뢰 시 선적요청서(S/R)를 비롯한 포장명세서, 상업송장 등의 서류를 제출한다.

② 화주가 직접 공로운송에 이용될 차량을 수배할 경우 주선인으로부터 CY(엄밀히 CFS) 및 관할세관을 통보받고, 사전에 트럭기사에게 화물의 입고지와 담당자를 자세히 알려준다.

③ 여러 화주의 소량화물을 실은 트럭은 고속도로 또는 국도를 이용하여 부산지역에 도착하여 각 화물들의 최종목적지에 따라 여러 CFS(화주가 선적의뢰한 포워더의 사용 CFS)를 돌게 된다. 이때 화주는 반드시 포장명세서를 트럭기사 편으로 CY(CFS)담당자에게 전달해야 한다.

④ 부산지역 CY(CFS)에 도착(장치)한 다음 CY Clerk로부터 보세구역 장치확인을 받은 후 관세사 사무소를 통해(경우에 따라서는 통관업무를 대행해 주는 포워더를 이용) 관할세관에 수출신고를 한다.

⑤ 주선인은 사전에 선박회사에 빈 컨테이너 투입을 요청하고 입고된 화물에 대하여 검수(tally), 검량(measuring), 중량 계측(weighing) 등 제반준비를 끝내고 수출면장이 발급되면 CLP(Container Load Plan: 컨테이너 내부 적부도)에 따라 컨테이너에 화물을 적입한다.

⑥ 혼재된 컨테이너는 FCL과 마찬가지로 일시 장착된 후 셔틀운송으로 마샬링 야드에서 선적을 기다리게 된다.

⑦ BCTOC에 반입된 컨테이너는 작업절차를 거쳐서 해당 선박에 선적된다.

4. 컨테이너 화물의 운송형태

1) CY/CY(FCL/FCL)

이 방식은 컨테이너의 장점을 최대한 이용한 운송방법으로 수출업자의 공장 또는 창고에서부터 수입업자의 창고까지 컨테이너에 의한 일관수송형태로 수송되는 방법이며,

운송 도중 컨테이너의 개폐 없이 수송된다. FCL(Full Container Load)이란 하나의 컨테이너(20′, 40′) 용기에 채우기 충분한 양의 화물을 말하며, 흔히 CY Cargo라 부르기도 한다.

2) CY/CFS(FCL/LCL)

다수 수출자, 단일 수화인의 구조를 갖는 형태로 다수 수출자의 화물을 혼재작업하여 단일 수입자의 창고 등 원하는 곳까지 전달하는 운송형태를 의미한다.

단일 송화인이 다수의 수화인에게 화물을 보내는 경우에 많이 이용하는 운송형태이며, 송화인의 공장이나 창고에서 1대의 컨테이너에 FCL화물 상태로 적재되어 목적지까지 운송하는 방법이다. 수입지의 CFS에서 하역하여 여러 수화인에게 배송되는 형태이다.

3) CFS/CFS(LCL/LCL)

이 방식은 선적항의 CFS에서 목적항의 CFS까지 컨테이너에 의해서 운송되는 방법으로서, 여러 화주의 소량 컨테이너 화물(LCL)을 CFS에서 혼재(consolidation)하여 선적하고 목적지의 CFS에서 컨테이너를 개봉하여 화물을 분류하여 여러 수입업자에게 인도한다.

LCL(Less than Container Load)이란 컨테이너 하나를 채우기에 부족한 소량 화물을 말하며, FCL에 대비되어 쓰인다. CFS 또는 ICD(Inland Contatiner/Clearance Depot)에서 적출(devanning)되어 수입업자에게 분배된다. 이러한 혼재업무는 주로 프레이트 포워더들이 행하기 때문에 이를 Forwarder's Consolidation이라 한다.

4) CFS/CY(LCL/FCL)

이 방식은 운송인이 지정한 선적항의 CFS로부터 목적지의 CY까지 컨테이너에 의해 운송되는 형태로써 운송인이 여러 송화인(수출업자)들로부터 화물을 CFS에서 집하하여 목적지의 수입업자 창고 또는 공장까지 운송하는 것을 말한다.

즉, 한 사람의 포워더가 수입업자(buyer)로부터 위탁을 받아 다수의 수출업자로부터 화물을 집하하여 컨테이너에 혼재한 후 이를 그 수입업자에게 운송하는 형태로, 이를 Buyer's Consolidation이라 한다.

5. 컨테이너 터미널

컨테이너 터미널(container terminal)은 컨테이너 운송에 있어서 해상 및 육상운송의 접점인 부두에 위치하고 본선하역, 화물보관, 육상운송기관에의 컨테이너 및 컨테이너 화물의 인수, 인도를 행하는 장소를 말하며, CY 및 CFS가 컨테이너 터미널에 속한다. 따라서 컨테이너 터미널에는 다음과 같은 시설이 구비되어 있어야 한다.

1) 컨테이너 터미널의 구조

① Container Berth

이것은 컨테이너선이 안전하게 부상(浮上)하고 와서 닿을 수 있는 계안선을 말한다.

② Apron(Wharf Surface, Quay Surface)(애프런)

이것은 부두 여러 부분 중에서 선박, 즉 바다와 가장 가까이 접해 있고 암벽(quay line)에 따라 포장된 부분이다. 이 애프런에는 컨테이너전용 갠트리 크레인(gantry crane)이 암벽 전체에 걸쳐서 활용할 수 있도록 컨테이너용 레일(rail)이 설치되는 경우가 많다.

③ Marshaling Yard(마샬링 야드)

이것은 컨테이너선에 직접 적양(積楊)하는 컨테이너를 정렬해 두는 넓은 장소로 조화장(操貨場)이라 하며, 애프런과 인접하여 배치되어 있다. 또한 마샬링 야드는 컨테이너의 크기에 알맞게 미리 구획선이 그어져 있는데 이를 슬롯(slot)이라 한다.

④ CY(Container Yard: 컨테이너 야드)

이것은 컨테이너의 인수나 인도 및 보관을 하는 야적장으로, 컨테이너 한 개에 만재되는 만재화물(FCL: Full Container Load)의 인도와 인수는 이곳에서 이루어지고 해상운송인으로서의 책임은 여기에서 시작하고 끝난다. 컨테이너 터미널을 CY라고 부르는 경우가 많으나 CY는 컨테이너 터미널의 일부이다.

⑤ CFS(Container Freight Station)

컨테이너 한 개를 채울 수 없는 소량화물의 인수, 인도, 보관 또는 LCL화물을 컨테이너 안에 적입(stuffing, vanning)하거나 끄집어내는(unstuffing, devanning) 장치작업을 하는 장소를 CFS라고 한다. 모든 LCL화물은 CFS를 거치지 않고는 컨테이너선에 선적될 수 없다.

⑥ Control Tower

이것은 Control Center라고도 부르고 컨테이너 야드 전체를 내려다볼 수 있는 위치에 설치되어 CY 전체의 작업을 총괄하는 지령실(指令室)로서 본선하역작업은 물론 CY 내의 작업계획, 컨테이너 배치계획 등을 지시감독하는 곳이다.

⑦ Maintenance Shop

이것은 CY에 있는 여러 종류의 하역 기기나 운송 관련 기기를 점검, 수리, 정비하는 곳이다.

⑧ CY Gate

이것은 컨테이너 및 컨테이너 화물의 인수, 인도를 하는 장소이다. 이 게이트(gate) 통과 시의 컨테이너 이상(異常) 유무 등의 현상확인, 통관봉인(seal)의 유무, 컨테이너 중량의 측정, 컨테이너 화물의 인수에 필요한 서류의 확인 등이 이루어지고 해 · 육 일관운송책임체계의 접점(接點)으로서 가장 중요한 기능을 가지고 있다.

⑨ Administration Office

컨테이너 야드 운영요원이 야드(yard) 경영을 위한 행정사무를 수행하는 곳이다.

2) 컨테이너 터미널 기기

① Gantry Crane(갠트리 크레인: Wharf Crane)

이것은 컨테이너 터미널에서 컨테이너선에 컨테이너를 선적하거나 양륙하기 위한 전용 크레인으로 애프런에 부설된 철도 위를 이동하여 컨테이너를 선적 및 양하하는 데 사용하는 대형 기중기이다.

② Straddle Carrier(스트래들 캐리어)

이것은 컨테이너 야적장에서 컨테이너를 양각(兩脚) 사이에 끼우고 운반하는 차량으로서 기동성이 좋은 대형 하역기계이다.

③ Chassis(섀시: 차대)

이것은 '컨테이너 섀시'라고 부르며 컨테이너를 탑재하는 차대(車台)를 말하고 트랙터(tractor)에 연결되어 이동한다. 이 섀시를 끄는 트럭을 트랙터라 한다.

④ Winch Crane(윈치 크레인)

이것은 컨테이너 터미널에서 컨테이너 화물을 트럭에 적재하거나 또는 트럭에서 양하할 때 사용하는 기중기로서 대형과 소형 두 가지가 있다.

6절 | 항공운송과 육상운송

1. 항공화물운송 개요

1) 항공화물운송의 의의

항공운송(air transportation)은 항공기의 항복에 여객과 화물을 탑재하고 국내외의 공항(air port)에서 공로로 다른 공항까지 운항하는 최근대식 운송시스템을 의미하며, 항공화물(air cargo)이라 함은 항공기에 의해 수송되는 승객의 수화물(passenger's baggages)과 우편물(mail)을 제외한 항공화물운송장(air waybill)에 의해 수송되는 모든 물품을 가리킨다.

2) 항공화물운송의 특성

항공화물운송은 대형 화물전용기의 출현으로 수송력의 증대, 단위당 운항원가의 절감 및 운임의 저렴화가 실현되었고, 또한 종합물류 원가개념(total physical distribution cost concept)의 확대로 기업의 물류관리 중요성이 크게 부각되면서 항공화물의 이용범위도 크게 확대되었다. 단순히 운임만을 비교하면 항공운송이 해상운송보다 훨씬 높지만 총원가 면에서 보면 항공운송이 해상운송보다 더 저렴할 수도 있기 때문에 항공운송을 이용하는 수요가 점차 증가하고 있는 것이다.

항공화물운송의 이점은 신속성, 안전성, 확실성에 있지만 이 외에도 항공운송의 이용으로 얻을 수 있는 경제적인 이점은 매우 많다.

| 표 7-3 | 운송수단별 장 · 단점 비교

구분	항공운송	해상운송	육상운송	
운송수단	항공기	선박	철도	도로
수송량	중 · 소량, 고부가가치화물의 장거리 수송에 적합함	대량 · 중량화물의 장거리 수송에 적합함	대량 · 중량화물의 장거리 수송에 적합함	대량 · 중량화물의 장거리 수송에 적합함
운임	운임은 해상운임의 20배이며 비탄력적임	장거리 수송 중에는 가장 저렴하며, 운임은 비교적 탄력적임	중거리 수송일 때는 적합하나 운임은 비탄력적임	단거리 수송에 적합하며 운임은 가장 탄력적임
안전성	안전도가 비교적 높음	안전도가 비교적 높지 않음	사고에 대한 안전도가 비교적 높음	사고에 대한 안전도가 가장 낮음
기후	기후가 나쁠 때는 거의 운항중지	기후의 영향을 많이 받음	전천후 소송수단	기후의 영향을 조금 받음
복합일관수송	복합일관수송을 위해서는 해 · 육운송과의 연계 필요	육상수송의 연계로 복합일관수송의 중심운송수단임	일관수송체제는 트럭의 연계 없이는 불가	복합일관수송을 위해서는 해 · 공과의 연계 필요
중량	중량제한을 완전히 받음	중량제한을 완전히 받지 않음	중량제한을 거의 받지 않음	중량제한을 받음
신속성	수송시간이 가장 짧음	수송시간이 가장 김	수송시간이 다소 김	수송시간이 보통임
화물유통관리비	포장비는 싸며 하역비는 비교적 비싼 편임	하역 · 포장 · 보관비가 가장 비쌈	하역 · 포장 · 보관비가 비교적 쌈	포장 · 보관비가 비교적 싸며 하역비는 거의 없음
배차 및 배선	적기에 항공편이 마련되어 있지 않을 때가 있음	적기의 배선이 그렇게 용이하지는 않음	적기에 배차 다소 불편함	적기에 배차가 아주 편리함
화물의 수취	대단히 불편함	대단히 불편함	철도역에서의 화물수취가 불편함	화물수취가 편리함

3) 항공화물운송의 대상품목

현재 항공화물로 운송되고 있는 품목은 일반적으로 다음과 같이 분류할 수 있다.

① 급송을 요하는 품목이다.

② 중량에 비해 고액이고 중요한 품목으로서 운임부담이 있는 것이다.

③ 항공운송수단이 다른 운송수단보다 싸거나 동일한 정도인 것이다.

4) 항공화물운송의 예약, 접수 및 취급절차

(1) 항공화물의 예약

항공화물 예약은 보통 항공화물대리점이 화주를 대신하여 항공화물의 내역을 항공회사에 통보하며, 항공화물운송장(air waybill) 번호, 화물의 포장개수, 중량, 용적, 출발지, 목적지, 예약, 항공편, 출발일자, 화주명, 대리점 등을 통보한다.

(2) 항공화물의 픽업

대리점 또는 혼재업체가 화주의 공장, 창고 또는 사무실에서 화물을 픽업(pick-up)할 경우 대부분의 화물은 유환화물로서 상품가치에 대한 보상을 받고 판매하는 물품 등이며, 때로는 무환화물로 분류되는 것도 있는데 통상 샘플(sample)로 통칭되고 있으며, 특

| 그림 7-1 | 수출항공화물의 흐름

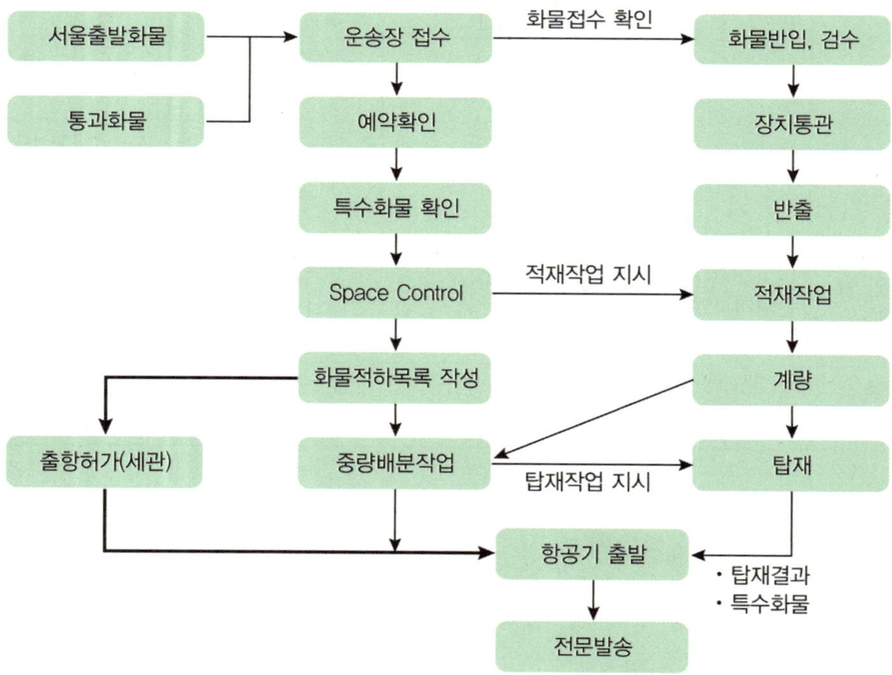

송업체에 주로 의뢰하는 상업서류도 있다.

(3) 항공화물의 접수

항공회사는 항공운송을 위한 포장, 시내(내륙)운송, 서류준비 등의 절차가 대리점(혼재업자)을 통하여 이루어지기 때문에 접수 또한 대리점을 통한다.

(4) 항공수출입화물의 취급절차

[그림 7-1]을 참조한다.

5) 항공운송주선업자

항공운송주선업자(air freight forwarder, consolidator)는 항공기를 스스로 운항하지는 않지만 개개의 송화인과 운송계약을 체결하고 운송책임을 부담하며, 수탁(집하)한 화물을 하나의 화물(one lot)로 모아서 스스로 송화인이 되어 항공회사에 운송을 위탁하는 것이다.

항공운송주선업자는 해상운송주선업자(ocean freight forwarder)와 마찬가지로 운송수단을 갖고 있지는 않지만 자체적으로 설정한 요율 및 운송약관을 적용하고 혼재화물운송장(house air waybill)을 발행한다. 이러한 포워더들이 행하는 혼재운송 부분을 강조하여 혼재업자(consolidator, forwarder)라고 부르기도 한다.

혼재업자의 주요 기능(역할)은 전술한 항공화물대리점의 역할은 물론 수출항공화물의 출발, 환적, 도착 등 일련의 화물이동을 Following-up한다. 수입항공화물취급의 경우 수입통관 및 Door to Door Delivery를 위한 조치를 취하며, 수화인(수입업자)을 위한 수입관세 지급을 주선하기도 한다.

6) 항공화물운송장

(1) 항공운송장의 의의

항공운송장(Air Waybill: AWB)은 항공화물운송을 위한 가장 기본적인 서류이다. 항공운송장은 영어로는 일반적으로 Air Waybill이라고 부르지만, 유럽이나 미국에서는 Consignment Note라고도 부르며, 이것들은 같은 증권에 속한다.

항공회사가 발행하는 Air Waybill과 혼재업자가 발행하는 Air Waybill을 구분하기 위하여 항공회사가 혼재화물을 커버하기 위해 발행하는 운송장을 Master Air Waybill이라고 부르며, 혼재업자가 혼재화물을 구성하는 개별 송화인의 화물에 대해서 발행하는 운송장을 House Air Waybill이라고 부른다.

(2) 항공화물운송장의 성질

항공화물운송장은 해상운송에 있어서 선화증권(B/L)과 같은 기능을 하고 있지만 그 법률적 성질에 있어서는 상당한 차이가 있다. Air Waybill은 B/L과는 달리 단순한 화물운송장이지 유가증권은 아니다. 또한 수취식이고 원칙적으로 기명식이며 비유통성(비양도성)이다.

표 7-4 Air Waybill과 Bill of Lading의 차이

항공운송장(Air Waybill)	선화증권(Bill of Lading)
• 유가증권이 아닌 단순한 화물 수취증	• 유가증권
• 비유통성(non-negotiable)	• 유통성(negotiable)
• 기명식	• 지시식(무기명식)
• 수취식(창고에서 수취하고 AWB 발행)	• 선적식(본선 선적 후 B/L 발행)
• 수령증권이 아님	• 수령증권
• 송화인이 작성	• 운송인이 작성

2. 국제복합운송

1) 국제복합운송의 의의

국제복합운송은 국제간의 물품운송을 복수의 수송수단에 의해 문전에서 문전(door to door)까지의 일관수송을 지향하는 수송방식이다.

이를 세분하면 복합운송은 국제간에 이루어지는 화물운송이며 다른 두 가지 이상의 운송수단을 조직적이고 유기적으로 결합해 모든 운송구간에 걸쳐 운송서비스를 제공할 뿐 아니라 단일의 운송계약에 의해 복합운송인이 일관해서 운송책임을 지는 형태의 운송이다.

2) 국제복합운송의 기본요건

국제복합일관운송이 되기 위해서는 세 가지 요건 ① 통운임(through rate), ② 통선화증권 또는 복합운송증권(through(or multimodal transport) B/L), ③ 단일운송인책임(single carrier's liability)이라는 조건이 충족되어야 한다. 이 가운데 문제가 되는 것은 세 번째의 단일운송인책임제도(single carrier's liability system)로서 Network Liability system과 Uniform Liability system 사이에는 아직까지 문제해결이 완결되지 못하여 계속 마찰이 야기되고 있는 실정이다.

3) 해공(Sea & Air)복합운송업자

(1) 캐리어(Carrier)형

항공회사가 자기 회사소속 항공기가 취항하는 노선을 기초로 하여 경로(route)를 설정하고, 해상운송구간은 선박회사들과 일정한 해상운송계약을 체결하고 중계지(환적지점: transfer point)로부터 최종목적지인 주요 내륙도시까지는 자기 회사소속 항공기를 이용하는 해공복합서비스를 캐리어형 서비스라 한다.

캐리어형 서비스를 제공하는 항공회사는 자기 회사의 항공운임에 해상운임을 가산한 전 구간 일관운송운임을 정한다. 해공복합운송용 화물은 항공회사가 대리점을 통하여 집하한다. 대리점에는 IATA대리점과 Non-IATA대리점이 있다.

캐리어형 항공회사는 항공운송구간만을 커버하는 항공화물운송장(Air Waybill)을 발행하는데 해상운송에 대해서는 Air Waybill(A or B) 면에 'Conjunction Clause(해상 · 항공연계조항)'을 삽입함으로써 해상운송과 항공운송을 일관하여 인수하였음을 증명하고 계약과 책임을 명확하게 한다. 운임은 항공부분과 해상부분으로 나누어서 기재하는 것이 일반적이다.

캐리어형 복합운송은 중계지점으로부터 최종목적지까지를 자기 회사소속 항공기만 이용하는 서비스형태이기 때문에 복합운송서비스지역이 자기 회사노선이 있는 지역으로 한정되는 것이 단점이다.

(2) 포워더(Forwarder)형

복합운송인으로서 자기의 운송수단(선박, 항공기)을 보유하고 있지 않은 포워더가 해상운송인(선사) 및 항공운송인(항공회사)과의 일정한 운송계약에 따라 일관운송의 책임을 인수하는 서비스를 포워드형 서비스라 한다.

포워더는 해공복합운송경로(route)를 설정하고 이 경로를 통하여 화물을 운송하려는 화주를 모집한다. 송화인(화주)은 운송하려는 화물이 발생한 경우 운송비용, 긴급도 및 그 화물의 용도, 운송목적, 화물의 성질, 가격, 수량 등에 의하여 그 운송방법을 결정한다. 먼저 해상운송, 항공운송, 해공복합운송 중 어느 것으로 할 것인가를 결정하고 해공복합운송을 최적운송으로 결정하면 그 화물의 최종목적지까지 가장 싸게 그리고 빠르게 운송하는 해공복합운송경로를 취급하는 포워더와 운송계약을 체결한다.

(3) 선복중개업자(Space Broker)형

선복중개업자는 선사와 항공사의 일정한 스페이스를 연간계약으로 확보하고 양쪽의 운임에 자기의 서비스비용을 가산하여 통운임(through freight)을 정한다. 포워더형과는 그 서비스 내용이 같지만 판매방법, 즉 고객(화물)의 유치방법에 있어서는 크게 다르다. 선복중개업자형은 포워더형처럼 직접 화주에 판매하지 않고 주로 포워더에게 도매를 하는 점이 특징이다. 따라서 브로커가 운송증권(combined transport document, through B/L)을 발행하지 않고 브로커로부터 해공복합운송서비스를 매입한 포워더가 발행한다.

4) 국제복합운송의 주요 경로

(1) 아메리칸 랜드브리지(American Land Bridge: ALB)

극동의 주요 항구로부터 북미서안의 주요 항구까지 해상으로 운송하여 내륙운송(육상운송)을 철도에 연결, 북미 동남부항에서 다시 해상운송으로 유럽지역 항구 또는 유럽 내륙까지 일관수송을 말한다.

(2) 캐나다 랜드브리지(Canadian Land Bridge: CLB)

아메리칸 랜드브리지(ALB)와 같은 형태로 밴쿠버 또는 시애틀까지 해상으로 운송하고 그곳에서 캐나다의 철도를 이용, 몬트리올에서 대서양의 해상운송에 접속하여 유럽 각 항구로 수송하는 복합운송경로를 캐나다 랜드브리지(CLB)라고 한다.

(3) 미니 랜드브리지(Mini Land Bridge: MLB)

MLB는 미국 서안에서 철도 등의 내륙운송을 거쳐 미국 동안(대서양 안) 또는 걸프지역 항만까지 수송하는 해륙복합운송이다. 즉, 극동-미 서해안항까지 해상운송을 한 다음 그곳에서 철도 또는 철도-도로운송으로 미국의 동해안, 걸프지역까지 내륙운송함으로써 파나마 운하를 경유하는 해상운송보다 수송시간을 단축할 수 있다.

(4) 마이크로 랜드브리지(Micro Land Bridge, Interior Point Intermodal: IPI)

로키산맥 동부의 내륙기점까지 수송하는 것으로 시카고 또는 주요 수송거점까지 철도운송하고 화주 문전까지 도로로 운송하는 복합운송시스템으로 선사의 책임으로 통운임과 통선화증권(through B/L)을 발행하여 주요 수송거점으로부터 2~3일 내에 문전 수송서비스가 이루어진다. 이를 Micro Land Bridge(MLB)라 한다.

(5) 시베리안 랜드브리지(Siberian Land Bridge: SLB)

SLB운송시스템은 극동지역에서 유럽과 중동행의 화물을 러시아의 극동항구인 보스토치니항으로 수송한 다음 시베리아의 서부 국경에서 유럽지역 또는 그 반대 루트로 운송하는 시스템이다. 시베리아 철도를 이용한다고 하여 TSR(Trams Siberian Railway)이라 한다.

(6) 중국횡단철도(Trans China Railway: TCR)

중국 연안항에서 시작하여 구소련 접경지역인 아라산쿠 경유 소련을 통과하여 로테르담까지 연결하는 철도로서 CLB(China Land Bridge)라고 한다.

3. 복합운송증권

1) 복합운송증권의 의의

복합운송증권(Multimodal Transport Document: MTD)이란 선박 · 철도 · 항공기 · 자동차에 의한 운송방식 중 적어도 두 가지 이상의 다른 운송방식에 의하여 운송물품의 수탁자와 인도자가 상이한 국가의 영역 간에 이루어지는 복합운송계약을 증명하기 위해서 복합운송인이 발행한 증권을 말한다.

2) 복합운송증권의 발행형식과 유통성

복합운송서류의 발행형식에는 발행인과 그 명칭에 따라 여러 종류가 있으나, 무역금융 및 화환취결과 관련하여 가장 중요한 것은 유통성의 여부에 의한 발행형식이라 할 수 있다.

복합운송서류는 유통성 여부에 따라 유통성(negotiable)과 비유통성(non-negotiable)으로 구분되고, 유통성 서류는 작성방법에 따라 지시식(to order)과 소지인식(to bearer)으로 구분할 수 있다.

통상적으로 유통성 복합운송서류는 선화증권과 같은 법적 기능을 구비하여 화환담보로서의 기능과 편익을 제공하는 유가증권이기 때문에, 대부분 지시식으로 발생된다. 한편 복합운송서류가 비유통성의 형태로 발행된 경우에는 지정된 수화인을 서류에 명시하도록 하고 있다.

8장 무역보험

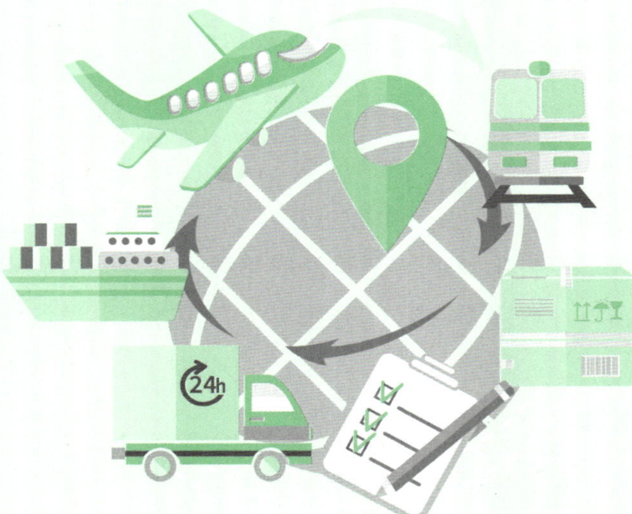

8장 무역보험

1절 | 보험개관

1. 위험의 정의

위험(perils and risks)이란 재해 또는 사고를 말한다. 우연적으로 발생하는 위험이 보험의 대상이며, 필연적으로 발생하는 위험은 보험의 대상이 아니다. 따라서 해상위험은 항해에 기인하고 항해에 부수하여 발생하는 사고를 말한다.

1) 손해의 가능성

리스크(risk)란 손해의 발생 가능성이며, 어떤 사건의 결과가 유해한 결과를 발생시킬 것인지가 불확실한 경우이다. 이는 우연성 중에 유해한 결과를 발생시킬 가능성만을 위험(risk)으로 분류하기 때문에 위험이란 손해의 가능성만을 의미하고 있다.

2) 손해의 불확실성

리스크란 손해의 가능성에 대해서 확률적인 면을 중요시하고 있는 손해의 불확실성을 말한다. 즉, 리스크란 객관적 우연성과 결부시켜 생각할 수 있으며, 그중 손해의 발생에 관한 불확실성과 관련시켜 생각할 수 있다.

3) 위험요인의 결합

리스크란 위험요인(hazard)의 결합이다. 위험요인이란 손해발생 빈도 또는 강도를 증대시키는 모든 조건이다. 즉, 창고 내에 휘발유가 다른 화물과 함께 보관되어 있는 상태는 위험요인의 한 예이다. 이는 손해를 크게 하거나 화재발생확률을 증대시키기 때문이다.

4) 예상과 결과의 상이

리스크란 일정기간 중에 발생할 수 있는 결과의 변동이다. 결과의 변동이란 결과가 예측을 벗어나 여러 가지 형태로 나타나는 경우를 말한다. 따라서 결과가 예측과 일치하는 경우는 위험이 없다고 해석되며, 예측을 벗어나는 경우는 예측과 결과의 편차가 위험의 정도로 해석된다. 따라서 위험을 다음의 세 가지로 분류할 수 있다.

① 손해발생 가능성이다. 즉, 'Risk'가 해당된다.

② 위험사고 그 자체를 위험이라고 하는 경우이며, 화재나 도난 또는 교통사고와 같은 사고 자체를 위험이라 하는 경우이다. 이를 'Peril'이라 한다.

③ 위험요인으로 개별적 사실요소의 집합상태(위험상태)로 위험요인의 증감상태를 의미하는 경우이다. 이를 'Hazard'라 한다.

2. 보험의 정의

인간은 우연한 재해나 불행한 사태의 발생에 대처하거나 사고에 대한 구제방법을 강구할 필요성을 인식하여 만들어진 것이 보험이다. 즉, 보험은 특정의 우연한 사고에 관련되는 경제상의 불안정을 제거, 경감하기 위해 동일한 위험에 처해 있는 다수의 경제주체가 결합해서 통계적 기초 위에 산출된 금액을 내어 우연한 사고를 당한 당사자에게 재산적 급여를 하고자 계획적으로 공동준비재산을 형성하는 제도이다.

① 우연한 사고에 대한 경제적 불안을 제거해 주는 제도이다.

② 손해발생 가능성에 대한 확률적인 공동재산을 준비하는 제도이다.

③ 다수의 경제체의 결합에 의한 제도이다.

3. 보험의 분류

1) 공보험과 사보험

공보험(government insurance)은 국민경제적 입장에서 국가나 기타 공공단체가 공공정책을 실현할 목적으로 운영하는 보험이다. 이는 산업재해보상보험, 수출보험 등 사회정책적 또는 산업정책적 측면에서 행해지는 보험이다.

사보험(private insurance)은 사경제적 견지에서 운영되는 보험으로서 보험가입이 가입자의 자유의사에 따라 결정되는 임의보험이라는 점이다. 이는 해상보험처럼 보험회사나 무역회사의 사경제적 관점에서 행해지기 때문에 사보험이다.

2) 인보험과 물건보험(재산보험)

일반적으로 보험은 인보험과 물건보험으로 구분할 수 있다. 이는 보험사고발생의 객체가 사람인가 물건인가에 따라 인보험과 물건(재산)보험으로 분류된다.

인보험은 사람의 생명 · 신체에 관하여 발생하는 사고에 관한 보험으로서 생명이나 상해보험 등이 이에 속한다. 물건보험은 물건 기타 재산에 관한 사고에 대한 보험으로서 화재보험 · 자동차보험 · 해상보험 · 운송보험 등이 이에 속한다.

3) 손해보험과 정액보험

보험은 보험의 급부방식에 따라 손해보험과 정액보험으로 나누어진다. 손해보험은 우연한 사고로 인해 피보험자가 실제로 입은 구체적 손해가 보상되는 보험, 즉 실제로 생긴 손실액만큼 보상하는 보험을 말한다. 정액보험은 보험사고가 발생할 때 실손해의 유무 또는 정보를 불문하고 미리 약정한 일정액의 보험금을 말한다.

4) 강제보험과 임의보험

강제보험(compulsory insurance)은 보험가입자의 의사와 관계없이 보험가입이 강제되는 보험이며, 의료보험과 같은 사회보험은 그 실효를 거두기 위해 법령에 따라 강제가입을 규정하고 있다. 임의보험(voluntary insurance)은 가입자의 자유의사에 따라 보험가입 여부를 결정할 수 있는 보험이다.

5) 해상보험 · 육상보험 · 항공보험

14세기에 최초로 보험이 탄생한 이후 수세기 동안은 해상보험만이 존재했다. 이러한 의미에서 해상보험은 보험의 원조라고 할 수 있다. 그 후 17세기 후반에 화재보험, 18세기 중반에 생명보험, 19세기 후반에는 자동차보험이 등장했다. 이와 같이 해상보험 이후에 등장하는 보험은 육상보험, 항공보험 등이다.

보험은 사고발생의 주된 장소에 따라 해상보험, 육상보험, 항공보험으로 구분된다. 일반적으로 역사적인 이유에서 보통 해상보험과 그 밖의 보험으로 양분하고 있다. 해상보험과 항공보험은 국제적 성격을 반영하여 각국 공통의 내용으로 통일되는 경향이 강한 데 반하여, 육상보험은 각국의 특수사정에 따라 그 내용이 독자적으로 결정된다.

6) 원보험과 재보험

재보험은 보험자가 보험계약을 인수하더라도 계약금액이 거액일 경우 위험을 분산시키기 위해 자신이 피보험자가 되어 다른 보험자와 다시 보험계약을 체결하는 경우의 보험을 말한다.

보험자가 인수한 보험계약상의 책임 전부 또는 일부를 다른 보험자가 인수하는 경우를 재보험(reinsurance)이라 하며, 보험자가 피보험자로부터 직접 인수한 보험을 원보험(original insurance)이라 한다.

7) 개인보험과 사회보험

개인보험은 보험회사가 취급하는 화재보험, 자동차보험, 해상보험 등이 여기에 속하며, 임의계약으로 당사자의 의사에 의해서 보험계약을 체결한다. 한편 사회보험은 산업재해보상보험, 의료보험, 국민복지연금보험, 실업보험 등으로 국가가 국민생활의 안정과 복지의 향상을 목적으로 실시하는 정책보험이다.

2절 | 무역거래상 위험과 보험의 역할

무역거래는 상이한 국가 간 재화와 서비스의 국제적 이동을 말하는 것이므로 국내거래와는 달리 매매당사자는 여러 가지 위험에 직면할 수 있다. 이렇듯 무역거래에서 발생할 수 있는 제위험의 형태는 다양하게 나타날 수 있는데, 신용위험, 비상위험, 환위험, 운송위험 등이 있다.

1. 위험의 형태

1) 신용위험(Credit Risk)

신용위험은 채권자의 지위에 대하여 발생할 수 있는 위험으로서, 수입업자의 지급불능 또는 지급거절에 의해 인도상품에 대한 대금을 회수할 수 없게 될 위험이다. 이 위험은 거래상대방의 신용조사를 철저히 하고 신용자의 이용으로 어느 정도 예방할 수 있다.

2) 비상위험(Emergency or Political Risk)

비상위험이란 전쟁, 내란, 천재지변, 수입국의 수입금지조치, 환거래제한조치 등과 같이 계약당사자에게 책임을 지울 수 없는 불가항력적인 사유로 인하여 계약이행이 불가능하게 되거나 또는 대금을 회수할 수 없게 되는 위험으로서 수출보험에 의해 어느 정도 커버할 수 있다.

3) 환위험(Exchange Risk)

국제간 외환거래 시에 발생할 수 있는 자국화폐와 외국화폐의 교환비율에 의해서 자국화폐가치의 변화를 의미한다. 이러한 환율변화에 의해 국제간 거래에 있어 위험이 발생한다. 환율변동에 따른 위험은 환계약에 의해 방지할 수 있다.

4) 운송위험(Transportation Risk)

운송위험은 거래물품의 운송 중에 해난이나 기타의 사고에 의해 물리적으로 손상되는 위험으로서 물품이 해상운송되는 한 숙명적인 것이다. 거래당사자에 있어서 이것을 타인에게 전가하는 방법이 없는 한 거래의 발전을 기대할 수 없다. 따라서 이 요구에 따른 것이 바로 해상보험제도이다.

2. 무역거래에서 적하보험의 특성과 역할

적하보험은 해운과 더불어 국제무역을 뒷받침하는 서비스이고, 보이지 않는 무역의 지원요인으로서 국제 비즈니스이기도 하다. 특히 해상적하보험은 각종 화물의 운송 중 위험을 담보할 뿐만 아니라, 화물의 멸실 · 손상과 함께 경제적 손실을 입은 화주 이외의 각종 관계자의 피보험이익도 담보하는 것이 요청되었다는 점에 특징이 있다. 국제무역 측면에서 적하보험의 특성과 역할은 다음과 같다.

1) 위험과 위험담보의 일관성 및 다양성

(1) 무역화물의 리스크

리스크를 국제무역화물에 비추어 보면, 먼저 일정한 범위의 담보위험이 특정되고, 다음으로 이들 위험을 구성하는 개개의 Peril이 명시되어 보험계약상 중요한 보험조건이 성립된다. 한편 보험계약에 담보된 무역화물은 개개의 운송방법, 운송수단, 운송경로, 운송구간, 매매거래조건, 사회 · 경제상의 제조건, 자연조건 등에 의해서 구성되는 각종의 Hazard에 둘러싸여 있다.

(2) 위험담보(Risk Cover)의 일관성과 다양성

CIF조건에 의한 수출화물을 예로 들면 화주(shipper)가 체결한 보험계약에 의거하여 발행된 보험증권에 의하여 화물이 보험증권에 기재되어 있는 출하지의 창고를 떠났을 때부터 목적지의 최종창고에 반입될 때까지 화물에 대한 리스크는 일관하여 담보된다.

협회적하약관 중에 있는 운송약관(Transit Clause: 신ICC 제8조)에 창고에서 창고까지의 사이를 담보하는 창고 간 담보의 원칙이 규정되어 있다.

또한 운송형태가 국제복합운송처럼 육·해·공 등 다른 두 가지 종류 이상의 운송수단에 의한 경우도 창고 간 담보조항을 흡수하고 있는 운송약관에 의해서 Door to Door까지 일관하여 담보한다.

2) 국가위험(Country Risk) 및 수출보험

수출보험제도는 무역업자가 수출대금을 회수할 수 없게 된 경우 등 해외거래에서 발생한 손실을 보상해 주는 제도이다. 적하보험은 물품보험으로서 화물의 손해보상을 주요 영업종목으로 하고 있지만 해상위험 이외에 전쟁위험, 동맹파업위험 등 국가위험의 일부분도 담보하고 있다. 이와 같이 적하보험은 국제무역금융에 대한 담보기능과 더불어 수출보험에 대해서도 상호 보완관계를 가지고 있다.

3) 무역결제와 적하보험

무역거래에서 매도인은 계약물품의 선적을 완료하면 대금을 회수하여야 하는데, 매도인은 수출지의 외국환은행으로부터 대금을 영수하기 위하여 선적서류를 정비하고 동시에 환어음을 발행하여 은행에 매입의뢰한다.

또한 화환어음을 매도할 때 보험서류로서 인정되는 것은 확정보험증권 또는 신용장에서 인정하는 경우의 보험증명서이고 예정보험증권이나 보험약관 표지(cover note)는 인정되지 않는다. 따라서 이는 CIF조건을 전제로 한 경우이고 FOB, CFR조건의 경우에는 선적 이후의 위험에 대해 매수인이 별도로 보험을 부보하므로 선적서류 중에 보험서류가 첨부되지 않는다.

3절 | 해상보험의 의의 및 종류

1. 해상보험의 정의

해상보험(marine insurance)은 해상사업과 관련하여 일어나는 사고에 의하여 생기는 손해의 보상을 목적으로 보험자는 손해를 보상하여 줄 것을 약속하고, 보험계약자는 그 대가로서 보험료를 지급할 것을 약속하는 것을 말한다.

해상보험은 손해보험의 일종으로 영국해상보험법(marine insurance act: MIA 제1조, 1906)에서는 "보험자가 피보험자에 대하여 그 계약에 의해 합의된 방법과 범위 내에서 해상손해, 즉 해상사업에 수반하여 발생하는 손해를 보상할 것을 약속하는 계약"을 말한다.

2. 해상보험의 종류

1) 적하보험(Cargo Insurance)

적하보험은 화물을 대상으로 하는 보험이며, 적하보험계약이 체결될 수 있는 보험목적물은 화물이다. 화물이 운송 중 멸실 또는 훼손되거나 화물을 보존하기 위하여 경비를 지출함으로써 화물의 소유자가 입은 손해를 보험조건에 따라 보상하여 주는 보험이다.

2) 선박보험(Hull Insurance)

선박을 보험목적물로 하는 보험으로서 선박의 관리 및 운항 중에 멸실이나 훼손 또는 선박을 보존하기 위하여 지출된 경비 및 선박으로부터 발생한 책임손해가 있는 경우 이러한 손해를 보험조건에 따라 보상하여 주는 보험이다.

(1) 선체 및 기관보험(Hull/Machinery Insurance)

선체보험은 선박을 대상으로 하는 보험이다. 그리고 선박의 의장용구나 항해에 필요한 모든 물건도 대상이 된다. 따라서 선체보험이라고 하면 선체 · 선박자재 · 의장용구 · 기관 · 항해용구 및 기타 비품들을 포함하는 선박을 보험목적물로 한다.

(2) 선박건조보험(Ship Building Insurance)

선박의 건조에는 상당한 비용과 기관이 소요되고, 해상과 육상에서 동시에 위험이 발생한다. 따라서 선박의 건조에서부터 진수(進水) · 시운전 및 인도에 이르기까지 이에 따른 제반 손해를 보상해 주는 보험이 선박건조보험이라 한다.

(3) 선박불가동손실보험(Loss of Earning and/or Charter Hire Insurance)

선박불가동손실보험은 보험사고로 인하여 선박이 운항하지 못하게 되었을 경우, 선주나 선박운항관리자가 입게 되는 예상수익의 손해를 보상해 주는 보험이다. 주로 선박의 침몰 · 좌초 · 화재 · 충돌로 인한 일시적인 불가동손실을 보상한다.

3) 운임보험(Freight Insurance)

운임을 대상으로 하는 보험으로서 선화증권이나 운송계약서에 화물을 목적지에서 화주에게 인도하지 못한 경우 운송인 등이 운임을 청구할 수 없도록 약정하고 있는 경우에 그로 인하여 운송인 등이 입은 손해를 보상하여 주는 보험이다.

① 일반운임(Ordinary Freight)

선주가 화물을 운송하고 화주로부터 받는 운임을 말한다. 운임의 기준은 용적 또는 중량을 채택하고 있으며, 정기선 운임률에는 용적톤과 중량톤 중 높은 운임톤을 적용한다. 그리고 고가품일 경우에는 종가운임(ad valorem freight)이 적용된다.

② 용선운임(Chartered Freight)

선박을 임대한 용선자가 선주에게 지불하는 용선료를 말한다. 용선료는 운송되는 화물의 양 또는 선박의 임대기간에 따라서 계산되기도 하며, 또 1회 항해에 얼마라고 하는 포괄운임으로 계산되기도 한다.

③ 선주교역운임(Owner's Trading Freight)

선주가 자신의 선박으로 자신의 화물을 운반할 경우 추측할 수 있는 운임도 운임의 범위에 포함한다.

선주는 자신의 화물을 운송하고 실제로 운임을 지급하지 않는다. 그러나 자신의 화물이 다른 지역으로 운송되어 가치가 상승되면 보험목적물의 가치도 그만큼 상승한 결과가 되어 그 부분만큼 보험계약이 체결될 수 있기 때문에 포함시킨다.

3. 보험기간에 따른 분류

1) 기간보험(Time Insurance)

기간보험은 일정한 기간을 표준으로 하는 보험으로 이때 기간보험증권(time policy)이 발급된다. 선박보험은 통상 1년을 보험기간으로 하는 기간보험이다.

2) 항해보험(Voyage Insurance)

항해보험 또는 구간보험은 보험목적물을 부산항에서 뉴욕항까지 부보하는 것처럼 어느 지점에서 다른 지점까지 보험에 가입하는 경우이다. 이때 발급되는 보험증권이 항해보험증권(voyage policy)이다. 항해보험은 항해가 끝날 때마다 보험계약을 갱신해야 한다.

3) 혼합보험(Mixed Insurance)

혼합보험은 일정항해 및 일정기간을 동시에 보험기간으로 정하는 보험이다.

4. 해상보험 당사자

1) 보험자(insurer, Assurer, Underwriter)

보험자란 보험계약의 당사자로서 보험사고가 발생할 경우에 보험금 지급의무가 있는 자로 보험계약을 인수하는 주체를 말한다. 여기에는 보험회사(insurance company)나 개입보험업자(underwriter)가 있다.

2) 보험계약자(Policy Holder)

보험계약자는 자기 명의로 보험자와 보험계약을 체결하고 보험료를 지불할 의무가 있는 자를 말한다. 보험계약자는 보험계약의 체결에 직접적으로 관여하는 당사자이기 때문에 계약상의 모든 의무를 부담해야 한다.

3) 피보험자(Insured)

피보험자란 해상보험에 의한 피보험이익(insurance interest)을 갖는 자, 즉 손실이 발생할 경우 보험계약에 의해 보상을 받을 수 있는 당사자이다. 보험계약자와 피보험자는 동일인이 될 수도 있고 서로 다른 사람이 될 수도 있다. 자신을 위해 보험계약을 체결하면 동일인이 되지만 타인을 위해서 보험계약을 체결하게 되면 보험계약자와 피보험자는 다른 사람이 된다.

CIF계약에서는 수출업자가 수입업자를 위하여 적하보험을 체결해야 한다. 이때 수출업자는 보험계약을 체결하고 보험료를 지불하는 보험계약자가 되고, 사고발생 시 이에 대한 보상청구는 수입업자가 하므로 피보험자는 수입업자가 된다. 반대로 FOB계약에서는 수입업자가 자신의 위험을 위하여 보험계약을 체결하고 사고발생 시 보상 청구하므로 수입업자 자신이 보험계약자인 동시에 피보험자가 된다.

4절 | 고지와 담보

1. 고지의무의 개념

보험계약을 체결할 때 보험계약자가 보험자에게 중요한 사항을 고지하지 아니하거나 중요한 사항에 관하여 사실과 다른 것을 고지하여서는 안 된다. 왜냐하면 보험자가 보험인수의 여부, 보험조건의 결정, 위험의 측정, 보험료의 산정 등 기능을 발휘하여 보험자로서의 의무를 수행할 기초요건은 보험계약자의 고지의무 이행에 달려있기 때문이다.

해상보험계약은 최고의 신의에 의한 계약이므로 보험계약자는 보험자가 위험을 측정하는 데 영향을 미칠 수 있는 사실에 대해 최대선의로서 고지할 것을 요구하고 있는데 이를 고지의무(duty of disclosure)라 한다. 만약 고의나 중대한 과실로 알리지 않을 때에는 보험사고가 발생한 후에도 보험회사는 계약을 해지할 수 있으며, 그 손해를 보상하지 않는 경우도 있으므로 유의해야 한다(MIA 제17조).

2. 고지내용

보험자는 보험계약의 체결 여부를 결정하고 합리적인 보험료를 산정하기 위하여 피보험자로 하여금 보험목적물에 대한 구체적이고 중요한 사항을 계약체결 전에 알려 줄 것을 의무로 하고 있다(MIA 제18조).

중요한 사항(material circumstances)이란 보험자가 보험계약을 체결할 당시에 보험료를 확정하거나 보험계약의 인수 여부를 결정하는 데 영향을 미칠 수 있는 사항을 의미한다.

적하보험에서는 운송선박명, 화물종류, 포장상태, 적부방법, 화물의 가치, 항로, 환적 여부 등이 중요한 사항으로 간주된다(상법 제651조 2항). 선박보험에서는 선박의 종류, 국적, 건조연수, 톤수, 재질, 선급 등이 중요한 사항이 된다.

3. 고지의 시기와 방법

고지의 시기는 보험계약이 체결되기 전, 계약이 성립되는 시점에서 피보험자의 고지 의무는 종결된다. 고지는 정확하게 표시되어야 하기 때문에 피보험자는 자기가 알고 있는 사항을 구두나 서면으로 진실되게 표시해야 한다. 오늘날에는 보험계약청약서를 이용하여 중요한 사실을 고지한다.

4. 고지가 필요 없는 사항(MIA 제18조 3항)

1) 위험감소요인

위험이 감소되는 사항은 보험자에게 고지할 필요가 없다. 그러나 위험이 현저하게 감소하게 되었을 경우 피보험자는 그러한 사실을 보험자에게 통지하고 위험감소부문에 해당하는 만큼은 보험료를 환불받을 수 있다.

2) 보험자가 알고 있는 것으로 간주된 사항

보험자가 보험목적물의 성질이나 상태 등에 관하여 당연히 알아야 하거나 통상적으로 알고 있는 것으로 간주되는 사항들은 고지할 필요가 없다(일반적인 상관습, 통상적인 약관, 무역법규 등에 관한 사항).

① 보험증권에 명시된 항구에서의 선적방법
② 목적항에서의 하역방법
③ 통상적인 갑판적재(stowage on deck)
④ 보험증권에 명시된 지역의 무역환경
⑤ 새로 형성된 무역의 관습
⑥ 전쟁이 임박하다는 사실
⑦ 원보험증권에 계속약관(continuation clause)이 포함되어 있는 사실

3) 보험자가 고지의무를 면제한 사항

보험자가 고지받을 권리를 포기한 사항은 질문이 없는 한 피보험자가 고지할 필요가 없다.

4) 담보에 의해 고지가 필요 없는 사항

담보(warranty)는 보험기간 동안에 피보험자가 지켜야 할 약속을 의미한다. 담보에 포함된 사항은 이미 보험자가 알고 있기 때문에 달리 고지할 필요가 없다.

5. 고지의무 위반

1) 불고지와 부실고지

피보험자는 보험계약을 체결할 당시에 자기가 알고 있는 모든 중요한 사항을 최대선의의 원칙에 따라 고지해야 하며, 이러한 고지는 진실되게 표시되어야 한다. 만약 중요한 사항을 고지하지 않거나 허위로 표시하게 되면 불고지(non-disclosure) 또는 부실고지(misrepresentation)로서 피보험자는 고지의무를 위반한 결과가 된다.

피보험자가 중요한 사항을 고의(은폐)로든 실수(불고지)로든 알리지 않은 것을 불고지(MIA 제20조)라 한다.

2) 불고지와 부실고지의 효력

해상보험계약은 최대선의의 계약이다. 만약 최대선의를 보험계약 당사자의 어느 일방이 준수하지 않으면 상대방은 보험계약을 취소할 수 있다. 피보험자의 고지의무위반에 대하여 영국해상보험법(MIA 제20조 1항)에서는 보험자에게 보험계약을 취소할 수 있는 권한을 부여하고 있다.

상법(제651조)에 보험자의 계약해지권은 보험자가 고지의무위반의 사실을 인지한 날로부터 1월 그리고 보험계약이 성립한 날로부터 3년이 경과하면 해지될 수 없다.

6. 담보

1) 담보의 개념(MIA 第33조~39조)

피보험자는 보험계약을 체결할 때 보험계약과 관련되는 조건을 약속하기도 하고, 어떤 사실의 존재유무에 대해서 자신의 입장을 명확하게 표명하기도 한다. 이러한 피보험자의 약속이나 입장표명을 모두 담보(warranty)라고 한다.

피보험자가 보험자에 대하여 지키기로 한 약속사항, 즉 예를 들어, 피보험자가 일정구역으로는 항해를 하지 않겠다든지, 어느 날짜까지는 반드시 출항하겠다든지를 증권상에 명시하여 약속할 수도 있고, 내항성담보와 같이 보험증권에 명시되지 아니하였어도 피보험자라면 당연히 지켜야 할 약속도 묵시적인 담보이다.

2) 담보의 위반과 허용

(1) 담보의 위반

담보는 그 내용이 중요하든 중요하지 않든 간에 엄격하게 문자 그대로 충족되어야 한다. 담보는 피보험자가 보험자에게 행하는 약속이다. 따라서 약속은 그 내용의 중요성을 떠나서 먼저 충족되어야 하므로 해상보험에서는 담보충족의 엄격성이 강조된다.

담보위반에 대하여 영국해상보험법에서는 보험자는 담보위반의 시점부터 책임을 면하는 것으로 규정하고 있어 보험자에게 계약의 해지권을 인정하고 있다(MIA 제33조 3항).

(2) 담보위반의 허용

피보험자가 담보를 위반했을 경우 이를 허용하느냐의 여부는 보험자의 의사에 달려 있다. 그러나 영국해상보험법(제34조)에서는 다음의 경우는 담보위반을 허용한다.

① 사정의 변경으로 담보가 계약에 적합하지 않을 경우

② 담보를 충족하는 것이 그 후의 법률에 의하여 위법이 될 경우

③ 담보위반이 보험자에 의하여 묵인될 경우

3) 담보위반의 효과

담보는 중요성 불문의 원칙(principle of non-materiality)에 따라 위험에 대하여 중요하든, 중요하지 않든 간에 정확하게 충족되어야 하며, 이것이 정확하게 충족되지 않으면 보험증권에 별도의 규정이 없는 한 보험자는 담보위반의 시점으로부터 책임이 면제된다.

4) 담보의 종류

(1) 명시담보(Express Warranty)

명시담보는 보험증원의 본문(body), 난외(margin) 혹은 여백(foot)을 불문하고 보험증권 면에 기재하든가 또는 보험증권에 결합된 형태의 특정 서류에 피보험자가 특정의 일을 행하거나 혹은 행하지 않거나 또는 특정의 조건을 구비하는 것을 보증하거나 또는 특정 사실의 존재 · 부존재를 확약하는 진술 또는 약속으로 보험증권에 명시된 담보를 말한다(MIA 제35조).

(2) 묵시담보(Implied Warranty)

묵시담보란 명시적인 형식을 취하지 않더라도 해상보험계약체결의 행위 자체로부터 묵시적으로 보증된 담보를 말한다. 담보의 내용이 보험증권상에 명시되어 있지 않으나 피보험자라면 당연히 지켜야 할 약속을 묵시담보라 한다. 묵시담보는 명시담보와 동일한 효력을 가진다. 묵시담보에는 내항성 담보와 적법담보가 있다.

첫째, 내항성 담보(warranty of seaworthiness)이다. 선박이라 하면 반드시 항해를 감당할 수 있는 능력을 갖추고 있어야 한다는 담보이며, 보험증권상에 선박은 내항성

(seaworthiness)을 확보하고 있는 것을 조건으로 한다는 명시규정이 없다 하더라도 선박은 반드시 내항성을 확보하고 있어야 한다.

내항능력에 관한 일반적인 요건으로서 ① 선박의 구조가 동질의 선박과 동일한 정도로 견고할 것, ② 선박의 속도가 품질 및 수량 면에서 완전히 갖추어져 있을 것, ③ 적격의 선장 및 승무원을 충분히 승선시킬 것, ④ 충분한 식량을 구비할 것, ⑤ 적하를 과적하지 않을 것, ⑥ 충분한 연료를 갖출 것 등이다.

둘째, 적법담보(legality warranty)이다. 적법담보란 위험 개시 시에 항해사업에 적법해야 하며, 피보험자가 사정을 지배할 수 있는 한 보험기간을 통해 적법상태가 지속되어야 한다는 담보를 말한다(MIA 제41조).

5절 | 해상보험료

1. 보험료의 개념

보험료(premium)는 보험자의 위험부담의 대가로서 보험계약자가 보험자에게 지급하는 금전을 말한다. 보험료는 보통 보험계약체결 시 확정되지만, 경우에 따라서 계약체결 후에 협정되기도 한다. 또한 당사자는 항해가 변경될 경우 추가보험료를 지급할 것을 협정하는 경우도 있다.

2. 보험료와 보험요율

보험료는 보험금액(insured amount)에 보험요율(premium rate)을 곱한 금액을 의미하기 때문에 보험금액에 대한 백분비(%)로 표시한다.

보험금액은 보험자의 최고보상액인데, 이 금액은 보험계약을 체결할 때 보험자와 피보험자 간 협정이다. 만일 보험요율이 0.025%인데 보험금액이 100,000원으로 할 경우 피보험자가 부담하는 보험료는 250원이 된다.

3. 보험료의 구성

보험료는 순보험료(net premium, pure premium)와 부가보험료(loading, chargement)로 구성되며, 이 양자를 합한 것이 영업보험료(office premium) 또는 총보험료(gross premium)라고 한다.

1) 순보험료

순보험료는 보험료 중에서 보험자가 손해를 보상하기 위한 기금에 해당되는 것으로 흔히 정미(正味)보험료라 한다. 대부분의 보험자들은 손해발생빈도(loss frequency)와 손해발생규모(loss severity)를 추정하여 기금을 산정한다. 손해발생빈도는 과거의 경험자료를 토대로 하여 산출된 사고발생률(이재율)을 의미한다. 보험에서 사용하는 사고발생률은 대수의 법칙(law of large number)에 의해 산정한다.

2) 부가보험료

부가보험료는 경상경비, 보험자의 적정이윤, 안전적립금(safety money)에 상당하는 보험료이다. 또한 손해보험요율의 부가보험료는 보험사업의 경영에 필요한 회사경비, 대리점수수료, 이윤으로 대별된다. 사비는 인건비와 물건비로 대별된다. 사비에 대리점수수료를 가산한 것이 사업비가 된다.

4. 보험요율의 산정요소

1) 적하보험

적하보험은 보험조건, 화물의 종류, 운송선박, 운송항로 등을 근거로 산정한다.

(1) 보험조건

보험자의 담보위험과 보상범위를 한정하는 보험조건에 따라 보험요율이 달라진다. 보험조건을 확대하면 그만큼 보험자가 부담하는 위험도가 증가하기 때문에 보험요율도 거기에 비례하여 높아진다.

현행 적하보험에서 기본조건은 ICC(A), ICC(B), ICC(C)조건 세 가지가 있는데 A조건은 담보위험의 범위가 가장 넓고, 그 다음 B조건, C조건의 순이다. 이에 비례하여 보험요율은 A조건이 가장 높으며 그 다음이 B, C조건 순이다.

(2) 화물의 종류, 성질, 포장상태, 적부방법

① 화물의 종류, 성질

적하보험은 화물의 종류, 성질에 따라 달라진다. 유리제품이나 정밀기계 등은 일반화물에 비해 수송 중의 충격에 약하기 때문에 파손이 일어날 가능성이 크다고 할 수 있고, 철광석은 비에 젖어도 거기에 따른 손해는 거의 없는 데 비해 설탕이 비에 젖으면 큰 손해를 입게 된다(화물의 종류, 성질).

② 포장상태

산적된 화학비료는 밀봉된 경우에 비해 부족손해가 생기기 쉽고, 같은 밀봉화물이라도 2, 3 중의 종이봉지를 넣은 것과 5, 6 중의 종이봉지에 넣은 다음 다시 폴리에틸렌 포장을 하는 것은 포장의 파손에 의한 부족손의 정도가 상당히 달라지기 때문에 포장상태의 좋고 나쁨도 중요한 요율산정요소가 된다(포장상태).

③ 적부방법

갑판적된 화학약품이나 목재 등의 화물은 악천후 조우 시 파도에 휩쓸릴 위험이 있고, 항상 풍우에 노출되어 있기 때문에 일반적으로 선창 내에 선적된 화물보다도 인수조건이 좁고 요율도 높게 된다. 선창 내 선적된 경우라도 적부방법이 부적절하면 무너지기 쉽고, 인접한 적부화물이 새기 쉬운 액체화물인 경우에는 오손을 입을 염려가 커진다(적부방법).

(3) 운송용구(선박)

화주의 귀중한 화물을 운송하는 선박의 상태는 요율산정에 있어 가장 중요한 요소가 된다. 노후선박에 화물을 선적하여 충돌이나 좌초사고가 발생하면 전손될 위험성이 커진다.

적하보험을 인수할 때는 통상 선령, 선급, 총톤수 등 선박의 상태에 따라 위험도를 측정하고, 경우에 따라 할증보험료를 받는 경우도 있다.

(4) 운송구간 · 계절

태풍, 사이클론의 진로에 해당되는 해역이나 악천후가 예상되는 해역 또는 좌초가 빈발하는 해역, 태풍 등은 계절에 따라 발생정도가 다르기 때문에 운송구간, 계절, 출항일도 위험측정의 요소가 된다. 그 밖에 출항항 및 도착항의 항만상태, 환적의 횟수 및 방법, 도착지의 사정 등이 보험요율의 산정에 영향을 미친다.

2) 선박보험

선박보험요율은 보험조건, 선박의 상태, 운항구역 등 여러 가지 요인에 따라 산정된다.

(1) 피보험자(Assured)

선박사고의 대부분은 선박 자체의 결함보다는 이를 운용하는 인적인 문제에 기인하는 경우가 많다. 즉, 최초로 보험에 가입하는 선주보다 오랫동안 보험에 가입해 온 경력이 있는 경우가, 사고 경력이 많은 선사보다 그렇지 않은 선사가 더 저렴한 요율을 적용받게 된다.

(2) 보험조건

선박보험조건에 따라 선박보험요율이 달라진다. 선체보험(hull & machinery insurance)에서 사용되는 보험조건 중 TLO SC/SL조건은 전손, 손해방지비용, 구조비만을 보상하기 때문에 담보범위가 가장 좁고 그에 따라 보험요율도 낮다. 협회기간약관(선박)(Institute Time Clauses-Hulls: ITC-Hulls)조건은 전손, 손해방지비용, 구조비, 공동해손, 분손, 충돌배상책임 등을 모두 배상하기 때문에 보험요율이 상대적으로 높다.

(3) 선박의 상태

선명, 건조년월일, 선종, 선령, 톤수(tonnage), 재질(material), 국적(flag), 선급(classification) 등 선박에 관한 일체의 사항은 보험요율에 절대적으로 영향을 미친다.

(4) 운항구역(Trading Limit)

선박의 사고는 대개 항해 중에 발생하므로 해난의 위험도가 높은 지역으로 항해하는가의 여부에 따라 요율의 차이가 있으며, 특수위험수역을 항해하는 경우에는 추가보험료를 납부한다.

선박의 운항구역과 관련하여 반드시 Institute Warranties(협회항로정한약관)라는 조항이 첨부된다. 이는 특수 위험수역의 운항을 금지한다는 내용으로 이 수역을 항해 시에는 사전에 보험자에게 통지해야 하며, 추가보험료의 납부 외에도 해당 지역을 항해하는데 필요한 장비와 자격 있는 인원을 반드시 갖추어야 한다.

(5) 보험가액(Insurable Value)

보험가액이란 보험목적물인 선박의 가치를 뜻하며, 대개 선박의 시장가격을 기준으로 한다. 그러나 실무에서는 보험개발원에서 제시한 선가결정기준과 비교하여 현저하게 높거나 낮지 않으면 선주가 제시한 가액을 보험가액으로 한다.

(6) 보험금액(Insured Amount)

보험금액이란 실제로 보험에 가입된 금액으로서 사고발생 시 보험자가 보상해 주는 최고금액이다. 선박보험은 보험가액을 사전에 결정하는 기평가보험으로 보험금액은 보험가액과 일치하도록 해야 한다.

(7) 보험금(Claim Amount)

보험금은 보험사고로 인하여 보험자가 실제로 보상해 주는 금액이며, 보험금은 보험금액의 범위 내에서 지급된다.

6절 | 피보험이익

1. 피보험이익(Insurable Interest)의 개념

해상보험은 선박, 화물 등과 같은 보험목적물을 보호하는 것이 아니라 이러한 보험목적물과 이해관계가 있는 특정의 당사자를 보호하기 위한 것이다. 즉, 선박과 화물은 보험계약의 대상물에 불과하고, 보험계약이 존재하는 목적은 보험목적물에 대한 특정인이 갖고 있는 이해관계를 보호하는 것이다.

여기에서 이해관계는 반드시 재산상의 이해관계를 의미하며 결코 정신적인 이해관계를 의미하는 것은 아니다.

2. 피보험이익의 존재시기

1) 일반적 시기(손해발생 시: At the Time of Loss)

일반적으로 보험계약을 체결할 때 피보험자는 피보험이익을 가지고 있어야 한다. 그러나 해상보험은 다른 분야의 보험에 비해 국제성이 강하기 때문에 피보험이익을 가지고 있지 않다 하더라도 보험계약이 체결될 수 있다.

적하보험에서는 사실상 피보험이익을 가지고 있지 않은 수입업자가 보험계약을 체결하는 경우가 많다. FOB, CFR 등은 수출업자로부터 선적완료의 통지를 받은 후 적하보험을 체결한다. 그러나 이 시점에서는 화물에 대한 소유이익이 아직까지 수입업자에게로 넘어 오지 않았기 때문에 수입업자는 사실상 피보험이익이 없는 상태에서 보험계약을 체결하고 있기 때문이다. 실질적으로 선적화물에 대한 소유권은 선화증권을 소지한 자에게 있는데 이 선화증권은 수출업자, 매입은행, 개설은행 등을 거쳐서 최종적으로 수입업자에게 넘어간다.

2) 소급보상 경우의 시기

(1) 소급보상(Lost or Not Lost: 멸실 여하를 불문)의 의의

국제무역에서 보험사고가 발생한 사실을 모르고 수입업자가 적하보험계약을 체결하는 경우가 있을 수 있다.

예를 들면, FOB, CFR 등과 같은 가격조건에서는 보험목적물인 화물은 수출항의 창고나 본선상에 있지만 이에 대한 적하보험계약은 수입업자가 수입지의 보험자와 체결한다. 따라서 수입업자는 보험목적물을 직접 확인하지 않고 보험계약을 체결하기 때문에 계약을 체결하기 전에 이미 보험사고가 발생했는데도 이를 모를 수 있다.

즉, 보험계약을 체결하기 전에 보험사고가 발생했다면 이때는 보험목적물이 소멸되어 수입업자에게 피보험이익이 없기 때문에 피보험자는 이에 대한 보상을 받을 수 없게 된다. 이러한 선의의 피보험자를 보호하기 위하여 적하보험에 한하여 소위 소급보상의 원칙이 적용되고 있다.

(2) 존재시기

적하보험에 한해서는 소급보상의 원칙이 적용되기 때문에 보험사고가 발생했을 때 피보험이익이 없더라도 보상받을 수 있다. 소급보상의 원리는 비록 과거의 유물이지만 피보험자를 보호하려는 취지를 가지고 있기 때문에 오늘날 적하보험에서 사용되는 약관에 그대로 수용하고 있다.

3. 피보험이익의 당사자

1) 선주(Ship-Owner)

선주는 선박을 소유함으로써 선박 · 운임 · 선박보험료 · 선비 등과 같은 선박이익(hull interest)을 가진다.

(1) 선박

선주는 자신이 소유하고 있는 선박에 대하여 피보험이익을 가진다. 선주가 선박에 대하여 가지는 피보험이익은 반드시 선체(hull)에만 국한되는 것이 아니라 선박 자체(material), 의장용구(outfit), 선원의 용품과 식료품 등도 선박의 의미에 포함되기 때문에 선주는 여기에 대해서도 피보험이익을 가진다.

(2) 운임

선주가 화물을 최종목적항에 도착시켜 인도해야 운임을 취득하는 운임착지불(freight collect)인 경우에는 선주가 운임에 대해서 피보험이익을 가진다. 운임착지불인 경우 선주가 화물을 인도하지 못하면 운임을 받을 수 없기 때문에 운임에 대한 피보험이익을 가지게 된다. 특히 산적화물(bulky cargo)인 경우에는 도착지에 하역되는 양(out-turn)에 따라서 운임이 지급되기도 하는데, 만약 화물의 손실이 발생하게 되면 그만큼 운임을 받을 수 없기 때문에 선주는 운임손실에 대하여 운임보험계약을 체결할 수 있다.

(3) 선박보험료

선박은 1회 항해를 기준으로 하는 항해보험에 가입하는 경우도 있지만 통상 1년을 단위로 계약을 체결하는 기간보험에 가입한다. 항해보험의 경우 보험기간이 짧고 항해가 끝나면 보험계약을 다시 갱신하기 때문에 선박보험료가 많지 않다. 그러나 기간보험은 선박보험계약을 체결할 때 12개월에 해당되는 보험료를 지급하기 때문에 보험료가 거액인 경우가 많다.

(4) 선비(Disbursements)

선비는 선박을 운항하는 데 소요되는 의장비 · 연료비 등 일체의 경비를 말한다. 선박의 운항경비는 통상 항해 전에 또는 항해 도중에 지급되는 일이 많기 때문에 선박이 멸실되면 선주는 이미 지급한 선비까지 상실하게 된다. 따라서 선주는 선비에 대하여 피보험이익을 갖고 선비보험에 가입할 수 있다.

2) 화주(Cargo-owner)

화주는 화물에 대하여 소유이익을 가지는 당사자이다. 화주는 자신의 화물이 안전하게 도착하면 이익을 얻고, 만약 지연되거나 손상을 입으면 손해를 보기 때문에 화주는 자신이 화물을 소유하고 있는 한 화물에 대한 피보험이익을 가진다.

(1) 화물의 순가액

화물의 순가액은 운임 · 보험료 등이 포함되어 있지 않은 원가(cost)의 개념으로서 송장가격이다(invoice amount).

(2) 적하보험료

운송 도중 화물이 멸실되면 화주는 화물만 잃어버린 것이 아니라 자기가 지급한 보험료까지 상실한 결과가 되기 때문에 보험료에 대해서도 피보험이익을 가질 수 있다.

(3) 운임(Freight)

운임선불(freight prepaid)은 원칙적으로 화물의 송장가액에 포함되어 있기 때문에 화물의 보험과 별개로 부보할 필요가 없다. 해상운송에서 선불된 운임은 화물이 목적지에 도착하든 그렇지 않든 간에 반환되지 않는 것이 원칙이다. 따라서 운임이 선불되는데 화물의 전손이 발생하면 곧 운임을 상실한 결과이므로 화주는 자신이 선불한 운임에 대해 피보험이익을 가진다.

(4) 희망이익(Expected Profit)

화주는 자신의 화물이 목적지에 무사히 도착한 경우 이를 판매하여 얻을 수 있는 기대이익에 대해서도 피보험이익을 가질 수 있다. 기대이익은 실제로 화물이 목적지에 도착하여 판매되어야만 확정될 수 있는 이익이기 때문에 상거래에서는 화물가격의 약 10% 정도는 거의 확실하게 기대되어 피보험이익으로서 인정한다.

화물의 보험가액은 크게 원가(cost), 보험료(insurance premium) · 운임(freight)으로 구성되어 있기 때문에 화주가 가지는 피보험이익의 가치는 곧 CIF금액이라 할 수 있다. 이 CIF금액의 10%를 희망이익으로 인정하고 적하보험계약을 체결할 때는 통상 CIF금액의 110%를 보험금액으로 하고 있다.

(5) 소멸가능이익(Defeasible Interest)

해상보험에서 소멸가능이익은 피보험자의 선택에 따라서 소멸될 수 있는 이익을 말한다. 무역거래에서 매도인은 물품에 대한 권리가 매수인에게 이전되기까지는 계약물품에 대한 피보험이익을 가진다. 조만간에 종결될 수 있는 피보험이익을 소멸가능이익이라 하며, 매도인은 소멸가능이익도 보험에 붙일 수 있다. 비록 자신의 이익이 아닌 것이 확실한데도 피보험이익을 가지고 있는 순간까지는 보험계약을 체결할 수 있도록 허용한다.

(6) 불확정이익(Contingent Interest)

불확정이익 또는 미필이익은 매매계약을 체결할 때 간혹 매수인은 인도지연이나 다른 이유로 물품의 인수를 거절할 수 있는 권한을 계약서에 삽입하는 경우가 있다.

계약물품에 대한 권리가 정상적으로 매수인에게 이전되면 피보험이익은 매수인에게 있고 매수인이 적하보험에 가입한다. 그런데 계약물품이 다소 지연되어 매수인이 이의 인수를 거절하게 되면 그동안 매수인이 가졌던 피보험이익은 종료되고 매도인에게 귀속된다. 이와 같이 항해 도중에 매수인의 화물인수거절이라는 우연성이 생기는 이익을 불확정이익이라 한다.

(7) 계반비용(Forwarding Express)

운송인은 최종목적지까지 화물을 안전하게 운송할 책임이 있다. 그러나 여러 가지 사유로 화물을 최종목적지까지 운송할 수 없을 때는 운송인은 선화증권상의 운송약관에 따라서 도착항에 가기 전에 미리 하역하거나 또는 도착항을 지나서 다른 항구까지 화물을 운송할 수 있다. 이에 대해 운송인은 하등 책임을 지지 않고 화주가 이로 인한 모든 비용을 부담한다.

7절 | 해상위험

1. 해상위험의 개념

해상위험(MIA 제2조 제2항 c호)이란 항해에 기인 또는 부수하는 위험, 즉 해상고유의 위험, 화재, 전쟁위험, 해적, 표도, 강도, 포획, 나포, 왕후 및 국민의 억지 또는 억류, 투하, 선원의 악행과 그리고 상기의 여러 위험과 동조의 위험 또는 보험증권에 기재되어 있는 기타의 모든 위험을 말한다.

해상위험은 항해에 기인하고, 항해에 부수하여 발생하는 사고를 말한다. 해상보험은 해상사업(marine adventure)에 수반하여 발생하는 손실을 보험자가 보상해 주는 계약이다.

2. 해상위험의 구분

1) 항해에 기인하는 위험

항해에 기인하는 위험은 항해가 원인이 되어 우연히 발생하는 해상고유의 사고를 말한다. 폭풍우, 태풍 등으로 인하여 선박이 좌초, 침몰되거나 또는 화물이 파손되거나 유실되는 사고를 말한다. 대표적인 해상고유의 위험은 침몰(sinking), 좌초(stranding), 충돌(collision)이 있는데 이를 'SSC 위험'이라고 한다.

(1) 침몰(Sinking)

선박이 부력 및 항해능력을 상실하고 선체의 대부분이 수면 이하에 잠기는 것을 말한다.

(2) 좌초(Stranding)

좌초라 함은 선박이 암초 또는 그 밖의 물체 위에 걸려서 용이하게 벗어나지 못함으로써 발생하는 사고를 말한다.

(3) 충돌(Collision)

충돌이란 선박 상호 간의 접촉을 말한다.

(4) 악천후(Heavy Weather)

폭풍우 등의 이례적인 기상으로 선박의 이상 경사(list), 침수(seawater damage), 갑판적 화물의 유실(washing overboard), 선창의 통풍차단으로 인한 한습손(ship's sweat) 등이 이에 해당된다.

(5) 행방불명(Missing)

해상보험에서의 행방불명은 선박과 적하 등이 함께 원인 모르게 없어지는 것을 의미한다.

2) 항해에 부수하여 발생하는 위험

항해에 부수하여 발생하는 위험은 항해를 하지 않더라도 발생할 수 있는 화재, 투하, 선원의 악행, 해적행위, 강도, 전쟁 등의 위험을 말한다.

(1) 화재(Fire/Burning)

화재는 해상고유의 위험은 아니지만 해상위험 중의 일반적인 위험의 하나로서 보험자가 부담하는 위험이다. 화재를 나타내는 말에는 Fire와 Burnt가 있는데, 후자는 대규모의 화재 또는 그에 의한 소실을 뜻한다. 화재는 단지 연소나 소실만을 뜻하지 않고 Scorching, Smoking, Cracking을 포함하며 소화작용으로 인한 파손, 주유 유손도 화재손해에 포함된다.

(2) 투하(Jettison)

투하라 함은 화물 또는 선박저장품, 의장품의 일부를 고의로 바다에 투기하는 것을 뜻한다. 선박이 악천후를 만나 침몰위기에 놓였다든가 좌초 시 선박을 뜨게 할 목적 등으로 투하를 하게 된다. 투하는 흔히 공동해손행위로 취급되나 적하 자체만의 위험으로 행하여지는 수도 있으므로 공동해손의 경우만으로 한정되지 않는다.

(3) 선장 및 선원의 악행(Barratry of Master and Mariners)

동기 여하를 막론하고 선주에게 손해를 끼칠 고의적 범죄 부정행위를 뜻한다. 선원의 악행의 예로 밀수를 목적으로 하는 선박의 사용, 선박의 유기, 방화, 고의에 의한 침몰 및 좌초 등이 있다. 또한 선박을 사기적으로 매각하거나 행방불명 등도 포함하고 있다.

(4) 강도(Thieves)

폭력 또는 위협으로 강탈함을 뜻하며, 단순한 도난(theft or pilferage)은 포함되지 않는다.

(5) 해적(Pirates)

해상재산을 자기의 사리사욕을 위해서 무차별하게 습격, 약탈, 파괴, 방화하는 자를 해적이라고 하며, 해상으로부터의 습격인지를 불문하며 역시 승객의 행위 여부인지를 불문하다.

(6) 표도(Rovers)

이는 해적의 일종으로서 역사적으로 무어인이나 아라비아인의 해적을 지칭한다.

3) 전쟁위험(War Risks)

담보위험약관에는 각종의 전쟁위험이 열거되어 있으나 이것은 이탤릭서체약관 및 협회화물약관의 F.C. & S. Clause(Free from Capture and Seizure Clause: 포획, 나포 부담보약관)에 의해서 보험자의 기본담보에서 제외되고 있다. 이에 해당되는 위험은 군함(man-of-war), 외적(enemies), 습격(surprisals) 및 포획(capture), 해상탈취 및 나포(taking at sea & seizure), 군주의 억지 등(restraints of princes), 포획면허장 및 보복포획면허장(letters of mart and countermart) 등이 있다.

3. 협회적하약관의 담보위험약관

협회적하약관에는 5개의 기본적인 협회적하약관 ICC(A), ICC(B), ICC(C), IWC(Institute War Clauses), ISC(Institute Strikes Clauses), 1개의 특별약관(Malicious Damage Clause) 등으로 구성되어 있다.

ICC(A), (B), (C)는 각각 19개 조항으로 구성되어 있다. 현재 사용되고 있는 협회적하약관(Institute Cargo Clauses: ICC)은 담보위험의 내용에 따라서 A약관, B약관, C약관으로 구분되며 각 약관의 1조는 보험자가 담보하는 위험이 규정되어 있으며, 제4조는 면책사항이 규정되어 있다.

1) ICC(A) 약관상의 담보위험

A약관은 과거의 전위험담보(All Risks: A/R)조건을 체계적으로 정리한 것이다. A약관은 보험자의 포괄책임주의의 방식을 채택하고 있기 때문에 이 약관에서 보험자의 면책위험이 규정되어 있다. A약관에서는 보험자의 일반면책위험, 선박의 불내항 및 부적합위험, 전쟁위험 및 동맹파업위험을 제외한 모든 위험을 담보한다.

2) ICC(B) 약관상의 담보위험

B약관은 과거의 분손담보(With Average: W/A)조건을 정리한 것이다. B약관은 보험자가 담보하고자 하는 위험이 약관상에 열거되어 있는 열거책임주의의 방식을 채택하고 있다.

(1) 화재 · 폭발

사회 통념상으로 인정되는 화재 또는 폭발에 합리적으로 기인하는 손해는 그 원인 여하를 불문하고 보험자가 보상한다. 화재 · 폭발 손해는 화재에 의한 연기나 열에 의한 손해 및 소화작업 시의 물에 의한 손해까지 포함하고 있다.

그러나 보험자가 일반면책, 선박의 불내항성 및 부적합성, 전쟁 및 동맹파업으로 인하여 발생하는 화재 · 폭발 손해는 담보되지 않는다.

표 8-1 1982년 ICC(A, B, C)의 담보위험(제1조) 및 면책사항(제4조)

<table>
<tr><th colspan="4">제1조 위험약관(Risks Clause)</th></tr>
<tr><td rowspan="13">ICC(A)
조건</td><td rowspan="11">ICC(B)
조건</td><td rowspan="7">ICC(C)
조건</td><td>1. 화재, 폭발(fire or explosion)</td></tr>
<tr><td>2. 좌초, 교사, 침몰, 전복(vessel or craft being stranded, grounded, sunk or capsized)</td></tr>
<tr><td>3. 육상운송용구의 전복, 탈선(overturning or derailment of land conveyance)</td></tr>
<tr><td>4. 충돌, 접촉(collision or contract of vessel craft or conveyance with any external object other than water)</td></tr>
<tr><td>5. 조난항에서 양하작업에 기인한 손해(discharge of cargo at a port of distress)</td></tr>
<tr><td>6. 공동해손 희생손해(general average sacrifice)</td></tr>
<tr><td>7. 투하(jettison)</td></tr>
<tr><td rowspan="4"></td><td>8. 지진, 분화, 낙뢰(earthquake, volcanic eruption or lightning)</td></tr>
<tr><td>9. 갑판상 유실(washing overboard)</td></tr>
<tr><td>10. 선박, 부선, 선창, 운송용구 등에의 해수, 호수, 하천수의 유입(entry of sea, lake or river water into vessel, craft hold conveyance container liftvan or place of storage)</td></tr>
<tr><td>11. 선적, 하역작업 중의 해수면으로 낙하 또는 추락하여 발생한 포장단위당의 전손(total loss of any package lost overboard or dropped whilst loading on to, or unloading from, vessel or craft)</td></tr>
<tr><td colspan="2"></td><td>12. 하기 면책사항 이외의 모든 외부의 우발원인에 의한 손해</td></tr>
<tr><td colspan="3">※ 면책조항
① 피보험자의 고의적인 비행에 기인한 멸실 · 손상 또는 비용
② 보험목적의 통상의 누손, 중량 또는 용적상의 통상의 손실 및 통상의 자연소모
③ 보험목적의 포장 또는 준비의 불완전 또는 부적합으로 인하여 발생한 멸실 · 손상 또는 비용
④ 보험목적의 고유의 하자 또는 성질로 인하여 발생한 멸실 · 손상 또는 비용
⑤ 지연이 피보험이익으로 인하여 발생된 경우일지라도 지연을 근인으로 하여 발생한 멸실 · 손상 또는 비용
⑥ 본선의 소유자, 관리자, 용선자 또는 운항자의 지불불능 또는 재정상의 채무 불이행으로부터 생긴 멸실 · 손상 또는 비용
⑦ 원자력 또는 핵의 분열 및/또는 융합 또는 기타 이와 유사한 반응 또는 방사능이나 방사성물질을 응용한 무기의 사용으로 인하여 발생한 멸실 · 손상 또는 비용</td></tr>
</table>

표 8-2 협회적하약관 B약관상의 담보위험

1.1 화재 또는 폭발
1.2 선박 또는 부선의 좌초 · 교사 · 침몰 또는 전복
1.3 육상운송용구의 전복 또는 탈선
1.4 선박 · 부선 또는 운송용구와 물 이외의 타물체와 충돌 또는 접촉
1.5 피난항에서의 화물의 양화
1.6 지진 · 분화 또는 낙뢰
2.1 공동해손희생
2.2 투하 또는 파도에 의한 갑판상의 유실
2.3 선박 · 부선 · 선창 · 운송용구 · 컨테이너 · 리프트밴 또는 보관장소의 해수 · 호수 또는 하천수의 유입
3. 선박 또는 부선에 선적 또는 양하작업 중 해수면으로 낙하하여 멸실되거나 추락하여 발생된 포장단위당 전손

(2) 좌초 · 교사 · 침몰 · 전복

좌초(stranding)는 선박이 바다의 밑바닥이나 물체에 얹혀서 상당기간 자력으로 항해할 수 없는 상대를 말한다.

교사(grounding)는 모래나 진흙 등과 같이 바다 밑이 부드러운 물체에 얹히는 것이다.

촉초(touch and go)는 선박이 바다 밑의 물체에 얹혀 일시 정지했다가 항진하는 여력에 의해 암초에서 떨어져 다시 항해하는 경우를 말한다.

침몰(Sinking)은 선박이 바다 밑으로 가라앉는 것을 말하며, 깊은 바다에 선박이 가라앉아 인양이 불가능한 경우를 'Foundering' 또는 'Sinking'이라 하고, 얕은 바다에 가라앉아 선박을 인양할 수 있을 때를 'Submersion'이라 한다.

전복(capsized)은 선박이 뒤집혀졌는데도 침몰하지 않은 경우를 말한다.

(3) 육상운송용구의 전복 · 접촉

해상보험의 영역이 점차 육상까지 연장됨에 따라서 해상운송에 부수하는 육상운송과정에서 운송용구가 전복(overturning) 또는 탈선(derailment)함으로써 발생하는 손해를 보상한다.

(4) 물 이외의 타물체와의 충돌 · 접촉

선박 · 부선 · 운송용구가 물 이외의 타물체와 충돌하거나 접촉함으로써 화물에 생기

는 손해를 보상한다.

(5) 피난항에서의 화물의 양화

최종목적항까지의 화물을 계속 운송할 수 없는 경우에는 피난항에서 화물을 일단 양하하였다가 재선적 후 목적항까지 운송한다.

만약 화물의 손해가 목적항에 도착한 후 발견되면 그 손해가 피난항에서 양하하다가 생겼는지 또는 재선적하고 그 후에 생겼는지 파악하기가 곤란하다. 이때 화물 손해가 피난항에서 하역하다가 생긴 것으로 증명하면 보험자가 보상한다.

(6) 지진 · 분화 · 낙뢰

지진과 분화는 육상에서 발생하는 위험이지만 해상보험의 담보범위를 확대하여 지진 · 분화에 합리적으로 기인하여 발생하는 손해를 보상하고 있다. 낙뢰에 의한 손해도 화재가 발생하든 안 하든 상관하지 않고 보상한다.

(7) 공동해손희생(General Average Sacrifice)

공동의 안전을 위하여 희생된 손실에 대해서 보험자가 보상한다.

(8) 투하 · 갑판유실

투하는 비상사태 시 선박을 가볍게 하거나 속도를 빨리 내기 위해서 적재된 화물을 바다에 버리는 것이다. 갑판유실(washing overboard)은 파도에 의해 갑판상에 적재된 화물이 씻겨 내려가는 것을 말한다.

(9) 해수 · 호수 · 하천수의 유입

선박 · 부선 · 선창 · 운송용구 · 컨테이너 · 리프트밴(liftvan) 또는 보관장소에 해수 · 호수 또는 하천수가 유입됨으로써 생기는 손해를 의미하는데, 빗물로 인한 손해는 제외된다.

(10) 추락손(Sling Loss)

선적이나 하역작업을 하던 중 해수면으로 떨어져 발생하는 화물의 포장단위당 전손(total loss of any package)을 말한다.

표 8-3 협회적하약관 A, B, C 담보위험 및 면책사항 비교

담보위험	(A)	(B)	(C)
① 화재, 폭발	○	○	○
② 선박의 좌초, 교사, 침몰, 전복	○	○	○
③ 육상운송도구의 전복, 탈선	○	○	○
④ 선박의 물 이외 타물체와의 충돌, 접촉	○	○	○
⑤ 피난항에서 화물의 양하	○	○	○
⑥ 지진, 분화, 낙뢰	○	○	×
⑦ 공동해손 희생			
⑧ 투하	○	○	○
⑨ 갑판유실	○	○	×
⑩ 선박 및 보관장소에 해수, 하천수 침입	○	○	×
⑪ 선적, 하역작업 중 바다에 떨어지거나 갑판에 추락한 포장당 전손	○	○	×
⑫ 상기 이외의 보험목적에 멸실 또는 손상을 발생시키는 일체의 위험	○	×	×
⑬ 공동해손, 구조료(면책사항에 관련된 것은 제외)	○	○	○
⑭ 쌍방과실 충돌	○	○	○
※ 면책사항			
1. 피보험자의 고의적인 위법행위	×	×	×
2. 통상의 누손, 중량, 용적의 통상의 감소, 자연소모	×	×	×
3. 포장, 준비의 불완전	×	×	×
4. 보험목적의 고유의 하자, 성질	×	×	×
5. 선박, 부선의 불내항, 선박, 부선, 운송용구, 컨테이너, 리프트밴의 부적합	×	×	×
6. 지연	×	×	×
7. 선주, 관리자, 용선자, 운항자의 파산, 재정상의 채무불이행	×	×	×
8. 모든 또는 개개인의 악의가 있는 행위로 인하여 전체 또는 일부의 의도적인 손상, 파괴	○	×	×
9. 원자핵분열 및/또는 원자핵 융합 또는 동종의 반응 또는 방사능 또는 방사능물질을 이용한 병기의 사용에 의하여 발생한 멸실 · 손상 또는 비용	×	×	×

3) ICC(C) 약관상의 담보위험

C약관은 과거의 분손부담보(Free from Particular Average: FPA)조건을 정비한 것이다. C약관도 B약관에서처럼 열거책임주의방식을 택하고 있기 때문에 보험자의 담보위험이 열거되어 있는데 B약관보다 담보위험의 수가 적다.

B약관에 열거된 담보위험 중 ① 지진 · 분화 · 낙뢰, ② 갑판유실, ③ 본선 · 부선 · 선창 · 운송용구 · 컨테이너 · 리프트밴 또는 보관장소에 해수 · 호수 또는 하천수의 유입, ④ 추락손은 C약관에서 제외된다.

4. 협회적하약관의 일반면책약관

면책위험은 손해가 발생하더라도 보험자가 책임지지 않는 위험을 말한다. 담보위험이 아닌 것은 자동적으로 면책위험이 된다.

따라서 여하한 자의 불법행위로 인해 보험목적물이 손상되는 경우 그 화물이 (A)조건으로 부보되어 있다면 화주는 보험자로부터 그 손실을 보상받을 수 있다. 신약관에서 보험자의 면책위험으로 약정하고 있는 사항을 보면 다음과 같다.

1) 영국해상보험법(MIA, 제55조 제2항)상의 면책위험

① 피보험자의 고의적인 불법행위
② 항해의 지연으로 인한 손해
③ 통상적인 자연소모
④ 통상적인 누손 및 파손
⑤ 보험목적물의 고유의 하자
⑥ 쥐 혹은 벌레에 의한 손해
⑦ 해상위험에 근인하지 않은 기관 손해

2) 협회적하약관상의 면책위험

특별면책위험(ICC(A), (B), (C) 제6조 및 7조)은 전쟁, 동맹파업, 폭동, 소요 등에 기인한 위험에 대한 보험자의 면책을 의미한다. 하지만 이러한 면책위험들은 현재 특약에 의해서 담보가 가능하다. 일반면책위험의 주요 공통점은 필연성에 의해 발생된 손해와 피보험자의 고의적 행위이다. 결국 이는 해상담보위험의 기본요건인 우연성이 없는 손해라고 정의할 수 있다.

| 표 8-4 | 일반면책사항 비교

면책사항	영국해상보험법 제55조 2항	협회적하보험약관 (A)(B)(C) 제4조
피보험자의 고의적인 불법행위	○	○
지연	○	○
자연소모	○	○
통상의 누손	○	○
통상의 파손	○	−
통상의 부족손	−	○
상품고유의 하자	○	○
쥐 혹은 벌레	○	−
기관 손해	○	−
포장의 불완전	−	○
선주 등의 파산	−	○
원자핵무기	−	○

5. 협회기간약관(선박)상의 담보위험

선박보험에서 가장 많이 이용되고 있는 협회기간약관(ITC-Hulls)은 보험자의 열거책임주의 방식을 택한다.

(1) 해상고유의 위험(Perils of the Sea)

해상에서 우연히 발생하는 사고나 재해를 의미하며 바람 · 파도 등의 통상적인 작용은 포함하지 않는다. 선박이 부식하는 것처럼 바람 · 파도 등에 의한 자연적 소모나 마모는 해상고유의 위험으로 간주되지 않는다.

(2) 화재 · 폭발

자연발화를 제외한 화재는 보험자가 담보하고, 선박 내외에서 발생하는 폭발위험도 담보한다.

(3) 강도(선박 외부로부터 침입한 자에 의한 폭력을 수반한 도난)

선박 외부로부터 침입한 자가 폭력을 행사하면서 선박의 용품이나 화물을 훔쳐가는 손해를 보험자는 보상한다.

(4) 투하

대부분의 투하는 공동해손으로 인정되지만 공동해손이 성립되지 않은 투하로 인한 손해도 보상한다. 왜냐하면 투하는 대부분 비상상태를 모면하기 위하여 화물이나 선박의 용품을 바다에 버리기 때문이다.

(5) 해적행위

해적은 폭동을 일으키는 여객 또는 해변 쪽에서 선박을 공격하는 폭도 등을 포함한다.

(6) 핵장치나 원자로의 고장 또는 사고

선내에서는 원자력선 또는 화물의 핵장치 · 원자로인 경우를 말하며, 선외에서는 육상이나 다른 선박에 장치되거나 적재된 경우이다.

(7) 항공기 등과의 접촉

항공기 혹은 이와 유사한 물체 또는 그로부터 추락하는 물체, 육상운송용구, 도크 또는 항만시설이나 장비와 접촉함으로써 입는 선박의 손실을 보험자는 보상한다.

(8) 지진 · 화산의 분화 또는 낙뢰

화산분화로 정박 중인 선박이 손상을 입는 경우나 낙뢰로 손상을 입는 경우에도 보상한다.

(9) 적하 또는 연료의 선적 · 양하 또는 이동 중의 사고

(10) 기관의 파열, 차축의 파손 또는 기관이나 선체의 잠재하자

기관이나 선체의 잠재적 하자로 인한 손해도 보험자가 보상한다. 잠재적 하자는 선박의 건조 시나 수선 시부터 존재하는 하자를 의미이다.

(11) 선창 · 고급선원 · 보통선원 또는 도선자의 과실

선장 · 고급선원 또는 도선사는 부보선박에 지분이 있어도 선주로 간주하지 않는다.

(12) 수리자 또는 용선자의 과실

부보 선박이 수선된 경우 수선자의 과실에 의해서 발생한 선박의 멸실 또는 손상을 보험자는 보상한다. 피보험자가 보험자의 승낙을 얻어 선박을 용선시킨 경우 용선자의 과실에 의하여 발생한 손상도 보상한다.

(13) 선장 · 고급선원 · 보통선원의 악행

6. 협회기간약관상의 면책위험

선박보험에서 많이 이용되고 있는 협회기간약관(ITC-Hulls)은 보험자의 담보위험이 열거되어 있는 열거책임주의방식을 채택하고 있기 때문에 담보위험을 제외한 모든 위험이 면책위험이다.

(1) 전쟁면책(War Exclusion)

보험자는 다음의 위험에 기인한 멸실 · 손상 · 배상책임 또는 비용을 담보하지 않는다.

① 전쟁 · 내란 · 혁명 · 모반 · 반란 또는 이로 인하여 발생하는 국내 투쟁 또는 교전국에 의한 혹은 교전국에 대한 적대행위

② 포획 · 나포 · 강류 · 억지 또는 억류 및 이러한 행위의 결과 또는 이러한 행위를 하고자 기도한 결과

③ 유기된 기뢰 · 어뢰 · 폭탄 또는 기타 유기된 전쟁무기

협회기간약관에서는 선원의 악행을 담보위험으로 규정하고 있기 때문에 과거에 선장 · 선원 등의 악행으로 인한 선박의 강류 · 억지 · 억류 등은 전쟁위험에서 제외되었다. 선박보험에서도 전쟁위험은 특약에 의해서 담보될 수 있다.

(2) 동맹파업면책(Strikes Exclusion)

보험자는 다음에 기인한 멸실 · 손상 · 배상책임 또는 비용에 대해서 책임을 지지 않는다.

① 동맹파업자, 직장폐쇄노동자 또는 노동쟁의 · 폭동 또는 소요에 가담한 자

② 테러리스트 또는 정치적 동기를 가지고 행동하는 자

(3) 악의행위면책(Malicious Acts Exclusion)

악의적으로 행동하는 자에 의하여 발생된 손해나 정치적 동기로 인하여 생기는 손해에 대해서 보험자의 면책을 규정한 사항이다. 보험자는 ① 폭발물의 폭발, ② 어떠한 전쟁무기 그리고 악의적으로 행동하는 자에 의하거나 혹은 정치적 동기로부터 발생된 것으로 인한 멸실 · 손상 · 배상책임 또는 비용을 어떠한 경우에도 담보하지 않는다.

(4) 원자핵 면책(Nuclear Exclusion)

보험자는 원자 또는 핵의 분열과 결합 혹은 이와 유사한 반응 또는 방사성의 힘 또는 물질을 사용하는 어떠한 전쟁무기로 인하여 발생되는 멸실 · 손상 · 배상책임 및 비용에 대해서 일체 보상하지 않는다.

8절 | 해상보험상의 손해

1. 해상손해의 개관

해상보험에 있어 손해(loss)라 함은 피보험자가 해상위험으로 말미암아 보험의 목적인 선박, 적하, 또는 운임에 입는 재산상의 불이익을 의미하며 그 손해의 유형을 일반적으로 물적손해, 비용손해 및 책임손해로 분류한다.

2. 해상손해의 구분

(1) 물적손해

해상손해를 구분할 때 보험목적물 자체의 손해를 물적손해 또는 직접손해라 한다. 물적손해는 전손과 분손으로 나누어지며, 전손은 현실전손과 추정전손으로 나누어진다. 그리고 분손은 단독해손과 공동해손으로 나누어진다.

(2) 비용손해

보험목적물과 관련하여 직접적으로 비용이 발생하는 손해를 비용손해 또는 간접손해라 한다. 이는 손해방지비용, 구조비, 특별비용으로 나누어진다.

(3) 배상책임손해

배상책임손해는 피보험자의 과오 · 책임 등으로 인하여 제3자가 입는 손실을 말한다.

| 그림 8-1 | 해상손해의 종류

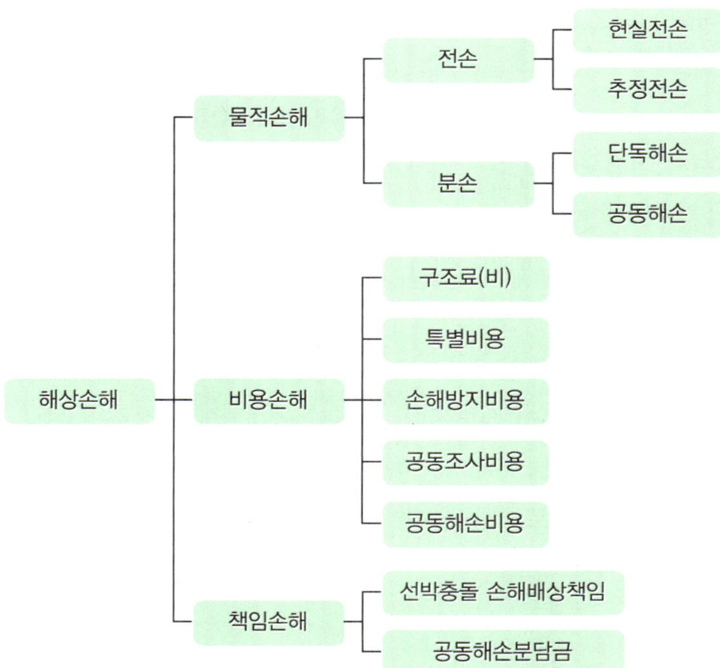

3. 전손

1) 현실전손(Actual Total Loss)의 의의

현실전손이란 담보위험으로 인하여 보험목적물이 완전히 파손되거나 원래의 성질을 갖지 못할 정도로 심하게 손상되거나(시멘트가 바닷물에 적셔 응고) 또는 박탈당하여 피보험자가 다시 찾을 가능성이 없을 경우에 성립한다(금괴가 심해에 빠질 경우 피보험자는 보험목적물을 실제로 찾을 수 없기 때문에 현실전손).

(1) 화물의 현실전손

① 선박의 현실전손으로 인한 화물의 전손

침몰 · 좌초 · 화재 · 행방불명 등으로 선박이 현실전손이 발생하면 그 선박에 적재되어 있는 화물도 현실전손이 성립된다. 선박의 구조는 불가능하더라도 화물을 인양할 수 있으면 화물의 전손은 성립되지 않는다.

② 화물의 투하(Jettison)

화물이 투하되어 구조될 가능성이 없을 경우에 현실전손으로 처리한다.

③ 화물의 매각

화물이 제3자에게 매각될 때에도 전손이 성립된다. 항해 도중 담보위험으로 인하여 화물이 손상을 입었을 경우 목적지까지 운송하는 것보다 중간항에서 매각 처분하는 것이 오히려 합리적일 수 도 있다. 이런 경우 화물은 현실전손이 성립되고, 보험자는 전손보험금을 피보험자에게 지급한다.

④ 화물인도의 과실

화물이 원래의 수화인에게 인도되지 않고 제3자에게 인도되어 다시 찾을 가능성이 없을 때는 화물의 현실전손이 성립된다. 화물이 목적항에 도착하면 선장 또는 선원은 화물인도지시서(Delivery Order: D/O)를 소지한 자에게 화물을 인도한다. 그러나 선장 또는 선원이 의도적으로 화물을 제3자에게 인도하거나 과실로 잘못 인도하여 분실되면 화물의 현실전손이 인정된다.

(2) 선박의 현실전손

① 선박의 침몰(Sinking)

선박이 침몰하여 구조의 가능성이 없는 경우에 한해서 현실전손으로 인정한다. 선박이 침몰하더라도 인양이 가능한 경우는 분손으로 처리한다. 침몰된 선박의 인양이 기술적으로 불가능하거나 또는 인양비용이 선박의 가액을 초과하는 경우에 한하여 현실전손이 성립된다.

② 선박의 좌초(Stranding)

좌초는 선박이 바다 밑에 있는 암초에 얹혀서 자력으로 움직일 수 없는 상태를 말하며, 선박이 좌초하여 구조의 가능성이 없는 경우는 현실전손이 성립된다. 좌초된 장소가 인양이 불가능한 지역이거나 좌초된 선박의 인양이 기술적으로 불가능하거나 또는 인양비용이 선박의 가액을 초과하게 되는 경우는 현실전손이다.

③ 선박의 화재

화재로 인하여 전소되거나 또는 잔해만 남아서 선박으로서의 기능을 완전히 상실한 경우를 말한다.

④ 선박의 행방불명

선박이 출항한 후 상당한 기간이 경과했는데도 그 소식을 들을 수 없을 경우에는 선박의 행방불명으로 간주하고 현실전손으로 인정(MIA 제58조)하며, 통상적으로 선박의 출항일로부터 1년으로 보고 있다. 우리나라 상법(제711조)에서는 선박이 출항 후 2개월이 경과되면 행방불명으로 보고 있다.

(3) 운임의 현실전손

① 화물의 전손

운임은 출발지에서 먼저 지급되기도 하고 목적지에서 화물이 도착하면 지급되기도 한다. 운임이 선불된 경우에 만약 화물의 전손이 발생하게 되면 화주는 화물만 잃어버리는 것이 아니라 이미 지급한 운임까지도 상실된다. 이와 같이 화물의 전손이 발생하게 되면 곧 운임의 전손이 초래된다.

② 선박의 전손 및 항해불능

선박의 전손은 화물의 전손을 동반하고 이것은 다시 운임의 전손을 초래한다. 그러나 화물은 훼손된 것이 아닌데 사고로 인하여 선박이 도저히 항해를 감당할 수 없을 경우에도 운임의 전손이 성립될 수 있다.

2) 추정전손(Constructive Total Loss)의 의의

추정전손은 현실전손이 불가피하거나 수리비용이 회복 후 가액을 초과하는 경우에 성립되는 손해를 말하며, 추정전손은 실제 전손으로 확인된 것은 아니지만 여러 가지 정황을 미루어 보아 전손으로 처리하는 것이 유리하다고 판단되는 손해를 말한다.

다음은 해상보험에서 추정전손이 성립될 수 있는 경우를 말한다.

① 피보험자가 담보위험으로 인하여 선박 또는 화물의 점유를 상실하여 이를 회복할 가능성이 없거나 혹은 회복하기 위한 비용이 회복하였을 때의 가액을 초과하리라고 예상될 경우

② 담보위험으로 선박이 심하게 손상되어 수리비용이 수리완료 후의 선박가액을 초과할 것으로 판단되는 경우

③ 담보위험으로 화물이 심하게 훼손되어 수선비용과 목적지까지 계속 운반하는 데 소요되는 비용이 도착 시의 화물가액을 초과할 것으로 판단되는 경우

(1) 화물의 추정전손

① 화물의 소유권 박탈

피보험자가 화물에 대한 소유권을 박탈당하고 이를 회복할 수 없거나, 회복하는 데 소요되는 비용이 화물가액을 초과하게 되면 화물의 추정전손이 발생한다. 선박의 추정전손이 발생하게 되면 대체로 화물에 대한 추정전손이 성립된다.

② 화물의 손상

담보위험으로 화물이 손상을 입는 경우 그 손상을 수리하고 목적지까지 계속 운반하는 데 소요되는 비용이 도착 시의 화물가액을 초과할 경우에는 추정전손이 성립된다. 선박의 경우와 마찬가지로 화물로서 더 이상 경제적 가치가 없다고 예상되면 전손으로 처리하는 것이 바람직하다.

(2) 선박의 추정전손

① 선박의 소유권 박탈

담보위험이 발생하여 피보험자가 선박에 대한 자신의 소유권을 박탈당하고 현실적으

로 이를 회복할 가능성이 전혀 없는 경우 또는 소유권을 박탈당한 후 이를 회복하는 데 소요되는 비용이 선박가액을 초과할 때, 즉 선박을 다시 찾을 수는 있지만 그 비용이 너무 많이 들어서 포기하는 것이 경제적으로 유리한 경우 또는 피보험자가 선박의 소유권을 박탈당하는 경우는 선박이 적에게 포획되는 경우 등이다.

② 선박의 손상

선박이 담보위험으로 심하게 훼손되어 이를 수리하는 비용이 수리했을 때의 선박가액을 초과하리라고 예상되는 경우에도 추정전손이 성립된다. 선박의 손상으로 추정전손이 성립될 수 있느냐의 여부는 수리비와 수선 후 선박가액과의 비교에 달려 있다.

4. 분손(Average/Partial Loss)

1) 분손의 종류

(1) 단독해손(Particular Average)

피보험이익의 일부가 멸실되거나 훼손되어 발생된 손해로, 손해를 입은 자가 단독으로 부담하는 손해, 즉 동일 운반선의 다른 화주와 선주 등에게 그 손해의 분담을 청구할 수 없는 손해를 말한다.

① 적하품 단독해손

적하의 경우 단독해손으로 인정될 수 있는 손해는 ⓐ 악천후에 의한 선박에 해수의 유입, ⓑ 선박의 장애물과 접촉, ⓒ 화재에 의한 화물의 분손, ⓓ 악천후에 의한 화물의 파손, 누손에 의한 손해 등이다.

② 선박의 단독해손

선박의 경우 단독해손으로 인정될 수 있는 손해는 ⓐ 악천후에 의해 해수가 유입되어 갑판이 유실되어 선체에 입힌 손해, ⓑ 선내 화재로 선박장비의 멸실, 선체에 미친 손해 등이다.

(2) 공동해손(G/A)

본선이 폭풍우로 좌초되어 침몰위기에 있을 때 공동의 위험을 회피할 목적으로 선장이 고의로 적하의 일부를 투하시킴으로써 배를 가볍게 하거나 다른 위험탈출조치를 강구하는 데 소요되는 비용을 지불함으로써 위험을 모면한 경우에 다른 화물이 받은 혜택의 정도에 따라 공동으로 부담하는 희생해손비용을 '공동해손(General Average: GA)'이라 한다. 공동해손행위의 성립요건은 다음과 같다.

① 위험의 공동성이다.

② 처분의 자발성 혹은 임의성이다.

③ 처분의 합리성이다.

④ 이례적인 희생이나 비용이다.

2) 선박의 분손

(1) 수리비의 보상

선박이 분손을 입은 후 수리가 되면 피보험자는 합리적인 수리비(reasonable cost of repairs)에서 관습상의 공제를 한 잔액을 1회 보험금액의 범위 내에서 보상받을 권리가 있다(MIA 제69조 1항). 합리적인 수리비에 포함된 항목은 다음과 같다.

① **임시수리비(Cost of Temporary Repair)**: 현재 정박 중인 항구에서 완전한 수리가 불가능하여 수리 가능항구까지 항해하기 위해서 임시로 수리할 경우의 수리비

② **회항비(Removal Expense)**: 수리를 목적으로 다른 항구로 회항할 경우 발생하는 비용

③ **연료 및 저장품(Fuel And Stores)**: 선박이 수리되고 있는 동안 수리작업을 돕기 위해 소비된 연료 및 기관실의 저장품은 수리비의 일부로 보상

④ **선거비용(Dry Dock Expense)**: 선박을 수리하기 위해서 선거(Dry Dock)를 이용할 경우 여기에 소요되는 비용도 합리적인 수리비에 포함

⑤ **시간외 작업(Overtime)**: 시간외 작업으로 다른 비용이 절약되면 절감된 비용의 한도까지 시간외 작업비용을 합리적인 수리비의 일부로 간주

(2) 미수리손상(Unrepaired Damage)

선박이 분손을 입었거나 수선되지 않고 또한 보험기간 중에 손상상태로 매각되지 않았을 경우에는 피보험자는 미수선을 손상으로부터 생기는 합리적인 감가액을 보상받을 수 있다(MIA 제69조 3항).

3) 화물의 분손

해상위험으로 인하여 화물의 일부가 멸실되거나 손상될 경우 화물의 분손이 성립된다.

(1) 일부멸실(Total Loss of Part)

화물의 일부가 멸실된 것은 화물의 일부가 전손을 입은 경우와 마찬가지이다. 이 경우 손해보상의 한도액은 멸실된 부분과 전체 수량과의 비율을 보험금액에 곱한 금액이다.

분손보상액 = 보험금액 × 전체의 수량 / 멸실된 수량

(2) 일부손상

화물의 일부가 손상된 상태로 도착할 경우에는 감가율(depreciation)을 정하여 이 감가율을 보험금액에 곱하여 분손보상액을 결정한다.

(3) 화물의 매각

화물의 일부가 최종목적지에 도착하기 전에 항해 도중의 보험사고로 인하여 중간항에서 양륙될 경우 간혹 중간의 양륙항에서 검정인(surveyor)이 손상된 화물을 매각 처분하도록 권고하는 일이 있다.

5. 비용손해

1) 손해방지비용(Sue and Labour Charge)의 개념

피보험자나 그의 대리인이 손해방지 및 경감의무를 수행하기 위해서 지출한 비용을 손해방지비용이라 한다. 손해방지비용을 보상해 줌으로써 피보험자들로 하여금 스스로 손해방지를 위해 노력하도록 유도할 수 있다.

2) 손해방지의무의 개념

손해보험에서는 피보험자들로 하여금 보험목적물의 손해방지를 위하여 최선의 노력을 기울이도록 의무화하고 있는데, 이를 피보험자의 손해방지 및 경감의무(the duty to sue and labour)라 한다.

3) 손해방지의무의 위반

피보험자는 보험목적물의 손해를 방지하거나 경감시키도록 모든 합리적인 조치를 강구해야 할 의무가 있는데도 불구하고 피보험자가 자신의 의무를 소홀히 할 경우에는 보험금 지급이 거절될 수 있다.

4) 손해방지비용의 성립요건

(1) 피보험자의 손해방지행위

피보험자가 지출한 비용을 손해방지비용으로 보상받으려면 먼저 손해방지행위의 주체가 반드시 피보험자 자신이나 그의 대리인이어야 한다.

(2) 합리적인 비용

손해방지약관은 보험계약을 보충하는 것이기 때문에 적절하고 합리적으로 발생된 것이라면 한도액에 상관없이 보상된다. 적절하고 합리적인 손해방지비용은 사실문제로서 사건에 따라서 적절성과 합리성의 기준이 달라질 수 있다.

(3) 위험의 실제

손해방지비용으로 인정되기 위해서는 위험이 실제로 발생해야 한다. 보험목적물이 실질적으로 위험에 처해 있을 때 임박한 손실을 방지하기 위하여 피보험자가 지출한 비용은 손해방지비용으로 보상된다.

(4) 담보위험의 발생

보험자는 근인주의에 입각하여 반드시 담보위험에 근인하여 발생하는 손해만 보상한다. 따라서 담보위험으로 인하여 발생하는 손해를 방지하기 위하여 지출된 비용만 손해방지비용으로 인정한다.

9절 | 무역보험

1. 무역보험의 의의

무역보험은 수출거래에 수반되는 여러 가지 위험 중에 해상보험과 같은 통상의 보험으로는 구제될 수 없는 위험을 한국무역보험공사에서 손실을 보상하는 비영리 정책보험이다.

무역보험보험제도는 수출업자 또는 선적 전후 수출금융을 제공한 금융기관이 수입업자의 대금지급지체 · 파산 · 외한시장의 악화에 따른 수입국 정부의 대외송금 제한조치, 수입국에서의 전쟁 · 내란 등으로 인하여 만기일에 수출대금을 회수하지 못하게 됨으로써 입게 되는 손실을 정부출연금으로 조성된 '수출보험기금'으로 보상하여 궁극적으로 수출 진흥을 도모하기 위한 비영리 정책보험제도이다.

2. 무역보험의 운영종목

한국무역보험공사에서는 단순 수출대금 미회수 위험뿐만 아니라 수출품을 만들기 위해 필요한 원자재 구매, 제조부터 수출 후 판매대금을 회수할 때까지 수출과정에 필요한 다양한 금융 제공 및 수입지원 등 무역 관련 종합금융지원의 역할도 하고 있다.

| 표 8-5 | 무역보험 운영종목

구분		내용
단기성 보험	단기 수출보험	수출대금의 결제기간이 2년 이내인 수출계약을 체결한 후 수출이 불가능하게 되거나 수출대금을 받을 수 없는 경우의 손실을 보상
	농수산물 수출보험	농수산물 수출계약 후 수출이 불가능하게 되거나, 수출대금을 받지 못할 경우 또는 국내가격 변동으로 수출이행 시 입게 되는 손실을 보상
	문화수출보험	수출이 계획된 문화상품(영화, 드라마, 게임, 공연 등)의 제작과 관련한 투자 또는 융자에 대한 손실이나 수출(또는 매출)실적 부진에 따른 손실 보상
	해외마케팅보험	기업이 해외시장 개척활동을 위하여 필요한 비용을 지출하였으나 이에 상응하는 수출증가 등의 효과를 얻지 못함으로써 입게 되는 손실을 보상

	부품 · 소재 신뢰성보험	국산 부품 · 소재를 사용하는 기업에게 제품의 신뢰성과 관련된 재산적 피해를 담보
중장기성 보험	중장기 수출보험	결제기간이 2년을 초과하는 수출계약을 체결한 후 수출이 불가능하게 되거나 수출대금을 받을 수 없는 경우에 입게 되는 손실을 보상
	수출보증보험	금융기관이 해외공사계약 또는 수출계약과 관련하여 수입자에게 보증서(bond)를 발급 후, 보증채무 이행 시에 발생하는 손실을 보상
	해외공사보험	해외건설공사 등의 기성고방식 또는 연불수출방식 수출에서 수출대금의 미회수 또는 투입장비의 권리상실 등으로 입게 되는 손실을 보상
	해외사업 금융보험	국내외 금융기관이 수출증진, 외화획득 효과가 있을 것으로 예상되는 해외사업에 자금을 대출하고 회수하지 못하는 경우의 손실을 보상
	서비스종합보험	국내서비스 사업자가 서비스를 의뢰한 해외수입자에게 서비스를 제공하고 수입국 또는 수입자 책임으로 서비스대금을 받지 못하는 경우의 손실을 보상
	해외투자보험	주식취득 등 해외투자 후 원리금, 배당금 등을 회수할 수 없게 될 경우 이를 보상
	이자율변동보험	금융기관의 조달금지(변동금지)와 수출자금 제공금지(고정금리) 간 차이로 인해 발생하는 손실을 보상(이익은 환수)
	수출기반보험	금융기관이 국적외항선사 또는 국적외항선사의 해외현지법인(SPC 포함)에게 상환기간 2년 초과의 선박 구매자금을 대출하고 대출원리금을 회수할 수 없게 된 경우에 발생하는 손실을 보상
환변동 보험 등	환변동보험	수출업체에 일정환율을 보장해 준 후 수출대금 입금 또는 결제시점 환율과 비교하여 환차손 발생 시 보상하고 환차익발생 시 환수
	원자재가격 변동보험	수출기업이 원자재가격변동위험으로 입게 되는 손실을 보상하고 이익을 환수
기타 보험	탄소종합보험	교토의정서에서 정하고 있는 탄소배출권 획득사업을 위한 투자, 금융, 보증과정에서 발생할 수 있는 손실을 종합적으로 담보하는 보험
	녹색산업 종합보험	지원 가능한 특약항목을 '녹색산업종합보험' 형태로 제정하고, 녹색산업에 해당되는 경우 기존 이용 보험약관에 수출기업이 선택한 특약을 추가하여 우대하는 제도
	해외자원 개발펀드보험	해외자원개발사업에 투자하여 발생할 수 있는 손실을 보상하는 보험(수출보험기금과 별도로 투자위험보증계정 운영)
수출 신용보증	선적 전 보증 선적 후 보증	수출입자가 수출입계약과 관련하여 외국환은행, 수출유관기관 등으로부터 대출을 받거나 환어음 매각에 따른 금융기관 앞 수출금융채무를 공사가 연대보증

출처: www.ksure.or.kr, 2010.

1) 단기수출보험제도의 개요 및 유형

(1) 단기수출보험 개요

단기수출보험은 결제기간 2년 이내의 모든 수출거래를 대상으로 하고 있는바, 담보대상거래를 일반적으로 일반수출거래, 위탁가공수출거래, 중계무역거래, 재판매거래의 네 가지 형태로 구분하여 취급하고 있다([표 8-6] 참조).

표 8-6 | 단기수출보험 가입대상거래

구분	내용
일반수출	국내에서 외국으로의 수출을 말하며, 국내에서 자체 생산하거나 국내제조업체로부터 구매한 물품을 수출하는 방식
위탁가공무역	해외에 진출한 국내기업의 현지법인이 생산 · 가공한 물품 또는 제3국 기업에 위탁하여 동국에서 가공물품을 제3국에서 수입국으로 직접 선적하는 거래
중계무역	제3국에서 생산된 물품을 구매하여 제3국에서 수입국으로 직접 선적하는 방식
재판매	수출자가 해외지사(현지법인 포함)에 물품을 수출하고 동해외지사가 당해 물품을 현지 또는 제3국에 재판매하는 거래

출처: 중소기업중앙회, 수출중소기업 관련 지원제도, 2009.3, p.4.

(2) 단기수출보험의 유형

단기수출보험의 유형은 [표 8-7]과 같이 단기수출보험(일반), 전자무역, 구매자신용, 포페이팅, EFF(Export Financing Facility)로 구분된다.

표 8-7 | 단기수출보험 유형

구분	내용
단기수출보험(일반)	결제기간 2년 이내의 수출거래를 대상으로 하며, 물품을 수출한 후에 수입국 또는 수입자의 사정에 의하여 수출대금을 적기에 회수하지 못하여 수출기업에게 발생하는 손실을 보상하는 신용보험제도
단기수출보험(전자무역)	공사가 인정한 전자무역사이트(정보통신망을 통해 무역거래 알선을 수행하는 사이트)를 통해 체결된 결제기간 1년 이내의 일반 및 위탁가공 수출계약의 대금회수 불능에 따라 입게 되는 손실을 보상하는 제도

단기수출보험 (구매자신용)	국내외의 금융기관 등이 중장기 수출계약에 의한 수출대금의 지급에 필요한 자금을 외국인(외국인의 정부, 공공단체 및 외국법인을 포함)에게 공여하는 수출대금 금융계약을 체결한 후 대출원리금을 받을 수 없게 됨으로써 입게 되는 손실을 보상하는 제도
단기수출보험 (포페이팅)	금융기관이 포페이팅(Usance L/C조건의 수출채권을 금융기관이 수출자에게 비소구조건으로 매입하는 방식의 수출금융) 수출금융을 취급 후 신용장개설은행으로부터 만기에 대금을 회수하지 못하는 경우 발생하는 손실을 보상하는 제도
단기수출보험 (EFF)	일정규모 이상의 매출액을 보유한 수출기업이 우량수입자 앞 수출채권을 비소구조건으로 은행에 매각하고 자금을 조달하는 경우, 공사가 매입은행에 수출채권의 대금미회수위험을 담보하는 제도

출처: www.ksure.or.kr, 2010.

2) 수출신용보증제도의 개요 및 내용

(1) 수출신용보증제도 개요

수출신용보증제도는 수출경쟁은 더욱 심화되고 한국의 자본시장 개방은 가속화된 반면 수출업체의 경쟁력은 떨어지고 있는 공사설립 당시의 국제무역환경 속에서 수출지원을 위해 수출보험이 보다 적극적인 역할을 수행해야 한다는 요구에 따라 도입된 제도이다.

수출신용보증은 수출계약과 관련하여 외국환은행이 중소기업자인 수출자에게 수출신용보증서를 담보로 대출함에 따라 발생하는 수출자의 상환채무에 대하여 한국무역보험공사가 그 지급을 연대보증하는 것이므로 외국환은행은 안심하고 수출금융을 취급할 수 있으며 중소기업 수출자도 별도의 담보제공을 하지 않는 제도이다.[1]

수출신용보증제도 도입 초기에는 수출어음보험과 연계하여 운영하였으나 단기수출보험이 도입된 후에는 단기수출보험과 연계하여 운영되었다. 또한 농수산물수출거래에 대하여도 수출신용보증을 이용할 수 있도록 제도를 개선하여 1996년부터는 농 · 수 · 임산물 수출거래에 대하여는 농수산물 수출보험과 연계하여 수출신용보증에 부보하도록 하였다.

초기에 선적 후 위험만을 담보하였던 수출신용보증제도는 1994년 11월에 선적 전 신

1 최준호 외 2인, 국제무역보험론, 도서출판 두남, 2006, p.350.

용보증제도를 도입하여 중소수출기업이 수출물품의 제조 및 원자재 구매에 필요한 자금을 원활히 제공받을 수 있도록 하였다. 이 제도는 현재 중소기업 전용보증제도로서 중소기업이 가장 선호하는 수출보험제도로 자리잡았다.

(2) 수출신용보증(선적 전) 지원내용

수출신용보증(선적 전)은 수출기업이 수출물품을 제조 · 가공하거나 조달에 필요한 자금을 대출받을 때 공사가 연대보증하는 것으로 수출기업이 자체 담보 제공 없이 수출이행 자금대출이 가능하다.[2] 주요 보증대상은 [표 8-8]과 같다.

표 8-8 | 수출신용보증(선적 전) 보증대상

- 무역금융 및 관련 지급보증, 완제품 내국신용장(local L/C) 개설
- 중진공 수출지원자금/무역협회 무역기금/기업은행 해외마케팅자금
- 수출입은행 수출자금대출의 제작금융 및 포괄수출금융
- 수출용원자재 수입신용장개설(내국수입유산스 신용장개설 포함)
- 기타 공사가 인정하는 자금 대출(단, 중계무역방식의 수출거래는 이용 불가)

출처: www.ksure.or.kr, 2010.

(3) 수출신용보증(선적 후) 지원내용

수출기업이 선적 후 금융기관에 선적서류 등을 NEGO(매입)하고자 하는 경우 한국무역보험공사가 연대보증하는 제도이다. 주대상거래는 수출대금 결제기간 2년 이내의 수출거래(L/C, D/A, D/P, T/T 등)이다. 수출신용보증의 보증대상업체는 신용상의 문제가 없는 수출기업이어야 한다.

2 중소기업중앙회, 수출중소기업 관련 지원제도, 2009. 3, p.3.

9장 수출입통관절차

9장 수출입통관절차

1절 | 수출통관

수출통관이란 수출신고를 받은 세관장이 수출신고사항을 확인하여, 일정한 요건을 갖추었을 때 수출신고인에게 수출신고필증을 교부하는 것이다. 또한 수출승인된 사항 및 현품이 수출신고사항과 일치하는지 여부를 대조 확인하여 양자가 서로 부합된 때 수출을 현실적으로 가능하도록 한다. 이러한 수출통관절차과정은 내국물품이 외국물품화되는 과정을 말한다.

그림 9–1 | 수출통관절차

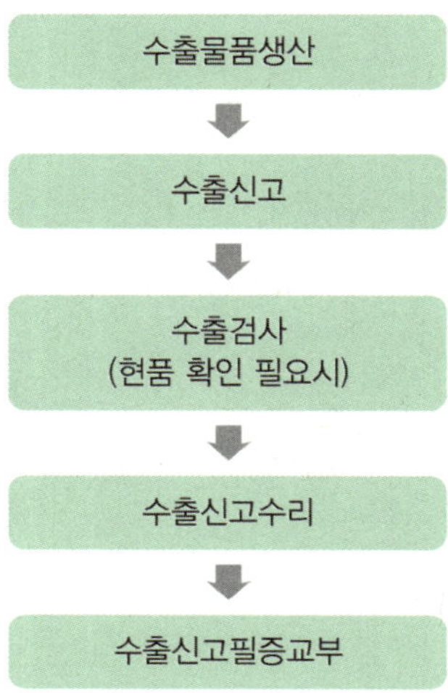

Ⅰ 일반수출통관절차

1. 수출신고

1) 수출신고의 의의

물품을 수출하고자 할 때에는 다음 각호의 사항을 세관장에게 신고하여야 한다(관세법 제241조 및 관세법 시행령 제246조 ①항).

① 물품의 품명 · 규격 · 수량 및 가격
② 포장의 종류 · 번호 및 개수
③ 목적지 · 원산지 · 선적지
④ 사업자 등록번호 · 통관고유부호, 해외공급자부호 또는 해외구매자부호
⑤ 물품의 장치장소
⑥ 기타 참고사항

이와 같이 수출물품의 내역과 기타 관련사항을 세관장에게 신고하는 것을 수출신고라고 하며, 수출신고는 세관장에게 물품을 수출하고자 하는 최초의 의사표시를 하는 것이다.

2) 수출신고의 요건

수출신고를 하고자 하는 자는 당해 물품을 제조공장 또는 제품창고 등 세관검사를 받고자 하는 장소에 장치한 후 신고하여야 한다.

수입신고는 그 물품을 적재한 선박 또는 항공기가 입항된 후에 한하여 할 수 있고 반송신고는 대상물품의 관세법에서 정하는 장치장소에 있는 경우에 한하여 이를 할 수 있는 데 반하여 수출신고는 그 물품이 어느 장소에 있어도 이를 할 수 있다.

3) 수출신고인

수출신고는 화주, 관세사, 관세법인, 통관취급법인, 화주에게 해당 수출물품을 제조하여 공급한 자의 명의로 할 수 있다(수출통관 사무처리에 관한 고시 제5조).

4) 신고서의 처리

수출신고된 물품에 따라 신고서의 처리방법을 다음과 같이 규정하고 있다.

(1) 자동수리

① 수출신고 시 서류제출대상에 해당되지 아니하는 경우
② 수출신고금액이 미화 1,000달러 이내에서 세관장이 정하는 금액 이하인 경우
③ 통관시스템에서 검사대상물품으로 선별되지 아니하는 경우

자동수리대상 물품은 통관심사 및 물품검사를 요하지 아니한다.

(2) 즉시수리

자동수리대상에서 제외되는 물품 중 검사가 생략되는 물품으로서 통관심사 후 즉시 수리한다.

(3) 검사 후 수리

① 수출자 또는 제조자 · 신고인 등의 우범성 및 신용도 등을 고려하여 관세청장이 별도로 정한 기준에 따라 통관시스템(수출 C/S: Cargo Selectivity)에서 선별된 물품
② 즉시수리대상 물품으로서 심사결과 현품을 확인할 필요가 있는 물품

검사 후 수리대상 물품은 통관심사와 물품검사 후에 수출신고를 수리한다.

2. 통관심사 및 물품검사

1) 통관심사

(1) 형식적인 요건검사

세관장은 즉시수리대상 물품과 검사대상으로 선별된 물품에 대한 수출신고를 접수한 때에는 다음 각호에 해당하는 형식적인 요건을 심사하여야 한다.

① 신고내용이 수출신고서 작성요령에 의하여 정확하게 작성되었는지 여부
② 수출신고 시 서류제출대상 물품인지의 여부
③ 세번의 정확 여부

④ 기타 수출물품 통관을 위하여 필요한 사항

(2) 실질적인 요건 심사

형식적인 요건 심사결과 이상이 없는 때에는 즉시 이를 수리하여야 한다. 다만, 다음 각호의 사항을 심사한다.

① 대외무역법령 및 기타 법령에 의한 조건의 구비 여부

② 수출물품에 대한 품목분류 번호의 정확성

③ 기타 수출물품 통관을 위하여 필요한 사항

2) 물품검사

(1) 의의

세관공무원은 수출 · 수입 · 반송하고자 하는 물품에 대하여 검사를 할 수 있다(관세법 제246조). 수출검사의 목적은 수출물품이 수출신고서상에 기재된 물품과 동일품명, 동일 규격의 물품인가 또는 수출이 금지된 물품이 아닌가를 확인하고 당해 수출물품의 제조 · 가공에 사용된 원재료의 소요량을 확인하여 관세 등 환급액을 산출하는 데 있어서 정확을 기하고자 하는 데 있다.

(2) 검사대상

우범물품 선별기준에 의하여 선별된 물품, 무작위선별방식에 의하여 선별된 물품 등에 대하여는 수출검사를 하고 있다.

(3) 검사방법

① 파출검사

파출검사는 수출물품이 장치되어 있는 장소에 세관직원이 출장하여 검사하는 방법으로 검사 시에 발췌검사를 한다.

② 견본검사

수출검사에 있어서 수출물품이 성질 · 수량 · 장치장소 · 수출자의 신용도 등을 감안하여 견본검사에 의하여도 부정수출의 우려가 없다고 인정될 때에는 파출검사를 생략하고 견본검사를 할 수 있다.

(4) 검사장소

① 당해 물품의 장치장소

수출하고자 하는 물품에 대한 검사는 당해 물품이 장치되어 있는 당해 장소에서 하는 것이 원칙이다(수출통관 사무처리에 관한 고시 제18조).

② 보세구역

부정수출 또는 부정환급의 우범성 정보가 있거나 물품의 성질, 업체의 신용도를 감안하여 세관장이 효율적인 검사를 위하여 필요하다고 인정하는 경우에는 당해 물품을 보세구역에 반입하게 한 후 검사할 수 있다(수출통관 사무처리에 관한 고시 제18조). 검사장소가 지정장치장 또는 세관검사장이 아닌 경우에는 수출신고인은 일정수수료를 납부하여야 한다.

3. 수출신고수리

1) 수출신고서류 제출의 경우

세관장은 수출신고된 사항이 수출신고서 작성요령에 적합하게 작성되었는지 여부 등을 심사 후 즉시 신고수리하고, 검사대상물품인 경우에는 물품검사결과 신고사항과 현품이 일치하는 것으로 확인된 때에 수출신고수리하게 된다.

또한 수출신고서에 표시된 수출물품의 규격 중 관세환급과 관련하여 사후에 확인할 필요가 있다고 인정되는 경우에는 견품을 채취하고 수출신고수리를 하게 되며, 채취된 견품에 대하여는 필요한 분석 또한 정밀검사 등을 하고, 그 결과 이미 발급한 수출신고필증상의 표시규격과 차이가 있을 때에는 환급기관에 이를 통보하게 된다.

2) 전자문서로 신고한 경우

세관장은 통관업무의 신속한 처리를 위하여 다음 각호의 요건을 모두 갖춘 경우에는 통관시스템에서 자동으로 신고수리하게 된다.

① 전자서류에 의거 수출신고한 경우

② 수출신고한 금액이 5,000달러 내에서 세관장이 정하는 금액 이하인 경우

③ 우범물품선별기준에 의거대상으로 선별되지 아니한 경우

3) 수출신고필증의 교부

세관장은 수출신고를 수리할 때에는 세관특수청인에 관한 규정(기획재정부 훈령)에 따른 세관특수청인을 전자적으로 날인한 수출신고필증을 교부한다.

> 본 수출신고필증은 「수출통관사무처리에 관한 고시」 제22조의 규정에 의하여 본 관세사가 세관장의 신고수리 사실을 확인하여 교부한 것임.

4. 수출품의 선(기)적

1) 30일 내 선적항 보세구역에 반입의무

수출품은 수출신고수리일로부터 30일 이내에 선적항(기적항을 포함하며 이하 같다)의 보세구역에 반입하거나 선(기)적하여야 한다.

2) 보세구역 반입기한 연장

수출신고일로부터 30일 내에 선적항 보세구역에 반입할 수 없는 때에는 보세구역반입기한 연장신청서에 당해 사유를 증명하는 서류를 첨부하여 수출신고한 세관에 제출·승인을 받으면 반입기한의 연장이 가능하다.

3) 수출신고수리의 취소 및 처벌

(1) 수출신고수리의 취소

보세구역반입기한의 연장 없이 30일 내에 수출품을 선적하거나 선적할 보세구역에 반입하지 아니하면 수출신고수리를 취소당하게 된다. 다만, 다음에 해당하는 경우는 예외로 한다.

① 수출신고취하 신청에 정당한 사유가 있는 경우
② 보세구역 반입기한연장 신청에 정당한 사유가 있는 경우
③ 기타 세관장이 동 기한 내에 반입이 곤란하다고 인정하는 경우

(2) 처벌

보세구역반입기한의 연장 없이 위 기한 내에 선적하거나 선적항 보세구역에 반입하지 아니한 때에는 200만원 이하의 벌금을 물게 된다(관세법 제277조 제5항 7호).

5. 수출신고취하 등

1) 수출신고의 취하

세관에 수출신고가 유효하게 접수되거나 수출신고가 수리된 뒤에는 원칙적으로 수출신고를 취하할 수 없다. 그러나 수출할 수 없는 정당한 사유가 있어 세관장에게 수출신고취하승인을 신청하여 승인을 받으면 수출신고수리 이후라 하더라도 그 수출신고를 취하할 수 있다.

일반수출물품인 경우 수출물품을 적재한 선박이 출항하기 전까지는 언제든지 취하할 수 있으나, 반송물품의 경우는 보세구역에서 반출된 뒤에는 신고의 취하가 불가능하다.

2) 수출신고의 각하

수출신고의 취하는 신고인의 신청에 의하여 세관장이 신고를 취소하는 것이나 수출신고의 각하란 세관장이 직권으로 당해 신고를 거절하거나 취소하는 것을 말한다. 수출신고의 각하대상은 다음과 같다.

① 세관장으로부터 신고서 또는 첨부서류의 보완을 요구받고 지정된 기간 내에 이를 보완하지 아니한 경우
② 보세구역 반입 지시를 받고 물품을 지정된 보세구역에 반입하지 아니한 경우
③ 기타 관세법의 위반 혐의 등으로 수출신고수리를 할 수 없다고 판단하는 경우

Ⅱ 특정 수출통관절차

1. 특정(무환)수출통관의 개요

1) 의의

통상 거래되는 유환수출품은 일반적인 통관절차를 밟게 되나, 무환수출품은 무상으로 수출하는 물품이므로 수출제한승인품목이라 하더라도 수출승인서가 없고, 무역업자가 아니라도 자기 이름으로 수출할 수 있으며, 무상수출 사유서로 대외무역법령에서 규정한 수출승인면제사유에 해당하는지 여부를 판단하여 수출통관 여부를 결정하게 된다.

무환수출은 위약수입된 물품의 수출 후 환급, 재수출조건부로 면세 통관된 물품의 재수출 이행 및 클레임 발생으로 대체수출품의 관세환급 등과 관련하여 수출신고서의 작성에 특히 유의하여야 위와 같은 절차이행에 차질이 없게 된다.

2) 특정(무환) 수출통관절차도

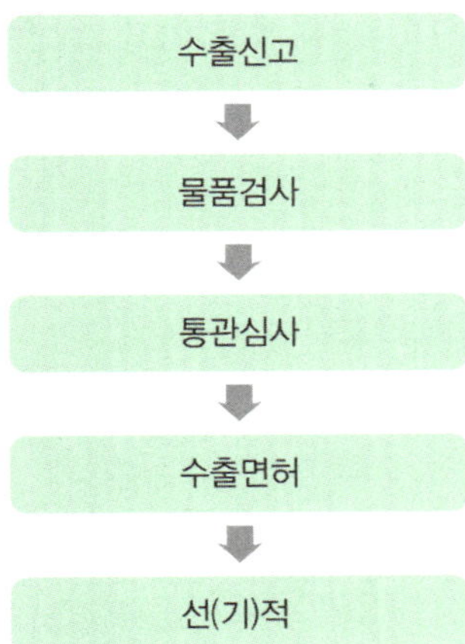

2. 수출신고

1) 수출신고 시 구비서류

무상수출물품에 대한 수출신고서류는 다음과 같다.

① 수출신고서

② 무상수출사유서

③ 관세법 제226조의 규정에 의하여 세관장이 확인하는 수출물품의 구비서류

2) 무상수출사유서 작성 시 유의사항

(1) 수출통관의 허용 여부는 세관장이 개별적으로 심사

무상수출물품에 대하여는 세관장이 받지 아니하므로 수출통관의 허용 여부는 수출자가 작성하는 무상수출사유서에 의하여 수출승인면제사유(대외무역관리규정 별표 3-1)에 해당하는지 여부를 세관장이 개별적으로 심사하게 된다.

(2) 관련증빙자료의 제출

무상수출사유 중 증빙자료가 있는 때에는 이를 무상수출사유서와 함께 제출하여야 한다. 특히 수출이행이나 관세환급과 관련된 다음의 경우에는 반드시 제출하여야 한다.

① 위약물품의 수출 시

- 수입신고필증(원본과 사본)
- 위약물품임을 증명할 수 있는 서류 및 자료

② 재수출조건부 면세물품의 수출 시

- 수입신고필증

③ 클레임을 당하여 대체물품의 수출 시

- 최초 수출신고필증
- 수입신고필증(재수입 시)

④ 기타 관세환급대상이 되는 물품의 수출 시

- 주무부장관의 확인서(환급 등을 위한 수출의 확인편 참조)

3. 보세구역 반입 후 검사

부정수출 또는 부정환급 등 우범성 정보가 있거나 물품의 성질, 업체의 성실도 등을 감안하여 물품의 효율적인 검사를 위하여 필요한 경우에는 세관장은 수출물품을 보세구역에 반입하게 할 수 있는바, 이러한 점으로 보아 무환수출물품은 보세구역에 반입하여 검사할 우려성이 높다. 물품의 수량 또는 중량이 적고 반드시 전량 검사를 해야 할 필요성이 크게 때문이다.

4. 환급 등을 위한 수출의 확인

1) 위약수출의 확인

관세법 규정에 의하면 위약수입된 물품을 수입면허일로부터 1년 이내에 수입된 상태로 보세구역에 반입하여 수출한 때에는 납부한 관세를 환급하도록 규정하고 있는바, 위약수입된 신고필증의 물품이 수출되었는지는 수출입신고필증에 위약수출확인임이 표시되어야 한다.

2) 재수출이행의 확인

관세법 제97조 제1항의 규정(① 1년의 범위 내에서 세관장이 정하는 기간, ② 1년을 초과하여 수출하여야 할 부득이한 사유가 있는 물품으로서 기획재정부령으로 정하는 물품)에 의하면 일시 수입되는 물품은 재수출조건부로 관세를 면제하고 있는바, 동 물품의 재수출 시에도 재수출되었음을 수입신고필증뿐만 아니라 수출신고필증의 세관기재란에 확인하여야 한다.

3) 관세환급대상수출의 확인

관세환급특례법 제2조의 제1항의 규정에 의하여 환급대상수출로 인정되는 다음의 무환수출에 대하여는 그 사실을 수출신고수리필증에 표시하도록 규정하고 있다.

① 해외에서 투자, 건설, 용역 기타 이에 준하는 사업을 행하고 있는 우리나라의 국민

(법인을 포함한다)에게 무상으로 송부하기 위하여 반출하는 기계, 시설자재 및 공사용 장비로서 주무부장관(또는 그가 지정한 자)이 확인한 물품의 수출

② 수산업법 제41조 또는 제42조의 규정에 의하여 수산청장의 어업허가를 받은 자가 그 원양어선(국제무역선인 경우에 한한다)에 무상으로 송부하기 위하여 반출하는 물품으로서 수산청장 또는 수산청장이 지정하는 자가 확인한 물품의 수출

③ 수출된 물품이 계약조건과 상이하여 반품된 물품에 대체하기 위한 물품의 수출

5. 간이한 수출통관

1) 항공 · 선박물품의 간이수출통관

(1) 의의

상품견본 등 무상으로 수출하는 소액물품은 선박 또는 항공기 편별로 수출품의 화주, 품명, 수량, 금액, 중량 등이 기재된 일괄목록 또는 송품장으로 수출통관할 수 있다.

(2) 적용대상물품

다음의 네 가지 요건을 모두 갖춘 물품에 한하여 간이통관을 할 수 있다.

① 무상으로 수출하는 물품(상용에 제공하지 아니하는 물품)

② 미화 1,000달러 이하의 물품

③ 위약물품, 재수출이행물품 또는 관세환급대상물품이 아닐 것

④ 공항 및 항만세관 내의 물품

2) 우편수출물품

수출승인을 받지 아니하는 무상수출물품이 우편으로 수출되는 때에는 수출신고서를 작성하지 아니하고 검사도 생략함을 원칙으로 하여 간이한 방법으로 수출통관한다.

그러나 유환수출물품(유상으로 수출하는 물품)에 대하여는 우편으로 수출되는 경우에도 정식 수입통관절차를 이행하여야 하며, 무상으로 수출하는 경우에도 재수출이행, 관세환급대상이 되는 수출물품에 대하여는 수출신고서를 작성하여 정식 통관절차를 이행하여야 한다.

2절 | 수입통관

I 수입통관절차

1. 의의

수입통관이란 수입신고를 받은 세관장이 신고사항을 확인하여 일정한 요건을 갖추었을 때 신고인에게 수입을 허용하는 것으로 사항과 현품이 부합한지 여부와 수입과 관련하여 제반 법규정을 충족하였는지 여부를 확인한 후 외국물품을 내국물품화하는 행정행위이다.

수입면허제를 수입신고제로 전환하여 수입통관절차를 대폭 간소화하고 수입신고 수리 후 관세납부제를 도입하여 통관절차와 과세절차를 분리한다.

2. 수입절차내용

1) 출항

선박 또는 항공기가 출항하기 전에 출항지에 있는 선박회사 또는 항공사(대리점 포함)는 출항지 세관장에게 적하목록을 제출하고 입항지에 있는 선박회사 또는 항공사(대리점 포함)에 적하목록을 송부한다.

2) 입항(적하목록 제출)

① 운항선사는 선박입항 24시간 전에 용선선사와 포워더로부터 적하목록과 혼재화물 적하목록을 취합하여 세관에 제출한다. House B/L단위 적하목록 입수지연을 방지하기 위하여 적하목록 제공 주체별로 구분한다.

② 세관은 적하목록을 활용하여 화물의 재고를 추적관리한다.

| 그림 9-2 | 수입통관절차

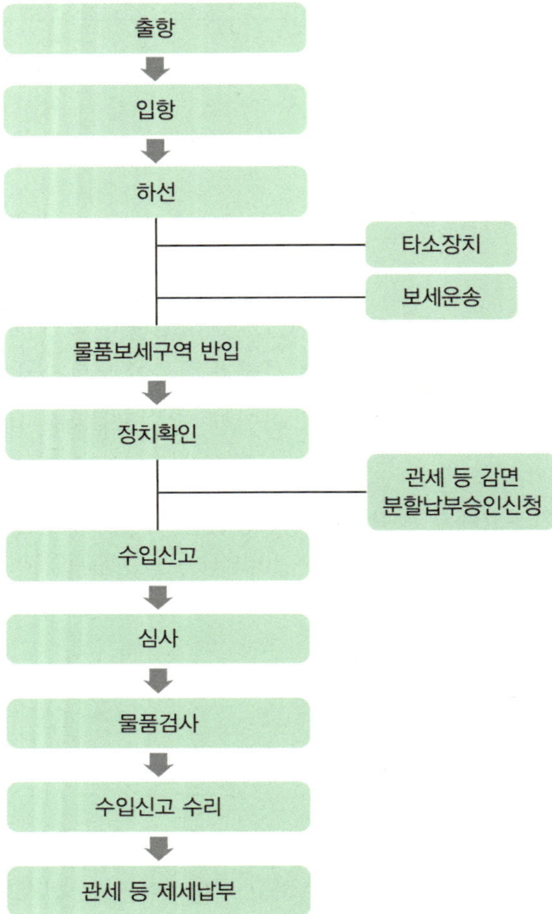

3) 하선(하선신고 및 하선작업)

① 운항선사는 하선 전에 Master B/L단위의 적하목록을 기준으로 하선장소를 기재한 하선신고서를 세관에 제출한다.

② 하선할 수 있는 장소는 부두내 CY(CFS)는 물론 부두밖 보세장치장(ODCY)까지 가능하다. 부두에서 ODCY까지의 화물이동은 하선신고로 갈음한다.

③ 종래의 하선작업완료보고를 폐지하고 본선 하역 후 선사 또는 검수회사가 제출하는 하선결과 이상보고로 대체한다.

④ 입항 전에 수입신고가 수리된 물품은 하역 즉시 부두에서 반출한다.

4) 타소장치

(1) 타소장치 대상물품

① 거대중량 기타 사유로 인하여 보세구역에 장치하기 곤란한 물품

② 검역물품

③ 압수물품

④ 우편물품

(2) 타소장치 신청 시 구비서류

① 타소장치허가 신청서

② 수입승인서 사본

③ 약도

5) 보세운송

(1) 보세운송

① 종전 보세운송면허제를 신고제로 전환하면서 신고방법을 보세운송신고와 보세운송승인신청으로 이원화한다.

② 하선(기) 전 보세운송을 전면적으로 허용한다.

(2) 물품의 장치

① **보세구역**

- 지정보세구역: 지정장치장, 세관검사장, 부두, CY
- 특허보세구역: 보세장치장, 보세창고, 보세공장, 보세전시장, 보세건설장, 보세판매장

② **장치기간**

- 보세장치장: 3개월
- 보세창고: 2년
- 유치 및 처분

화주, 반입자 또는 위임받은 자에게 통고하고, 통고일로부터 1개월 이내에 수출, 수입

또는 반송해야 한다.

(3) 컨테이너 내장 수입물품의 장치

① 컨테이너 수입물품이 하선장소에 반입된 경우 내장된 상태로 10일이 경과되면 수입물품을 컨테이너로부터 적출하여 수출입화물집화소 또는 다른 보세구역에 반입하여야 한다.

② 고지, 고철, 원피, 원면, 산물 등 컨테이너에서 적출하여 수출입화물집화소나 다른 보세구역에 반입하기 곤란한 물품, 검역 등에 장시간이 소요되는 물품, 기타 부득이한 사유가 있는 경우는 20일 범위 내에서 기간을 연장할 수 있다. 기간연장신청자 및 반입의무이행자는 선박회사이다.

③ 수입물품을 컨테이너에 내장한 상태로 수입신고할 수 있는 물품은 FCL화물에 한한다.

6) 관세 등 감면 분할납부승인

(1) 관세감면 신청 시 구비서류

① 관세감면신청서

② 관할지세관장 설치장소 확인서(해당 물품의 경우)

③ 주무부장관 확인(추천)서(해당 물품의 경우)

④ 원자재소요량증명서(해당 물품의 경우)

⑤ 지정공장신청서(해당 물품의 경우)

⑥ 기증사실증명서(해당 물품의 경우)

⑦ 당해 수혜기관확인서(정부용품 등의 경우)

(2) 관세분할납부신청 시 구비서류

① 분할납부승인신청서

② 중소제조업체 확인서(해당 물품의 경우)

③ 국산대체불가 확인서(해당 물품의 경우)

7) 수입신고

(1) 수입신고의 의의

① 적용법령의 확정(예 원산지)

② 신고납부제도

③ 소급과세금지원칙

④ 과세물건 및 납세의무자의 확정

(2) 수입신고의 시기

① 수입신고는 원칙적으로 선박 또는 비행기가 입항한 후부터 가능하나 예외적으로 입항 전에도 수입신고 및 수입신고수리가 가능하다.

② 수입신고시기는 '출항전신고', '입항전신고', '보세구역 도착전신고', '보세구역 장치후신고' 등 네 가지 유형이 있다. 수입하고자 하는 자는 필요에 따라 신고방법(시기)을 선택하여 수입신고할 수 있다.

입항전신고는 수입물품을 선(기)적한 선박 등이 출항한 후 하선신고시점을 기준으로 한 입항전에 수입신고하는 것을 말한다.

보세구역 도착전신고는 수입물품을 선(기)적한 선박 등이 입항하여 부두밖 컨테이너 보세장치장이나 컨테이너 내륙통관기지를 포함한 보세구역에 도착하기 전에 수입신고하는 것을 말한다.

③ 수입신고의 효력발생시점은 전송된 신고자료가 통관시스템에 접수되어 접수결과를 신고인에게 통보한 시점이다.

(3) 출항 전 · 입항 전 신고의 요건

① FCL화물이라야 한다.

② 관세 등에 대한 담보제도 운영에 관한 고시에 의거 담보면제한도액 또는 담보사용한도액이 있거나, 신고수리 전에 담보를 제공하거나, 관세를 미리 납부하여야 한다.

(4) 수입신고의 요건

① **신고인**: 관세사, 관세사법인, 통관취급법인, 수입화주

② **신고세관**

- 출항전신고 또는 입항전신고는 수입물품을 적재한 선박 등의 입항 예정지를 관할하는 세관장(부산의 경우 부산세관장)
- 보세구역 도착전신고는 수입물품이 도착할 보세구역을 관할하는 세관장
- 보세구역 장치후신고는 수입물품이 장치된 보세구역을 관할하는 세관장

③ **신고자료의 전송 및 결과통보**

- 수입신고를 하고자 하는 자는 신고자료를 통관시스템에 인정한 관세청사서함으로 전송한 후 ① 선화증권 사본 또는 항공화물운송장 사본, ② 원산지증명서, ③ 기타 참고서류(관세법 시행령 제250조 제1항) 등의 구비서류를 제출하여야 한다.
- 세관장은 이상 없이 전송된 신고자료에 대하여는 신고일에 신고인에게 접수 여부, 통관시스템에 의한 검사대상 여부(C/S 결과), 신고납부대상물품인 경우 납부 여부, 자동배부의 경우 신고서 처리담당 직원의 부호를 통보한다.

(5) 구비서류

다음의 구비서류는 수입화주가 원본대조필한 사본(FAX, COPY)을 제출할 수 있으며(FAX로 송부된 서류는 재복사하여 제출), 구비서류 중 수입신고수리 전까지 제출할 수 없는 부득이한 사유가 있는 경우 기한을 정하여 신고수리 후에 제출할 수 있다.

① 수입신고서

② 수입승인서(수입승인물품에 한함)

③ 송품장

④ 가격신고서

⑤ 선화증권(B/L) 부본 또는 항공화물운송장(AWB) 부본

⑥ 포장명세서

⑦ 원산지증명서(해당 물품에 한함)

⑧ 관세법 제226조(허가 · 승인 등의 증명 및 확인) 규정에 의한 세관장 확인물품 및 확인방법 지정고시 중 신고수리 전 구비서류

⑨ 보세운송신고(승인)서 사본(이고된 물품에 한함)

(6) B/L분할신고 · 통합신고

① 원칙적으로 B/L 1건에 대하여 수입신고 1건으로 하나, 현품확인 및 과세가격 산출에

어려움이 없는 경우는 세관장의 승인을 받아 B/L을 분할하여 수입신고할 수 있다.

② 보세창고에 입고된 물품으로서 세관장이 화물관리방법을 따로 정한 경우에는 여러 건의 B/L에 관련되는 물품을 1건으로 수입신고할 수 있다.

8) 심사

(1) 신고서 처리방법 결정

① 신고서를 배부받은 통관시스템에 조회하여 C/S결과, 통관심사 및 검사 시 주의사항이 있는지 여부를 확인한 후 즉시수리, 심사대상, 물품검사 중 하나로 신고서 처리방법을 결정한다.

② '즉시수리'는 수입신고내용 중 세번, 세율, 과세가격, 원산지표시, 지적재산권 침해 등과 관련하여 수입신고수리 후 위법 또는 부당한 사실이 발견되는 경우 수입자가 처벌 · 추징 또는 보세구역 재반입 등의 조치를 부담한다는 전제하에 신고인의 신고내용대로 수입신고를 수리하는 것을 말한다.

③ '심사'는 신고된 세번, 세율과 과세가격의 적정 여부, 수입승인사항과 수입신고사항의 일치 여부, 법령에 의한 수요요건 충족 여부 등을 검토하기 위하여 관련서류와 필요한 경우 현품을 확인하는 것을 말한다.

④ '물품검사'는 수입신고한 물품 이외에 은닉된 물품이 있는지를 정밀조사하는 것을 말한다.

(2) 즉시수리

① 심사 또는 검사대상으로 지정되지 않은 물품은 즉시수리물품으로 처리

② 즉시수리물품은 수입신고서 및 제출서류에 대한 형식적 요건만을 확인

(3) 심사대상

① 세관장 확인물품 및 확인방법 지정고시 중 수입신고수리 전에 요건을 구비한지 여부에 대하여 증명이 필요한 물품

② 신고수리 전 세액심사(사전세액심사)대상물품

③ 통관시스템에 조회한 결과 심사유의사항이 있는 물품

④ 통관 후 관세채권의 확보, 원상회복, 위법한 사실에 관한 증거확보가 곤란할 우려

가 있어 심사대상으로 선별한 물품

(4) 심사사항

심사대상물품은 다음 사항을 중점심사하며, 심사에 필요한 경우 현품확인을 할 수 있다.

① 수입신고 시 제출서류가 구비되었는지 여부

② 세번의 정확 여부

③ 분석의뢰 필요성 유무

④ 사전세액심사대상물품은 세율, 과세가격, 세액, 감면 · 분납의 정확성 여부

⑤ 수입승인사항과 수입신고사항의 일치 여부

⑥ 수입통관 여부를 결정하기 위하여 필요한 사항

(5) 현품확인

① 현품확인은 수입신고수리 후에 하는 것을 원칙으로 하나 다음 중 하나에 해당하는 경우에는 신고수리 전에 확인한다.

- 관세채권 확보가 곤란할 것으로 예상되는 경우
- 물품의 특성상 수입제한품목일 가능성이 있는 경우
- 통관 후 단시일 내에 판매 또는 사용되어 보세구역반입명령에 따라 재반입이 곤란할 것으로 예상되는 경우

② 현품확인은 견품확인을 원칙으로 하나 물품의 부피, 중량으로 인하여 견품채취가 곤란한 경우에는 파출검사를 한다.

(6) 통관보류

심사결과 수입물품이 다음 중 하나에 해당하는 경우 통관을 보류할 수 있다.

① 신고서 기재사항 또는 신고 시 제출서류상 중요한 사항이 미비되어 보완이 필요한 경우

② 법규정을 위반하여 의무사항을 위반하거나 국민보건 등을 해할 우려가 있는 경우

③ 관세범칙혐의로 조사의뢰한 경우

④ 기타 통관심사결과 신고수리요건을 구비하는 데 장시일이 소요되는 경우

(7) 사전세액심사대상

① 법률 또는 조약에 의하여 관세 및 내국세의 감면을 받고자 하는 물품

② 관세분할납부승인 신청물품

③ 관세체납 중에 있는 자의 신고물품

④ 수입승인이 면제된 물품 중 무상으로 반입되는 탁송품

9) 물품검사

(1) 검사대상

① 검사대상선별은 관세청장이 우범성기준 등을 기준으로 별도로 정하는 바에 따른다.

② 검사대상으로 선별된 물품 중 우범화물검사를 실시한 물품에 대하여는 검사를 하지 않는다.

(2) 우범화물선별기준

① 특정 감시대상국가로부터 선(기)적된 물품으로서 소량화물

② 적하목록상 수화인 또는 통지처가 미정이거나 불명확한 물품(주소가 사서함으로 기재되거나 주소가 불분명한 물품 포함)

③ 적하목록상 품명, 포장종류, 포장개수, 양륙항 등이 불분명한 물품

④ Master AWB번호 11자리 중 Serial Number의 자리수가 8자리 이하이거나 끝자리수가 7, 8, 9로 기재된 물품

⑤ B/L번호체계가 16자리를 초과하거나 번호부여체계가 틀린 물품

⑥ 이사화물과 개인탁송품

⑦ 원산지표시 필수확인대상품목으로 세관장이 지정한 물품

⑧ 당해 물품을 통상적으로 제조 · 수출하지 않은 지역에서 수출한 물품

⑨ 당해 세관에 수입된 실적이 거의 없는 물품

⑩ 포장특성상 내부에 밀수품 등을 은닉할 가능성이 있는 물품

⑪ 수화인 또는 통지처의 상호만으로 사업장 및 사업내용이 확실하지 않은 경우

⑫ 저작권, 상표권 등의 침해우려가 있는 물품으로 세관장이 지정한 물품

⑬ 최근 2년간 관세법 위반사실이 있는 업체 또는 물품이거나 이와 유사한 업체 또는

물품

⑭ 수화인, 통지처와 송화인 등의 관계가 의심스러운 경우

⑮ 검측이 필요한 영화용 필름 등 종량제 부과대상물품

⑯ 기타 정보가 있거나 세관장이 불시점검할 필요가 있다고 인정되는 물품

(3) 검사장소

① 출항전신고 또는 입항전신고물품은 입항지 세관장이 지정한 보세구역

② 보세구역도착전 신고물품은 당해 물품이 도착할 보세구역

③ 보세구역장치후 신고물품은 장치된 보세구역

④ 출항전신고, 입항전신고 및 입항지 세관에 보세구역도착전 신고를 한 물품으로서 정부에서 직접 수입한 군수품 및 물자수급계획상 긴급도입물품과 선상에서 검사가 가능한 물품은 선상에 적재된 상태로 검사할 수 있다.

(4) 검사방법

① 수입과장은 검사대상물품에 대한 검사담당자로 2인 이상을 지정하고, 구체적인 검사방법을 기재한 검사지시서를 발부한다.

② 신고인의 입회가 필요한 경우나 수입자가 요청한 경우 검사하는 데 입회한다.

10) 수입신고수리

(1) 신고수리

① 즉시수리물품은 형식요건 확인 후 즉시수리하고, 심사대상물품은 심사 후 수리하며, 검사대상물품은 검사 후 수리한다.

② 어느 경우나 신고수리는 적하목록이 제출된 이후라야 한다.

③ 관세사도 신고수리 여부를 전산조회한 후 수입신고필증을 발급할 수 있다. 이 경우 관세사는 1개월 범위 내에서 정하는 기간(예 매일, 매주) 내에 신고 시 제출서류를 통관지 세관장에게 제출하여야 한다.

(2) 의무이행의 요구

① 의의: 수입면허 후 특정한 용도(예 곡물을 사료용으로만 사용하는 조건으로 수입하는

경우)에만 사용하여야 하는 물품 등에 대해서는 수입수리 시 의무이행을 요구한다.

② **대상물품**

- 신고한 용도로 사용하지 않고 타용도에 사용할 우려가 있는 물품
- 원산지표시 대상물품으로 수입면허 후 분할 재포장 시 원산지 표시의무를 이행하도록 되어 있는 물품
- 기타 수입관련 타법령의 규정에 의하여 수입면허 후 특정 의무를 이행하도록 되어 있는 물품

(3) 통관된 컨테이너 내장물품 등의 반출

① 컨테이너 보세장치장에서 컨테이너에 내장된 상태로 수입신고가 수리된 컨테이너 수입물품은 신고수리일로부터 10일 이내에 컨테이너 보세장치장에서 반출하여야 한다.

② 컨테이너에 내장된 상태로 수입신고가 수리된 컨테이너 수입물품을 컨테이너에서 적출하고자 하는 경우에는 컨테이너 화물조작장(CFS)에서 하여야 한다.

(4) 가격신고

① 수입신고 시 제출하는 가격신고서는 '거래관계사실신고서'와 '세무조정계산서'로 한다.

② 동일인으로부터 동일한 물품을 반복적으로 수입하는 경우 거래관계사실신고서의 제출을 생략한다.

③ 과세가격(거래가격)을 산정함에 있어서 운임, 보험료 이외에 가산요소가 없는 경우 세무조정계산서 제출을 생략한다.

④ 수입신고생략물품, B/L에 의한 수입신고물품, 간이신고대상물품, 간이신고특송물품은 가격신고서 제출을 생략한다.

⑤ 위 ④ 이외의 수입승인면제물품은 수입승인면제사유 및 가격신고서의 제출을 가격신고로 갈음한다.

(5) 신고납부

① **징수결정**

통관시스템에 신고수리를 등록한 때 징수 결정된 것으로 본다.

② 납세의무자

수입신고한 물품의 수입화주가 납세의무자가 된다.

③ 납부시기와 방법

수입신고와 동시에 납세신고를 한 자는 수입신고가 수리된 날로부터 15일 이내에 국고수납은행 또는 우체국에 납부한다.

④ 징수형태

수입신고 시 신고인은 신고납부(담보면제), 신고납부(개별담보), 부과고지(담보면제), 부과고지(개별담보), 과세보류 중 하나의 징수형태를 선택하여 수립하여 신고하여야 한다. 통관시스템에 신고자료가 접수된 이후에는 신고납부, 부과고지, 과세보류 상호간 징수형태를 변경할 수 있다. 부득이 징수형태를 변경하고자 할 경우에는 신고취하 후 다시 신고하여야 한다.

(6) 수정신고, 경정, 세액보정

① 수정신고

- 납세의무자가 신고납부한 세액이 부족한 것을 알았을 경우
- 수정신고를 한 날에 추가납부할 세액(5% 가산세 포함)을 납부

② 경정

- 세관장이 신고납부한 세액이 과다하거나 부족함을 알았을 경우
- 수입신고서 세관기재란에 경정일자와 경정요지를 기재날인하고, 납부세액이 과다한 경우는 납세의무자에게 세액경정통지서를, 부족한 경우에는 세액경정통지서와 증액된 세액(10%의 가산세 포함)에 대한 납부고지서 교부

③ 세액보정

- 납세의무자가 세액을 납부하기 전에 납세신고한 세액에 과부족이 있는 것을 안 경우
- 세관장은 보정할 부분을 삭제하고 실제사항을 기재하며, 별도의 가산세는 부과되지 않음.

(7) 부과고지

원칙적으로 신고납부제이나 다음의 경우에 한하여 예외적으로 부과고지한다(관세법 제39조).

① 관세법 제16조[1]의 규정에서 정한 물품

② 우리나라의 거주자에게 기증되는 탁송품으로서 수증자가 사용할 물품

③ 경정하고자 하는 물품

④ 분할납부 고지대상물품

※ 납부고지서를 교부받은 날로부터 15일 이내에 납부하여야 한다.

(8) 잠정가격 신고제도

① 납세의무자의 책임이 아닌 사유로 수입신고일에 가격이 미정인 경우에는 잠정가격으로 가격신고를 할 수 있게 한다.

② 잠정가격 신고대상은 다음과 같다.

- 생산지원, 로열티 등 가산비용이 수입신고일 이후 일정기간 경과 후에 확정될 수 있는 경우
- 수입물품의 가격이 수출국의 환율과 연동되어 수입 후에 확정되는 경우
- 비철금속과 같이 선적 후 국제시세 등에 따라서 가격이 결정되어 수입신고시점에

---

1 관세법 제16조 각호의 어느 하나에 해당하는 물품: 그 사실이 발생한 날

관세법 제16조(과세물건 확정의 시기) 관세는 수입신고(입항전수입신고를 포함한다. 이하 이 조에서 같다)를 하는 때의 물품의 성질과 그 수량에 따라 부과한다. 다만, 다음 각호의 어느 하나에 해당하는 물품에 대하여는 각 해당 호에 규정된 때의 물품의 성질과 그 수량에 따라 부과한다. 〈개정 2018. 12. 31.〉

1. 제143조제6항(제151조제2항에 따라 준용되는 경우를 포함한다)에 따라 관세를 징수하는 물품: 하역을 허가받은 때
2. 제158조제7항에 따라 관세를 징수하는 물품: 보세구역 밖에서 하는 보수작업을 승인받은 때
3. 제160조제2항에 따라 관세를 징수하는 물품: 해당 물품이 멸실되거나 폐기된 때
4. 제187조제7항(제195조제2항과 제202조제3항에 따라 준용되는 경우를 포함한다)에 따라 관세를 징수하는 물품: 보세공장 외 작업, 보세건설장 외 작업 또는 종합보세구역 외 작업을 허가받거나 신고한 때
5. 제217조에 따라 관세를 징수하는 물품: 보세운송을 신고하거나 승인받은 때
6. 수입신고가 수리되기 전에 소비하거나 사용하는 물품(제239조에 따라 소비 또는 사용을 수입으로 보지 아니하는 물품은 제외한다): 해당 물품을 소비하거나 사용한 때
7. 제253조제1항에 따른 수입신고전 즉시반출신고를 하고 반출한 물품: 수입신고전 즉시반출신고를 한 때
8. 우편으로 수입되는 물품(제258조제2항에 해당하는 우편물은 제외한다): 제256조에 따른 통관우체국(이하 "통관우체국"이라 한다)에 도착한 때
9. 도난물품 또는 분실물품: 해당 물품이 도난되거나 분실된 때
10. 이 법에 따라 매각되는 물품: 해당 물품이 매각된 때
11. 수입신고를 하지 아니하고 수입된 물품(제1호부터 제10호까지에 규정된 것은 제외한다): 수입된 때

는 가격을 확정할 수 없는 경우

- 기타 수입신고 시 가격이 확정되지 않은 물품

③ 세관장이 지정하는 기간 내에 확정가격을 신고하되, 지정기간 내에 가격이 확정되지 않는 경우에는 최초 잠정가격신고일부터 확정가격신고일까지 2년을 초과하지 않는 범위 내에서 기간을 연장할 수 있다. 확정가격신고기간을 연장하고자 하는 자는 확정가격신고기간 종료 3일 전까지 확정가격신고기간 연장신청서 2부를 세관장에게 제출하고 승인을 받아야 한다.

④ 잠정가격과 확정가격 간의 차액에 대하여는 징수 또는 환급하되, 그에 따른 가산세 또는 환급가산금은 면제한다.

(9) 보세구역 반입명령(Recall)제도

① 의의

수입물품의 통관절차가 간소화됨에 따라 불가피하게 발생할 수 있는 불법물품의 반입 가능성을 억제하기 위한 제도로서 수입신고수리를 받은 물품이라 하더라도 국내 반입 후에 불법 수입물품으로 파악된 경우에는 당해 물품을 보세구역에 반입시켜 위법사실을 치유한 후 반출허가하거나 통관이 허용될 수 없는 경우에는 반송 또는 폐기하도록 한다.

② 반입명령대상

- 원산지 표시를 위반한 물품(예 벌크상태로 수입되는 농산물을 통관한 후 소포장판매 시 표시를 하지 않은 경우)
- 수입면허 당시 세관이 부여한 조건을 위반한 물품(예 사료용으로 수입된 곡물이 통관 후 식용으로 사용되는 경우)
- 지적재산권을 침해한 물품 등

③ 반입기간

반입대상물품의 성질, 수량 및 물품소재지와 반입보세구역 간의 거리 등을 감안하여 7일 이내로 지정한다. 연장사유가 타당한 경우 연장신청을 받아 5일 이내에서 기한연장이 가능하다.

Ⅱ 간이통관절차

1. 의의

간이통관절차라 함은 면세대상물품, 우편물 중 수입승인 면제물품 및 특송물품(특송업체에 의해 항공으로 수입되는 물품)을 수입통관함에 있어 간이한 관세감면신청 및 간이한 통관절차를 통해 통관의 신속을 기하고자 함에 그 목적이 있는 것이다.

2. 간이통관절차를 적용받는 물품

무역업자가 아닌 일반인이 개인용으로 사용하기 위하여 구입하여 휴대품 등으로 반입하거나 외국의 친지 등으로부터 송부받는 물품은 정식수입신고절차와 달리 간이한 통관절차와 간이세율을 적용받으며 다음과 같은 종류가 있다.

구분	내용
여행자휴대품 또는 별송품	• 여행자가 개인용품이나 선물을 휴대하여 반입하는 경우 • 여행자 개인용품을 화물로 탁송하여 반입하는 경우
우편물	• 외국의 친지나 친구로부터 우편을 통해 송부된 선물 • 국내거주자가 대금을 송부하고 자가사용으로 구입하여 반입한 우편물(이 경우 일반수입에 제한사항이 있거나 1,000달러를 초과하는 경우 정식수입신고절차에 따라야 함)
탁송품 또는 특급탁송품	• 외국의 친지, 친구 및 관계회사에서 기증된 선물 또는 샘플이나 하자보수용 물품 등 • 국내거주자가 개인용으로 사용하기 위하여 인터넷 등 통신을 통하여 대금을 지불하고 구입하여 반입한 화물

3. 수입신고의 생략 및 간이한 신고

1) 수입신고의 생략

아래에 기재된 물품 중 관세가 면제되거나 무세인 것에 대하여는 수입신고를 생략하고 B/L(선화증권) 1부를 제출하면 수입신고를 갈음하며, 장치장에서 세관직원이 물품인수자의 신원을 확인하고 간이검사한 후 물품을 인도한다.

① 외교행낭으로 반입되는 면세대상물품

② 우리나라에 내방하는 외국의 원수와 그 가족 및 수행원에 속하는 면세대상물품

③ 유해 및 유골

④ 신문, 뉴스를 취재한 필름, 녹음테이프로서 언론기관의 보도용품

⑤ 재외공관 등에서 외무부로 발송하는 자료

⑥ 기록문서와 서류

다만, 상품가치가 있다고 인정되는 물품은 수입신고를 하여야 한다.

※ 관세법 제91조, 제92조, 제93조, 제94조, 제96조 제1항, 제97조 제1항에 따라 관세가 면제되는 물품

다음의 물품은 B/L 2부를 제출하여 수입신고에 갈음한다.

① 신문

② 뉴스를 취재한 필름, 녹음테이프로서 문화체육부에 등록된 언론기관의 보도용품

③ 재외공관 등에서 외무부로 발송되는 자료

④ 카탈로그, 광고용품, 기록문서와 서류

⑤ 외국환관리법의 규정에 의하여 금융기관이 외환업무를 영위하기 위하여 긴급을 요하는 지불수단(수표, 현금외화)

⑥ 기타 세관장이 통관절차의 신속을 기하기 위하여 지정하는 물품

2) 간이신고 대상물품

아래에 기재된 물품에 대하여는 첨부서류 없이 수입신고서에 신고사항을 기재하여 신고한다.

① 당해 물품의 총가격이 미화 150달러 이하이며 국내거주자가 자가사용으로 수취하는 면세대상물품

② 당해 물품의 총과세가격이 운임 포함하여 미화 250달러 이하의 면세되는 상용견품

③ 설계 도중 수입승인이 면제되는 것

④ 금융기관이 외환업무를 영위하기 위하여 수입하는 지불수단

3) 면세신청서 제출생략

다음의 경우는 면세신청서를 제출하지 아니해도 신고서와 물품의 확인 등으로 면세대상물품이 확인되면 관세를 감면할 수 있다.

① 외교관 면세대상물품

② 예배, 식 전용품

③ 자선, 구호용품

④ 국제평화 봉사활동 등 용품

⑤ 신체장애자용품

⑥ 국제경기용품

⑦ 재수출조건 면세대상물품

⑧ 정부용품 등 면세대상물품

⑨ 재수입 면세대상물품

상기의 경우 세관작용 면세해당 사실확인을 위하여 필요한 경우에는 관계증빙서류의 제출을 요구할 수 있다.

4) 소액면세 범위 내로 여러 건을 수입하는 경우 업무처리기준

국내거주자가 특급탁송 또는 국제우편 등을 통하여 수입한 물품이 동일날짜에 여러 개의 화물로 도착한 경우 아래와 같은 경우에는 합산과세된다.

① 하나의 선화증권(B/L)이나 항공화물운송장(AWB)으로 반입된 과세대상물품을 면세범위 내로 분할해 수입통관하는 경우

② 같은 해외공급자로부터 같은 날짜에 구매한 과세대상물품을 면세범위 내로 분할 반입하여 수입신고하는 경우

합산금액이 목록통관 기준금액(미화 150달러, 미국은 200달러)을 초과하면 목록통관이 배제되고, 정식수입신고대상이다. 이렇게 합산과세되면, 총물품가격 미화 150달러 이하인 경우에만 관세와 부가세가 면제된다.

4. 특급탁송물품(특송물품)

1) 특송물품 수입개관

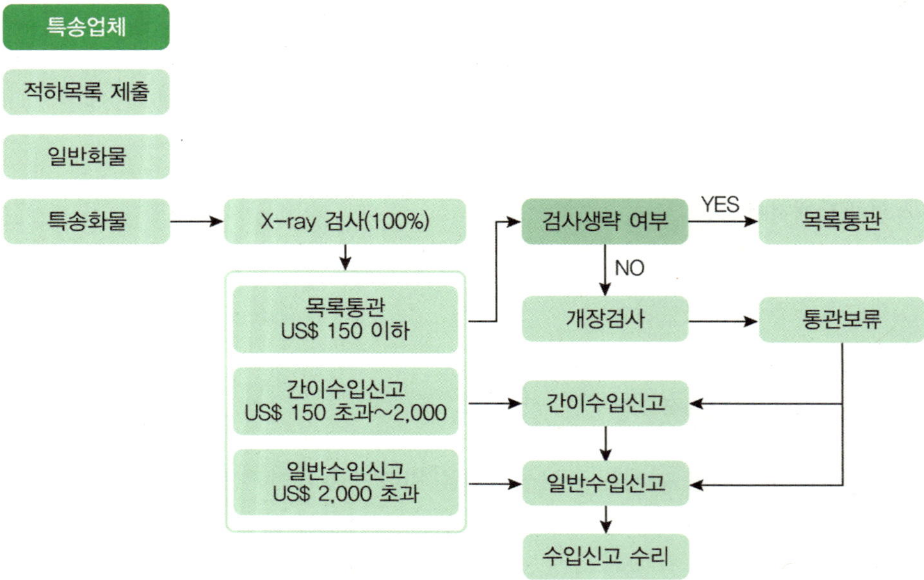

1. 특송업체 – 적하목록 제출 – 일반화물 – 특송화물
2. X-ray 검사(100%)
3. 기관발급의 경우
   1) 목록통관 US$150 이하
      ① 검사생략 여부
         • YES일 경우: 목록통관
         • NO일 경우: 개장검사 → 통관보류
           – 간이수입신고 → 일반수입신고 → 수입신고 수리
           – 일반수입신고 → 수입신고 수리
   2) 간이수입신고 US$150 초과~2,000
      • 간이수입신고
      • 일반수입신고
      • 수입신고 수리
   3) 일반수입신고 US$2,000 초과
      • 일반수입신고
      • 수입신고 수리

2) 특송물품의 통관절차

- 과거 특송물품은 서류, 카탈로그 샘플, 해외 친척(거래회사)이 기증한 물품 등이 대부분이었으나, 최근에는 해외에서 직접 인터넷을 통하여 구매·반입하는 물품의 비중이 커지고 있다.
- 특송물품에 대하여는 X-ray 검사, 무작위선별 등으로 검사하여 수입금지품이나 과세물품의 불법통관을 방지한다.

고의적으로 가격을 허위로 신고하거나 금지물품을 수입할 때에는 관세법에 의거 처벌받을 수 있다.

3) 특송물품의 통관방식

(1) 목록통관

목록통관이란 송수화인 성명, 전화번호, 주소, 물품명, 가격, 중량이 기재된 송장만으로 통관이 가능한 통관제도이다. 개인특송물품의 경우 타인 명의도용 등 방지를 위해 수화인의 개인통관고유부호(또는 생년월일) 제출이 필요하다.

개인이 사용할 물품 또는 기업에서 사용할 샘플 중 미화 150달러 이하(미국은 200달러)의 물품 중 아래 표와 같은 배제대상물품이 아닌 경우에는 목록통관이 가능하다.

| 표 9-1 | 목록통관 배제대상물품

1. 의약품
2. 한약재
3. 야생동물 관련 제품
4. 농림축수산물 등 검역대상물품
5. 건강기능식품
6. 지식재산권 위반 의심물품
7. 식품류·주류·담배류
8. 화장품(기능성화장품, 태반함유화장품, 스테로이드제 함유화장품 및 성분미상 등 유해화장품에 한함)
9. 적재화물목록 정정에 따라 선화증권 또는 항공화물운송장 내용이 추가로 제출된 물품
10. 통관목록 중 품명, 규격, 수량, 가격, 물품수신인 성명, 물품수신인 식별부호, 거래코드, 공급망 정보, 물품수신인 주소, 물품수신인 전화번호 등이 부정확하게 기재된 물품

11. 「전파법 시행령」 제77조의2 제1항에 따른 방송통신기자재 등으로서 같은 영 별표 6의2 제1호 자목에 해당하는 물품
12. 그 밖에 법령에 따라 통관이 제한되는 물품 등 목록통관이 타당하지 않다고 세관장이 인정하는 물품

(2) 간이수입신고

미화 150달러(미국은 200달러)를 초과하고 미화 2,000달러 이하인 물품은 간이수입신고할 수 있다.

세관장은 품명, 가격 등 신고내역이 정확하다고 판단되면 별도 검사 없이 통관을 허용한다. 다만, 수입이 제한되는 품목 등 일부 품목은 간이수입신고할 수 없으며 일반 수입절차에 따라 수입신고하여야 한다.

(3) 일반수입신고

미화 2,000달러를 초과하거나 목록통관 또는 간이수입신고 대상에서 제외되는 물품은 일반수입신고를 하여야 한다.

4) 특송물품의 면세제도

목록통관 대상물품은 비과세되며, 수입신고하는 경우 자가사용물품으로서 물품가격이 미화 150달러 이하인 경우만 관세와 부가세가 면세된다. 다만, 담배소비세, 개별소비세 등은 과세된다. 또한 물품가격이 미화 150달러를 초과하는 경우 총과세가격 전체에 대하여 과세된다.

5. 우편물

1) 우편물 수입통관

우편물 중 수입승인면제물품의 수입통관은 우체국장이 제출하는 국제우편물 통관목록 및 수령통지서(이하 '우편물 목록'이라 한다)에 의한다(우편물 목록에는 품명, 규격, 수량, 가격, 관세 등 최소한의 필요한 항목만을 기재).

품명과 규격이 다른 소액물품으로서 합의세율을 신청하는 경우에는 신고서에 의한

간이신고방법에 의한다. 과세물품의 경우 세관공무원이 물품 보관관리자의 입회하에 수취인이 수령할 수 있도록 해당 세액을 기재하여 우편엽서로 통지할 수 있다.

2) 국제우편물 수입개관

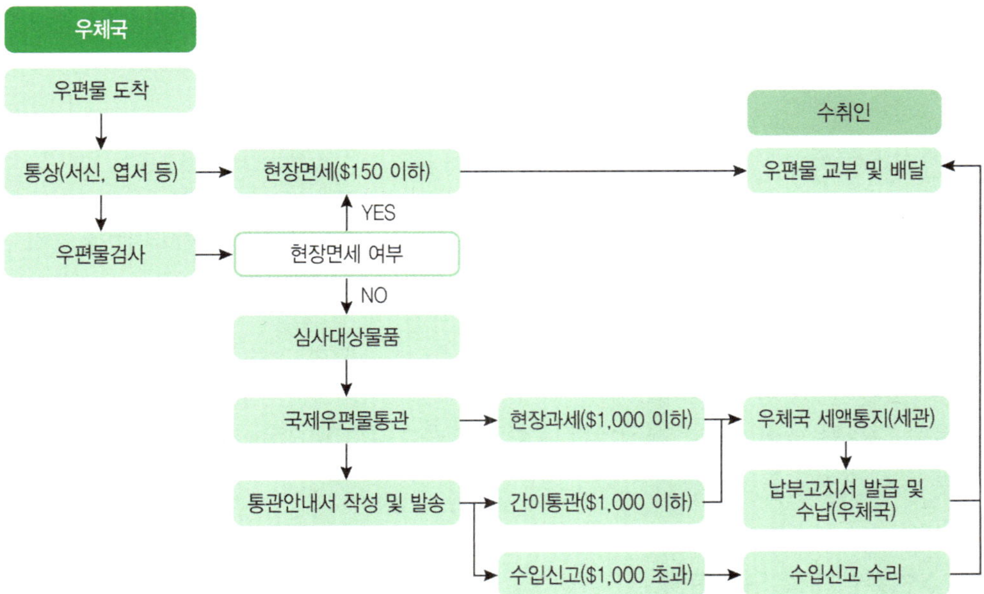

(1) 우체국: 우편물 도착
(2) 통상(서신, 엽서 등)

- 현장면세($150 이하) → 수취인: 우편물 교부 및 배달
- 우편물검사 → 현장면세 여부
  - Yes일 경우: 현장면세($150 이하) → 수취인: 우편물 교부 및 배달
  - No일 경우: 심사대상물품
- 국제우편물통관 → 현장과세($1,000 이하)
  ① 우체국 세액통지(세관)
  ② 납부고지서 발급 및 수납(우체국)
  ③ 수취인: 우편물 교부 및 배달
- 국제우편물통관 → 통관안내서 작성 및 발송
  - 간이통관($1,000 이하)
    ① 우체국 세액통지(세관)
    ② 납부고지서 발급 및 수납(우체국)
    ③ 수취인: 우편물 교부 및 배달
  - 수입신고($1,000 초과)
    ① 수입신고 수리
    ② 수취인: 우편물 교부 및 배달

3) 우편물의 통관절차

해외 친지 등이 우리나라의 거주자에게 기증하는 물품 등 일정금액(물품가격이 미화 150달러) 이하의 물품은 관세를 면세해 주는 제도를 두고 있다.

이와 같이 세관직원이 현장면세한 우편물은 수취인주소지의 배달우체국으로 이관되어 수취인이 자택에서 배달받게 되며, 과세대상 우편물은 수취인이 세금을 내야 통관이 가능하며, 일부물품은 수입제한요건을 충족(검역증 등)해야 통관이 가능하다.

4) 간이수입신고

일반수입신고대상 이외의 물품은 간이수입신고대상으로서 수취인이 세관에 수입신고를 하지 않더라도 우편물에 부착된 세관신고서의 물품명세에 의하여 과세 및 면세 여부를 결정한다.

면세 및 과세대상은 물품의 가격, 수량, 반입사유 등을 고려하여 결정하며, 면세 또는 세금이 결정된 우편물은 우체국에서 수취인의 주소지까지 배달하고, 수취인은 세금을 납부한 후 우편물을 수령할 수 있다.

5) 수입승인대상 우편물

우편물 중 수입승인을 요하는 물품에 대하여는 일반통관절차의 규정을 적용한다.

표 9-2 일반수입신고 대상물품

1. 법령에 따라 수출입이 제한되거나 금지되는 물품
2. 관세법 제226조에 따라 세관장의 확인이 필요한 물품
3. 판매를 목적으로 반입하는 물품
4. 물품가격 미화 1,000달러 초과 물품
5. 과세가격 500만원 상당액을 초과하는 선물
6. 수취인이 일반수입신고를 신청하는 물품

3절 | 수입과세결정

Ⅰ 과세가격 결정방법

1. 의의

수입품에 대한 관세의 과세표준은 수입물품의 가격(종가세) 또는 수입수량(종량세)으로 하는데, 과세가격이란 종가세 대상물품에 대한 관세액을 산출하기 위한 과세표준, 즉 수입물품의 가격을 말하며 이러한 과세가격을 결정하는 것을 평가라 한다.

과세액을 결정함에 있어서 과세가격은 세율 못지않게 중요한 요소인데 이는 원칙적으로 실제적인 가격(positive concept)인 '거래가격'으로 한다(종전에는 과세표준이 관념적인 가격(normative concept)인 '정상가격'이었음).

2. 과세가격 결정방법

과세가격의 결정방법은 다음 여섯 가지의 방법이 있으며, 이는 순차적으로 적용하여야 한다.

- 제1방법: 구매자가 실제로 지급했거나 지급해야 할 기준으로 과세가격 결정
- 제2방법: 동종 · 동질물품의 거래가격을 기초로 과세가격 결정
- 제3방법: 유사물품의 거래가격을 기초로 과세가격 결정
- 제4방법: 국내판매가격을 기초로 한 과세가격 결정
- 제5방법: 산정가격을 기초로 한 과세가격 결정
- 제6방법: 합리적 기준에 따라 세관장이 과세가격 결정

※ 다만, 수입자가 원하는 경우에는 제4방법과 제5방법의 순위를 변경하여 적용받을 수 있음.

수입물품의 과세가격은 원칙적으로 '거래가격'(제1방법)을 기초로 한다.

거래가격 = 구매자가 실제로 지급하였거나 지급하여야 할 가격 + 가산요소금액 − 공제요소금액

1) 구매자가 실제로 지급하였거나 지급하여야 할 가격

수입물품의 대가로 구매자가 판매자에게 또는 판매자를 위하여 직접 · 간접으로 지급할 총금액으로 다음에 제기된 금액이 포함된다.

① 구매자가 판매자에게 신용장 등의 방법에 의거 지불하는 금액
② 구매자가 당해 수입물품의 대가와 판매자의 채무를 상계하는 금액
③ 구매자가 판매자의 제3자에 대한 채무를 변제하는 금액
④ 구매자가 판매자의 요청에 의하여 수입물품의 대금일부를 제3자에게 지불하는 경우, 그 금액 또는 그 금액에 상응하는 물품대금이나 용역대금
⑤ 기타 별도로 지불되는 금액으로서 수입물품의 가격의 일부에 해당하는 금액

2) 가산요소금액

① **수수료 및 중개료**: 구매자가 부담하는 금액
② **생산지원비용**: 수입물품의 생산 및 수출거래를 위하여 구매자가 판매자에게 제공하는 무료 또는 인하된 가격의 물품과 용역 → 인하된 가격으로 제공할 경우 차액 및 무상으로 공급하는 해외위탁가공용 원료의 가액 등
③ **특허권 등 권리의 대가(로열티)**: 수입물품과 관련되고 수입물품의 거래조건으로 지급하는 로열티의 금액으로서 구매자가 수입물품에 대한 구매선택권이 없는 경우
④ **사후귀속 이익금액**: 수입물품의 판매, 처분, 사용에 따른 이익의 일부가 직접 또는 간접으로 판매자에게 귀속되는 금액
⑤ **운임 · 보험료 및 운송관련비용**: 수입물품이 수입항에 도착할 때(수입항에 도착하여 본선하역준비가 완료될 때)까지 실제 소요되는 운임 · 보험료 및 기타 운송관련비용 보험료는 수입물품에 대하여 실제로 보험에 부보된 경우에만 과세가격에 포함

3) 공제요소금액

① **수입항 도착 이후 발생한 운송비용**: 당해 수입물품의 운임에 포함되고 있고 그 금액이 명백하게 구분표시 되어 있는 경우
② **공제받은 선적항 조출료**: 수입통관 시에 그 금액을 확인할 수 있는 경우
③ 실제 지급금액에 다음에 해당하는 금액이 포함되어 있고 이를 명백히 구분할 수 있

는 경우

- 수입항 도착 후에 당해 수입물품의 건설, 설치, 조립, 유지보수에 필요한 비용
- 수입항 도착 후에 당해 수입물품의 운송에 필요한 운임, 보험료 및 기타 운송관련 비용
- 연불수입조건의 경우 당해 수입물품에 대한 연불이자

3. 거래가격을 과세가격의 기초로 사용할 수 없는 경우의 과세가격 결정방법

거래가격을 과세가격의 기초로 사용할 수 없는 다음과 같은 경우에는 과세가격의 결정 시 제2방법부터 제6방법을 순차적으로 검토하여 과세가격을 결정한다.

① 판매가 아닌 경우(예 무상수입물품, 임차수입물품 등)
② 당해 수입물품의 처분상 어떠한 제한이 있는 경우(예 수입 후 전시용, 광고용 물품으로만 사용하도록 제한된 경우 등)
③ 수입물품에 대한 거래의 성립 또는 가격의 결정이 다른 조건이나 사정에 의하여 영향을 받는 경우(예 끼워팔기 등)
④ 금액으로 환산할 수 없는 사후 귀속이익이 있는 경우
⑤ 판매자와 구매자가 특수관계인 경우

4. 무환수입물품(여행자휴대품, 우편물품, 탁송품, 이사물품 등)의 과세가격 결정방법

다음 가격을 기초로 세관장이 결정한다.

① 관세청장이 정한 가격
② 신고인이 제시하는 가격(단, 세관장이 타당하다고 인정하는 경우에 한함)
③ 외국에서 통상적으로 거래되는 가격으로서 객관적으로 조사된 가격
④ 당해 물품과 동종, 동질물품 또는 유사물품의 국내 도매가격에 역산율을 적용하여 과세가격으로 환산한 가격
⑤ 국내 공인감정기관의 감정가격

5. 임차수입물품의 과세가격 결정방법

임차사용 후 반환하는 경우에 있어서도 수입물품의 과세가격은 당해 수입물품 전체 가치가 과세대상이 되는 것이며 임차료나 사용료가 과세대상이 되는 것은 아니다. 제6방법을 적용하는 과세가격결정방법의 경우에는 다음 각호의 가격을 순차적으로 적용하여 과세가격을 결정한다.

① 임차료 산출기초가 되는 당해 임차수입물품의 가격
② 당해 임차수입물품, 동종 · 동질 또는 유사물품을 우리나라에 수출할 때 적용되는 유효한 카탈로그에 기재된 가격
③ 당해 임차수입물품의 경제적 내구연한 동안 지불된 총예상임차료를 기초로 계산한 가격

6. 중고물품의 과세가격 결정방법

제6방법을 적용하는 경우에는 다음 각호의 가격을 순차적으로 적용하여 과세가격을 결정한다.

① 국내공인 감정기관의 감정가격을 기초로 하여 산출한 가격
② 국내 도매가격에 시기역산율을 적용하여 산출한 가격
③ 사용으로 인한 가치감소의 산정기준에 의하여 산출한 과세가격

7. 수리 또는 가공한 후 재수입하는 물품의 과세가격

수리가공하기 위하여 수출된 물품의 가격에 다음의 비용을 포함하여 결정한다.

① 수리 또는 가공하는 국가까지의 당해 물품의 운임 및 보험료
② 수리 또는 가공하는 국가에서의 양하비와 수리업자 또는 가공업자에게 인도되는데 소요된 기타의 제 비용
③ 수리 또는 가공에 소요된 비용
④ 수리 또는 가공 후의 수리국 내에서의 운송비, 선적비 등 수리 또는 가공 후 선적시까지 소요된 제비용

⑤ 수리 또는 가공한 국가의 수출항으로부터 최초 수입항까지의 당해 물품의 운임, 보험료 및 기타의 비용

8. 4대 과세요건

(1) 과세물건(과세객체): 수입물품

(2) 납세의무자: 수입신고된 경우 수입한 화주

① 수입대행 시: I/L상 수입위탁자

② 수입신고수리된 양도 시: 양수인

③ 기타의 경우: 상업송장(Commercial Invoice: CI)상의 수화인(consignee)

(3) 세율

협정관세율은 국정관세율보다 우선하고, 잠정관세율은 기본관세율보다 우선한다. 다만, 국정관세율(기본관세율)이 협정관세율보다 낮을 때에는 기본관세율을 적용(실행관세율)한다.

(4) 과세표준(과세가격)

원칙적으로 거래가격을 기초로 하고 거래가격을 기초로 할 수 없을 때 제2방법 내지 제6방법을 순차적으로 적용하여 결정한다.

Ⅱ 수입제세 산출방법

1. 수입제세의 종류

물품의 수입 시 부과되는 제세에는 관세, 임시수입부가세, 특별소비세, 주세, 농어촌특별세, 교통세 및 부가가치세가 있으며 임시수입부가세는 현재까지 발동되어 과세된 사례가 없다.

2. 관세

1) 관세율의 종류

- 관세
  - 국정관세
    - 기본관세율(관세법 제50조)
    - 잠정관세율(관세법 제50조)
    - 탄력관세율
      - 덤핑방지관세(관세법 제51조)
      - 상계관세(관세법 제57조)
      - 보복관세(관세법 제63조)
      - 긴급관세(관세법 제65조)
      - 농림축산물에 대한 특별긴급관세(관세법 제68조)
      - 조정관세(관세법 제69조)
      - 편익관세(관세법 제74조)
      - 계절관세(관세법 제72조)
      - 할당관세(관세법 제71조)
  - 국제협력관세(관세법 제73조)
    - WTO 협정세율
    - WTO 개도국 간의 협정세율
    - ESCAP 개도국 간의 협정세율
    - 일반특혜관세(관세법 제76조)

2) 관세율의 적용순서

덤핑방지관세 · 보복관세 · 긴급관세 · 상계관세 → 협정관세 · 편익관세(다음의 세율보다 낮을 경우에 적용) → 조정관세 · 계절관세 · 할당관세 → 잠정관세 → 기본세율의 순서이다.

3) 관세산출방식

① **종가세 적용물품**

- 실제거래가격(CIF가격) × 과세환율 = 감정가격(AV)
- 감정가격(AV) × 관세율 = 관세액(CD)

② **종량세 적용물품**(예 영화필름 등)

- 수입물품의 수량 × 관세율표상의 일정량 = 관세액(CD)

과세환율은 수입신고의 날이 속하는 주의 전 주의 외국환 매도율을 평균하여 관세청장이 정한다(주요 외국환은행이 전 주 월요일부터 토요일까지 적용한 대고객 전신환매도율을 평균하여 결정).

10장

무역대금 회수와 선적서류 제시

10장 무역대금 회수와 선적서류 제시

1절 | 외환결제 기초

1. 외국환의 의의

외환(exchange)이란 격지자 간에 있어서의 대차결제를 현금을 직접 수송하지 않고 은행의 중개에 의해 어음이나 수표 등의 신용수단으로 결제하는 방법을 말한다.

외국환의 본래의 목적은 현금의 수송에 의하지 않고 안전하고 저렴하게 또한 간단하고 신속하게 외국과의 대차(貸借)를 결제하고 조정하는 데 있다. 이 중 채권자나 채무자의 한쪽이 외국에 있는 경우의 환을 외국환이라 하고, 동일 국내에 있는 경우를 내국환이라 한다.

2. 외국환의 특징

외환의 원리는 내국환과 외국환의 모두 격지자 간의 대차결정방법이며, 은행이 중개하고 어음이나 수표 등의 신용수단을 이용한다는 점에서 마찬가지다. 그러나 외국환은 내국환과는 다른 몇 가지 특징이 있다.

① 환거래당사자의 소재지이다.

② 환결제의 형태이다.

③ 환율문제이다.

④ 선물환제도의 이용이다.

⑤ 결제를 위하여 이용되는 신용수단의 문제이다.

⑥ 국제수지와의 관련이다.

3. 외국환의 자금결제방식

1) 송금환

(1) 송금환의 의의

송금환(remittance)은 당발송금환과 타발송금환으로 분류한다. 당발송금환(outward remittance)이란 국내의 송금인 또는 채무자가 외국의 수취인이나 채권자에게 자금을 송금할 목적으로 외국환은행에 송금대전을 원화 또는 외화로 지급하고 외국에 있는 수취인이나 채권자에게 송금하여 줄 것을 청구함으로써 성립된다.

타발송금환(inward remittance)이란 외국의 송금인 또는 채무자로부터 국내의 수취인이나 채권자에게 자금이 송금되어 온 경우에 외국환은행이 송금되어 온 외화를 매입하고 수취인이나 채권자에게 그 대전을 원화로 지급함으로써 성립된다.

당발송금환은 주로 해외지사 등의 유지활동비 송금, 해외유학생에 대한 수학비 송금, 도서구입비, 보험료, 통신료, 해외시험응시료 등 무역외지급거래의 지급수단으로 많이 활용되고 있고 타발송금환은 주로 해외교포의 대 본국송금, 해외취업자의 대 본국송금, 종교단체의 기부금송금 등에 이용되고 있다.

(2) 송금환의 종류

송금환의 종류에는 송금수표(D/D), 우편송금환(M/T), 전신송금환(T/T)의 세 가지가 있다.

① **송금수표(Demand Draft: D/D)**

송금수표는 송금인이 발행은행으로부터 교부받은 송금수표를 직접 수취인에게 송부하고, 이를 받은 수취인은 송금수표에 기재되어있는 지급은행에 지급제시 하여 그 송금대전을 찾는 방법이다.

② **우편송금환(Mail Transfer: M/T)**

우편송금환은 송금은행이 지급은행 앞으로 수취인에게 일정금액을 지급하여 줄 것을 위임하는 지급지시서(payment order)를 발행하여 송금은행이 직접 우편으로 지급은행에 송부하여 주는 방법이며, 주로 시급을 요하지 않는 송금, 소액송금 등에 많이 이용된다.

③ **전신송금환(Telegraphic Transfer: T/T)**

전신송금환은 우편송금환과 같이 지급지시방법에 의하여 송금하나, 다만 지급지시를 전신으로 하는 점이 다르다. 전신송금환은 거액송금, 시급을 요하는 송금 등에 많이 이용되며, 신속하고 편리하나 전신료가 우편료보다 비싸므로 그만큼 비용부담이 크다.

2) 추심환

(1) 추심환의 의의

추심환(collection)이란 송금환과는 반대로 채권자가 자금을 역으로 청구하는 역환이다. 즉, 고객으로부터 지급지가 외국으로 되어 있는 외화수표 또는 어음 등의 현금화를 요청받아(은행이 외국환을 매입하거나 매입을 의뢰받은 형태로 나타남) 직접 지급은행에 대하여 또는 환거래은행을 통하여 대금을 청구 · 지급받는 과정을 말한다.

(2) 추심환의 종류

추심에는 추심의 방향에 따라 당발추심(outward collection)과 타발추심(inward collection)으로 구분할 수 있다. 전자는 국내은행이 지급지가 외국인 외화수표나 어음을 매입하거나 매입의뢰를 받아 지급은행에 직접 또는 환거래은행을 통하여 대금을 청구하는 것이다.

후자는 이와 반대로 해외은행으로부터 외국환이 우송되어 와 당해 외국환의 채무자, 즉 지급인에게 추심대금을 결제하도록 연락하여 동 대전을 지급받아 해외은행 앞으로 송금해 주는 것이다.

4. 환어음제도에 의한 무역결제

수출상사가 외국환으로 무역대차를 결제하는 방법은 수출업자가 발행하는 화환어음을 많이 이용하고 있다. 이 수출화환어음은 수출상이 외국의 거래처에게 계약물품을 수출하였을 때, 그 수출품을 증권화하여 일조(One set: 一組)의 운송서류를 정비하고 이것을 담보로 수입상 앞으로 환어음을 발행하여 이 어음을 매매의 형식으로 외국환은행에 양도하고 그 대금을 수취하는 방법이다.

2절 | 환어음의 발행

1. 환어음의 의의

'환어음(bill of exchange or draft)'이란 국제거래에서 채권자가 채무자에게 채권 전액을 지시인 또는 소지인에게 일람출급 또는 기한부로 지급할 것을 무조건 지시하는 요식의 유가증권이다.

환어음에 운송서류가 첨부되면 이를 '화환어음(documentary bill of exchange)'이라고 하고, 운송서류가 첨부되지 않으면 이를 '무담보 환어음(clean bill)'이라고 한다.

환어음의 지급인이 일람하는 즉시 지급하도록 되어 있으면 이를 '일람출급 환어음(sight bill or demand bill)'이라고 하고, 일람하여 일정기간이 경과한 후에 지급하도록 되어 있으면 이를 '기한부환어음(usance bill, time bill or term bill)'이라고 한다.

환어음의 지급인이 은행으로 되어 있으면 이는 '은행환어음(bank bill)'이라 하고, 그 지급인이 수입상과 같은 개인으로 되어 있으면 이는 '개인환어음(private bill)'이라고 한다.

2. 환어음의 당사자

환어음의 당사자는 ① 환어음을 발행하고 서명하는 '발행인(drawer)', ② 금전상의 일정금액을 지급하도록 지시된 '지급인(drawee)', ③ 이 금액을 지급받도록 발행인에 의하여 지시된 '수취인(payee)' 그리고 ④ 환어음을 점유하고 있는 '소지인(holder)' 등이 있다. 특히 환어음의 발행인과 수취인은 같을 수도 있고 다를 수도 있으며, 환어음의 소지인이 문면상 완전하고 정규의 환어음을 소지하면 이를 '선의의 소지인(bona fide holder)'이라고 한다.

3. 환어음의 발행통수

국내에서 어음결제는 1통만을 발행하는 단독어음 또는 단일어음(sole bill, sola bill)으로 이루어지지만, 무역결제에서 사용되는 환어음은 우송 중의 분실 또는 연착에 의한 어음유통상의 장해를 방지하기 위하여 항상 같은 내용의 것을 2통 작성한다.

곧, 제1권(first of exchange)과 제2권(second of exchange)의 조어음(set bill: a set of bills)으로 발행한다. 제1권에는 운송서류의 원본(original)을 첨부하고 제2권에는 운송서류의 부본(duplicate)을 첨부하여 수출지의 은행에서 수입지의 은행까지 각각 다른 항공편으로 우송한다.

3절 | 수출대금회수

1. 수출대금회수의 의의

수출대금의 회수는 수출상이 환어음을 작성하고 여기에 운송서류를 첨부하여 외국환은행에서 매입받음으로써 이루어진다. 수출상이 외국환은행에 환어음매입을 신청할 때는 은행소정약식의 매입신청서, 환어음, 운송서류, 신용장원본 등의 서류를 구비해야 하고, 환어음에 첨부되는 운송서류는 신용장의 조건과 일치해야 한다.

2. 수출대금회수의 단계

수출통관과정을 거쳐 약정품의 선적이 완료되면 수출업자는 제반 운송서류를 갖추어 수출대금의 회수단계에 이르게 된다.

수출대금을 회수하기 위해서는 먼저 거래외국환은행과 화환어음거래약정을 체결(최초 거래 시)하고 선적을 이행한 후 수출신용장 또는 계약서의 조건에 따라 환어음과 운송서류를 작성하여 거래외국환은행에 환어음의 매입 또는 추심을 의뢰하게 된다. 외국환은행은 환어음을 지급인(주로 신용장발행은행 또는 수입업자) 앞으로 송부함으로써 수출대금의 회수가 이루어진다.

3. 수출대금회수의 방법

1) 화환어음에 의한 결제방법

수출상품의 대금을 회수하기 위한 결제방법은 수출환어음(export bill)을 발행하고 거기에다 선적상품을 담보로 하는 운송서류를 첨부한 화환어음(documentary bill)을 외환은행에 매도함으로써 그 대금을 지급받는 방법이 가장 많이 이용되고 있는 것이다.

이는 같은 화환어음에 의한 수출상품의 대금회수방법에는 신용장이 있는 화환어음(documentary bill of exchange with L/C)에 의한 방법과 신용장이 없는 화환어음(documentary bill of exchange without L/C)에 의한 방법이 있다.

(1) 신용장이 있는 경우

이 방법은 매도인이 약정품을 선적한 다음, 수출환어음을 발행하고 거기에 운송서류와 매수인 측에서 보내온 신용장을 첨부하여 수출지의 거래은행이나 그 신용장에 지정된 외환은행에 매입을 의뢰하는 것이다.

매도인이 신용장과 운송서류를 첨부한 수출환어음을 제시하면 매입은행은 그것과 상환으로 수출환어음 금액을 전액 지급하게 되고, 매도인은 선적상품의 대금을 회수하게 되는 것이다.

(2) 신용장이 없는 경우

오늘날에는 신용장이 없는 화환어음에 의하여 대금을 회수하는 방법이 많이 활용되고 있는 형편이다.

수출지의 외환은행은 매도인으로부터 매입한 수출환어음과 운송서류를 수입지에 있는 지점이나 거래은행(corres bank) 앞으로 발송하게 된다. 운송서류를 접수한 지점이나 거래은행은 그 서류를 매수인에게 전하고 매입금액을 지급받게 되는 것이다.

이때 매도인이 발행한 수출환어음에 지급인도라고 명시된 지급인도어음(D/P Bill)일 경우에는 매수인이 어음금액을 언제까지 지급하겠다고 하는 책임을 인수하면 매입은행의 지점이나 거래은행은 운송서류를 매수인에게 인도하게 된다. 따라서 운송서류를 인수한 매수인은 수입지의 선박회사에 그것을 제시하고 약정품을 인수하게 되는 것이다.

2) 추심환어음에 의한 결제방법

매수인의 신용상태가 불량하거나 수입국의 금융사정이 좋지 않을 경우에는 수출상품의 대금회수를 위하여 매도인은 화환어음을 이용하지 않고 추심환어음(collection bill)을 발행하게 된다. 이때에도 추심환어음을 운송서류와 함께 외국환은행에 매입을 의뢰하여 수출상품의 대금을 회수하게 되는 것이다.

그러나 추심환어음에 의할 경우에는 외환은행 측에 추심에 따르는 수수료와 그 밖에 필요한 비용을 지급하지 않으면 안 된다. 물론 매도인이 어음의 추심을 의뢰할 때 거기에 따르는 비용과 수수료를 사전에 지급하지 않고 사후에 수출상품의 대금을 매도인에게 지급할 때 이들을 공제할 수도 있다.

4. 수출대금회수의 절차

1) 화환어음거래약정의 체결

외국환은행은 화환어음을 수출상으로부터 매입하기 전에 매입의뢰자(수출업자)와 화환어음거래약정을 체결하는데, 이는 매입행위가 일종의 여신행위이므로 환어음의 매입에 관해 담보 · 책임 등의 한계를 명확히 하기 위해서이다.

이러한 약정체결은 최초 거래 시에 이루어지게 되며 호환어음거래약정의 체결방법은 외국환은행이 작성한 일정한 서식(약정서)에 수출업자가 서명 · 날인함으로써 성립된다.

2) 환어음의 발행

수출상이 환어음을 발행할 때 우송 중의 분실 또는 연착에 대비하여 제1권(first bill of exchange)과 제2권(second bill exchange)의 2통을 한 조로 발행한다. 그리하여 제1권에는 우송서류 원본(original)을 각 한 통씩 첨부하고 제2권에는 부본(duplicate)을 첨부하여 각각 다른 항공편으로 수입지의 지급은행 앞으로 송부한다.

3) 환어음 매입신청서의 작성

신용장상의 수익자인 수출업체가 신용장에 의해 요구되는 계약상품의 선적을 완료하고 신용장의 제조건에 일치하는 환어음 및 운송서류를 작성하여 외국환은행에 제시할 경우에 외국환은행은 이를 심사한 후 매입을 하는데, 이때 환어음 및 운송서류를 외국환은행과의 기약정한 바에 의해 매입해 줄 것을 수익자, 즉 수출업체가 의뢰하는 신청서이다.

4) 환어음의 매입의뢰

(1) 신용장 매입의뢰

신용장의 수익자는 앞에서와 같이 환어음과 운송서류를 작성 · 검토한 후 외국환은행에 이를 매입의뢰하여야 한다. 외국환은행은 제출된 운송서류가 신용장조건에 일치하는지의 여부를 심사하고 또 수출물품이 세관에 수출신고된 것인지의 여부를 확인하기 위하여 수출면장을 징수한 후 신용장의 뒷면에 매입일자, 금액 및 매입은행명을 기재하고 매입의뢰인인 수출상에게 대금을 지급하다.

수출환어음 매입 시 환율(exchange rate)은 일람출급 환어음인 경우는 'At Sight L/C' 또는 'D/P'방식의 수출환어음에 적용되는 환율을 적용하여 산정하고, 기한부환어음인 경우는 일람후 정기출급 또는 특정일 후 정기출급의 여부에 따라 각각 산정방법이 다르며, 이는 예컨대 다음과 같다.

(2) D/A, D/P어음의 매입

신용장이 없는 D/A 또는 D/P 계약서방식에 의하여 발생되는 D/A 또는 D/P라고 표시하고 여기에 운송서류를 첨부하여 은행에 제출한다.

이러한 D/A 또는 D/P어음의 경우는 신용장방식의 경우와는 달리 외국환은행의 환어음의 매입에 대한 확약이 없으므로, 외국환은행은 환어음을 매입하는 대신 이를 추심하게 된다.

5) Covering Letter(발송표지)

(1) Covering Letter의 작성

수출국의 매입은행은 수익자가 제시한 제반 서류가 신용장조건과 일치하여 운송서류와 환어음의 매입이 끝났다면, 신용장의 이면에 매입일자와 금액을 기입한 후 매입한 환어음의 이면에 'pay to order of ××× Bank'라고 배서 및 서명한 후 Covering Letter를 작성하고 여기에 운송서류와 환어음을 첨부하여 발행은행에 송부한다.

(2) Covering Letter의 내용

Covering Letter는 운송서류에 첨부된다는 뜻으로 붙여진 제목이며 ① 매입은행이 신용장조건에 일치하게 매입하였다는 사실, ② 첨부된 운송서류의 종류, ③ 신용장조건대로 보상은행에 대금의 보상청구를 하였다는 사실, ④ 기타 발행은행에 대한 지시사항 등이 기재된다.

6) 운송서류와 환어음의 발송

(1) 발송서류와 발송횟수

신용장에서 서류발송에 관하여 매입은행에 지시하는 문언은 대체로 "The negotiating bank must airmail the drafts and all documents to us in two consecutive lots" 또는 "Documents must be forwarded to us in one cover" 등으로 기재한다.

전자의 경우는 환어음과 모든 서류를 1st mail과 2nd mail을 2회로 나누어 발송하여야 하지만, 후자의 경우는 모든 서류를 한꺼번에 동봉하여 발송하여야 한다.

(2) 선적서류와 환어음의 발송

매입은행은 위와 같이 Covering Letter의 작성이 완료되면 여기에 배서한 운송서류와 환어음을 첨부하여 발행은행 앞으로 우송한다. 신용장에 별도의 지시가 없더라도 매입은행은 대체로 서류의 우송 중에 발생하는 분실이나 훼손에 대비하여 운송서류와 환어음을 정 · 부본의 2조로 나누어 정본서류는 등기항공편으로 즉시 발송하고, 부본서류는 최소한 1일의 간격을 두고 각각 발생한다.

4절 | 운송서류에 관한 사항

1. 무역거래와 운송서류

1) 운송서류의 의의

운송서류(transport documents)는 수출화물의 선적 및 선적과 관련된 여러 가지 사실을 증명하는 선화증권 등 수출업자가 수입업자에게 제공하는 제서류를 말하며, 신용장 거래의 경우에는 신용장에서 요구하는 서류들을 총칭하여 부르는 말이다.

2) 운송서류의 중요성

무역거래에서는 매도인이 계약화물을 선적한 후 매수인 앞으로 환어음을 발행하고 여기에 환어음의 담보가 되는 서류를 첨부하여 외국환은행을 통하여 대금을 회수하게 된다. 따라서 수출업자는 계약상의 당연한 의무로서 계약물품의 인도를 입증한 서류와 기타 서류들을 준비하고 구비하여야 한다.

3) 운송서류의 구분

(1) 기본서류와 기타 서류

① 기본서류

운송서류의 기본서류는 상업송장(commercial invoice), 선화증권(bill of lading), 보험증권(insurance policy) 등을 말한다. 그런데 대금결제 시 환어음에 첨부되는 서류는 통상적으로 그 계약조건이 FOB인가 혹은 CIF인가에 따라 달라지는데, CIF조건에는 기본서류로 선화증권을 포함한 운송서류와 보험서류, 상업송장으로 구성되며, FOB조건에서는 매수인이 보험에 부보해야 하기 때문에 선화증권을 포함한 운송서류와 상업송장만으로 충분하다.

② 기타 서류

기타 서류는 포장명세서(packing list), 영사송장(consular invoice), 세관송장(customs invoice), 검사증명서(certificate of inspection), 중량증명서(certificate of weight), 품질증명서(certificate of quality) 등을 말한다. 기타 서류는 모든 거래에 반드시 필요한 서류가 아니기 때문에 매수인이 계약서 또는 신용장상에 요구하고 있는 경우에만 이를 준비하면 된다.

(2) 운송서류의 작성자에 따른 구분

계약서나 신용장에서 요구하는 서류들은 작성자를 기준으로 구분하면 수출상 자신이 직접 작성해야 하는 것과 관련기관(선박회사, 보험회사, 기타의 관련기관 등)에서 작성하는 것으로 구분할 수 있다. 전자에 해당하는 것은 상업송장, 환어음, 포장명세서 등이며, 후자에 해당되는 것은 선화증권, 보험증권, 원산지증명서, 세관송장, 영사송장, 검사증명서, 용적증명서 등이다.

2. 운송서류 수리의 기본요건

1) 운송서류의 정규성

모든 서류가 신용장조건을 충족하는 것과는 별도로 수출업자가 제시하는 운송서류는 그 서류 자체의 정규성을 갖추어야 한다. 서류의 정규성은 다음의 측면을 말한다.

① 제시되는 운송서류는 유효하고 합법적이어야 한다.
② 서류는 현재의 관습에서 사용 중인 형태이어야 한다.
③ 운송서류는 제시기한이 경과된 것이 아니어야 한다.

2) 운송서류수리의 전제조건

(1) 서류 간 일치성이 있을 것

서류의 일치성이란 수출상이 제시하는 각각의 서류가 신용장에서 요구하는 서류의 명칭, 제출통수, 조건과 합치하는가의 여부를 말한다. 따라서 은행으로서는 '원칙적으로 일치성에 위배되는 서류(discrepant documents)'는 수리를 거절한다.

(2) 서류 상호 간의 모순성이 없을 것

제출되는 여러 종류의 서류는 신용장조건과 일치해야 하지만, 서류 상호 간에는 동일한 사항을 서로 다르게 표현하는 등의 모순성만 없으면 수리하게 된다.

예를 들어, 포장명세서, 선화증권, 상업송장에 공통적으로 화인을 기재하는 난을 두고 있는데 이 표시가 서로 상이한 경우 규격표시가 kg, ton, lbs 등 서류마다 서로 다르게 표시된 경우가 있다.

3. 제시해야 할 서류

1) 상업송장(Commercial Invoice)

(1) 상업송장의 의의

상업송장이란 환어음과 마찬가지로 수출업자가 직접 작성하는 서류로서 선화증권이나 보험증권과 같이 구체적인 권리를 나타내는 것은 아니지만 상품의 출하안내서 및 가격계산서의 역할을 담당하므로 신용장거래에는 필수구비서류로 취급된다.

또한 국제무역의 경우에 적요서나 안내장의 역할뿐만 아니라 매매당사자의 이름과 주소, 발행일자, 주문번호, 계약상품의 규격 및 개수, 포장상태 및 화인 등이 표시된 구체적인 매매계산서인 동시에 대금청구서이기도 하다.

상업송장은 무역관련서류 중에서 대금결제를 위한 필수적인 서류이기도 하지만, 수출통관 및 수입통관에서도 필수적으로 요구되고 있다.

(2) 상업송장의 기능

① 국내상거래에서 사용되는 송장과는 달리 국제무역에서 상업송장은 구매서 역할을 한다. 따라서 거래물품의 주요 사항인 계약상품의 정확한 규격 및 개수, 포장상태 및 화인 등이 상세하게 표시되어야 한다.

② 상업송장은 CIF나 CFR계약의 경우 선화증권이나 보험증권이 계약과 일치되었음을 증명하는 등 특정 거래계약의 존재 및 이행의 사실을 입증하는 유력한 증거자료가 된다.

③ 상업송장은 계약상품의 순단가, 부대비용, 할인료, 지불방식, 지불시기 등을 명기

한 매매계산서 및 대금청구서로서의 역할을 한다. 따라서 상업송장상의 발행금액은 환어음의 발행금액과 일치하여야 한다.

④ 상업송장은 모든 무역거래의 필수서류이다. 무역결제는 대부분 환어음으로 이루어지며 수출지 은행에서 환어음을 매입할 때나 수입지 은행에서 대도(T/R)로 수입물품을 수입업자에게 인도할 때 화환어음의 담보물권이 되는 서류에는 이들 담보물의 명세서나 계산서의 역할을 하는 상업송장이 포함되어야 한다.

⑤ 상업송장은 수입지에서 화물수취안내서와 수입물품의 진실성 및 정확성을 입증하기 위한 세관신고의 증명자료가 된다. 따라서 모든 상업송장은 과세표준산정에 가장 중요한 자료가 되므로 수입통관 시 수입업자에게 불이익이 없도록 정확히 작성되어야 한다.

(3) 상업송장의 종류

① 선적송장(Shipping Invoice)

- **수출송장(Export Invoice)**: 수출상이 자기의 위험과 비용으로 해외의 수입상에게 상품을 송부하여 판매하는 경우 사용되는 송장이다. 무역거래조건에 따라 FOB Invoice, CIF Invoice라고 한다.
- **위탁판매송장(Consignment Invoice)**: 수탁자인 수출업자가 해외의 수입업자에게 위탁판매할 경우에 수입업자 앞으로 작성되며, 자기의 위험과 책임 및 비용으로 송부함은 물론 판매수수료도 지급해야 하는 서류이다.
- **위탁매입송장(Indent Invoice)**: 수입업자가 수출업자에게 상품매매를 위탁하는 경우에 수출업자가 수입업자의 매입대리인으로서 선적 시 작성하는 서류이다.

② 견적송장

견적송장은 수출상이 거래를 유발하기 위한 수단으로 또는 수입허가나 외환배정 등을 받기 위한 수입상의 요청에 의해 수입상에게 장차 그가 매입할 물품에 대해서 시산적으로 작성하여 발송하는 송장이다. 이러한 견적송장은 외환사정이 좋지 않은 국가에서 주로 사용하고 있는데, 수입상은 이러한 견적송장을 근거로 정부에서 외환배정을 받아 그 범위 내에서 수입이 가능하다.

③ 공용송장(Official Invoice)

공용송장은 상업송장에 대응하는 개념으로 영사송장이나 세관송장 등과 같이 상업송장상의 진실성을 증명할 수 있도록 그 내용에 대해 관계관청의 증명을 받게 한 송장이다.

- **관세송장(Customs Invoice)**: 관세송장이란 수입지 세관이 수입화물에 대한 ① 관세가격의 기준을 결정할 목적, ② 덤핑유무를 확인하기 위한 목적, ③ 쿼터품목의 통상기준량의 계산목적, ④ 수입통계의 목적 등으로 사용되는 송장으로 국가별 세관에서 요구하는 양식이 상이하므로 소정의 양식에 따라 작성하여야 한다.
- **영사송장(Consular Invoice)**: 영사송장은 수입상품가격을 높게 책정함에 따라 외화도피나 낮게 책정함에 따른 관세포탈을 규제하기 위하여 수출국에 주재하고 있는 수입국 영사의 확인을 받아야 하는 송장이다.

2) 선화증권(Bill of Lading)

선화증권에 관하여 통상적인 신용장조건에는 "Full set of clean on board ocean bill of lading made out to the order of shipper and endorsed in blank marked 'Freight Prepaid(or Collect)' and notify(buyer; accountee)"로 표시되어 있는데 이에 대해 설명하면 다음과 같다.

(1) Full set

발행된 B/L의 전체(전통)를 의미한다. 일반적으로 3통(부)을 1조로 발행되며 이 중 어느 1통(부)만 있어도 선박회사는 화물을 인도하게 되므로 은행으로서는 전통(부)을 대부분 요구하고 있으며 취급은행이 Original(원본) 한 통에 배서, 수화인에게 인도하면 나머지는 무효가 된다.

(2) marked Freight Prepaid(or Collect)

Freight Prepaid는 운임을 지급하였다는 뜻이며 Freight Collect는 운임미지급으로 본다. CIF, CFR의 경우 Freight Prepaid, FOB의 경우 Freight Collect로 B/L의 운임란에 표시된다.

(3) Notify(buyer); Notify Accountee

화물이 목적지에 도착하면 선박회사가 화물도착통지(arrival notice)를 보낼 상대방을

Notify Party(착화통지서)라고 하는데 수입업자(대금지급인)를 표시하며 order B/L의 경우 Notify Party가 화물의 수화인(consignee)과 일치하지 않는다.

3) 보험증권(Insurance Policy)

수입가격이 Cip, Cif조건인 경우 부보금액과 부보조건(with average, total loss only, all risk 등)을 분명히 해야 한다. Fob조건일 경우에는 Buyer Insurance 또는 'insurance to be covered by buyer'라고 기재한다.

4) 포장명세서(Packing List)

(1) 포장명세서의 의의

포장명세서는 화물의 포장단위별로 작성되는 것으로 각 단위별의 화인, 품목 중량 등이 상세히 기재되어 있다. 포장명세서는 포장단위별로 작성된다는 점이 다르다. 한 가지 물품을 여러 포장 용기로 나누어 포장한 경우에는 포장명세서의 중요성이 상대적으로 적지만, 여러 가지 물품들이 여러 포장 용기로 나뉘어 포장된 경우에는 포장명세서가 대단히 중요해진다.

(2) 포장명세서의 기능과 용도

계약체결에 따른 선적화물의 포장 및 그 명세(품목명, 수량, 총중량, 용적, 화인, 포장번호 등)를 기재하는 포장명세서는 대금관련사항을 명기하지 않고, 각 규격별, 단위별로 일목요연하게 기재한다는 점을 제외하고는 송장과 별다른 차이점은 없다.

포장명세서는 주로 다음과 같은 용도로 활용된다.

① 수출입통관절차에서의 심사자료로서 활용되고 양륙지에서 화물의 처리단계에서 이용된다.

② 검수 또는 검량업자가 실제화물과 대조하는 참조자료로 이용된다.

③ 개별화물의 사고발생분에 대한 확인자료로서 사용할 수 있다.

④ 중량 외에 각각의 용량이 표시되어 있으므로 선박회사가 운송계약을 체결할 때 일차적인 기준자료로 사용될 수 있다.

5) 원산지증명서(Certificate of Origin)

(1) 원산지증명서의 의의

원산지증명서는 수출상품의 원산지국가를 증명하는 성격을 가진 서류로서 화환어음의 부대서류이다. 이 서류는 생산국 등을 판별하고자 하는 목적이나 외환관리 및 덤핑방지 등 수입정책상의 목적으로 이용된다. 따라서 수입통관 시 원산지증명을 요구할 경우, 해당 상품의 생산지 또는 국가를 증명하는 이 서류를 구비하여야 한다.

또한 원산지증명서란 거래되는 물품의 국적에 대한 증명서로서 거래대상국의 판별이나 양허관세율의 적용 등을 위하여 사용되고 있다. 일반특혜관세, 즉 GSP(Generalized System of Preference) 용도로 사용될 때에는 GSP 원산지증명서를 이용하여야 하며, 개도국 간 특혜무역제도(Global System of Trade Preferences among developing countries: GSTP)에 의해 관세 양허를 받기 위해서는 GSTP 원산지증명서를 이용하여야 한다.

(2) 원산지증명서의 종류

① 일반용 원산지증명서

대한상공회의소가 발급하는 원산지증명서 Form No. KCCI-1형식으로 일반적으로 원산지증명서라 하면 이 증명서를 의미한다.

② 일반특혜관세 원산지증명서(GSP C/O Form A)

GATT 규정에 따라 선진국이 저개발국 물품을 수입할 때 관세감면의 혜택을 주고 있는데 이 제도를 일반특혜관세제도(GSP)라 한다. GSP 혜택을 받고자 하면 수입통관 시 그 물품이 GSP 대상국가에서 생산된 것임을 증명해야 하며 그 방법은 GSP용 원산지증명서를 제출하는 것이다. 따라서 이 서류는 1968년 UNCTAD(United Nations Conference on Trade and Development: 유엔무역개발회의) 총회의 결과에 따라 개도국이나 후진국의 수출촉진 및 남북문제의 해결을 위해 도입된 것이다.

③ FTA 원산지증명서

수출물품이 FTA협정에서 정한 원산지기준을 충족하였음을 확인하는 서류로서 수입국에서 FTA 특혜관세를 적용받기 위해 통관 시 제출하는 서류이다. FTA 원산지증명서를 발급받으려는 자는 협정에서 정한 서류를 발급기관에 제출하고 확인을 받아야 한다.

6) 중량 및 용적증명서(Certificate of Weight/Measurement)

이 서류는 상업송장상의 기재내용을 확인할 목적으로 요구하는 보충서류이다. 따라서 이 서류는 수출화물이 선적업자의 집하장소에서 세관보세구역에 반입되면 등록검량업자에 의하여 화물의 용적과 중량에 대한 검사를 받아 발급하는 증명서로서 선적지시서, 선화증권 등에 그 수량이 기재되어 운임과 기타 제비용의 산출근거가 되는 서류가 된다.

7) 위생증명서(Certificate of Health)와 검역증(Certificate of Quarantine)

미국에서는 식료품, 약품류, 육류 등 동물의 부산물에는 무해함을 입증하는 위생증명서를 세관송장에 첨부할 것을 요구하고 있다. 즉, 위생증명서는 식료품, 약품류, 육류, 화장품 등을 미국 등에 수출할 경우 FDA(Food and Drug Administration: 미국 식품의약국)가 정한 기준에 합치된다는 증명서이며, 육류의 수출에는 도살 당시 균이 없었다는 증명서인 이 위생증명서가 있어야 수출이 가능하다.

8) 비유통성 해상화물운송장(Non-Negotiable Sea Waybill)

최근에는 컨테이너수송과 선박의 고급화로 운송기간이 단축됨에 따라 선화증권의 도착 전에 화물이 먼저 도착하는 경우가 많으므로 선화증권의 도착 시까지 기다리는 데 따른 시간과 비용의 낭비가 늘어가고 있다. 따라서 화물선취보증서(L/G)의 제도가 이용되고 있으나 이로 인한 문제점이 발생하게 됨에 따라 해상선화증권 대신에 해상화물운송장의 이용이 급증하고 있다.

이 서류는 양도성을 인정하지 않고 발급 당시부터 수화인(consignee)의 이름을 B/L상에 명기한 해상운송서류(straight B/L)이기 때문에 서류의 용도는 화물탁송 증거로서의 역할만 한다.

9) 복합운송서류(Multimodal Transport Documents)의 수리요건

복합운송의 경우에 발행되는 이러한 복합운송서류는 운송화물의 수취로부터 인도 시까지 적어도 두 가지 이상의 서로 다른 운송방식이 이용되고 최초의 운송인이 전 구간의 운송에 대하여 단일책임을 지고 발행하는 운송증권을 말한다.

10) 항공화물운송장(Air Waybill)의 수리요건

무역화물을 항공으로 운송하고자 하는 경우에 발급되는 운송서류가 바로 항공화물운송장이다. 항공운송장은 화물을 비행기로 운송할 때 항공회사에서 화물을 인수하는 시점에서 발급하는 운송서류이다. 단순한 탁송증거로서의 역할만 할 뿐 선화증권과는 달리 유가증권으로서의 성질을 가지지 못하기 때문에 기명식, 수취인식으로만 발행된다.

11) 도로, 철도, 내수로 운송서류(Road, Rail or Inland Waterway Transport Document)의 수리요건

이것은 수출품을 육상이나 하천을 이용한 배로 수송하는 경우, 운송서류가 갖추어야 할 제반 조건을 말하는데, 이와 같은 운송방법은 항구가 없는 내륙국가와 교역할 때 주로 이용되고 있다.

12) 특사배달 및 우편수취증(Courier and Post Receipt)의 수리요건

특사 및 우편수취증은 견본 등 소액의 물품에 대하여 신용장을 발행했을 경우 또는 신용장관련서류를 매입은행에서 발행으로 송부할 경우, 수출상이 이것을 수입상에게 소포로 부치고 배달기관으로부터 운송증명으로 받은 영수증을 말한다.

5절 | 수입대금결제와 운송서류 인도

매입은행으로부터 운송서류를 접수한 개설은행은 자기가 개설한 신용장조건대로 운송서류가 내도되었는지를 심사하여 수입대금 결제 여부를 확인한 후 개설의뢰인에게 운송서류를 인도하고 수입대금을 결제받는다.

1. 발행은행의 서류심사

1) 발행은행 서류심사의 의의

수출지에 있는 매입은행이 Nego절차를 마친 후, 신용장대금 수취를 위하여 발행은행으로 관련서류를 우송하면 이때부터 발행은행은 서류를 심사하게 된다. 이때 발행은행은 도착한 운송서류를 '상당한 주의(resonable care)'를 기울여 심사하여야 할 의무를 부담하게 되나, 상당한 주의의 구체적인 범위는 정해진 바가 없으므로 심사 당시의 정황에 따라 개별적으로 판단하거나 국제표준은행업무관행에 따라야 한다.

따라서 신용장의 발행은행은 상당한 주의를 기울여 서류를 검토하여야 하며, 그 문면의 내용이 신용장조건과 일치한다면 이를 수리하고 지급, 인수 또는 매입은행에게 대금을 보상하여야 한다.

2) 서류심사의 절차

신용장의 발행은행은 매입은행으로부터 운송서류의 원본(original document)과 부본(duplicate document) 중에서 먼저 도착한 것으로 내용을 심사하여야 한다. 즉, 발행은행은 매입은행이 발송한 Covering Letter 또는 Collection Letter상에 기입된 서류종류와 실제로 도착한 서류가 일치하는지를 확인한 다음 신용장발행 파일을 찾아 해당된 신용장의 조건과 도착된 서류와 그 기재문언이 일치하는지를 확인한다.

① 신용장 철을 꺼내 내도된 서류와 대조 확인한다.
② 수입업자에게 운송서류의 도착통지를 발송한다.
③ 상당한 주의를 기울여 서류를 심사한다.
④ 서류심사 결과 이상이 없으면 B/L 원본에 배서하여 수입업자에게 인도할 준비를 한다.
⑤ 수입업자에게 신용장대금을 징수하고 운송서류를 넘겨준다.
⑥ 신용장에 정해진 방법에 따라 매입은행의 계좌에 입금이 되도록 조치를 취하면 당해 신용장과 관련된 제반 절차가 모든 종결된다.

2. 발행은행의 대금결제

발행은행의 매입은행에 대한 대금지급은 결제방식이 송금이냐, 상환이냐, 차기이냐에 따라 다음과 같이 달라진다.

1) 송금방식(Remittance Basis)인 경우

신용장상의 결제관련문언이 "We shall make payment as per your instruction to be received"와 같이 기재되어 있으면, 발행은행은 매입은행에게 서류심사결과 통보 → 매입은행은 발행은행에게 상환은행 지정통보 → 발행은행은 지정된 상환은행으로 송금조치의 순서로 업무를 처리한다.

2) 상환방식(Reimbursement Basis)인 경우

신용장에 상환은행명이 명시되어 있는 경우에는 발행은행이 매입은행에 서류심사결과를 통보할 필요 없이 곧바로 지정된 상환은행에 Reimbursement Authorization을 보내면 된다.

3) 차기방식(Debit Basis)인 경우

신용장이 straight L/C이고 수출지에 지정은행이 있으면 발행은행은 지정은행에 서류심사결과를 통보하기만 하면 된다. 이 경우는 매입은행과 지급은행이 동일은행의 본·지점 간인 경우가 대부분이기 때문에, 발행은행이 서류를 접수하기 전에 매입은행이 이미 자행에 예치된 발행은행구좌에서 해당금액을 자동 인출해 버리는 것이다.

3. 운송서류의 인도

1) 서류인도의 의의

신용장의 발행은행은 매입은행으로부터 도착된 운송서류를 발행의뢰인에게 넘겨주어야 하는데, 이를 운송서류의 인도라고 한다. 신용장의 발행의뢰인은 운송서류가 있어야 운송인으로부터 운송화물을 청구할 수 있다. 따라서 화물을 대표하는 권리를 상징하는 운송서류를 수령하려면, 이와 상환으로 대금을 지급하여야 한다.

2) 환어음결제와 운송서류의 인도

개설은행은 매입은행에서 송달된 환어음 및 운송서류의 점검 후 신용장조건과의 일치가 확인되면 개설의뢰인에게 운송서류의 내도를 통지한다. 개설은행은 개설의뢰인에게 운송서류를 인도하기 위하여 환어음의 제시 및 지급 인수의 청구를 하게 되며, 개설의뢰인은 이에 따라 수입대금을 결제하여야 한다.

① 신용장조건에 따라 환어음의 지급인이 개설의뢰인 앞으로 되어 있는 경우는 개설의뢰인에게 운송서류의 내도통지와 함께, 일람출급어음인 경우는 어음의 지급을 청구하고 기한부어음인 경우는 어음의 인수를 청구한다.

② 신용장조건에 따라 환어음이 개설은행 앞으로 발행되어 왔을 때에는 개설은행은 일람출급어음의 경우라면 당행이 지급하고 나서 개설의뢰인에게 대금지급을 청구하게 된다. 한편 개설은행 앞 기한부어음인 경우라면 개설은행은 이 어음을 인수하고 개설의뢰인에 대해 자행발행의 환어음을 인수하도록 하든지, 개설의뢰인으로 하여금 약속어음을 발행하도록 하게 된다.

③ 개설은행으로부터 환어음의 지급을 청구받은 개설의뢰인은 수입대금을 자기자금이나 무역금융으로 신용장개설 외국환은행(영업점기준)의 선적서류 인수일로부터 7일 이내에 결제하여야 하며, 동기일 내에 결제하지 못하면 8일째에 외국환은행이 대지급 처리하고 있다.

4. 수입업자의 수입대금결제

발행은행으로부터 운송서류 도착통지를 받으면 수입업자는 수입서류 도착일로부터 7일 이내에 신용장대금을 결제하고 해당 운송서류를 인도받아야 한다. 만일 수입업자가 이 기간 이내에 대금결제를 하지 못하면 지연이자도 함께 지급해야 한다.

5. 수입화물선취보증서(L/G)

1) 수입화물선취보증서의 의의

본선이 입항하고 화물이 양륙됨에도 불구하고 환어음 및 운송서류가 아직 수입지의 은행에 도착되지 않는 경우가 있다. 이 방법은 화환관계은행을 보증인으로 하고 선화증권은 도착 즉시로 선박회사에 인도하겠다는 것과 이 보증인도에 의해서 발생한 모든 사고는 보증은행 및 수화인이 단독 또는 연대로 책임을 부담하겠다고 서약한 수입화물선취보증서(Letter of Guarantee: L/G)를 선박회사에 제출하고 물품의 인도를 받는다.

수입상이 이 의뢰서를 은행에 제출하여 보증의 승낙을 받으면 선박회사 또는 은행 소정의 화물선취용 서식에 의해 보증서를 작성하고, 여기에 은행의 보증은 얻은 다음 선박회사에 제출한다.

2) 수입화물선취보증서의 발급이유와 기능

수입화물선취보증서를 발급하는 것은 수입화물은 도착하였으나 운송서류가 도착되지 않아 화물의 인도청구를 할 수 없는 데에서 오는 수입업자의 손실을 방지하게 하기 위해서인데, 선박회사의 입장에서는 은행의 보증서(L/G)를 받고 인도하게 되는 것이므로 사고 발생 시 이를 커버할 수 있으며 은행의 입장에서도 수입담보화물의 조기인도에 따른 자금회수가 적기에 이루어지는 장점이 있다.

3) 수입화물선취보증서의 내용

수입화물선취보증서에는 주로 ① 선화증권이 도착하면 이를 지체 없이 선박회사에 제출할 것을 명시하고, ② 이 선취보증서에 의하여 인도된 화물에 대하여 발생되는 모든 손해는 화주 및 보증은행이 책임을 지고, ③ 양륙지에서 지급되는 추가운임 및 기타 비용과 선적지에 있어서의 미납선임 및 비용 일체를 부담할 것 등을 신용장 발행은행이 보증하는 내용으로 구성되어 있다.

4) 수입화물선취보증서의 발급신청

수입상은 수입화물이 국내항구에 도착하였으나 운송서류의 도착지연으로 물품인도가 불가능한 경우에 발행은행으로부터 L/G를 발급받아 선박회사에 제시하면, 선박회사는 이와 교환으로 화물인도지시서(Delivery Order: D/O)를 화주인 수입상에게 교부한다. 이에 의거하여 수입상은 본선 또는 창고의 관리책임자로부터 화물을 인수한다. 이 수입화물선취보증서의 발급신청은 대금결제방식에 따라 각각 생각해 볼 수 있다.

(1) D/A

인수인도조건(D/A)의 추심방식인 경우에는 화물선취보증서(L/G)의 발급은 원칙적으로 수출국의 추심의뢰은행으로부터 운송서류를 송달했다거나 송달하겠다는 확약을 추심은행이 확인한 경우에 한하여 발급된다.

이 경우 L/G를 발급받으려면 정식의 운송서류의 수령 시와 동일하게 지급인도조건(D/P)도 수입대금을 납부하여야 한다. 화물선취보증서를 발급받아 수입화물을 인도받게 되면, 그 후 정식의 운송서류를 수령하는 것은 다만 형식적인 절차에 불과하다.

(2) 화환신용장

화환신용장방식(Documentary Credit Basis)에서는 신용장 발행의뢰인인 수입상이 이미 충분한 발행담보를 설정하고 발행은행과 거래를 하고 있다는 것을 전제로 할 때, 수입상은 발행은행의 양식에 다음과 같은 서류를 구비하여 L/G의 발급신청을 하면 쉽게 이를 발급받을 수 있다.

① 수입화물선취보증서(L/G) 발급신청서
② 선박회사의 화물도착통지서(arrival notice)
③ 수입상의 각서
④ 운송서류의 사본 등

6. 수입화물대도(T/R)에 의한 서류인도

1) 수입화물대도의 의의

수입업자는 화환어음대금을 지급하지 않으면 어음의 담보로 되어 있는 운송서류를 입수할 수 없어서 수입통관에 지장을 받고 운송인으로부터 화물을 인수할 수 없다. 따라서 수입업자는 운송서류의 소유권은 담보물로서 그것을 보유하고 있는 은행에 있다는 것을 인정하고 그 운송서류를 대도(貸渡)받기 위하여 은행소정의 수입화물대도신청서에 필요사항을 기재하고 은행에 제출한다. 이것을 수입화물대도(Trust Receipt: T/R)라고 한다.

2) 수입화물대도의 효과

수입화물대도는 수입업자가 환어음대금을 결제하기 전에 화물을 처분할 수 있도록 하는 동시에 한편으로는 발행은행이 그 담보권을 상실하지 않도록 하는 제도이다.

일람출급 신용장하에서의 T/R은 기한부신용장의 경우와 같은 수입편의를 발행의뢰인에게 부여한다는 데 그 의의가 있다. 수출용 원자재의 수입 시 대도제도를 이용하게 되면, 수입대금은 완제품의 수출신용장에 따른 수출완료 시 결제할 수 있다.

3) 수입화물대도의 신청서류와 발급

수입상이 수입업자금의 부족으로 은행에 T/R를 신청할 때에는 다음과 같은 서류를 구비하여야 한다. ① 수입화물 대도신청서, ② 수입담보화물보관 및 처분약정서, ③ 선화증권, 상업송장 및 포장명세서의 사본, ④ 수입신용장 및 수입승인신청서 등이다.

11장

관세환급

11장 관세환급

1절 | 관세환급의 개요

1. 관세환급제도란

관세환급이라 함은 세관에서 일단 징수한 관세 등을 특정한 요건에 해당하는 경우에 그 전부 또는 일부를 되돌려 주는 것을 말한다.

관세법상 납세의무의 형평과 징수행정의 공평을 기하기 위한 관세, 가산금 또는 체납처분비의 과오납금을 납세의무자에게 환급하는 제도(과오납환급: 관세법 제46조)와 위약물품을 재수출한 경우 수입 시 납부한 관세를 환급하는 제도(위약물품의 관세환급: 관세법 제106조)가 있다.

그리고 수출용 원재료에 대한 관세 등 환급에 관한 특례법(관세환급특례법)에 의거 원재료를 수입할 때에 일단 관세 등을 납부하였거나 징수유예받은 물품 또는 이를 원료로 하여 제조 · 가공한 물품을 수출의 용도에 공한 때에 이미 납부한 관세를 환급해 주는 제도가 있다.

2. 관세 등의 환급대상

1) 수출용 원재료의 범위

① 수출물품 자체(원상태 수출물품)

② 수출물품 제조에 사용된 원재료(수출용으로 수입된 원재료뿐만 아니라 내수용으로 수입된 원재료도 포함)로서 수출물품을 형성하는 원재료는 물론 수출물품을 상품화하는 데 소요되는 포장재뿐만 아니라 수출물품을 형성하지는 않지만 당해 수출물품의 제조 · 가공에 직접적으로 사용되어 화학반응을 하는 물품과 당해 수출물품의 제조 · 가공에 직접적으로 사용되는 단용 원재료를 말한다.

2) 수입하는 때에 관세 등을 징수한 수입물품

① 정상수입물품(유환수입물품)
② 무환수입물품(세관장이 수출용 원재료로 인정, 통관한 물품)

3) 대응수출 이행기간 내에 수출 등에 제공된 물품

4) 환급대상 수입이 아닌 물품

① 수출이행기간이 경과하여 수출된 물품의 원재료
② 선수출 후 수입물품
③ 환특세율(환급에 갈음하는 인하세율)을 적용하여 수입한 물품
④ 수입 시 관세감면 등을 받은 물품
⑤ 국내에서 사용하다가 수출된 물품
⑥ 공매물품
⑦ 탄력관세 적용물품으로 내수용에 한한다는 조건이 붙은 경우

3. 관세 등의 환급방법

1) 정액환급

정액환급이란 수출물품별로 환급하여야 할 금액을 사전에 정하여 정액환급률표에 기재하여 놓고 그러한 물품이 수출되었을 때 수출신고필증만 제시받아 소요원료, 재료별 납부세액 등을 일일이 계산하지 않고 정액환급률표에 기재된 환급금액을 그대로 환급해 주는 방법이다.

2) 간이정액환급제도

중소기업에 대한 관세환급절차를 간소화하기 위하여 수출신고수리 시 간이정액환급률표에 게기된 품목에 대해서는, 동수출물품 제조 시 소요되는 원재료의 납부세액을 정하여 매 건별 관세 등의 납부액을 확인하지 않고 일정액을 환급하여 주는 제도이다.

3) 개별환급

개별환급이란 정액환급률표에 게기되어 있지 않은 수출물품 등에 제공한 물품을 제조 · 가공하는 데 소요된 원재료를 수입하였을 때 납부한 관세 등을 일일이 소요량증명서와 수입신고필증 등에 의하여 환급액을 계산하여 환급하는 방법을 말한다.

4) 개별환급금 지급제한제도

개별환급금 지급제한제도란 수출물품의 제조 · 가공 시 국내에서 생산되고 있는 원재료의 사용을 촉진하고 수출용 원재료의 수입을 억제함으로써 관세 등을 납부하고 수입하였다가 수출 등에 제공한 경우에도 관세 등의 일부 또는 전부를 환급해 주지 않는 것을 말한다.

5) 부산물에 대한 환급제도

수출용 원재료로 제조 · 가공되는 물품이 두 가지 이상이거나 경제적 가치가 있는 부산물이 있는 경우 사실상 수출되지 않은 이 부산물에 해당하는 관세 등을 환급함은 부당하므로 수입 시 납부한 관세 등 중에서 부산물의 가치에 해당하는 관세 등을 공제한 금액만을 환급한다.

4. 관세 등의 환급신청

수출물품에 대하여 관세 등 환급을 받고자 하는 자는 대통령령이 정하는 바에 따라 물품을 수출 등에 제공한 날로부터 2년 이내에 관세청장이 지정한 세관에 환급신청을 하여야 한다(관세환급특례법 제14조 제1항).

1) 환급신청인

수출 유형	환급신청인	수출사실 확인서류
1. 법 제4조 제1호 본문에 따른 수출	수출자 또는 수출물품의 제조자 중 수출신고필증에 '환급신청인'으로 기재된 자 • 수출자: 수출대행계약에 의해 수출위탁한 경우에는 수출위탁자(수출화주) • 제조자: 수출물품 제조자(임가공방식에 의한 위탁생산 포함), 완제품 내국신용장등에 의하여 수출 완제품을 공급하여 수출된 경우에는 완제품 공급자	수출신고필증
2. 규칙 제2조 제1항 제1호에 따라 박람회, 전시회 등에 출품한 무상수출	제1호와 동일	• 수출신고필증 • 대한무역진흥공사의 장이 확인한 출품확인서 또는 세관장이 출품사실을 인정할 수 있는 서류 • 외화입금증명서
3. 규칙 제2조 제1항 제2호에 따라 해외투자, 건설, 용역 등에 제공되는 무상수출	제1호와 동일	• 수출신고필증 • 대외무역관리규정 별표 3의 2호 아목의 확인서
4. 규칙 제2조 제1항 제3호에 따른 대체수출	제1호와 동일	• 수출신고필증 • 대체수출과 관련 당초 수출물품의 수출신고필증
5. 규칙 제2조 제1항 제4호에 따른 견본수출	제1호와 동일	• 수출신고필증
6. 규칙 제2조 제1항 제5호에 따른 무상수출인 경우	외국으로부터 가공임을 받고 국내에서 가공할 목적으로 반입된 수입원재료로 가공한 물품의 수출 또는 해당 원재료중 가공에 사용되지 아니한 물품의 반환을 위한 수출의 수출자 또는 제조자	• 수출신고필증 • 수탁가공계약서 등 수탁가공무역 수출임을 증명하는 서류 및 가공임에 대한 입금증명서

7. 규칙 제2조 제1항 제5의 2호에 따른 무상수출인 경우	외국에서 위탁가공할 목적으로 반출하는 물품의 수출자 또는 제조자	• 수출신고필증 • 위탁가공계약서 등 위탁가공무역 수출임을 증명하는 서류
8. 규칙 제2조 제1항 제6호에 따른 무상수출인 경우	위탁판매를 위하여 무상으로 반출하는 물품의 수출자 또는 제조자	• 수출신고필증 • 외화입금증명서
9. 규칙 제2조 제2항 제1호에 따른 주한미군에 대한 판매물품	• 납품완료증명서상 판매(공급)한 자 • 완제품 내국신용장 등에 의하여 완제품을 공급하여 판매한 경우에는 완제품공급자	• 주무부장관 또는 당해 수출조합장이 확인한 납품완료증명서 • 은행이 확인한 납품대금의 영수를 증명할 수 있는 서류
10. 규칙 제2조 제2항 제2호에 따른 주한외국기관에 대한 공사	공사완료증명서상 공사를 한 자	• 주무부장관 또는 해당 수출조합장이 확인한 공사완료증명서 • 은행이 확인한 공사대금의 영수를 증명할 수 있는 서류
11. 규칙 제2조 제2항 제3호에서 규정한 국산승용차의 판매	면세추천서상 판매자	• 주무부처의 장 또는 주한미군사령부 통관장교가 확인한 면세추천서 및 외화입금증명서(별지 제33호 서식) • 자동차검사증 또는 등록사실증명서류
12. 규칙 제2조 제2항 제4호에 따른 외화판매의 경우	납품(공사)완료증명서상 판매(공사)자	• 납품(공사)완료증명서(주무부장관 또는 수출조합장이 확인한 서류) • 조세특례제한법 시행규칙 제51조의 5에 규정한 서류
13. 규칙 제2조 제2항 제5호에 따른 낙찰물품에 대한 판매	물품인도증명서상 판매(공급)한 자	• 주무부처의 장이 확인한 물품인도증명서 • 관세감면요건서류 등 입증서류
14. 규칙 제4조 제3호에 따른 보세구역(종합보세구역 포함)·관세자유지역 반입 및 자유무역지역입주기업체에 대한 공급	물품반입확인서상 공급자 또는 제조자	• 세관장이 확인한 물품반입확인서(별지 제1호 서식)
15. 규칙 제2조 제4항에 따른 선(기)용품 및 원양어업용 물품	수출신고필증상 또는 물품적재확인서상의 수출자(공급자) 또는 제조자	• 수출신고필증 • 세관장이 확인한 물품적재확인서(별지 제1호 서식)

2) 환급신청기관

신청인의 본사 또는 제조장의 소재지를 관할하는 세관장에게 신청하여야 한다. 다만, 김해세관 · 김포세관 · 서울국제우편세관 · 부산국제우편세관 · 고성세관에 대하여는 환급 등을 신청할 수 없다.

환급신청인이 관할지세관이 아닌 세관으로 환급신청기관을 변경할 때에는 환급신청기관변경신청서(별지 제2호 서식)를 변경 전 세관장에게 제출하여 승인을 받아야 한다. 다만, 상기한 김해세관 등으로는 변경할 수 없다.

3) 환급대상 수출의 확인방법

(1) 법 제4조 제1호 본문에서 규정한 수출

해당 물품에 대한 환급을 할 때 전산에 의하여 선(기)적 사실을 확인하고 환급한다.

(2) 규칙 제2조 제1항에서 정한 수출

해당 물품에 대한 환급을 할 때 전산에 의하여 선(기)적 사실을 확인한다.

'1'에서 정한 수출사실 확인서류에 의하여 환급대상 수출 여부를 확인한 후 환급한다.

(3) 규칙 제2조 제2항에서 정한 수출

해당 물품에 대한 환급을 할 때 '1'에서 정한 수출사실 확인서류에 의하여 환급대상 수출 여부를 확인한 후 환급한다.

(4) 규칙 제2조 제3항에서 정한 수출

환급을 받고자 하는 물품을 보세공장 등에 반입하고 그 반입장소를 관할하는 세관장에게 물품반입확인서(별지 제1호 서식)를 제출하여 반입사실과 환급대상수출에 해당되는지 여부에 대하여 확인을 받아야 한다.

관할지세관장은 환급할 때 물품반입확인서에 의하여 수출사실을 확인 후 환급한다.

(5) 규칙 제2조 제4항의 규정에서 정한 수출

당해 물품에 대한 물품적재확인서(별지 제1호 서식)를 세관장에게 제출하여 허가를 받고 당해 물품을 선박(원양어업용 물품의 경우에는 운반선을 포함한다) 또는 항공기에 적재한 후 세관장의 선(기)적 확인을 받아야 한다. 다만, 원양어업용 물품의 경우에는 선(기)적 허가를 신청할 때에 원양어업용 선용품 무환반출확인서(원양어업선용품 무상반출확인 사무취급요령(농림축산식품부고시) 제1호 서식)를 제출하여야 한다.

관할지세관장은 해당 물품에 대하여 환급할 때 물품적재확인서에 의하여 선(기)적 사항을 확인한 후 환급한다.

4) 환급방법 및 환급신청서류

(1) 개별환급

환급신청인은 환급 등의 신청을 서류제출 없이(paperless를 말하며, 이하 'P/L'이라 한다) 전자문서로 하고, 세관장은 그 전자문서로 신청한 환급신청서의 기재사항과 법에 따른 확인사항 등을 심사하는 것을 원칙으로 한다. 다만, '서류제출대상'인 경우에는 관련서류를 제출하여 심사를 받는다. 서류제출대상으로 통지받은 환급신청인은 그 접수통지를 받은 날부터 3일 이내에 다음 각호의 서류를 관할지세관장에게 제출하여야 한다(정액환급률표를 적용하여 환급신청하는 경우에는 제3호부터 제5호까지의 서류는 제출하지 아니한다).

① 환급신청서
② 수출신고필증 등 수출사실 확인서류
③ 소요량 계산서류
④ 소요원재료에 대한 납부세액 확인서류
⑤ 환급금 계산내역표(조견표)
⑥ 간이정액환급신청인 경우 제조자가 환급신청하였는지 여부를 확인할 수 있는 위탁가공계약서 · 위탁가공료지급 세금계산서 등의 자료(국내 위탁가공 수출물품에 한함)

(2) 간이정액환급

전년도 환급실적을 기준으로 평균 개념에 의해 관세청장이 정한 환급율표에 의하여 환급을 받는 것을 말한다. 환급신청년도가 속하는 년도의 직전 2년간 매년도 환급액이 6억원 이하인 중소기업이 수출하는 물품에 대하여 적용되며 간이정액환급율표에 게기된 품목이어야 한다. 이 경우에는 소요량계산서 및 수입신고필증 등 수입 시 납부한 관세 등을 증명하기 위한 근거서류가 필요 없다.

(3) 환급신청자료의 전송 및 서류 제출

환급특례법 시행령에 의거 환급신청을 하는 자는 관세사 또는 회사 내 자체 EDI 시스템을 통하여 세관에 전자문서를 전송하고 접수통보를 받아 접수번호를 기재한 환급신청서 등을 접수통보받은 후 3일 이내에 세관장에게 제출하여야 한다.

(4) 추가환급신청

수출물품(HS 10단위 기준)에 대하여는 일괄환급신청하는 것이 원칙이나 환급신청인의 권리보호 측면에서 다음의 경우 추가로 한 번 더 환급신청할 수 있다.

① 환급신청 시 일괄환급신청하였으나 환급기관의 계산 착오 등으로 환급금을 부족하게 지급한 경우

② 수입 시에 원재료에 대한 관세율의 적용 착오 등으로 추징한 세액이 환급신청 시에 빠졌거나 환급된 후에 추징된 경우

③ 수출물품을 제조가공할 수 없는 원재료가 환급되어 그 세액이 추징된 경우, 수출물품을 생산할 수 있는 정당한 원재료에 대해서는 추가환급신청

④ 환급신청인의 착오로 수출이행기간이 경과된 수입신고필증 등으로 환급한 것이 추징된 경우 유효한 수입신고필증 등으로 추가환급신청

5) 환급신청 시 제출서류

환급신청 시에는 소정의 환급신청서에 다음 각호의 서류를 첨부하여 관할세관장에게 제출하여야 한다.

(1) 개별환급의 경우

① 수출신고필증 등 수출사실증명서류

② 소요량계산서류

③ 소요원재료의 납부세액을 확인할 수 있는 서류

- 수입신고필증

- 기초원재료납세증명서
- 수입신고필증분할증명서
- 평균세액증명서

④ 기타 관세청장이 정하는 서류

(2) 정액환급의 경우

정액환급의 경우 정부가 정한 정액환급률표에 의해 환급금을 계산하므로 소요량계산서류 및 원재료납부세액을 확인할 수 있는 서류의 제출은 필요하지 아니하며 수출신고필증 등 수출사실증명서류만 제출한다.

6) 환급금에 대한 심사

(1) 환급금 지급 후 심사

수출업체에서 전산에 의해 환급신청하면 환급전산시스템에서 환급의 기본요건, 수출입내역 등을 자동으로 심사하게 되는데, 환급금의 결정에 가장 중요한 요소인 소요량을 전산에 의해 확인할 수가 없다. 따라서 환급에 사용하는 소요량은 기업자율책정소요량에 의해 우선 환급한 후 각종 통계자료 및 정보를 분석하여 과다환급 우려가 있는 업체를 선별하여 서류심사 또는 기업실지조사를 통해 환급금의 정확 여부를 사후 심사하게 된다.

(2) 환급금 지급 전 사전심사

관세환급업무의 전산처리에 따라 환급금의 정확 여부는 환급금을 지급한 후에 하는 것이 원칙이나 부정환급의 정보가 있거나 관세법령을 위반한 불성실업체가 환급신청하는 경우에는 환급금 지급 전에 사전심사를 하게 된다.

7) 환급신청 시 계좌번호의 기재

환급신청인은 환급신청 시에 관세청장이 정하는 바에 따라 전용계좌를 개설하고 환급신청서에 그 계좌번호를 기재하여야 한다(관세환급특례법 시행령 제18조 제6항). 즉, 환급금은 관세청장이 지정한 환급금 지급은행에서 개설한 환급금 전용계좌를 통해 지급하며 한국은행을 통해 지급하지 아니한다.

8) 환급신청기간

수출신고필증은 수출신고수리일로부터 2년을 경과하지 않아야 되며, 원칙적으로 선(기)적이 확인된 것이어야 하나, 환급기관이 인정하는 경우에는 선장이 발행한 본선수취증(Mate's Receipt: M/R) 또는 선적선화증권으로 선(기)적 확인을 대신할 수 있다.

2절 | 수출용원재료의 국내거래

1. 기초원재료 납세증명서

기초원재료 납세증명이란 수입한 기초원재료를 사용하여 제조 · 가공한 중간원재료를 수출물품을 제조할 자 또는 2차 중간원재료를 제조할 자에게 양도하는 경우에 중간원재료에 포함된 기초원재료의 납부세액을 증명해 주는 서류로서 최종수출 후에 수입신고필증 대신에 동기초원재료 납세증명서를 제출하여 환급받을 수 있다. 구비서류는 다음과 같다.

① 기초원재료 납세증명(신청)서 2부

② 국내거래관계 입증서류(Local L/C 등)

③ 인수증 사본 또는 세금계산서 사본

④ 소요량증명서 또는 소요량계산서(기준소요량 고시품목에 한함)

⑤ 원재료수입신고필증 등 납부세액 확인서류

2. 분할증명서

분할증명서란 수입신고필증을 환급신청에 사용하려고 할 때 환급신청기관이 중복되어 수입신고필증의 제출이 곤란한 경우 또는 수입물품을 원상태로 거래한 경우에 수입신고필증을 분할하여 사용하거나 거래당사자에게 나누어 줌으로써 환급신청에 사용이 용이하게 하는 제도이다. 구비서류는 다음과 같다.

① 분할증명신청서 2부
② 분할하고자 하는 수입신고필증 등
③ Local L/C 등 국내거래관계서류(여기서 local L/C는 원자재 유통업자를 수혜자로 한 것만 해당됨)
④ 물품인수증 또는 세금계산서를 관할세관에 제출하여야 하며 관할세관은 환급신청 기관을 참조

3. 평균세액증명서

평균세액증명서는 복잡한 규격의 원재료를 HS 10단위로만 구분하여 HS 10단위 내에 포함되는 원재료는 동일한 것으로 간주하고 규격별로 각각 다르게 납부한 세액의 평균치를 산정하여 그 평균치를 환급함으로써 환급절차를 보다 간편하게 하기 위한 제도이다.

평균세액증명서 발급대상은 당해 월에 수출용으로 수입하거나 내국신용장 등에 의하여 매입한 전량이 되며 HS 10단위별로 발급한다.

평균세액증명서를 발급받고자 하는 자는 평균세액증명서 발급신청 전에 세관장에게 평균세액증명서 발급대상 물품지정을 사업자등록증상의 사업자등록번호의 구분에 의한 사업자별로 신청하여 지정을 받아 평균세액증명(신청)서에 수입신고필증 및 기초원재료납세증명서를 제출하면 된다. 평균세액증명서로 환급을 받고자 할 때에는 평균세액증명서 발급기관에 신청하여야 한다.

3절 | 환급절차 간소화에 따른 환급신청자의 의무 및 벌칙

1. 환급절차의 간소화

관세환급특례법에는 환급절차를 대폭 간소화하여 환급신청 즉시 환급금을 지급하되

환급절차 간소화에 따른 수출업체의 의무와 불성실 환급신청자에 대한 제재도 강화하였다. 환급절차 간소화 등에 대한 주요 내용은 다음과 같다.

1) 환급신청 시 제출서류의 생략

① 수출신고필증 및 원재료수입신고필증 등
② 소요량계산서류
③ 원재료의 환급사용내역에 대한 수입신고필증의 분할사용기록내역

2) 소요량의 자율책정

국가에서 고시하거나 확인을 받은 소요량증명서에 의해 환급금을 계산하던 것을 기업이 자율적으로 소요량을 책정하여 환급금계산에 사용하도록 소요량자율관리제도를 도입하였다.

3) 환급금 지급 후 환급금의 정확 여부 심사

수출업체에서 EDI방식으로 전산환급신청하면 관세청의 환급전산시스템이 자동심사하여 환급금을 결정하고 환급금이 결정된 즉시 지급은행에 EDI망을 통하여 신청인 계좌에 입금되도록 환급신청, 심사, 지급업무의 전산처리에 따라 전산으로 처리할 수 없는 소요량 등을 환급금 지급 후에 심사하는 환급사후심사제도를 도입하였다.

4) 로컬거래된 원재료에 대한 기납증 등의 자율발급제도

내국신용장이나 구매승인서 등에 의해 수출업체에 로컬공급한 원재료의 전가세액을 증명하는 기납증이나 분할증명서는 세관에 나와서 발급받았으나 관세청장이 지정하는 업체에 대하여는 자율발급을 허용하게 된다.

2. 환급신청자의 의무

1) 성실한 환급신청의무

수출물품에 대한 관세 등의 환급을 관련 증빙서류 없이 전산에 의해 신청을 받아 컴퓨터시스템에서 기본요건 심사만 거쳐 환급금을 지급하도록 환급제도를 개선한 것은 기업의 성실한 환급신청을 전제로 한 것이므로 환급신청자는 국가가 확인하던 각종 환급요건, 소요량의 적정 여부 등을 환급신청 전에 스스로 확인하여 성실하게 환급신청해야 한다.

2) 환급관련서류의 보관 및 제출의무

관세환급에 따른 관련서류 제출생략 및 소요량의 자율책정은 기업의 성실한 환급신청을 전제로 한 것이므로 환급신청 시에 세관에 제출하던 서류는 기업이 성실히 보관해야 한다.

(1) 서류의 보관 및 보관기간

① 수출물품별 원재료의 소요량계산 근거서류 및 계산내역에 대한 서류: 5년
② 내국신용장 등 수출용 원재료의 거래관계서류: 3년
③ 수출신고필증 등 관세환급특례법 제4조에서 정한 수출사실증명서류: 3년
④ 수입신고필증 등 원재료의 납부세액을 증명할 수 있는 서류: 3년
⑤ 기타 관세청장이 정하는 서류: 3년

이상의 환급관련서류는 서류의 원본을 보관하는 것이 원칙이나 기업이 서류보관에 따른 비용과 관리에 편의를 제공하기 위하여 이들 서류는 관세청장이 정하는 바에 따라 마이크로필름, 광디스크, 기타 자료보존 매체에 의해 보관할 수도 있다(관세환급특례법 제20조 제2항).

(2) 환급관련서류의 제출

앞에서 설명한 바와 같이 환급관련서류 없이 전산에 의해 환급신청한 사항을 전산심사에 의해 환급금을 지급하고, 환급금의 정확 여부는 환급금을 지급한 후에 심사하도록

함에 따라 관세청장 또는 세관장은 환급금의 적정 여부를 심사하는 데 필요한 경우 업체가 보관하고 있는 서류의 제출을 요구할 수 있다(관세환급특례법 제20조 제3항).

3. 과다환급금의 징수 및 자진신고

1) 과다환급금의 징수

수출업체에서 환급대상이 되지 않는 원재료에 대하여 환급을 받았거나 소요량의 과다책정 등으로 환급받아야 할 금액보다 과다환급받은 경우 세관장은 관세법 제47조 제2항의 규정에 따라 환급받은 자로부터 이를 징수한다.

2) 과다환급금의 자진신고

관세 등의 환급을 받은 자 또는 정산신고한 자가 과다환급받은 사실을 알았거나 정산신고 시 납부해야 할 관세 등을 부족신고한 것을 안 때에는 대통령령이 정하는 바에 의하여 세관장에게 그 사실을 신고하고 당해 과다환급금 등을 자진하여 납부할 수 있다(관세환급특례법 제21조 제4항).

3) 과소환급금의 지급 및 환급가산금 지급

환급신청인이 정당하게 환급신청하였으나 세관장의 귀책사유로 인하여 신청한 환급금보다 과소하게 환급금을 지급한 사실을 세관장이 알았거나 환급신청인의 신청이 있는 경우 이를 심사하여 지체 없이 과소환급금을 지급한다.

12장

국제환경변화와 신무역 접근

12장 국제환경변화와 신무역 접근

1절 | 미국의 반도체법과 CHIP 4

1. 반도체법 도입의의

미국의 반도체법은 2023년 미국 경제의 목표달성, 즉 경제성장과 실업률 제고를 위해 입법되었다. 또한 미국의 경제적 이익과 혁신산업과 경쟁력 있는 산업 주도권을 확보하고, 중국의 경제, 산업, 방위산업 등의 견제를 목적으로 한다. 반도체법은 약 2,800억 달러(한화로 대략 366조) 규모의 투자를 유치하기 위한 법안으로 이를 통한 반도체 시설 건립지원, 연구개발 인력지원, 국방관련 반도체 제조지원 등이 주요 내용이다. 추가적으로 미국 내에 반도체 공장을 짓는 미국 내 기업은 물론 외국기업에게도 25% 세액공제를 해주는 것도 포함하고 있다. 그러나 이 법은 미국 내에만 한정해서 투자하는 것으로 한국에 위치한 공장은 수혜를 받을 수 없다.

2. 반도체법 도입배경

전 세계 파운드리(반도체 위탁생산) 시장점유율 1위는 대만의 TSMC(54%), 2위는 한국의 삼성전자(15%)이며 미국의 글로벌파운드리스는 6% 수준이다. 코로나19로 인해 글로벌 반도체 공급망은 타격을 입었으며, 이로 인해 미국 내 자동차, IT, 가전, 무기 등 여러 산업이 타격을 받았다. 또한 미국의 반도체 자급률은 12% 정도로 타 산업군과 비교해 매우 낮은 수준을 유지하고 있다.

미국은 중국의 경제성장 및 기술 경쟁력 우위 확보를 견제하기 위한 수단이 반도체산업임을 인지(중국의 반도체 자급률은 2022년 기준 약 19% 정도로 낮음)하고 있다. 따라서 미국은 반도체산업에서의 우위를 점하기 위한 목적으로 반도체법을 도입하였다. 이러한 미국의 의도에 따라서 한국 반도체기업은 미국의 반도체법 도입의 조치에 따라 미국과 중국 중 하나를 선택해야 하는 양자택일의 상황이 되었다.

3. 반도체법과 칩4

미국은 반도체산업분야에서 중국에 대한 기술적 우위를 강화하기 위한 반도체 생태계 육성법안으로 반도체와 과학산업에 2,800억 달러(약 366조 원)를 주요 내용으로 하는 투자관련 법안을 마련하였다.

최근 미국의 반도체 자급률이 매우 낮아 위기 시 공급망이 쉽게 붕괴할 위험에 처해 있으며, 첨단산업을 중심으로 한 중국과의 패권경쟁에서 우위를 점하기 위해 반도체법과 칩4(Chip4) 동맹(한국, 미국, 대만, 일본으로 구성된 반도체 협력체)을 진행하고 있다. 이는 미국 내에서 더 많은 반도체를 생산하여 자급률을 높이기 위한 것으로, 특히 미국의 팹리스(반도체 설계분야), 한국의 메모리 반도체와 파운드리, 대만의 파운드리 그리고 일본의 소재 및 설비분야를 합친 동맹을 구축해 안정적인 반도체 공급망을 구축하기 위해 반도체법과 칩4 동맹결성을 추진하고 있다.

1) 반도체법 주요 내용

미국 내에서 자국 또는 외국기업이 반도체 관련 시설 및 장비투자, 즉 첨단 공장을 건설하면 세액을 25% 공제한다. 또한 투자 수혜기업은 중국에 투자를 제한한다(10년간 비우호국가 투자제한, 공장 구축 및 증설 금지).

2) Chip4

반도체 동맹을 구축하기 위하여 팹리스(fabless)는 미국, 한국의 메모리 반도체, 일본의 소재 및 설비분야 그리고 대만의 파운드리 분야의 경쟁력 있는 국가 간 동맹을 구축하였으며, 이를 통해 파트너 국가 간 안정적인 반도체 생산 및 공급에 그 목표를 두고 있다. 그리고 최첨단 반도체의 대중 수출규제 가능성, 중국을 배제한 공급망을 구축하는 데 주요 목적이 있다.

4. 반도체법 가이드라인

미국은 반도체법의 가이드라인을 두고 이를 준수하도록 하고 있다. 초과이익이 발생하면 정부와 공유해야 하며(약 1억 5,000만 달러(1,950억 원) 이상 지원받을 시 해당), 수입에 대한 공유는 지원된 자금의 75%다. 이는 이익이 많이 발생하면 보조금을 환수하는 성격이 짙다. 또한 미국 정부기관 등이 반도체 공장 접근을 허용하도록 하여 언제든지 반도체 생산을 감시할 수 있도록 법안이 구성되어 있다. 이는 이익을 전망하며, 공장생산정보 등 공유를 통해 반도체 제조의 기밀사항을 공유해야 한다는 내용을 담고 있다.

또한 미국의 광범위한 사회적 목표를 동시에 추구하고, 근로자에게 고품질 보육서비스를 제공해야 하며, 가능한 노조를 인정해야 하고, 생산시설을 구축하는 데 필요한 자재는 미국산 철강과 건설자재를 사용하도록 하고 있다. 또한 보조금을 신청하는 기업은 자사주 매입도 제한하도록 하고 있으며, 아울러 반도체 인력양성 프로그램을 마련하여 철저한 미국주도의 반도체법이라고 말할 수 있다.

5. 중국관련 가이드라인

미국은 정치, 경제, 국가안보 등 다양한 분야에서 중국과 패권을 차지하기 위해 노력하고 있다. 특히 반도체법도 마찬가지로 중국을 견제하기 위해 제정된 법률이라고 할 수 있다. 특히 중국관련 가이드라인은 중국과 투자협력이라든지 라이선스계약을 체결하지 못하도록 하고 있으며, 앞으로 10년간 중국에 투자 금지조항을 두고 투자를 사실상 금지하도록 하고 있다. 또한 중국과 공동으로 기술개발을 하지 못하도록 하고 있다. 중국에 반도체 종류와 소재에 따라 30%에서 55%까지 수출하도록 하고 있으며, 현재 이와 관련 투자금액만 60조 넘는 금액으로 투자하고 있어서 한국은 엄청난 수출적자가 예상되고 있다.

6. 문제점

미국의 반도체법에 의해 한국기업은 많은 손해가 예상된다. 특히 반도체법에 의해 미국에 투자한 수혜기업은 중국 투자가 제한되고 있으며, 미국 정부는 반도체법 가드레일 조항을 넣어 인센티브를 받는 경우 향후, 10년 동안 중국 등 우려국에 반도체 시설을 새로 짓거나 기존시설에 추가 투자할 수 없도록 조건을 제시하고 있다. 또한 10년간 비우호국가에 28나노 미만 첨단공정과 메모리 반도체공장 구축 및 증설이 불가하도록 하고 있어 반도체 수출의 60%(홍콩 포함/미포함 시 40%)가 중국으로 수출되고 있는 한국기업들은 수출감소가 예상된다.

현재 삼성전자와 SK하이닉스는 중국에 반도체 생산공장을 가지고 반도체를 생산하여 수출하고 있다. 이에 대해 중국은 칩4, 반도체법에 대해 불합리한 동맹으로 간주하기 때문에 한국 입장에서는 2016년 사드 보복 사태의 재현이 우려된다.

그러나 한국기업은 미국에 공장을 건설 중인 삼성전자가 총 11곳의 공장을 설립 계획 중이며, SK하이닉스도 2023년 1분기에 미국 내 반도체 패키징 공장 착공예정으로 반도체법에 따라 세액공제 혜택을 받을 수 있다. 이와 같은 반도체법에 의해 미국과 중국에 투자하고 있는 한국기업은 어려운 난관에 부딪치고 있다. 따라서 한국정부는 중장기적인 외교, 경제적인 부분도 고려해야 하기 때문에 정부는 계속해서 칩4 가입을 고민해야 할 것이다.

2절 | 미국의 인플레이션법(IRA)

1. 개요

미국의 '인플레이션 감축법(Inflation Reduction Act)'은 바이든 대통령의 서명에 따라 2022년 8월 16일부터 발효되었으며, 동법은 바이든 대통령이 이전부터 추진해 온 미국의 '더 나은 재건(Build Back Better: BBB)' 법안을 수정한 것이다. IRA 재원규모는 결국 총 7,400억 달러(약 966조 원)이다. IRA의 목표는 궁극적으로 전 세계적 인플레이션 상황에서의 '미국 국민생활 안정화'라는 대의명분을 추구하고 있다. IRA 주요 골자는 의약품·에너지 가격의 인상을 억제하고, 이를 통해 물가를 안정화하는 것은 물론, 의료비와 에너지비용 감소 및 세액 공제 등으로 직접적인 가계지출을 축소하는 데 그 목적이 있다. 특히 청정에너지산업 발전이 일자리 창출 및 가계소득 안정화에 기여한다는 명분도 내세우고 있으며, 동법이 미국 내 설비의 부족으로 인한 공급난과 가격 급등을 대비하여 자국 중심의 공급망 재편까지 도모하는 데 있으나 그 궁극적인 목적의 취지는 단순히 미국시장에만 그치지 않고 중국시장을 견제하는 것으로 보인다.

2. IRA 법안 취지 및 목적

1) 법안취지

인플레이션 감축법(IRA)은 기업의 법인세를 늘려 마련한 재원을 에너지 안보와 기후위기, 서민 의료지원 등에 집중 투자하여 치솟는 에너지비용과 의료서비스가격 상승을 잡기(물가 억제) 위한 것이 기본취지이다. 중장기 미국 내 친환경산업관련 제조역량을 높이기 위해 신규 세액공제 혜택을 주는 법안으로서 신규 세액공제 혜택 산업 및 제품에 긍정적 영향을 미칠 것으로 보고 있다.

2) 법안목적

미국의 경제성장과 지구온난화 등 중장기적으로 미국 내 친환경산업을 육성하고 관련 제조역량 제고를 목적으로 제정하였다. 특히 태양광, 풍력 등 재생에너지 생산설비 가치사슬(value chain)의 미국 내 확보와 이를 통해 공급망의 안정적 확보, 자국 내 생산 및 판매 장려 등을 목적으로 제정되었다.

인플레이션 감축법은 중국을 겨냥한 정책으로서 장기적으로 2차전지에 필요한 광물은 80%, 부품은 100%를 미국 및 미국 FTA국가에서 만들어야 7,500달러의 보조금을 받을 수 있도록 만들어진 법이다. 특히 우려국가인 중국 등에서 제조된 부품과 채굴, 제련, 리사이클된 광물을 포함하면 모든 혜택에서 제외하기로 되어 있다. 그리고 광물 80%(2024년 40%부터 매년 10% 상향), 부품 100%(2023년 50%부터)까지 적용되고 있다.

그림 12-1 미국 인플레이션 감축법 주요 내용

청정에너지	
2030년까지 온실가스 40% 감축(2005년 대비)을 위해 에너지 안보 및 기후변화 대응에 3,750억 달러(약 479조 원) 투자	
친환경 에너지 발전 지원	태양광 패널, 풍력 터빈업체 등에 600억 달러 규모의 세액공제 · 인센티브 제공
에너지 효율 가전 구입 리베이트	열펌프나 기타 에너지 효율적인 가전제품 구입 시 14,000달러의 직접 소비자 리베이트 제공
태양열 설치 세금 공제	가정에서 지붕에 태양열 설치 시 30% 세금 공제(750만 가구)
전기차 구매 세액 공제	신차는 최대 7,500달러, 중고차는 최대 4,000달러 세액 공제
• 중국 등 우려 국가에서 생산된 배터리 · 핵심광물을 사용한 전기차 제외 • 미국에서 조립 · 생산 • 배터리 · 핵심광물의 일정 비율 이상을 미국에서 생산	
보건의료	
노인 처방약 부담금 감소	메디케어(공공 건강보험) 파트 D를 가진 노인 5천만 명의 처방약 본인 부담금 상한선 연간 2,000달러
당뇨환자 인슐린 비용 감소	메디케어에 가입된 당뇨병 환자 330만 명의 인슐린 비용 상한선 월간 35달러
건강보험료 지원 연장	연간 평균 800달러의 건강보험료 보조금 지급 연장(1,300만 명)
세금(재원마련)	
대기업 법인세 증세	연소득 10달러 이상의 기업에 최소 15% 법인세 부과
자사주 매입 세금 부과	자사주 매입 시 매입액의 1% 과세

출처: AP, 미국 백악관

여기에서 미국과 FTA 체결된 주요 국가로는 호주, 캐나다, 칠레, 페루, 한국 등이 있으며, 기타 국가로는 바레인, 콜롬비아, 코스타리카, 도미니카공화국, 엘살바도르, 과테말라, 온두라스, 이스라엘, 요르단, 멕시코, 모로코, 니카라과공화국, 오만, 파나마, 싱가포르 등이 있다. 그러나 한국과 FTA가 체결되었다고 하더라도 한국기업이 중국에 투자하여 제조된 물품이 포함된 제품은 제외한다고 되어 있다.

3. 주요 내용

인플레이션 감축법(IRA)은 매우 다양한 규범을 포함하고 있으며, 세 가지 관점에서 핵심분야로 나누어 볼 수 있다.

1) 보건(Healthcare)

먼저 보건분야이다. '보건' 관련해서는 처방의약품의 가격 인하, 보건비용 부담 완화, 제약업계의 영향력 견제 등이 주요 골자를 이루고 있다. 특히 소위 '오바마 케어'로 불리는 '건강보험개혁법(Affordable Care Act: ACA)'의 보험료 보조금 수혜대상 및 지원규모를 2025년까지 연장 적용하고 있다. 이의 메디케어(medicare)에 따라 환자가 처방약에 대해 부담하는 금액에 대해 2천 달러의 상한선을 설정하고 있으며, 뿐만 아니라 인플레이션에 따른 특정 의약품가격 인상을 제한하고, 메디케어가 처방약가격을 제약회사와 직접 협상할 수 있도록 허용하는 등 각종 의료비 절감정책을 다수 포함하고 있다.

2) 청정에너지(Clean Energy)

청정에너지 부문에서는 에너지비용 감소, 청정에너지 경제 구축, 환경오염의 감소 등을 주요 목표로 설정하고 있으며, 특히 에너지 안보 및 미국 내 생산지원을 위해서 태양광 패널 · 풍력터빈 · 배터리 및 중요 광물 가공의 리쇼어링에 대한 생산인 경우에 세액을 공제한다.

전기차 · 풍력터빈 · 태양전지판 등 청정기술 제조 건설에 대한 투자했을 경우에 세액을 공제하며, 신규 청정에너지 차량 제조시설 건설 대출 및 기존 시설 재정비 보조금이 규정되어 있다. 탈탄소화 경제를 위해서 청정에너지 전환에 대한 보조금 및 대출지원을 지원해 주며, 지역사회 청정기술 지원, 청정 전력원, 에너지저장, 청정 연료 차량에 대한 세액을 공제한다. 가정용 열펌프 · 태양광 · 전기 냉난방공조시스템(HVAC) 등 소비자 세액공제와 미국산 전기 · 대체에너지 차량 구매 시 세액공제정책이 명시되어 있다.

| 그림 12-2 | 청정에너지 세액대상제품

신규 세액공제 혜택대상제품			
	**태양광** 폴리실리콘, 웨이퍼 셀, 모듈, 인버터 등		**풍력** 블레이드, 나셀(Nacelles), 타워, 해상풍력 플랫폼 등
	**2차전지(배터리)** 전극활물질, 셀, 모듈		**2차전지 관련 핵심광물(희유금속)** 니켈, 리튬, 코발트, 망간, 알루미늄 등

3) 조세(Taxes)

조세분야는 크게 조세법의 공정화와 재정적자 감축이라는 두 가지 목표로 설정되어 있다. 이의 정책법은 3년간 연평균 수익 10억 달러 이상의 초대형 기업대상으로 15% 최저법인세율 부과하는 '대체 최저법인세'를 시행하고 있으며, 기업이 자사주를 매입(buyback)하는 경우 매입액의 1%를 소비세로 부과하여 세수를 증대시키고자 한다. 국세청의 과세 집행 강화 및 납세서비스 개선뿐 아니라 전체적인 조세 운용체제의 현대화를 도모하고 있다.

4. 정책자금 지원 비중

인플레이션 감축법의 주요 정책 집행을 위해 총 7,400억 달러 규모의 재정을 배당하였으며, 법인세 및 처방약 가격책정 개혁 등을 통해 모아지는 총수입에서 4,370억 달러를 투자해야 한다. 이 중 80%에 달하는 3,690억 달러가 에너지 안보 및 기후변화에 지출될 예정이다. 향후 IRA 집행에 있어 미국의 청정에너지산업 관련정책이 상당한 비중을 차지할 것으로 전망된다.

5. IRA 우려사안

인플레이션 감축법으로 인하여 우려되는 사안으로는 기업들의 법인세가 증액됨으로써 기업의 투자가 축소되고 생산이 감소되며 아울러 성장이 느려질 수 있다는 점이며,

또한 임금인상을 억제하고, 이에 가계의 소비가 감소하여 내수가 침체되어 경제가 둔화되는 경향이 있다. 이는 기업의 생산이 감소할 뿐만 아니라 기업의 혁신역량을 떨어트려 경제에 부정적 영향을 미치고 있다.

| 그림 12-3 | 인플레이션 감축법의 우려

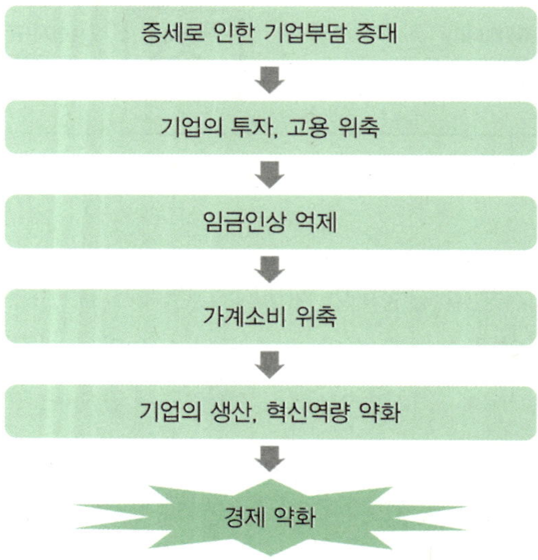

6. IRA 평가

현재 IRA의 인플레이션 감축효과에 대해서는 긍정적인 전망뿐 아니라 비판 또한 병존하고 있으며, IRA 도입으로 인하여 미국 내 전반적인 보건, 환경 및 조세정책의 많은 변화를 초래할 것이다. 미국시장 내 한국기업의 경제활동에 있어서도 큰 파장이 예상되고 있으며, 동법의 주요 정책목적이 '미국 국민의 생활 안정화'인 만큼 직접적으로 국제통상 관련 정책목적을 언급하고 있지 않다. 그러나 '청정에너지' 관련조항들의 경우, 미국산업에 대한 보조금 및 리쇼어링 지원정책이 다수 포함되어 있기에 한국기업들의 통상관계에 좀 더 많은 영향을 미칠 것으로 보이고 있다.

7. 한국에 미치는 영향

IRA로 인한 한국기업의 성패는 '미국 내 생산' 여부에 달려 있다. '청정에너지'와 관련한 태양광 패널, 풍력, 배터리 등 에너지산업에 대한 생산·투자세액공제의 경우, 미국 내 생산공장을 보유한 우리 기업의 경우에도 여러 지원 혜택을 받을 수 있어 새로운 비즈니스 창출 기회를 제공하고 있다. 예를 들어, IRA Section 13502(제조생산 세액공제)의 경우 청정에너지 부품의 생산에 있어서 상품 단위당 세액공제를 명시하고 있기에 가격 인하를 통한 미국시장 내 경쟁력 확보가 가능하다.

또한 미국 내 가스 액화 및 저장 설비, 해상운송을 위한 터미널 건설 등 인프라가 확대되는 경우, 이러한 인프라 건설 수요 증가로 인해 간접적인 국내 철강업체의 수혜 가능성도 존재한다. 특히 전기차 보조금 지급정책의 경우, 미국 내 리쇼어링이나 FTA를 체결한 동맹국 역내로의 공급망 이전을 장려하고 있어서 우리 수출기업들에게 큰 영향을 미칠 것으로 전망하고 있다.

가장 문제시될 수 있는 IRA Section 13401(청정자동차 세액공제)의 경우 미국 '연방세법(Internal Revenue Code)'에 해당하는 '적격 플러그인 전기구동 자동차(New qualified plug-in electric drive motor vehicles) 세금공제' 관련내용을 일부 개정하고 있으며, 전기차 구매자에 제공되는 세액공제 관련 수혜조건을 [표 12-1]과 같이 변경하고 있다.

| 표 12-1 | IRA 청정자동차 세금공제 수혜조건

① 배터리의 미국산 비율 충족요건	
핵심광물 비율요건 (최대 3,750달러 세액공제)	• 전기자동차에 탑재된 배터리 제조에 사용된 핵심광물이 적용비율(applicable percentage) 이상 ① 미국에서 추출 및 처리된 경우 또는 ② 미국의 FTA 체결 국가에서 추출 또는 처리된 경우 또는 ③ 북미에서 재활용된 경우 수혜대상 • 기간별 적용비율: (장관 지침 발행일~2023.12.31.) 40% → (2024) 50% → (2025) 60% → (2026) 70% → (2027.1.1.~) 80%
북미산 배터리부품 비율요건 (최대 3,750달러 세액공제)	• 전기자동차에 탑재된 배터리의 비품 중 미국 내 제조 또는 조립된(셀, 모듈/팩 또는 셀/모듈/팩) 부품이 적용비율 이상인 경우 수혜대상 • 기간별 적용백분율: (장관 지침 발행일~2023.12.31.) 50% → (2024~2025) 60% → (2026) 70% → (2027) 80% → (2028) 90% → (2029.1.1.~) 100%
② 북미지역 내 최종조립요건	
북미지역에서 최종조립이 이루어지는 전기자동차에만 세금공제가 제공되며, 해당 최종조립요건은 2022년 8월 16일 이후부터 적용	

국내기업들은 미국 인플레이션 감축법에 대해 부정적 전망이다. 이는 미국 및 미국과 자유무역협정(FTA)을 체결한 국가에서 채굴·가공된 핵심광물을 일정비율 이상 사용해 만든 배터리를 탑재해야 하며, 북미지역에서 최종조립된 전기차에만 세제 혜택을 주기 때문이다. 한국에서 생산해 미국으로 수출하고 있는 현대자동차 아이오닉6, 기아 EV6 등은 혜택에서 제외된다. 이에 따라 미국 수출을 염두에 두는 배터리 제조업체들은 중국산 배터리 원료와 소재 의존도를 낮춰야 하며, 현재 국내 배터리 기업들은 니켈·코발트·망간 등 핵심자재를 95% 이상 중국에서 수입함에 따라 대체 공급망을 빨리 찾아야 한다.

8. 한국의 시사점

전기자동차 생산기업의 경우, 탑재 배터리의 광물 및 부품비율요건뿐 아니라 최종조립요건까지 고려하여야 하므로 현재 생산구조상 세액공제의 대상으로 선정되기 어려울 수 있다. 배터리 생산기업의 경우, 미국 내에서 상당비율의 부품 조달이 가능하다면 일견 수혜대상이 될 수 있을 것으로 보인다. 다만, 우려외국기업(foreign entity of concern)에 의해 조달된 광물이나 부품이 조금이라도 존재하는 경우는 세액공제 지급대상에서 처음부터 제외된다. 동기업 목록에는 중국이나 러시아 정부 관할 내 기업들이 모두 포함되어 있고, 따라서 중국산 광물에 상당부분 의존하고 있는 한국 배터리기업들에게는 공급망 재편이라는 어려운 난제가 당면하고 있다.

IRA의 청정에너지 관련정책은 결국 WTO협정과 한미 FTA 내 통상규범의 위반 소지가 있는 만큼, 우리 정부 및 기업들의 적극적인 대응이 필요할 것이다.

표 12-2 청정자동차 세금공제 제외대상

- 우려외국기업(foreign entity of concern)*에 의해 추출, 가공, 재활용된 핵심광물을 통해 제조된 배터리 사용 전기차
- 우려외국기업에 의해 제조 및 조립된 배터리부품 사용 전기차

* 인프라투자 및 일자리 법안(Infrastruture Investment and Jobs Act) section 40207(a)(5) 정의규정 참고

세액공제를 포함한 일부 자금지원조항들의 경우, 국제통상체제에서 원칙적으로 금지하고 있는 '보조금'으로 작용할 소지가 있으며, 또한 '미국 내 생산'에 대해서만 세액공제와 같은 보조금을 지급하게 되는 경우 '내국민대우 원칙' 위반의 가능성도 있다. 한국기업이 미국영토 내 직접투자를 하는 경우에는 한-미 FTA상 이행요건조항과 같은 투자규범이 위반될 가능성도 존재한다. 결국 IRA가 발효됨에 따라 바이든 행정부의 즉각적인 정책 시행이 예상되며, 미국시장에 진출하는 외국기업들은 미국 국내법을 준수할 수밖에 없다.

중국산 원부자재에 의존도가 높은 우리 기업들에게는 다소 난관이 예상되지만, 향후 미국의 지속적인 대중 견제정책이 전망되는 만큼 자율적인 공급망 재편방안을 마련해야 한다.

9. 산업별 전망

1) 완성차(전기차)업체

미국 전기차시장 활성화의 요인으로 작용됨에 따라 한국 완성차에게는 기회이다. 다만 IRA 통과로 EV(전기차) 세제 혜택의 상한(제조업체당 20만 대 한도)이 사라졌지만 각종 제약조건으로 실질 세제 혜택규모는 향후 수년에 걸려 과거보다 축소될 가능성이 높아진다.

2) 2차전지업체

중국산 광물을 사용하거나 중국에 생산공장이 있는 경우는 미국 수출이 불가능해진다. 공급망 구축 세액 공제대상을 미국 내 구축 건으로 한정하고 있는 만큼, 미국으로의 투자 및 향후 미국인 고용에 따른 임금부담으로 생산비용 상승 가능성이 있다. 안정적 광물 자원 확보를 위해 현지 리사이클링업체와의 장기공급계약 체결 및 직접적 해외 광산 투자 등으로 탄소중립비용이 오히려 증가할 가능성이 높다.

| 그림 12-4 | 인플레이션 감축법: 전기차 세제 혜택

전기차 구매자 세액공제 혜택

배터리 핵심광물	배터리 주요 부품
리튬, 코발트, 니켈 등 일정 비율 이상 미국 FTA 협정국에서 채굴, 가공 필요	양 · 음극재, 분리막 등 일정 비율 이상 북미에서 제조 필요
3,750달러 공제	3,750달러 공제

공제 금액 ➡
- 신차: 최대 7,500달러
- 중고차: 최대 4,000달러

연도별 공제세액 & 공제조건 비율

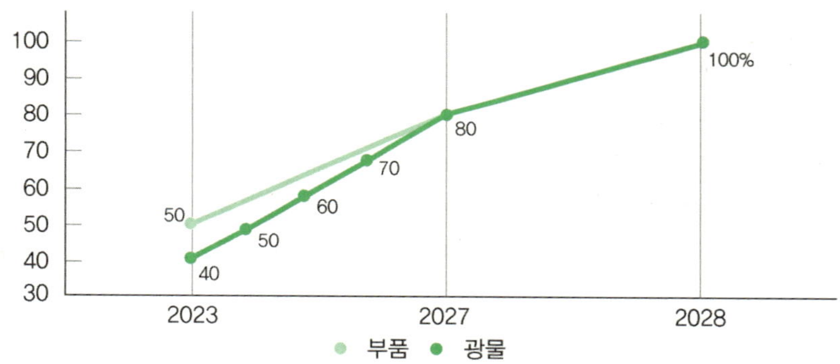

세액 공제조건 및 대상

- 기존 구매보조금 한도(업체별 연간 20만 대) 폐지
- 중국 등 우려국가에서 생산된 배터리와 핵심광물을 사용한 전기차 제외
- 북미에서 최종 조립된 전기차 한정
- 세단형: 5.5만 달러, 트럭 & SUV: 8만 달러 상한대상

수혜대상 전기차종

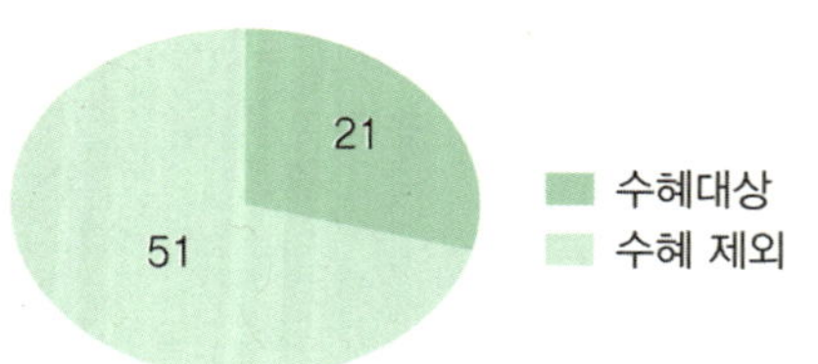

한국 생산 차종 모두 제외

아이오닉5, 기아 EV6,
코나RV, GV60 등

3) 신재생에너지업체

태양광, 풍력, 수소 등에 대한 투자 확대를 기대할 수 있으며, 동시에 미국 내 제조설비를 보유한 기업(한화솔루션)의 경우, 세액공제 및 우선 사용 등 혜택이 집중되면서 외형성장 속도가 빨라질 예상이다.

4) 제약 · 바이오업체

국내의 경우 직접적인 영향은 없으나, 간접적으로 R&D부분은 영향을 받을 수 있다. 즉, 고령화 인구 치료를 위한 신약개발에 다소 부정적일 것으로 예상된다.

5) 철강(강관)업체

미국 내 파이프라인, 가스 액화 및 저장설비, 해상운송을 위한 터미널 등의 건설 확대로 에너지용 강관 수요 확대를 견인할 전망이다.

3절 | 일본의 수출제한조치

1. 일본 수출제한조치의 의의

한국은 일본과의 무역에서 1966년 수출이 4,464억 달러이고, 수입은 1억 7,498억 달러로 1억 3,033억 달러 국제수지 적자를 기록한 이후로 2018년 현재까지 305억 달러의 수출과 546억 달러의 수입으로 240억 달러의 국제수지 적자를 계속하고 있다.[1] 한국의 대일 수출상품구조는 1960년대 수출주도형 경제개발전략에 따른 공업화전략으로 공산품의 수출비중이 높아졌다. 이에 따라 한국의 수출증가에 따라 중간부품의 수입증가로 이어지고 있어 대일 무역수지는 1965년 국교정상화 이후 지속적인 적자구조를 보이고 있

1 http://stat.kita.net/stat/kts/sum/SumImpExpTotalList.screen(2019.11.20.)

다. 따라서 한국의 수출이 증가할수록 일본에 대한 적자규모는 증가하는 추세이다.

일본에 대한 무역적자가 계속되고 있음에도 일본 정부는 2019년 7월 1일 반도체와 디스플레이 생산에 필수적인 제품[2]에 대해 수출규제를 강화하는 조치를 발표하였고, 2019년 7월 4일부터 수출규제를 시행하였다(Ji Sang, Chang, 2019).[3] 또한 일본 정부는 백색국가(white list) 배제를 위한 의견수렴(2019년 7월 24일)을 하고 난 후, 2019년 8월 2일 한국을 White List 국가[4]에서 배제하기로 결정하였다(Chen Ki, Lee, 2019).[5] 이와 같은 수출규제조치의 표면적 배경에는 양국 신뢰관계 손상, 불화수소 북한 반출의혹, 한국의 수출관리 미비, 안보상의 이유, 즉 재래식 무기 캐치 올(catch-all) 규제 신뢰 저하 등을 제시하고 있지만 근본적인 이유는 과거 역사적 사안과 한국 대법원의 일제 강점기 강제징용 배상판결에 따른 사법적 사안에 대해 수출규제라는 수단을 동원하여 무역보복을 실행하고 있다.

현재 일본의 수출규제에 반발하여 한국 국민이 일본에 대한 적대감은 과거 혹은 현재의 군사적, 정치적, 역사적 혹은 경제적 사건으로 인해 소비자들이 일본제품 구매에 부정적인 영향으로 인하여 일본제품 수입이 감소하고 있다. 이는 특정 소비자가 특정 국가에 대해서 가지게 되는 적대감은 해당 국가에서 생산되는 제품의 구매행동에 부정적인 영향을 미치기 때문이다(Klein et al., 1998; Ettenson & Klein, 2005).[6]

---

2 플루오린 폴리이미드, 포토레지스트, 에칭가스 등 3개 품목에 대한 수출허가절차 강화

3 Ji Sang, Chang, 2019, "Japan's Export Regulations and the Response of Korea", *Commerce Law*, No.144, pp.3-8.

4 일본 정부의 White List 국가에서 배제하기로 하는 수출통제 가능 물자는 1,194개로 화학약품, 전자부품, 공작기계, 차량용 전지, 탄소섬유 등 첨단소재와 통신기기 등 전략물자로 분류될 수 있는 다수 품목으로 형성되었다. 이에 민감물자를 제외한 931개 물자를 495개 품목단위로 통합하여 국내 미사용, 일본 내 미생산으로 관련이 적은 품목, 소량사용, 수입대체가 가능한 품목 등을 제외한 159개 품목을 식별하여 대응하고 있다(Chen Ki, Lee, 2019).

5 Chen Ki, Lee, 2019, "International Trade Law Review on Strengthening of Korean Export Regulations of Japan", World Economy Today, KIEP, No.17, pp.1-17.

6 Klein, J. G., Ettenson, R., & Morris, M. D., 1998, "The animosity model of foreign product purchase: An empirical test in the People's Republic of China", *The Journal of Marketing*, pp.89-100; Ettenson, R., & Gabrielle Klein, J., 2005, "The fallout from French nuclear testing in the South Pacific: A longitudinal study of consumer boycotts", *International Marketing Review*, 22(2), pp.199-224.

2. 수출규제 및 제한

1) 수출제한의 의의

수출제한은 수출국이 수출의 흐름(export flows)을 감독하기 위해 도입하는 모든 조치를 의미하는 것으로 이해되며, 수출 금지, 수출 쿼터, 수출 허가(export license), 수출세, 최저수출가격 등의 형식으로 부과된다(Cho Young Jeen, 2013).[7]

수출규제는 통상정책에서부터 국가안보문제를 수반하는 대외경제정책적인 측면을 내포하고 있는 것으로서 전략물자 및 기술의 해외유출 내지 수출을 금지하거나 규제하는 것으로서 국가목표달성을 위한 긴박한 상황에서 필요한 것이라 할 수 있다(J. Steenbergen, 1989).[8] 그러나 수출규제가 국제법상 문제가 되는 경우는 수출규제조치가 타국의 주권적 의사에 반하여 강압적으로 취해지기 때문이며, 경제적 강제 또는 간섭의 한 유형으로서 무역위협 또는 제한이 금지되고 있는 상황하에서 국가 간의 상호 의존성이 증대됨에 따라 경제적인 강제조치 또는 때로는 군사적인 강제조치만큼 다른 국가에 중대한 영향을 미칠 수 있기 때문이다(Seung Hwan Choi, 1992).[9]

보통 수출통제 및 수출규제는 국가안보, 대외정책, 또는 경제적 이유로 인하여 특정 물품이나 기술에 대하여 사전에 정부로부터 수출에 필요한 심사와 승인을 받도록 하는 것이며, 특히 수출통제는 수출품이 군사적 목적, 경제보호의 문제 그리고 수출목적지나 최종사용자의 사용목적이 우려가 발생할 소지가 있는 경우에 수출규제조치를 취한다(Kwon, Hee-Seok, Lee, Joon, Lee, Eun-jeong, 2015).[10]

각국 정부가 수출제한조치를 취하는 목적은 경제적인 목적과 비경제적인 목적으로

---

7 Cho Young Jeen, 2013, "An Analysis of Export Restriction under the WTO Law-with Special Reference to the Recent WTO Cases concerning Export Restrictions on Raw Materials and the Discourse at the WTO", *Korean Journal of International Economic Law*, 11(1), 2013.3, pp.213-254.

8 J. Steenbergen, 1989, "Export Controls: Legal Aspects", in M. Maresceau(ed.), *The Politics and Legal Framework of Trade Relations Between the European Community and Eastern Europe* (Dordrecht, The Netherlands: Martimus Nijhoff Publishers, 1987), p.255.

9 Seung Hwan Choi, 1992, "The Legality of Export Control as an Economic Coercion", *The Korean Journal of International Law*, 37(2), pp.229-255.

10 Kwon, Hee-Seok, Lee, Joon, Lee, Eun-jeong, 2015, "An Overview of U.S. Export Control System with a Special Regard to the Export Control Reform in the Area of Spacecraft and Related Items", *Current Industrial and Technological Trends in Aerospace*, 13(1), 2015, pp.21-42.

나누어 볼 수 있는데, 경제적인 목적의 수출제한조치는 정부의 세수를 확대하기 위한 방안으로 수출세를 부과하고 징수하는 경우가 있다.[11] 더 중요한 수출제한조치로는 국내 가공산업을 비롯한 하방산업(downstream industry)을 육성하기 위해 원자재의 수출을 제한하는 경우도 있다.

비경제적 수출제한조치는 전 세계적 곡물의 생산량이 수요에 미달하여 국제가격이 급등하는 경우, 국내 소비자들에게 필요한 공급을 확보하기 위해 수출을 제한하기도 하고, 국제가격이 하락하는 경우, 가격지지를 위하여 수출을 제한하기도 한다(Joanna Bonarriva, Michelle Koscielski & Edward Wilson, 2009).[12] 한편, 국가안보, 식량 안보를 담보하거나 환경을 보호하기 위하여 수출을 제한하는 경우가 비경제적인 목적을 달성하기 위한 수출제한에 해당한다(Cho Young Jeen, 2013).[13]

2) 전략적 수출통제

수출통제는 국제수출통제체제[14]의 회원으로서 수출통제의 원칙에 따라 국제평화와 안전유지, 국가안보를 위해 특별히 지정한 통제품목(또는 '전략물자')의 국가 간 이전을 통제하는 국가의 행위이다.[15] 이와 같은 국제수출통제체제는 비공식적이고 강제적 구속

11 Joanna Bonarriva, Michelle Koscielski & Edward Wilson, 2009, Export Controls: An Overview of their Use, Economic Effects, and Treatment in the Global Trading System, Office of Industries Working Paper No.ID-23, U.S. International Trade Commission, 3.

12 Joanna Bonarriva, Michelle Koscielski & Edward Wilson, 2009, "Export Controls: An Overview of their Use, Economic Effects, and Treatment in the Global Trading System", Office of Industries Working Paper No.ID-23, U.S. International Trade Commission.

13 Cho Young Jeen, 2013, "An Analysis of Export Restriction under the WTO Law - with Special Reference to the Recent WTO Cases concerning Export Restrictions on Raw Materials and the Discourse at the WTO", *Korean Journal of International Economic Law*, 11(1), 2013.3, 213-254.

14 국제수출통제체제는 첫째, 1974년 설립된 다자원자력수출통제체제인 쟁거위원회(Zangger Committee: ZC), 둘째, 1978년에 NPT 비회원국인 프랑스까지 포함한 핵공급국그룹(Nuclear Suppliers Group: NSG), 셋째, 1985년 호주그룹(Australian Group: AG), 넷째, 재래식 무기와 이중용도 품목 및 기술 이전을 통제하는 1996년 7월 결정된 바세나르체제(Wassenaar Agreement: WA), 다섯째, 1987년 미국 중심의 미사일기술통제체제(Missile Technology Control Regime: MTCR) 등으로 대별된다.

15 대외무역법 제3장 제3절 전략물자의 수출입 제19조(전략물자의 고시 및 수출허가 등) ① 산업통상자원부장관은 관계 행정기관의 장과 협의하여 대통령령으로 정하는 국제수출통제체제(이하 '국제수출통제체제'라 한다)의 원칙에 따라 국제평화 및 안전유지와 국가안보를 위하여 수출허가 등 제한이 필요한 물품 등(대통령령으로 정하는 기술을 포함한다. 이하 이 절에서 같다)을 지정하여 고시하여야 한다.

력이 없는 자발적 다자간 협의체로서 전략물자 공급능력을 갖춘 국가들이 모여 각각 해당 분야의 수출을 자발적으로 규제하기로 약속한 협의체인 것이다(김석우 외, 2015).[16]

각국의 수출제한조치 중 최근 국제사회에서 특히 쟁점이 되는 것은 식량 안보의 문제에 따른 식량제품, 의약품, CD, LDC, 핸드폰 부품 등 공산품의 생산에 필수적인 광물자원, 그리고 에너지원인 동시에 화학산업, 비료산업 등의 주원료로 사용되는 원유와 천연가스에 대한 수출제한조치로 인한 에너지 안보와 국제무역질서의 왜곡문제가 대두되고 있다(Cho Young Jeen, 2013).[17]

수출제한조치는 국가 간 교역의 발달과 전반적인 산업의 발전으로 누구나 물자를 손쉽게 구할 수 있게 됨에 따라, 불량 국가와 테러단체가 WMD(Weapons of Mass Destruction: 대량살상무기)를 갖지 못하게끔 '최후의 방어선'으로 WMD의 개발, 제조, 사용에 이용되는 기술에 대한 통제를 강화하고 있을 뿐만 아니라 무역보복수단으로 활용하고 있다. 또한 기술은 일단 유출되면 회수가 불가능하며, 추가 확산과 발전이 가능하므로 물자보다 더욱 위험하다(Joonkoo YOO, Seoc Woo KIM, Jongsook KIM, 2015).[18]

3. 일본의 수출제한조치

1) 일본의 수출통제품목

2019년 7월 1일 일본 정부(경제산업성)는 반도체 및 디스플레이 핵심소재인 불산, 포토레지스트, 폴리이미드 등 3개 품목에 대해 대한국 수출규제조치를 발표하였다. 아울러 백색국가(화이트리스트) 배제는 7월 24일 의견수렴을 한 후에 2019년 8월 2일에 배제하기로 결정하였다(기획재정부, 2010).[19]

이에 반도체와 유기발광 다이오드(OLED)패널 제조에 필수적인 화학물질인 포토레지

16 김석우 외, 2015, 수출통제 선진각국의 기술이전통제 정보수집, 한국원자력통제기술원, 2015.7, p.15.

17 Cho Young Jeen, 2013, "An Analysis of Export Restriction under the WTO Law - with Special Reference to the Recent WTO Cases concerning Export Restrictions on Raw Materials and the Discourse at the WTO", *Korean Journal of International Economic Law*, 11(1), 2013.3, pp.213-254.

18 Joonkoo YOO, Seoc Woo KIM, Jongsook KIM, 2015, "The Examplary US Export Control System and Its Lessons for South Korea", *Study on the American Constitution*, 26(3), 2015.12, pp.81-117.

19 기획재정부, 일본 정부의 백색국가 배제 등 수출규제 및 보복조치 관련 종합 대응계획, 보도자료, 2019.8.2.

스트(PR)와 불화수소(에칭가스)(HF), 플루오린 폴리이미드(FPI) 등 3개 품목의 한국 수출이 포괄수출허가에서 개별수출허가로 변경되었다. 개별수출허가조치는 해당 물자를 한국에 수출할 때마다 일본 정부의 허가를 받아야 한다.

특히 이들 제품에 대한 일본에 대한 수입의존도는 PR, HF, FPI 각각 93.2%, 41.9%, 84.5%다. 총수입금액은 각각 3.2억 달러, 1.6억 달러, 0.23억 달러이다. 에칭가스의 대일 수입의존도는 2010년 72.2%에서 2018년 41.9%까지 크게 낮아졌으나, 반면 포토레지스트는 95.5%에서 93.2%로, 플루오린 폴리이미드는 97.7%에서 84.5%로 여전히 높은 수준이다(Chang Ji Sang, 2019).[20]

2) 일본의 명목적 수출규제 이유

일본 정부의 조치는 정부가 제시하는 수출규제 근거는 계속 변경되고 있으며, 규제가 '근거 없고 자의적'임을 보여주는 방증이라고 할 수 있다. 또한 백색국가 배제 검토의 근거로 제시하는 재래식 무기에 대한 캐치올 규제제도에 대해서는 우리나라가 도입하지 않았다는 점이다.

일본으로부터 수입한 반도체 핵심부품의 북한에 대한 수출의혹(일본은 해당 부품이 북한 핵 및 미사일 제조과정에 사용되었을 가능성 제기) 등 한국 정부의 수출관리부실 등이 거론되었다(Wanjoong Kim, 2019).[21] 그러나 한국은 수출규모 면에서 전 세계 상위 25% 내에 속하며, 미국 생산자물가지수(PPI) 랭킹으로도 상위 50% 내에 속하는 국가들 중 전략물자 수출관리제도가 상대적으로 잘 운용되고 있는 국가는 12개국으로 아일랜드, 이탈리아, 핀란드, 노르웨이, 캐나다, 일본, 한국, 루마니아, 스위스, 말레이시아, 아르헨티나, 이스라엘 등으로 나타났다(David Albright et al, 2017).[22] 이는 일본의 표면적 우려와 달리 한국의 수출관리가 잘 되고 있다는 증거이다.

---

20 Chang Ji Sang, 2019, "Japans Export Regulations and the Response of Korea", 통상법률(144), 2019.8, pp.3-8.

21 Wanjoong Kim, 2019, "The Economic Inter-dependence of Korea and Japan: The Impact of Japan's Export Curbs on the Economies", *The Journal Of Asian Studies*, 22(3), 2019.8, 1-45.

22 David Albright, Sarah Burkhard, Allison Lach, Bridget Leahy, and Andrea Stricker, 2018, "Correlating a Country's Economic Output with its Level of Export Controls", *Institute for Science and International Security Report*, (April 23, 2018), 1-13.

3) 일본의 추상적 수출제한 이유

일본의 추상적 수출제한조치를 취한 배경에는 역사적 · 사법적 사안에 대해 경제적 수단을 동원하여 보복을 하였으며, 특히 강제징용(동원) 피해 관련 대법원 판결로 인한 일본의 감정적 대응이라고 볼 수밖에 없다.

일본의 수출제한은 한일 양국의 경제활동에 부정적인 영향을 줄 뿐만 아니라, 이를 계기로 양국의 기업, 소비자 등 경제주체들 간 상호불신 조장은 장기적으로 양국 경제발전에 매우 부정적인 영향을 줄 것이다. 이와 같은 상황이 지속될 때 한국은 기술력을 보완하고 글로벌 가치체인(GVC) 네트워크 구축, 중소기업의 육성으로 인하여 한국은 장기적으로 경쟁력을 확보하여 일본에 부정적 영향을 줄 것이다.

4) 화이트리스트 배제

일본 정부는 수출무역관리령 개정안을 공포하고(2019년 8월 7일), 시행세칙 성격의 포괄허가취급요령 개정(안)[23]을 게시하여, 수출무역관리령(별표 제3)의 지역에서 '대한민국'을 삭제하고 백색국가(White List)에서 제외하였으며, 공포한 날(2029년 8월 7일)로부터 기산하여 21일을 경과한 날(2019년 8월 28일)부터 시행하였다.

일본은 한국에 대해 백색국가에서 배제하여 이에 관련된 품목에 대해 수출통제 가능물자인 전략물자 1,120품목과 상황허가 대상물품 74개 품목 총 1,194개 품목에 대해 백색국가 대상에서 제외하기로 하였다(기획재정부, 2029).[24] 백색국가에서 제외됨에 따라 리스트 규제품목이 아닌 비전략물자라도 대량파괴무기, 재래식 무기의 개발 등에 전용될 우려가 있는 경우 한국의 수출기업은 일본 정부에 수출허가 신청이 필요하다.

일본 정부는 백색국과 비백색트국 구분을 A그룹, B그룹, C그룹, D그룹으로 재분류하여, 한국을 B그룹으로 분류하여 전략물자 수출제한을 하기로 하였다.

---

23 산업통상자원부, 보도참고자료, 일 정부, 수출무역관리령 개정안 공포, 한국을 화이트국가에서 제외, 8월 28일 개정내용 시행, 2019.8.7.

24 기획재정부, 일본 정부의 백색국가 배제 등 수출규제 및 보복조치 관련 종합 대응계획, 보도자료, 2019.8.2.

표 12-3 일본 화이트리스트국 그룹별 분류 내용

구분	A	B	C	D
개요	수출령 별표 3 포함 국가 (기존 화이트국)	수출통제체제에 가입하여, 일정요건을 맞춘 국가	A, B, D가 아닌 국가	UN 무기금수국 및 수출령 별표 4 (이란, 이라크, 북한)

출처: 기획재정부, 일본 정부의 백색국가 배제 등 수출규제 및 보복조치 관련 종합 대응계획, 보도자료, 2019. 8. 2.

일본이 백색국가(화이트리스트) 배제조치를 결정한 표면적 이유로 재래식 무기에 대한 캐치올(catch-all)[25] 규제제도를 한국이 미도입하고 있다는 이유를 들고 있다. 즉, 일본은 수출규제의 근거로 안보상의 이유를 지속적으로 주장하고 있으며, 이와 같은 주장 내용은 사실과 전혀 다르다는 것이다.

반도체 및 디스플레이 핵심소재인 불산, 포토레지스트, 폴리이미드 등 3개 품목에 대한 수출규제조치와 함께 수출절차 우대국가 27개국[26]을 지정한 '화이트리스트[27]'에서 한국을 제외하는 절차도 개시하였으며, 2019년 8월 2일 배제하기로 결정되었다. 따라서 그동안 수출절차 간소화 혜택을 받는 '화이트리스트'에서 한국이 제외되었기 때문에 통신기기, 엔진 등 반도체 이외의 부품이나 제품의 한일 간 거래절차가 까다로워져 영향을 받는 업종의 범위가 확대되었다는 것이다. 한국이 비(非) 화이트리스트 국가에서 배제

25 캐치올(catch-all) 통제란 다자간 수출통제체제에서 규정하고 있는 리스트 통제 품목 여부와 상관없이 WMD 및 이의 운반수단인 미사일 개발에 전용될 수 있는 모든 품목을 통제하는 제도를 말한다. 동제도는 일반 민수물자가 WMD의 개발용도로 공급되는 것을 완전 차단하기 위하여 수입자 및 최종사용자에 대한 수요자 요건과 이중용도로의 이용 가능성을 심사하여 우려되는 경우에는 수출국의 정부와 수출자가 협력하여 수출을 거부하는 체제이다. 캐치올 통제는 1991년 걸프전 이후 미국과 독일이 자국의 수출통제시스템에 도입하였으며, 2001년 9 · 11 테러 이후 일본, 캐나다 등의 국가뿐만 아니라 다자간 수출통체제에서도 캐치올 통제의 도입을 일반 권고지침으로 채택하였다. 이상은, 한국무역협회 전략물자무역정보센터 편, 수출통제: 이론과 실무(박영사, 2006), pp. 261-263 참조.

26 유럽(21개국): 오스트리아, 벨기에, 불가리아, 영국, 덴마크, 핀란드, 프랑스, 독일, 체코, 그리스, 헝가리, 아일랜드, 이탈리아, 룩셈부르크, 네덜란드, 노르웨이, 폴란드, 포르투갈, 스페인, 스웨덴, 스위스, 아시아(1개국): 한국, 북미(2개국): 미국, 캐나다, 오세아니아(2개국): 호주, 뉴질랜드, 남미(1개국): 아르헨티나

27 일본 정부는 수출품 중 무기로 개발될 수 있는 물품을 '수출무역관리령'을 통해 규제하고 있다. 이 법령에 기초해 안보상 우호국을 '화이트리스트'로 규정하고 각종 수출규제를 완화해 주고 있다. 핵확산금지조약(NPT) 등 국제조약 준수 여부, 관련 법령 정비 여부, 관련 법령을 적절히 운용하고 있다는 사실을 확인한 국가를 '화이트리스트' 국가로 지정하고 있다.

되어 첨단소재, 전자, 통신, 센서, 항법장치 등 1,194개 품목이 규제대상이 되어 반도체 · 디스플레이 장비, 탄소섬유, 공작기계, 기능성 필름 · 접착제 · 도료 등의 제품이 해당될 것이다(Chang Ji Sang, 2019).[28]

특히 '전략물자(strategic items)'는 특정 국가에게 전략적 우위를 부여하거나 전쟁위험을 증대시킬 수 있는 물품(goods), 장비(equipment), 자료(data), 기술(technology) 소프트웨어(software)를 의미한다. 그런데 이와 같은 품목은 국가안보와 국민생명에 지장을 줄 수 있는 품목이기 때문에 각국은 수출입통제를 할 수 있다. 따라서 전략물자수출은 WMD(Weapons of Mass Destruction: 대량살상무기) 및 군사적 용도로 전용이 가능한 이중용도물자에 대한 통제를 강화하는 것이다. 따라서 다자간 수출통제체제에 참여한 국가들은 각각의 체제 내에서 리스트 통제 또는 캐치올(catch-all) 통제방식을 통해 이중용도물자의 확산을 방지하고 있다. 즉, 현대에 있어서는 WMD 및 군사적 용도로 이용 가능한 이중용도품목도 전략물자의 개념에 포함되는 것이다(Eon-Kyung Park, 2009).[29]

그러나 일본의 이러한 조치는 국제무역질서에 위반한 무역보복적 차원이다. 국가안보목적, 외교정책적 목적, 부족자원의 보호를 목적으로 한 수출통제의 경우는 WTO규범에서도 정당화하고 있다.[30] 그러나 대외정책적 목적의 수출통제의 경우는 이를 정당화하는 국제협정이 존재하지 않으며[31] 자국의 정책상 이익만을 추구하여 타국의 행위에 영향을 미치는 것이기 때문에 정당성을 가지지 못한다.

28 Chang Ji Sang, 2019, "Japans Export Regulations and the Response of Korea", 통상법률(144), 2019.8, pp.3-8.

29 Eon-Kyung Park, 2009, "The Application of Article XI of the GATT 1994 in Export Control on Strategic Items - Focused on analyzing each requirement in Article XXI of the GATT 1994", *The Korean Journal of International Law*, 54(1), 2009.4, 47-77.

30 국가안보 목적의 WTO 규범은 '1994년 GATT' 제21조(안보예외), '서비스무역일반협정' 제14조의2, '무역관련지적재산권협정' 제73조가 있으며, 부족자원의 보호목적의 WTO 규범은 '1994년 GATT' 제11.2조(a)호가 있다.

31 '1994년 GATT' 제21조(c)호의 요건인 "국제평화 및 안보를 유지하기 위하여 UN 헌장상의 의무를 수행하기 위한 목적"으로 체약국이 취하는 조치를 제외하고는 대외정책적 목적(political purpose)의 통상규제를 허용하는 협정은 없다. John H. Jackson, William J. Davey, Alan O. Skyes, *Legal Problems of International Economic Relations: Cases, Materials and Text on The National and International Regulation of Transitional Economic Relations*, 3rd Ed.(West Publishing Co., 1995), p.983; John H. Jackson, *World Trade and the Law of GATT: A Legal Analysis of the General Agreement on Tariffs and Trade* (Michie Company, 1969), pp.986-987.

4. 일본의 수출제한 영향

일본의 무역보복적 차원의 수출제한조치는 일본 내 정치적 차원의 복잡성, 극우보주주의화 그리고 역사적으로 지속된 한국에 대한 부정적 이미지가 계속된 혐한 인식 때문이라고 할 수 있다. 혐한감정은 일부 극우집단에서 나타나는 현상으로 한류 상승무드에 찬물을 끼얹는 건 일시적인 현상(강동국, 2006)[32]이라고 하지만 이는 일본 내 잠재적으로 내재되어 있는 오래된 인식이라고 할 수 있다.

혐한의 배경으로 일본의 깊은 우월감의 뿌리, 일본의 자신감과 우경화, 역사의 트라우마, 역사 왜곡, 반한류, 한국의 약진 등 여섯 가지가 있다(정장식, 2013).[33] 이와 같은 혐한요인에 따라 한국에 대한 수출제한조치를 취하는 계기가 되지 않았을까 하는 우려도 있다.

또한 일본 정치가 극우주의와 군국주의를 지향하는 극우 보수주의 정권을 등장시켰으며, 아울러 일본의 한류열풍, 독도문제와 재일한인 등의 문제와 연계되면서 한국에 대한 반한 감정이 집단적 일본사회의 증오로 나타나게 되었다(Jong-Bub KIM, 2015).[34]

이에 대해 일본 정부는 정권연장과 헌법개정을 하기 위해 일본 극우의 지원이 필요했던 것이다. 이와 같은 일본 내부의 정치, 외교 등 여러 분야에서 내재해 있던 요인들로 인해 한국에 대한 무역보복적 조치를 취하게 되었다.

이와 같은 수출제한조치가 취해져 백색제외 국가가 되었을 때 나타나는 현상은 기존의 포괄허가주의에서 개별품목별 허가제로 변경되어 일본제품을 수입하는 수입기업은 수입처리시간과 비용 부담이 증가하고 아울러 공급망의 안정성이 저해되어 완성품 제조기업은 타격을 입게 될 것이다. 아울러 포괄허가가 가능한 CP(Compliance Program) 기업[35]을 활용하는 방법으로서 품목별 적정 일본 CP기업을 온라인상 검색 · 매칭하는 프로그램을 도입하고, 국내기업대상 일본 CP제도를 활용하는 방법이 있다(기획재정부(관

32 강동국, 2006, "동아시아 정세분석: '혐한류(嫌韓流)'와 일본 내셔널리즘: 이해와 대응", (동아시아 브리프), 제1권 제1호, 성균관대학교 동아시아학술원, p.45.

33 정장식, 2013, "혐한(嫌韓)의 이유", 人文科學論集, 제46권, 청주대학교 인문과학연구소, pp.337-362.

34 Jong-Bub KIM, 2015, "A Proposal for the Crossing-Border of Cultural Conflicts and Collisions between Hallyu and Anti-Hallyu: Researching of Hybrid Culture Governance System in the North-East Asia", *Journal of Asia-Pacific Studies*, 22(2), 2015.6, pp.159-186.

35 Compliance Program 기업제도: 정부가 전략물자관리에 관한 자율능력을 인정한 기업, 화이트국가 배제 시에도 CP기업에 의한 특별일반포괄허가는 가능하다.

계부처 합동), 2019.8.2).[36]

표 12-4 백색국가 제외 영향

유형		처리기간	제출서류	허가유효기간
백색국가	일반포괄허가	1주	2종	3년
일반국가	개별허가	90일	3종+α	6개월
	특별일반포괄허가(CP기업만 가능)	1주	2~3종	3년

출처: 기획재정부(관계부처 합동), 일본 정부의 백색국가 배제 등 수출규제 및 보복조치 관련 종합 대응 계획, 보도자료, 2019.8.2.

한국기업의 생산차질이 발생할 경우, 한국제품의 수요처인 외국기업에 영향을 미쳐 글로벌 공급망의 피해가 확산될 것이다. 이에 대해 우선적인 재고확보 및 공급처 다변화를 병행 추진해야 하는 상황이 발생한다. 또한 이와 같은 현상이 가속될 때, 한국소비자도 일본제품에 대한 불매운동이 가속되어 일본제품의 수입이 급속히 하락할 것이며, 현재 수입이 급속도로 감소하고 있다.

한국과 일본 간 무역갈등은 양국의 상대국 제품에 대한 불매운동, 한국의 ICT 관련산업의 수출감소로 이어지고, 세계경제에 부정적인 영향을 미칠 것이다. 양국 간 무역갈등이 장기화될 경우, 불매운동과 수출감소 그리고 양국 경제의 불확실성 확산으로 이어져 경제적 손실은 증가할 것이다(Wanjoong Kim, 2019).[37] 이형석 · 이기순(2005)[38]은 한국소비자의 일본에 대한 적대감은 일본제품의 재구매 의도를 직접적으로 낮췄을 뿐만 아니라, 자민족심주의는 일본제품 만족과 재구매 의도에 부정적인 영향을 미치고 있다고 하였다.

36 기획재정부(관계부처 합동), 일본 정부의 백색국가 배제 등 수출규제 및 보복조치 관련 종합 대응 계획, 보도자료, 2019.8.2.

37 Wanjoong Kim, 2019, "The Economic Inter-dependence of Korea and Japan: The Impact of Japan's Export Curbs on the Economies", *The Journal of Asian Studies*, 22(3), 2019.8, pp.1-45.

38 이형석 · 이기순, 2005, "일본에 대한 원한과 자국 중심주의가 제품만족과 재구매의도에 미치는 영향에 관한 연구", 유통연구, 10(4), pp.69-87.

5. 일본의 수출규제 대응

1) 한국의 일본과 의존관계

수출제한과 같은 일본의 보복조치는 글로벌 공급망을 통해 일본 자신과 미국, 중국 등 전 세계의 산업에도 부정적 영향을 미친다. 한국, 일본, 중국은 그동안 소재, 부품, 완제품을 서로 사고파는 긴밀한 공급망을 구축해 왔다. 일본은 소재를 제공하고 한국은 반도체와 디스플레이 등 부품을, 중국은 최종적으로 기기를 조립하여 전 세계에 공급해 온 것이다. 일본의 이번 보복조치는 이런 공급체계를 교란함으로써 한국뿐 아니라 일본 자신과 중국, 미국, EU 등 전 세계에 부정적 영향을 미칠 것이다(Chang Ji Sang, 2019).

현재, 한국과 일본의 산업구조는 한국은 부품, 소재산업에 대해 일본에 의존해 오고 있으며, 일본은 한국의 완제품을 소비하는 형태로 글로벌 가치체인을 형성하고 있다. 특히 한국제품 중 기계류, 전자부품, 반도체, 중간재 소재 등은 대일 의존적인 산업구조를 가지고 있으며, 이는 관련기술의 부족, 설계기술, 재료가공기술, 공정기술 등의 낙후성에 기인한다(이재출, 2004).[39] 특히 생산에 있어서 일본의 한국에 대한 의존도보다 한국의 일본에 대한 의존도가 더 높다는 것을 확인할 수 있다. 이는 한국과 일본의 양국 간 갈등에 의해 양국 간 중간재 교역에 차질이 발생할 경우, 생산에 있어서 어려움의 정도는 일본보다는 한국이 더 높다는 것을 의미한다(Wanjoong Kim, 2019).[40]

2) 한국의 수출제한조치방안

한국은 정부와 기업이 공동으로 소재 · 부품 핵심기술을 확보하고, 공급기업이 개발한 소재 · 부품이 수요기업과 긴밀히 연계될 수 있도록 신뢰성을 확보해야 하며, 핵심부품, 소재제품을 개발하는 연구기관과의 네트워크를 활용하여, 기업의 공급 대체선 다변화를 지원하고, 기술 매칭과 공동연구 등을 적극 추진해야 한다. 아울러 소재 · 부품분야 핵심기술의 조기 확보와 대외 의존형 산업구조 탈피를 뒷받침하기 위한 산업기술 R&D 제도를 개선하여 대기업과 중소기업의 연계성을 구축해야 한다. 또한 소재와 부품의 국

39 이재출, 2004, "우리나라 부품소재산업 현황과 발전전략", 무역연구, 10호, 무역연구소, pp.2-13.

40 Wanjoong Kim, 2019, "The Economic Inter-dependence of Korea and Japan: The Impact of Japan's Export Curbs on the Economies", *The Journal of Asian Studies*, 22(3), 2019.8, pp.1-45.

산화를 위해 수요 대기업과 공급 중소기업 간 협력 생태계 조성이 매우 긴밀하게 이루어져야 하기 때문에 수요·공급기업인 대기업과 중소기업 간의 강력한 협력모델을 구축해야 할 필요성이 있다.

이를 위해서는 신속한 기술축적을 위해 R&D방식을 다각화하는 등 R&D혁신을 추진하기 위한 여러 분야에서 방안을 마련해야 한다(산업부, 보도자료, 2019.8.8.).[41]

① 수요·공급기업 간 강력한 협력 모델 구축,

② 핵심기술 조기 확보를 위해 정책지정 등 신속한 사업추진방식 도입

③ 핵심과제에 대한 복수지원 등 연구개발방식 유연화

④ 도전적 연구개발 장려 및 연구자 부담을 완화할 수 있는 방안 마련

아울러 국제적 무역기구에 의한 대응방안으로서 일본의 수출규제 강화조치에 대한 WTO 제소를 통해 부당한 일본의 수출제한조치에 대한 불합리성을 제기해야 하며, 이는 일본 수출규제조치로 인하여 글로벌 자유무역의 기반 국제질서를 크게 훼손하고 있으며, 글로벌 가치체인(GVC)을 교란하고, 세계경제에 악영향을 초래할 것임을 적극 피력해야 한다.

3) 한국의 대응

현재, 일본의 수출규제의 주요 원인이며, 한일 역사적 문제로 인식되고 있는 1965년 한일협정으로 소멸한 것은 강제징용 피해보상에 대한 국가의 외교적 보호권이지, 피해자 개인의 배상청구권이 아니라는 것이 국제법의 일반원칙이기 때문에 일본기업은 보상해 주어야 마땅하지만, 이를 빌미로 일본은 한국에 대해 수출제한조치와 백색국가 제외라는 조치를 취하게 되었다.

한국과 일본 양국 간 무역갈등으로 인하여 나타나는 경제적 피해와 손실은 일본이 더 큰 것으로 나타나고 있다. 한국은 일본의 수출제한조치에 따른 다각도로 대응방안을 마련하여 한국반도체 생산과 수출에 큰 영향을 미치지 않고, 아울러 백색국가 제외조치에 따른 피해도 크게 나타나지 않고 있다.

일본의 반도체 관련 부품소재 3개 품목 수출제한과 백색국가 제외품목에 대한 수출제

41 산업부 산업기술정책과·산업기술개발과, 과기부 과학기술정책과·연구제도혁신과, 보도참고자료, 대외 의존형 산업구조 탈피를 위해 산업기술 R&D 제도 대폭 개선, 2019년 8월 8일

한조치로 인한 한국의 대응방안과 경쟁력 강화방안에 대해 우선순위를 살펴보기로 한다.

① 부품, 소재, 장비의 전문가소기업을 육성해야 한다.

② 수입국을 일본에 국한하는 것이 아니라 다변화하여 수입해야 한다.

③ 민간에 생산, 투자하도록 전방위적 지원을 해야 한다.

④ 해외기술 도입 및 투자유치 활성화를 통해 한국에서 생산할 수 있는 분위기를 조성해야 한다.

⑤ 대규모 R&D 재원을 집중 투자하여 부품소재품의 기술을 집약하여 생산해야 한다.

⑥ WTO에 제소해야 한다.

⑦ 수요공급기업 간 협력 모델을 수립하여 GVC(글로벌 가치체인) 네트워크를 구축해야 한다.

⑧ 해외전문인력을 유치하여 부품소재품의 기술을 개발해야 한다.

한국과 일본과의 산업 측면 발전단계를 보면, 한국의 글로벌 경쟁력과 기술 그리고 제품생산력, GVC(글로벌 가치체인)가 형성되어 있어 대등한 관계에 접어들었다.

그동안 일본은 산업기술과 제품의 품질 면에서 앞서 왔으며 또한 경제규모 면에서 한국보다 앞서 왔지만 이제는 대등한 관계를 형성하고 있다. 따라서 앞으로 외교, 군사 등 다방면에서 일본과 협상을 할 때는 대등한 협력관계를 유지해야 할 것이다.

4절 | RE100

1. RE100 의미 및 목적

RE100은 'Renewable Energy 100'이다. 2014년 뉴욕기후주간을 맞아 기후문제를 다루는, 영국의 비영리단체 '더 클라이밋 그룹(The Climate Group)'은 '탄소 공개 프로젝트(Carbon Disclosure Project: CDP)'와 함께 RE100 캠페인을 시작하였다. 이는 온실가스로 인한 기후변화를 막기 위함이 목적이다. 또한 캠페인은 기업이 사용하는 전력량의 100%를 2050년까지 재생에너지 전력으로 충당하겠다는 목표이다. 재생에너지는 석유 화석 연료를 대처하는 태양열, 태양광, 바이오, 풍력, 수력, 지열 등에서 발생하는 에너지를 말한다.

2. RE100 추진사례

RE100은 글로벌 기업들의 자발적 협약으로 국가 간 무역협정이나 조약처럼 국제법적 구속력을 갖는 것은 아니다. 글로벌 기업들이 단순히 가입만 한 것이 아니라 해외 협력업체에도 RE100 동참을 요구하고 있다. 충족시키지 못하면 업체 간의 거래에서 제외시키고 있어서 새로운 규제로 등장하였다. "모든 생산과정에서 탄소중립을 달성," 이는 글로벌 기업 애플 RE100이 공표한 원칙이다. 애플에 납품하려면 재생에너지로만 부품을 만들어야 한다는 것이다. 실제로 애플은 2030년까지 공급망을 포함한 제품 생산 전 과정에 탄소중립을 선언했고, 100개 넘는 협력사들이 100% 재생에너지를 약속하고 있다.

그림 12-5 RE100 참여기업

* 현재 RE100 홈페이지에 의하면 403개의 기업들이 참여하고 있고, 한국은 2023년 3월 기준 29개의 기업들이 참여하고 있다.

출처: RE100 정보플랫폼

3. RE100 참여기업

글로벌 RE100의 가입조건, 연간 100 GWh 이상의 전력을 소비하고 미국 경제지 포춘이 선정한 1000대 글로벌 기업 중 RE100 가입은 2014년 10개 기업이 시작하였으며, 2023년 3월 현재 403개 기업으로 계속 증가하고 있다. 한국기업은 2020년 SK그룹의 8개사가 최초로 가입하였다. 2023년 현재 29개 기업이 RE100에 가입한 상황이며, 2021년 기준으로 이미 61개의 기업들이 이미 RE100을 달성하였다.

2021년 소비실적에 의하면 RE100 회원사들 전력의 약 45%가 재생에너지 비율이며, 우리나라의 2021년 신재생 에너지 발전 비율인 7%를 상회하고 있다.

4. RE100과 한국기업

RE100에 참여하지 않을 때에는 2040년까지 국내 반도체, 배터리, 디스플레이산업에서 수출이 40%까지 급감이 예상된다. 또한 한국이 RE100에 미참여는 2040년에는 GDP의 3.8% 감소가 예상되고 있다.

한국형 RE100, K-RE100이다. 우리 정부도 K-RE100을 도입해 운영하고 있으며, 한국형 RE100에 참여기업은 총 118개이며, 기업 유형별로 보면 대기업 41개, 중견·중소기업 46개, 공공기관 및 기타 31개이다. 한국형 RE100은 글로벌 RE100과 재생에너지로 발전한 전기 100%를 사용하는 것을 목표로 하고 있다.

| 표 12-5 | 한국형 RE100과 글로벌 RE100과의 세 가지 차이점

구분	글로벌 RE100	한국형 RE100
참여대상	연간 100GWh 이상 전력을 소비하는 기업	산업용·일반용 전기소비자 누구나
이행목표	2030년까지 60%, 2040년까지 90%, 2050년까지 100%	2050년까지 100%(중간목표는 자발적 설정)
이행대상	전 세계 보유사업장	국내 보유사업장

5. 국내기업 RE100 달성방법 다섯 가지

① 녹색 프리미엄제는 RE100 참여기업이 재생에너지에 프리미엄을 지불하고 구매하는 방식이다.

② REC(Renewable Energy Certificate: 신재생에너지 공급인증서) 구매제도는 재생에너지 생산자로부터 재생에너지와 REC를 구매하는 방식으로 기업들은 REC를 통해 RE100 인증을 받을 수 있다.

③ 제3자 전력구매계약(제3자 PPA(Power Purchase Agreement))은 한국전력의 중개를 통해 소비자와 생산자가 계약을 맺는 방식이다.

④ 지분투자는 RE100 참여기업이 재생에너지 발전사업에 투자하여 재생에너지를 공급받는 방식이다.

⑤ 자가발전은 RE100 이행기업이 재생에너지 생산시설을 직접 설치하고 사용하는 것을 말한다. 가격 경쟁력이 좋은 것이 장점인 반면, 생산설비에 부지가 필요하고 초기 설치비가 많이 든다는 단점이 있다.

| 그림 12-6 | 한국형 RE100

한국형 RE100 다섯 가지 이행방안	
녹색프리미엄제	재생에너지 전력에 붙는 추가 요금인 '녹색 프리미엄'을 일반 전기요금에 더해 한전으로부터 전력을 구입하는 방법
REC 구매제도	RPS 이행에 활용되지 않은 재생에너지 공급인증서(REC)를 직접 구매하는 방법
제3자 전력구매계약	한전 중개로 재생에너지 발전사업자와 소비자 간 직접 전력거래계약을 맺는 방법
지분투자	기업 등 전기 소비자가 재생에너지 발전사업에 직접 투자하는 방법
자가발전	자가용 재생에너지 설비로 생산한 전력을 직접 사용하는 방법

6. RE100과 당위성

RE100 회원사들은 2050 탄소중립을 위한 목표에 점차 다가가고 있으며, 기업들이 RE100에 참여하는 이유가 기후변화문제도 크지만, 수출이 우리나라 경쟁력의 대부분을 차지하고 있기 때문이다. 이러한 상황에서 온실가스의 배출에서 사회적 책임을 피하기 어려우며, 글로벌 수출 경쟁에서 우위를 점하기 어려워지고 있기 때문이다. 특히 미국의 기업 애플 같은 경우는 글로벌 협력업체들에게도 탄소중립을 요구하고 있다. 기후위기와 글로벌 수출 경쟁에 발맞춰 이러한 2050 탄소중립으로의 변화와 대응은 이제는 필수적이다.

7. RE100 미참여

RE100에 미참여 시 기업은 해외수출에 큰 타격을 입을 것이다. EU는 탄소국경세를 만들어 탄소를 충분히 줄이지 않는 기업에 대해 그만큼 더 관세를 부과하고, 세계경제질서에서 외면당하지 않기 위해서 RE100은 필수적이다. RE100에 참여하지 않으면 반도체 수출액 15% 감소, 배터리 31% 감소, 디스플레이 40%가 감소할 것이다.

그림 12-7 RE100 미동참 파급

RE100 동참 안 하면?

분야	수출액
반도체	15% ↓
배터리	31% ↓
디스플레이	40% ↓

출처: KDI 국제정책대학원대학교(2021)

13장

디지털 비즈니스와 4차 산업혁명

13장 디지털 비즈니스와 4차 산업혁명

1절 | 디지털 시대 국제환경변화

인터넷은 단순한 네트워크가 아니며, 소프트웨어나 하드웨어도 아니다. 인터넷은 미래의 비즈니스와 커뮤니케이션을 위한 환경이다. 환경변화의 핵심키워드는 고객중심(customer centric), 산업구도의 변화, 가치사슬(value chain)의 역류, e-소싱의 확대, 네트워크화라고 할 수 있다.

1. 고객중심의 환경변화

디지털기술로 인한 경영환경변화의 핵심은 고객중심으로 변하게 된다. 모든 정보와 거래가 투명해지고(transparent), 개개인이 네트워크로 연결되어(connected) 고객의 파워가 증대된다. 거래의 중심이 생산자에서 고객으로 이동함에 따라 전통기업의 패러다임과 비전의 변화를 요구한다. 고객 · 기업 간 직거래의 확대는 전통기업에게 기회와 위협요인을 동시에 제공한다.

2. 산업의 환경변화

산업 간 장벽의 붕괴로 타산업의 전통기업이 새로운 경쟁자로 등장하거나 디지털기술과 고객기반을 무기로 한 인터넷 신생기업이 전통기업을 위협하게 된다. 전통기업과 디지털기업의 강점을 융합할 경우 시너지효과의 발휘가 가능하고, 전통기업은 기존 사업영역의 전면적 재검토가 필요하다.

3. 가치사슬의 환경변화

고객의 파워 증가로 수익의 원천이 고객접점으로 이동하고, 토털 솔루션 제공에 필요한 상품과 서비스의 구성력, 고부가가치를 창출할 수 있는 지식과 콘텐츠의 중요성이 증대된다.

규모의 경제를 바탕으로 한 대량생산 중심의 수익구조 탈피가 관건이다. 기존의 기술력, 브랜드력, 인적자원의 전문성 등을 바탕으로 비즈니스 모델 재구축이 시급하다.

4. 네트워크의 환경변화

고객에 대한 토털 솔루션 제공과 기회선점을 위한 합종연횡이 활발하다. 핵심부문을 유지한 채 기타 부문은 아웃소싱하거나 전략적 제휴, M&A 등을 통해 위험을 분산시키고 시장진입에 소요되는 기간을 최소화한다. 전통기업의 자력주의형 전략과 경영모델은 디지털환경에 부적합하다. 모든 것을 자체 해결하는 방식으로는 디지털기업의 스피드와 비용구조를 따라잡는 것이 불가능하다.

2절 | 글로벌화와 인터넷 경영

1. 글로벌화와 인터넷

국제적 공간의 축소가 모든 형태의 기업에 미친 근본적인 영향 중의 하나는 소비자의 기호를 급격하게 일치시켰다는 점이다.

오늘날의 시대는 수백 년의 지리적 개척과 기술적 발전의 누적된 결과라는 것을 너무 당연하게 생각한다. 기술개발로 인해 제조업자들은 상품을 만들어내고 판매할 수 있게 되었다. 그리고 운송수단의 발달로 여러 지역으로 신속히 이동할 수 있게 되었다. 한국인터넷기업의 해외진출로 국제화에 대한 연구가 최근 높은 관심을 보이고 있다.

따라서 여기서는 국제화과정에 대한 연구를 통해 그 이론적인 배경을 고찰해 보고자 한다.

1) 인터넷기업의 국제화이론

기업의 국제화과정에 대한 연구는 연구하는 학자에 따라 매우 다양하게 전개되어 왔다. 그러나 이에 대하여 어떤 지배적인 정설이 존재하는 것은 아니며, 이제까지 진행되어 온 제반 연구들이 상호 경쟁적이라기보다는 오히려 보완적인 성격을 띠고 있다고 할 수 있다. 기업의 국제화란 기업이 사업에 필요한 자원을 얻기 위해서 또는 시장을 개척하기 위해서 해외로 진출해 가는 과정을 가리킨다. 파울, 올슨, 웰치, 루트 등에 의하면 기업의 국제화는 대략 5단계를 거치는 것으로 볼 수 있다.

일반적으로 기업의 의사결정자와 기업환경 그리고 기업 자체의 세 가지 요인에 의해서 국제화가 고려되고 이에 따라 여러 단계를 거쳐 국제화가 시작된다는 것이다. 21세기 기업의 국제화과정은 글로벌 기업들의 해외활동이 해외로 이전되고 진출하는 과정으로 설명할 수 있다. 이와 같은 기업의 국제화과정을 단계별로 보면 다음과 같이 나눌 수 있다.

(1) 제1단계: 수출 또는 판매단계

국내기업들이 최초의 해외진출을 위하여 무역회사나 독립적인 현지 유통망에 의존하게 된다. 직접수출, 현지 에이전트 등을 통한 간접수출, 해외지점 또는 판매법인을 통한 수출 등을 하는 단계이다.

(2) 제2단계: 현지 판매단계

초기의 수출단계에서 기업들이 더욱 효과적으로 해외의 소비자들에게 접근하기 위해서 현지에서 판매조직망을 구출하고 직접 마케팅활동을 수행하고자 하는 단계이다.

(3) 제3단계: 현지 조립생산

임금 등 국내생산에 따르는 비용이 증가하여 국내생산의 어려움이 증대됨에 따라서 생산활동의 일부를 해외로 이전하고 해외에서 해당 수출용 부품을 조립하는 단계이다.

그러나 이 단계에 있는 기업들은 아직 현지의 생산과 판매가 통합된 시스템을 갖추지 못하고 있다.

(4) 제4단계: 현지 생산과 판매

수입한 노하우를 기초로 생산하는 단계로 연구·개발, 재무, 생산 등의 기능을 현지로 이전하게 된다. 이 단계에서 현지 자회사는 현지의 기업들과 동등한 기반에서 경쟁하게 되고, 소비자들의 욕구를 충족시키기 위한 기업시스템의 최소한의 필요한 기능들을 모두 보유하게 된다.

(5) 제5단계: 글로벌 생산 및 판매

자기계발의 노하우를 기초로 생산하고 연구·개발과 같이 기본적인 활동을 전 세계적으로 수행하는 것이 효율적인 단계로 이행하게 된다.

(6) 제6단계: 글로벌 인터넷 비즈니스 단계

인터넷이 기업활동의 시간과 공간의 격차를 없애는 글로벌 인터넷 비즈니스 단계가 기업의 글로벌화에 있어서 필연적인 요소가 되었다. 즉, 새로운 인터넷시장이 기존의 글로벌시장에 추가되어 새로운 형태의 기업활동이 이루어진다.

2) 글로벌 인터넷 경영단계

지금까지 글로벌화 이론에 의하면 각 국가는 특정한 제품에 대한 생산을 개시하게 되는 시기에 따라 그 순위가 정해질 수 있으며, 그 제품을 생산하고 있는 국가들은 그 순위에 따라서 보다 낮은 순위의 국가에 대하여 동제품에 대한 수출을 행하거나 이의 현지생산 등을 위한 직접투자를 하게 된다는 것이다.

이와 같은 발전단계는 기술의 가용성과 생산비에 그 이론적 근거를 두고 있는데, 시간이 흐름에 따라 비교우위요소인 기술이 순위에 따라서 전개되어 나아갈 때는 하위순위 국가의 여건에 적합하도록 생산기술 및 제품에 있어 약간의 변화가 따르게 된다.

21세기에 들어 기업에 새로운 기회가 부여되고 있다. WTO로 인하여 지역경제의 결속으로 경제성장이 촉진되고 투자재와 소비재의 수요가 증가하는 한편, 관세무역의 장벽이 완화 또는 폐지됨으로써 새로운 시장으로의 진출이 용이해졌다.

이와 같은 국제경영환경의 변화는 기업의 국제화에 있어서 지역통합 또는 글로벌 통합 지향단계에서 나타나기 시작했으며 이는 인터넷 비즈니스라는 새로운 기업국제화 활동의 탄생으로 더욱 두드러지게 나타나고 있다. 즉, 지구라는 단일경제활동영역에서 더 발전하여 이제는 인터넷 비즈니스를 통한 새로운 경제영역인 사이버시장이 부각되고 있다.

기존의 기업국제화 5단계 이론은 인터넷 비즈니스의 출현으로 인하여 새롭게 6단계로 재편되었다.

이제까지의 기업경영에는 없었던 현실을 조직하는 방법과 일치해 왔던 범세계적인 공간과 시간의 파괴와 재구축은 지금까지의 국가 간 거래의 개념도 새로운 패러다임으로 변모시키게 된다. 인터넷이나 네트워크를 통해 글로벌 기업들의 세계적 경영활동을 변모시키게 되는 것이다.

2. 인터넷이 글로벌화에 미치는 영향

1) 초국적기업 패러다임의 변화

21세기에 들어 새로운 형태의 초국적기업이 등장하고 있다. 전문가들은 그 요인으로 인터넷과 정보통신혁명을 들고 있다. 인터넷으로 전 세계의 자회사들을 통제할 수 있게 되었으며, 새로운 인터넷산업을 창출하고 있는 것이다. 인터넷과 정보통신기술의 발전에 따라 기업이 해결해야 하는 경영전력과 조직구조상의 새로운 문제점들이 제기되고 있다. 그렇지만 본사와 해외자회사 간, 그리고 해외자회사들 간의 의사결정권의 배분과 이를 위한 정보의 통제 및 공유, 전사적 차원에서의 해외자회사의 기능 및 배치결정 등을 정보기술의 발전방향에 맞게 새롭게 적용해야 하는 문제도 제기되고 있다.

인터넷과 정보통신혁명으로 기존의 물리적인 제약요인이 사라지면서 전 세계적인 생산과 판매를 효율적으로 통제하고 응용함으로써 이제까지는 없었던 새로운 효율성을 창출할 수 있게 된 것이다.

2) 전 세계적 경영환경의 통합

초국적기업들이 활동하고 있는 각 국가들은 법, 경제, 문화적인 경영환경을 가지고 있다. 초국적기업들은 여러 상황에 대해서 그들이 해외에서 얻은 경영적 교훈뿐 아니라 현지의 경영환경에 크게 영향을 받는다.

기업이 현지국에서 성공하려면 경영자는 효율성을 극대화하기 위해서 기업의 정책과 법적 · 경제적 · 문화적 · 정치적 환경 간의 관계를 면밀히 분석해야 하는데 인터넷과 정보통신혁명이 이것을 효과적으로 응용할 수 있게 한 것이다. 일반적으로 해외자회사 경영자의 경영전략과 이의 세부 이행과정을 통제하거나 감시하기가 힘들다. 또한 경영자가 실제 경영활동에 자신의 노력을 어느 정도 기여하고 있는지도 정확히 파악할 수가 없다. 그러므로 본사는 해외자회사 경영자의 활동을 감시하기 위한 비용을 부담하여야 한다. 그러나 인터넷이 이를 가능하게 해주는 것이다. 이런 측면에서 인터넷은 초국적기업의 글로벌 네트워크를 구축하는 데 크게 기여할 수 있다.

3) 인터넷 부가가치 사슬

21세기를 주도할 인터넷 글로벌 기업은 인적자원과 기술과 같은 핵심역량을 개발하고, 조합시켜 최대의 효율성과 혁신을 이룩해야 하며, 부가가치의 사슬구조를 독립적으로 운영하는 것이 아니라 전체적인 관점에서 조화시켜 나가는 데 주안점을 두어야 한다. 부가가치의 사슬구조로 이루어진 글로벌 기업은 전통적인 수직계열화 기업과는 성격을 달리한다. 글로벌 기업의 부가가치의 사슬구조는 수직계열화와 수평적 생산구조의 장점을 취한다고 보아야 한다. 본사와 해외자회사 간의 대리인비용과 경영의사결정비용의 감소는 기업활동의 조정 측면을 정반대로 유도하는 특성을 갖고 있다.

해외자회사들은 현지국에서의 기업활동을 위한 의사결정권을 부여받으며 해외자회사 특유의 정보를 구성하게 되며, 본사는 이러한 정보의 흐름을 중앙에서 집중적으로 관리하고 이것이 전 세계 해외자회사 네트워크의 가치를 증가시킬 수 있도록 조정하는 역할을 하고 있다. 현재의 급속한 정보기술의 발전으로 대부분의 글로벌 기업들이 추구하는 방향이 되었으며, 한국기업도 이와 같은 방향에서 급격히 변하고 있다.

4) 인터넷 글로벌 기업의 행동양식

기업의 세계화란 기업활동이 국제적으로 발전하는 과정을 의미한다. 정보기술의 발전이 글로벌 기업에 미치는 영향은 기업활동의 조정과 기업활동의 범위의 측면이다. 의사결정비용이 감소되므로 본사의 해외자회사 정보의 관리와 통제, 부가가치의 창출을 위한 네트워크 형성을 위해 정보흐름을 집권화하는 것이 유리하다.

인터넷 글로벌 기업의 출현으로 현재 전 세계에 흩어져 있는 경영자원들은 새로운 부가가치의 사슬구조로 편입될 것이다. 이러한 인적자원, 정보기술들이 하나의 사슬로 연결될 때 경영자원 본연의 잠재력이 발산될 것이다. 이는 세계 전체의 소득과 부, 그리고 구매력의 증가로 나타날 것이다. 인터넷 글로벌 기업의 존재는 결국 전 세계경제의 고도성장으로 연결되는 것이다. 그리고 이러한 기업활동 조정과 범위의 면에서 인터넷과 정보기술이 가져다주는 영향을 기업의 글로벌화 전략에 적용할 때 새로운 형태의 글로벌화 전략이 가능할 것이다.

인터넷 환경하에서 세계시장을 대상으로 활동하고 있는 우리 기업들도 정보기술의 발전의 영향을 기업내부로 적극 수용하고, 이에 적합한 글로벌화 전략과 조직구조의 수립이 필요하다 할 것이다. 최근에는 인터넷이나 정보시스템의 각종 프로토콜 및 세계표준들도 글로벌 기업의 통합능력을 확대시키고 있다.

3. 우리나라 인터넷기업의 해외진출

1) 인터넷기업의 해외진출 필요성

우리나라 기업의 해외진출은 산업구조의 고도화와 국제경쟁력의 강화에 기여할 것으로 보인다. 과거 해외직접투자가 노동집약적인 경공업분야에서 이루어졌던 것과는 달리 최근에는 전자, 반도체, 자동차 등 우리나라의 주력산업이라고 할 수 있는 중화학산업에서 집중적으로 이루어지고 있다. 우리나라 인터넷기업의 해외진출의 필요성은 이론적으로는 디지털시대가 가져온 환경적인 변화에 소자본, 소규모, 기술집약형, 시장개척형, 고부가가치를 그 특징으로 하고 있는 벤처기업의 속성이 융합하여 나타난 것이라 할 수 있다. 현실적으로는 창업부터 해외를 목표로 사업비전을 가지고 출발한 경우도 있고, 국내시장이 너무 작아 해외로 나가는 회사도 있다. 또 재정적으로 해외진출이 유리한 경우도 있다. 사업분야가 특수해 해외진출이 불가피한 회사들도 있을 것이다.

인터넷기업의 해외진출은 기술개발, 개발기술의 기업화 촉진, 해외기술습득의 수단으로서 큰 의미를 지닌다.

2) 인터넷기업의 해외진출 유형

기업이 특정 국가에 특정 제품을 가지고 진입하고자 할 경우, 그 진입 유형의 선택에 있어서는 이의 결정에 영향을 미치는 몇 가지 요인에 대한 검토를 필요로 하게 된다. 요한슨은 해외시장에 대한 지식의 부족이 국제화 추진에 중대한 장애가 되고 있으며 이러한 지식은 주로 해외시장에서의 활동을 통해 얻어질 수 있는 것이라고 하였으며, 해외시장 및 해외활동에 관한 지식의 점진적인 습득, 집성 및 활용과 이에 따라 해외시장에 대한 자원의 투입을 점차 확대시켜 나가는 행위를 강조하고 있다. 이와 같은 관점에서 인터넷기업의 해외진출 유형을 살펴보면 다음과 같다.

첫째, 기업이 국내시장을 기준으로 할 때는 도입기나 성장기에 속하는 제품을 개발하고 있으나, 외국시장을 기준으로 할 경우에는 초기단계의 비중이 훨씬 낮은 수준에 머무르고 있는 실정일 경우 신기술의 습득이 용이하고 세계적인 추세에 훨씬 민감하게 반응할 수 있는 해외로의 진출을 모색하는 게 바람직하다.

둘째, 사업영위형은 원천기술의 상품화를 해외에서 추진하는 것으로, 원천기술의 개발·발명은 국내에서, 제품사양과 영업형태는 해외에서 결정하는 방법이다.

셋째, 자본유치형은 초기의 부족한 자본문제를 해결하기 위해 벤처 캐피털로부터 자금유입을 시도하는 경우로 최근 실리콘밸리에서 벤처 캐피털에 대한 세 가지 대체수단으로 언급되는 앤젤, BI, 민족 네트워크를 통한 자금유입 시도도 이 범주에 들어갈 것이다.

넷째, 한국형 해외진출 유형이다. 우리나라의 인터넷기업은 분야에 따라서는 세계첨단이라고 할 수 있다. 이와 같은 이점을 살리는 진출형태가 모색될 수 있다. 국제경영에서 한국기업이 새로운 기업경영 패턴을 만들 수 있는 계기가 될 수도 있다.

3절 | 4차 산업혁명의 핵심개념

4차 산업혁명을 심도 있게 이해하기 위해서는 4차 산업혁명의 원동력인 핵심기술과 개념을 이해해야 한다. 핵심기술은 이해하기는 쉽지 않다. 왜냐하면 이들 기술들이 새로운 것들이며, 인공지능과 같은 무형의 기술도 있고 로봇과 자율주행차 같은 융복합기술도 포함하고 있기 때문이다. 기업에 근무하는 직장인은 4차 산업혁명을 이해하고 신제품 신규사업과 경영전략을 개발하는 능력을 갖추기 위해서는 이들 기술에 대한 이해가 필요하다. 또한 창업에 관심이 있는 독자는 여기에서 소개되는 기술적 요소를 이해해야만 미래의 성장분야의 창업기회를 만들 수 있을 것이다. 그리고 취업준비성은 자기소개서나 면접과정에서 4차 산업혁명의 핵심기술과 개념을 이해하고 있다는 점을 강조하여야 할 것이다.[1] 지금까지 1차 산업혁명에서부터 4차 산업혁명의 발전과정을 보면 [표 13-1]과 같다.

표 13-1 산업발전과정

구분	내용
1차 산업혁명 (1784)	• 18세기 증기기관의 발명으로 영국의 섬유공업이 발전함과 동시에 석탄기반의 철도 인프라가 세계적으로 확산됨 • 1784년 영국의 Henry Cort가 교반법(Puddling Process: 액체상태의 철을 쇠막대기로 저어 탄소와 불순물을 제거하는 공법)을 수행하는 기계를 발명한 것이 자동화의 단초로 여겨짐 • 석탄과 석유와 같은 고에너지 연료의 사용을 통해 증기기관 및 증기기관차의 시대가 시작됨 • 기계의 발명을 통한 초기 자동화의 도입과 다리, 항만 등을 통해 국가 내의 연결성을 촉진함
2차 산업혁명 (1870)	• 전기에너지 활용 및 작업의 표준화를 통해 기업과 기업 및 국가와 국가 간 노동부문 연결성 강화와 대량생산 산업구조의 세계적인 전개 • 품질기준, 운송방법, 작업방식 등의 표준화는 국소적인 기능의 자동화를 기업수준에서 국가수준으로 넓혔고 이로써 대량생산이 실현됨 • 자동화를 통한 대량생산은 노동부문에서의 효율적이고 생산적인 연결성을 촉진하였음
3차 산업혁명 (1969)	• 컴퓨터와 인터넷으로 지식 정보혁명이 촉발되어 정교한 자동화가 진행되었고 사람, 환경, 기계를 아우르는 연결성이 강화됨 • 1969년 인터넷의 전신인 아르파넷(ARPANET)이 개발되며 디지털 및 정보통신기술시대의 서막을 알림 • 디지털 기술의 발전은 2년에 트랜지스터 집적용량이 2배 증가한다는 무어의 법칙(Moore's law)을 실현함 • 디지털시대의 향상된 계산능력은 보다 정교한 자동화를 가능하게 하고, 사람과 사람, 사람과 자연, 사람과 기계 간의 연결성을 증가시켰음

1 박춘엽 · 박병연 · 오점술, 4차산업혁명의 핵심전략, 책연, 2018.

4차 산업혁명 (2016년~현재)	• 4차 산업혁명은 자동화와 연결성이 극대화되는 변화를 뜻함 • 극단적인 자동화는 자동화할 수 있는 작업의 폭을 크게 넓혀서 저급수준 및 중급수준의 기술에 모두 적용될 것임 • 인공지능(AI)이 적용된 자동화의 최전선에서는 언어와 이미지를 포함하는 빅데이터를 분석 및 처리해 인간만이 수행 가능하다고 여겨졌던 업무 중 상당부분도 로봇이 대체할 것으로 전망됨 • 극단적 자동화를 통해 저급 및 중급기술자들의 업무를 로봇이 대체할 시 부가 합리적으로 분배되지 않는 문제가 악화될 것으로 전망됨 • 국제적이면서도 즉각적인 연결을 통하여 새로운 사업 모델이 창출될 것임 (공유경제, 온디맨드 경제 등)

출처: UBS white paper 및 과학기술정책연구원, ㈜테크노베이션파트너스 재구성

현대사회는 산업혁명의 바탕으로 발전해 왔으며, 미래사회는 디지털화된 사회로서 디지털기술이 인간생활에 매우 깊이 들어오고 있다. 디지털혁명은 일상생활에서 누릴 수 있는 인간활동의 혁신을 의미한다.

표 13-2 산업혁명과 디지털혁명

구분	산업혁명	디지털혁명
원동력	동력, 에너지, 전기전자, 기계 등	인터넷 , 정보처리(디지털기술 등)
변화속도	점진적 변화	급진적 변화
변화주도	산업자본	지식과 정보자본
변화대상	특정 지역에서 세계로	전 세계가 동시에 진행
생산요소	자원, 노동, 자본	디지털기술, 정보, 지식
고용환경	단순노동, 전문화, 특화된 노동	멀티태스킹, 인적자본
근무시간	고정된 근무(경직성)	재택근무, 파트시간, 자유시간 등 유연성
조직	수직, 계층적, 피라미드	수평적, 팀, 네트워크화
경영방식	명령, 통제	분산형, 자기관리
생산방식	대량생산, 규모의 경제	다품종 소량, 전자거래로 고객형 제품화
판매방식	대규모 시장경제	전자상거래 시장경제
산업구조	제조업(생산자 중심)	서비스(소비자 중심)

1. 인공지능(Artificial Intelligence)

인공지능은 이제 인간의 일상생활과 산업에서 실제로 활용되고 있는 실제적 기술이다. 이는 인간의 뇌가 가진 지능의 기능을 컴퓨터 소프트웨어를 이용하여 수행할 수 있게 하는 기술을 다루는 과학이다. 또한 인공지능은 기억뿐만 아니라 뇌처럼 습득한 지식을 바탕으로 하여 추론하고, 자연언어를 이해하고, 스스로 학습하고, 시각적 판단을 할 수 있는 단계에까지 이르렀다. 인공지능이 활용되는 예를 보면 다음과 같다.

| 그림 13-1 | 인공지능

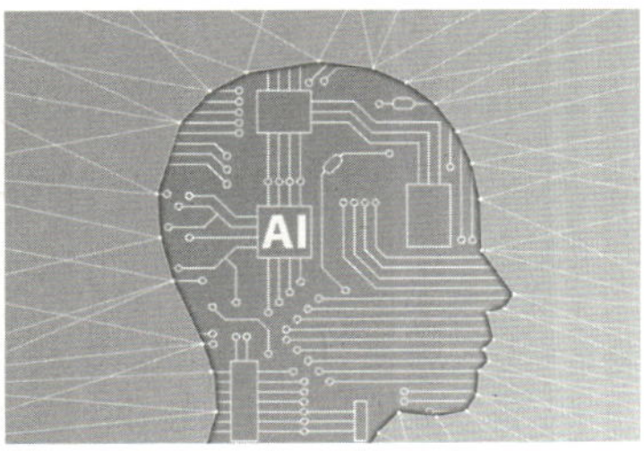

- 인공지능은 4차 산업혁명의 가장 핵심적인 소프트웨어
- 컴퓨터가 언어의 이해, 사고, 학습, 문제해결, 자기계발 등 인간 특유의 지능적인 행동을 모방할 수 있도록 하는 컴퓨터공학 및 정보기술의 한 분야
- 산업용 및 가정용에 사용되는 인공지능이 탑재된 로봇 또는 인공지능을 사용하는 모든 시스템을 의미

1) 게임

인공지능은 전략적 요소가 포함된 게임에서 매우 우수한 능력을 나타내고 있다. 인공지능은 체스, 포커, 바둑 등에서 그 능력의 우수함이 입증되었다.

2) ChatGPT

인공지능 기업 오픈에이아이(OpenAI)에서 개발한 대화형 언어 모델인 'GPT'는 'Generative Pre-trained Transformer'의 약자로, 광범위하게 수집한 데이터를 기반으로 사전 학습되어 주어진 질문에 문장으로 생성된 답을 제시하는 인공지능을 뜻한다. 인간이 말하는 자연어를 이해하는 인공지능을 만들 수 있다. 요즘은 스마트폰에 인간의 말을 이해하는 인공지능이 설치되고 있다.

ChatGPT의 기반은 2018년에 개발된 OpenAI의 지피티(GPT) 언어 모델이다. GPT는 단방향으로 텍스트를 생성하는 변환기 기반 언어 모델이었으며, 대량의 텍스트 데이터 뭉치를 기반으로 학습하여 기계 번역, 질문 답변 및 요약과 같은 다양한 언어 생성작업에 맞게 개량되었다. 2018년에 개발된 GPT의 첫 번째 버전인 GPT-1 이후, 훨씬 더 큰 규모의 데이터로 학습된 버전인 GPT-2가 2019년에 개발되었다. 2020년에는 GPT-3이 개발되었는데, 규모와 성능 측면에서 상당한 진전을 이루어냈다.

ChatGPT는 단순히 검색되거나 입력된 정보를 그대로 보여주는 수준을 넘어, 주어진 질문과 문맥을 바탕으로 텍스트를 생성하거나, 주어진 텍스트의 다음 단어나 문장을 예측할 수 있다. 또한 다양한 방식으로 텍스트를 분류할 수 있으며, 주어진 문맥과 정보를 바탕으로 질문에 응답할 수 있다. 또한 대화 상대방과의 이어진 대화과정에서 대화의 상황을 인식하고 일관성 있는 응답을 생성할 수 있다. 특정한 주제어나 조건이 주어졌을 때, 이 조건을 충족하는 시나 소설, 수필의 작성이 가능하며 코딩작업의 수행도 가능하다.

그러나 ChatGPT와 같은 대화형 AI가 생성한 응답 가운데에는 질문의 의도에 부합하지 않거나 불충실하게 생성한 응답이 포함될 수 있다. 대화형 AI가 이와 같은 응답을 스스로 맞거나 존재하는 정보라고 착각하여 제시하는 경우를 인공지능분야에서는 심리학에서의 개념을 빌려 '환각(hallucination)' 또는 '인공환각(artificial hallucination)'효과라고 한다. 따라서 ChatGPT의 사용자는 ChatGPT의 응답내용에 포함되어 있을지 모르는 환각효과에도 주의할 필요가 있다.

3) 전문가시스템

기계와 소프트웨어와 특수정보를 통합하여 추론과 조언을 할 수 있는 전문가시스템 또한 인공지능을 이용한 것이다.

4) 비전시스템

시각적 입력 자료를 이해하고 해석하고 사고할 수 있는 인공지능시스템으로, 예를 들면 정찰기로 사진을 찍어서 특정 지역에 대한 정보를 얻어낼 수 있고, 범인의 얼굴 영상을 자료에 있는 사람과 연결할 수 있는 능력을 가진 인공지능을 말한다.

5) 수기자료 인식

손으로 쓴 글씨를 인식하고 그것을 읽을 수 있는 문자로 변환시키는 인공지능시스템이다. 수기 한자를 인식하는 사전 앱을 스마트폰에 다운로드받을 수 있다.

6) 지능형 로봇

인간이 명령한 일을 수행할 수 있는 로봇도 인공지능을 이용한 것이다.

7) 자율주행차

자율주행차의 중앙처리장치는 고도의 인공지능기능을 수행하는 장치이다. 자율주행차에서도 자동차가 사물을 인식하고 판단하는 기능은 인공지능이 수행하기 때문에 인공지능의 역할은 매우 중요하다. 그래서 인공지능부분이 우수한 자율주행차가 주변상황에 잘 적응하고 승차자에게 편안함과 안전을 더 많이 보장해 줄 것이다.

인공지능은 교육, 경영의사결정, 엔터테인먼트 등 여러 분야에서 활용될 것이 확실하다. 인공지능이란 말은 1956년 미국의 다트머스대학교 존 매카시 교수가 다트머스 회의에서 처음으로 사용하기 시작하였다. 인공지능은 4차 산업혁명의 핵심기술이 될 것이다. 왜냐하면 인공지능은 로봇에서도 머리부분으로, 인공지능으로 이루어지는 이 머리부분의 인공지능이 좋을수록 합리적인 판단을 더 잘할 것이며, 인간과의 교류도 원활할 것이기 때문이다.

2. 로봇(Robot)

1) 로봇의 의의

로봇은 인간과 비슷한 모양과 기능을 가진 기계를 의미한다. 로봇의 어원은 체코어로 노동을 의미하는 'Robota'에서 나왔다고 한다. 로봇은 기본적으로 네 부분으로 구성되어 있는데 감지장치(센서), 제어장치, 동작장치, 동력장치 등이다.

(1) 감지장치

감지장치는 주변의 빛, 소리, 온도 등 환경의 정보를 감지하여 제어장치로 전달하는 기능을 하는 부분이다. 인간의 눈, 코, 귀, 피부가 주변으로부터 정보를 수집하여 인간의 뇌로 보내는 것처럼 감지장치에 의해서 수집된 정보는 제어장치로 전달된다.

그림 13-2 로봇

- 로봇은 사람의 일을 대신할 수 있도록 하는 사람과 유사한 모습과 기능을 가진 기계 또는 스스로 작업하는 능력을 가진 기계
- 로봇은 기준을 정하고 계획한 대로 일을 하도록 설계가 됨

[로봇 구분]

- 산업용 로봇: 산업용 로봇은 미리 입력된 프로그램에 따라 작업을 수행하는 단순로봇과 인공지능을 탑재하여 상황에 맞게 스스로 작업하는 능력을 가진 지능형 로봇이 있음
- 서비스용 로봇: 서비스용 로봇은 산업 이외의 분야로 확장된 로봇을 의미

(2) 제어장치

제어장치는 감지장치로부터 수신한 정보를 바탕으로 하여 판단을 하여 동작장치에 행동명령을 내린다. 이처럼 제어장치는 인간의 두뇌와 같은 역할을 한다.

(3) 동작장치

동작장치는 제어장치가 내린 명령에 따라 로봇의 팔, 다리 등을 움직여서 목적하는 동작을 하여 의도한 작업을 수행하는 것인데 이것은 인간의 머리에서 내린 명령에 따라 팔과 다리가 움직이는 것에 비유된다.

(4) 동력장치

동력장치는 감지장치, 제어장치, 동작장치가 작동할 수 있도록 동력을 제공한다. 동력으로는 교류 또는 직류의 전기가 주로 쓰인다. 전원장치로 건전지가 사용될 수 있다.

2) 로봇의 활용

로봇은 그 용도가 매우 넓어서 많은 종류의 로봇이 있다.

(1) 제조용 로봇

자동차 제조(핸들링, 조립, 용접, 도장 등), 전자제품 제조(도장, 조립, 핸들링 등), 조선(용접, 블라스팅, 도장) 등에 이용된다.

(2) 서비스분야의 로봇

개인서비스용 로봇, 공공서비스용 로봇, 극한작업 로봇, 기타 산업용 로봇으로 나눌 수 있다. 여기에 개인서비스용 로봇은 가사지원(청소, 정리정돈, 경비, 심부름 등), 노인지원(보행보조, 생활지원 등), 재활지원(병간호, 장애자 보조, 재활훈련 등), 작업지원(근력강화기), 여가지원(오락, 테마파크, 게임, 헬스케어 등), 교육(가정교사, 교육, 기자재용), 이동지원(개인이동시스템, 탑승형 로봇) 등에 이용되며, 공공서비스 로봇은 안내, 도우미, 도서관, 빌딩서비스 로봇으로서 경비, 배달, 청소, 사회안전 경비 등의 로봇이 있다.

(3) 극한작업 로봇

사회 인프라(활선, 관로, 고소 작업용), 재난극복(화재진압, 인명구조), 군사(지뢰 제거, 경계, 전투, 로봇 갑옷 등), 해양(탐사, 자원개발지원) 등에 이용된다.

(4) 기타 산업용 로봇

소매업(판매활동), 서비스(은행, 음식점 접객서비스 등), 건설(건설지원, 건설유지 보수, 해체지원), 농림축산(농약 살포, 과실수확지원), 의료(수술, 간호, 진료, 치료, 교육) 등에 이용된다.

로봇은 많은 인간의 일을 대체하고 있으며, 앞으로 그 범위는 더욱 확대될 것이다. 따라서 이로 인한 일자리 감소가 심각한 문제로 대두될 것으로 예상된다.

3. 사물인터넷(Internet of Things: IoT)

1) 기본 개념

사물(thing)과 사물(thing)을 연결하는 인터넷(internet)을 사물인터넷이라고 한다. 사물인터넷은 그 활용범위가 다양한 객체(사물)들 간의 연결을 의미하는데, 이에 대한 정의는 다양하다. 미래창조과학부(2014)는 "사물인터넷은 사람, 사물, 공간, 데이터 등 모든 것이 인터넷으로 서로 연결되어, 정보가 생성, 수집, 공유, 활용되는 초연결 인터넷"이라고 정의하고 있다. 또한 "미래 인터넷의 통합된 부분으로서 표준과 상호 호환 통신

프로토콜로 자가설정기능을 갖춘 동적 글로벌 네트워크 인프라"로 정의하고 있다.

사물인터넷산업은 사물인터넷 관련기술을 활용하며, 데이터를 수집, 가공, 처리하는 사업을 포함하는 산업군으로 정의할 수 있으며, 사물인터넷 기반기기산업, 사물인터넷 기반지원산업, 사물인터넷 응용산업으로 구분할 수 있다. 이들 다양한 산업군들은 상호 연계와 결합을 통해 새로운 가치사슬을 형성하고, 고객들에게 가치를 제공하고 있다.

오늘날 우리가 이용하는 사물인터넷 서비스는 다양한 시간에 다양한 장소에서, 저전력을 소모하고, 저렴한 비용에 초소형 스마트 디바이스를 이용해 편리하게 이용할 수 있는 서비스를 의미한다. 사물인터넷 활성화 배경에는 네 가지 특성이 있다. 첫째, 사물인터넷 관련기술의 표준화이다. 둘째, 사물인터넷 디바이스의 소형화이다. 셋째, 사물인터넷 디바이스 이용에 있어 저전력화이다. 넷째는 사물인터넷 서비스의 저가격화이다.

| 그림 13-3 | 사물인터넷

- 사물인터넷이란 ICT(Information Communication Technology) 기반으로 다양한 사물을 연결하여 사람과 사물, 사물과 사물 간에 정보를 교류하고 상호 소통하는 지능형 인프라 서비스기술
- 모든 사물들이 연결되면 스마트폰 등을 이용하여 실시간 각종 서비스를 제공받을 수 있는 환경에 놓이게 됨

2) 사물인터넷의 구성

사물인터넷은 네 부분으로 나누어서 설명할 수 있는데, 센서, 통신네트워크, 클라우드 정보처리 등이다.

(1) 센서

사물인터넷에서 센서(sensor)는 주변으로부터 정보를 수집하는 감각기관이다. 감지(sense)의 대상이 되는 것은 온도, 습도, 소리, 진동, 빛, 위치, 영상, 열, 가스, 조도 등이다. 사물인터넷 센서는 물리적 조건이나 사건으로부터 감지한 내용을 전기적, 광학적 또는 디지털 자료로 변환하는 역할도 한다. 디지털 체온 측정기가 감지한 온도는 디지털 신호로 전환되어 숫자로 나타나는 것이다. 이와 같이 사물인터넷의 센서는 감지기능, 측정치를 디지털 신호로 전환하는 기능, 전환된 신호를 클라우드로 보내는 통신기능을 포함하고 있다. 센서가 감지하려는 목적(온도, 진동, 소음 등), 정확도, 신뢰성, 범위, 정밀도 등에 따라 여러 종류가 있다.

(2) 통신 네트워크

사물인터넷의 두 번째 요소는 센서로부터 수집된 자료를 전송하는 데 사용되는 통신 네트워크이다. 네트워크와 센서를 연결하는 기술은 와이파이, 블루투스, 아이맥스, 이더넷, LTE(Long Term Evolution), 라이파이(Li-Fi) 등이다.

(3) 클라우드

사물인터넷의 세 번째 요소는 센서로부터 수집된 자료를 처리하고 저장하는 모든 활동을 포함한다. 이 과정에서 데이터는 클라우드(cloud)라고 부르는 저장소에 저장되는데 클라우드는 저장소를 의미한다.

(4) 정보처리

사물인터넷의 네 번째 요소는 센서로부터 통신 네트워크를 통해서 전송된 정보를 처리하는 기능이다. 여기에서 정보를 처리한다는 말은 사물에서부터 전송되어 온 가공되지 데이터를 인간이 사용하기 쉽게 만든다는 뜻이다.

3) 사물인터넷의 활용사례

사물인터넷은 웨어러블장치, 스마트 홈 관리, 가전제품과 자동차관리, 개인의 건강관리(원격의료관리), 스마트 교통관리, 제조업과 서비스산업, 응용에 적용할 수 있고, 나아가서는 스마트 도시 건설에도 적용할 수 있다.

(1) 스마트 홈

가정 내의 조명, 난방, 환기, 냉방, 보안, 비디오 감시시설이 휴대폰을 이용해서 중앙 통제식으로 관리되는 집을 말한다. 이러한 스마트 홈은 사물인터넷을 이용하여 구현된다.

(2) 스마트 도시

스마트 도시란 인터넷 접속이 언제, 어디서나 가능하고 도시 내 모든 시설들이 지능화된 다양한 유비쿼터스 서비스를 제공하는 도시의 개념을 나타내는 말이다.

(3) 교통서비스

사물인터넷을 통해서 차량에서 실시간으로 정체구간, 교통사고 발생 정보를 얻을 수 있고, 빠른 우회경로를 안내한다. 버스정류장에는 오는 버스의 번호와 예상 소요시간이 디지털로 표시되는데 이것은 사물인터넷을 이용한 것이다.

(4) 에너지 절약서비스

가정과 빌딩의 전기제품에 사물인터넷을 설치해 놓으면 실시간으로 에너지 사용량을 알려주고, 전기료를 최소화는 방법을 스마트폰으로 안내한다. 외출 중에도 스마트폰 터치 한 번으로 전기제품을 끄고 주인이 들어오기 전에 집안 온도와 조명을 조절할 수도 있다.

(5) 관광서비스

사물인터넷과 무선 근거리 통신기술을 이용하여 관광객이 방문지에 도착하면 스마트폰에서 해당 지역의 맛집 등 관광정보 등을 제공한다.

(6) 산업에서 활동

산업용 기기에 사물인터넷을 설치하여 온도, 진동 등을 모니터링하여 그 기기의 고장을 예측하고 사전정비를 함으로써 기기의 수명을 연장하거나 대형 사고를 예방할 수 있다.

4. 3D 프린팅

3D 프린팅(3 Dimensional Printing, 3차원 인쇄)은 3차원 공간에서 실행되는 인쇄라는 뜻이다. 3D 프린팅은 가로와 세로축에 추가하여 높이 축에 따라 이동하며 인쇄를 하면 입체가 만들어진다는 개념을 이용한 것이다. 3D 프린팅에서는 만들어질 제품의 모양에 관한 정보가 인쇄기계에 입력되면 그 정보에 따라 좌우 그리고 높이가 결정된다. 3D 프린팅 기술을 이용하여 입체형태를 만드는 방식은 두 가지로 나눌 수 있다. 한 가지는 한 층씩 쌓아 올리는 방식인데 이 방식을 적층가공이라 하고 또 한 가지는 하나의 덩어리를 깎아서 원하는 형상을 만드는 방식인데 이것을 절삭형이라 한다.

이와 같은 3D 프린팅은 과거에 입체를 만들 때 금형을 만들고 그것을 이용하여 사출, 압력, 주조 등의 과정을 이용했던 것보다 효율적으로 원하는 입체를 만들 수 있다. 3D

프린팅은 과거의 생산방식보다 시간이 단축되고 비용도 절감될 뿐만 아니라 개인별 맞춤형 생산도 더 용이해진다. 왜냐하면 개인별 맞춤형 생산이 과거보다 좀 더 용이하고 효율적으로 이루어질 수 있기 때문이다. 3D 프린팅이 인간의 신체부위나 장기의 생산에 적용될 경우 이 분야와 관련된 의료서비스에도 큰 변화가 일어날 것이다. 3E 프린팅이 가져올 수 있는 부정적인 영향도 적지 않다. 3D 프린팅은 일반적으로 제조과정에서 쓰레기를 전통방식보다 더 많이 생산할 것으로 예상된다. 또 인간의 신체 일부와 장기 등을 생산하게 될 때 윤리적인 문제가 발생할 것이다.

| 그림 13-4 | 3D 프린팅

- 3D 프린팅이란 입체적으로 만들어진 3D 디지털 설계도나 모델에 원료를 층으로 쌓아 올려 만들거나 깍아서 물체를 만들어내는 기술
- 3D 프린팅은 모델링만 하면 빠른 시간 내에 원하는 모형을 만들어낼 수 있고, 수정도 순식간에 끝나기 때문에 의료, 건축, 항공 등 모든 분야에서 혁신적 성과를 낼 수 있음
- 쌓아 올려 만드는 방식인 적층형이 재료의 손실이 없어서 대부분 적층형 프린터임

5. 드론(Drone)

드론은 무인항공기(Unmanned Aerial Vehicle: UAV)를 의미하는 말로 많이 쓰인다. 무인항공기에는 사람이 타지 않고 비행체는 지상에서 원격으로 조정된다. 이와 같은 드론이 4차 산업혁명의 주도적 기술은 아니고 응용기술에 해당하는 기술이지만 그 활용범위가 넓어서 4차 산업혁명의 과정에서 큰 역할을 할 것으로 예상되고 있으며, 따라서 관련산업이 크게 발전하고 있다.

무인항공기는 원래 군사목적으로 시작되었다. 군사적 목적 이외에도 그 범위가 매우 넓다고 할 수 있다.

① **항공 촬영**: 드론이 정보통신기술과 결합하여 미디어 콘텐츠 개발에 활용

② **수송**: 인터넷 서점 아마존은 드론으로 배송할 계획이며, 긴급한 장기수송에도 활용

③ **농업**: 농약 살포와 작황 항공 촬영에도 활용

④ **우주항공 해양**: 적조 감시

⑤ **환경 기상**: 대기오염분석, 기상 관측

⑥ **재난안전**: 조난자 수색, 긴급구조
⑦ **군사**: 항공 정찰, 군사적 촬영
⑧ **교통**: 교통상황분석, 교통사고처리

| 그림 13-5 | 드론(무인항공기)

- 드론이란 조종사가 비행체에 탑승하지 않고 지정된 임무를 수행할 수 있도록 제작된 비행체임
- 지상에서 원격조종(remote piloted)하거나 사전에 프로그램된 경로를 따라 자동(auto-piloted) 또는 반자동(semi-autopiloted)으로 비행하거나 인공지능이 탑재되어 스스로 판단하여 임무를 수행하는 비행체와 지상통제장비 및 통신장비, 지원장비 등의 전체 시스템을 통칭
- 드론은 산업계에서는 아마존 등 물류배송 등에 적극적으로 활용하여 혁신적인 성과를 나타내고 있으며, 영화 촬영 등 엔터테인먼트분야에도 극적인 현장감을 위해 많이 사용

6. 가상현실(Virtual Reality: VR)

1) 개념

가상현실은 어떤 상황이나 환경을 컴퓨터를 통해서 마치 현실인 것처럼 느끼게 하는 인간과 컴퓨터 사이의 인터페이스를 말한다. 가상현실은 시각 체험뿐만 아니라 가상의 맛, 가상의 냄새, 가상의 소리, 가상의 촉각도 만들어낼 수 있다. 가상현실은 가상환경(virtual environment), 인공현실(artificial reality), 합성환경(synthetic environment), 실감멀티미디어(immersive multimedia)라고도 한다.

가상현실은 실제로 현실이 아니지만 현실처럼 느껴지는 것을 말한다. 즉, 극장에서 영화를 보는 동안에 영화에서 나오는 장면들이 마치 현실인 것 같은 착각이 들기도 한다. VR기기를 눈에 밀착시킨 후 작동 스위치를 켜면 눈앞에 환상적인 영상들이 전개되는데, 이 장치를 착용하고 있는 동안 착용자는 자신이 눈으로 보고 있는 영상을 실제로 체험하고 있는 듯한 느낌을 받는다. 예를 들면, VR기기를 착용하고 패러글라이딩을 타고 하늘을 나는 영상을 보고 있으면 착용자는 마치 하늘을 나는 듯한 느낌을 받는다. 이처럼 이 장치를 통해서 착용자가 체험한 영상과 하늘을 나는 듯한 느낌을 가상현실이라 부른다. 이와 같은 가상현실은 사진기술, 그래픽기술과 컴퓨터기술을 이용하여 만들어진 것이다.

그림 13-6 가상현실

- 가상현실이란 컴퓨터와 입력장치, 출력장치, 그래픽인터페이스 등을 이용하여 구축한 가상공간(virtual environment 또는 cyberspace) 속에서 인간감각계(sensory system)와의 상호작용을 통해 물리적·공간적 제약에 의해 현실세계에서는 직접 경험하지 못하는 상황을 간접체험할 수 있도록 하는 장비나 시스템을 활용한 기술
- 넓은 의미에서는 증강현실(Augmented Reality: AR)과 혼합현실(Mixed Reality: MR)도 포함

2) 응용분야

가상현실의 응용분야는 다양하다. 자동차 운전교육, 항공기 조종사 훈련, 해부학 실습을 위한 3차원 해부도 및 시뮬레이션, 가상 내시경, 모의수술 등 교육적인 목적에 사용된다. 또 스포츠분야에도 많이 활용되는데 VR 패러글라이딩, 각종 VR 스포츠 체험 등이 있다.

7. 빅데이터(Big Data)

1) 의의

빅데이터는 문자 그대로 많은 양의 데이터를 말한다. 현재 디지털사회에서는 과거의 아날로그환경에서 생성되던 것과는 비교할 수 없을 정도로 많은 자료가 생성된다. 예를 들면, 인터넷 쇼핑몰에서 구매한 상품의 종류와 금액, 쇼핑몰 방문자가 관심을 보인 상품의 종류, 인터넷 쇼핑몰에 있었던 시간 등이 기록된다. 인터넷 쇼핑몰을 방문하여 아무것도 구매하지 않아도 방문자의 여러 가지 정보가 축적된다. 오프라인 쇼핑 매장에서도 특정 지역에서 소비자들이 사용한 신용카드 사용금액, 시점 등에 관한 자료가 발생한다. 카카오톡, CCTV에 기록된 자료도 엄청나게 생성된다. 이러한 형태로 생성되는 대량의 데이터를 총칭하여 빅데이터라 한다. 이러한 데이터를 잘 분석하면 거기에서 경영이나 정책을 위한 의사결정에 유용한 정보를 얻어낼 수 있다.

| 그림 13-7 | 빅데이터

- 빅데이터란 기존 데이터베이스 수준을 넘어서는 대량(수십 테라바이트)의 정형 또는 심지어 데이터베이스 형태가 아닌 비정형의 데이터를 포함한 데이터를 수집 · 저장 · 분석하여 가치를 추려내고 결과를 분석하는 기술
- 최근 디지털 환경하에서 생성되는 데이터는 그 규모가 방대하고(volume) 비정형데이터 등 종류(variety)가 다양하며 데이터 처리속도(velocity)가 매우 빠른 특징을 갖고 있음
- 데이터는 정보의 근원으로 4차 산업혁명의 주요 원천기술이 되며 기업 및 국가의 미래를 좌우할 영향력을 갖고 있음

2) 빅데이터의 특징

(1) 양(Volume)

자료의 양이 많다. 빅데이터는 전통적인 통계학에서 사용하는 표본 추출이라는 방법을 적용하지 않고 자료를 있는 그대로 관측하고 분석한다.

(2) 속도(Velocity)

빅데이터는 디지털 자료이므로 매우 짧은 시간에 또는 실시간으로 분석하고 활용할 수 있다.

(3) 다양성(Variety)

빅데이터 자료는 다양하다. 문자, 이미지, 소리, 동영상 등을 포함한다.

(4) 기계학습(Machine Learning)

기계(인공지능)가 빅데이터에 내재된 패턴, 규칙성 또는 특성 등을 찾아낸다.

(5) 디지털 발자국(Digital Footprint)

디지털 자료는 디지털 상호작용(스마트폰 채팅)의 결과로 추가적인 비용이 없이 생성되는 부산물이다. 이와 같은 디지털활동의 결과로 발생되는 자료를 디지털 발자국이라고 한다.

빅데이터는 이러한 특성 때문에 기존의 통계학적 방법으로는 분석할 수 없다는 특징을 가지게 된다. 빅데이터는 무질서해 보이지만 잘 분석하면 그 안에 포함된 유용한 정보를 찾아낼 수 있다. 예를 들면, 고객의 쇼핑행위에 관한 빅데이터를 분석하면 고객이 선호하는 상품의 종류, 가격, 디자인 등에 관한 정보를 찾아낼 수 있다. 앞으로는 대기업뿐만 아니라 중소기업들도 사업과 관련된 빅데이터에 접근할 수 있게 되고 그것을 분석하여 사업경영에 유용한 정보를 확보할 수 있을 것이다.

| 참고문헌 |

강동국(2006), “동아시아 정세분석: ‘혐한류(嫌韓流)’와 일본 내셔널리즘: 이해와 대응,” 동아시아 브리프, 제1권 제1호, 성균관대학교 동아시아학술원, p.45.

강원진(2004), 무역결제론, 박영사.

강원진(2004), 신용장론, 박영사.

구종순(2004), 해상보험(제2개정판), 박영사.

기획재정부(관계부처 합동)(2019), 일본 정부의 백색국가 배제 등 수출규제 및 보복조치 관련 종합 대응계획, 보도자료, 2019.8.2.

김석우 외(2015), 수출통제 선진각국의 기술이전통제 정보수집, 한국원자력통제기술원, 2015.7, p.15.

남풍우(1998), 무역상무론, 두남.

박대위(1998), 무역실무(제7전정판), 법문사.

박명호 · 장영혜(2012), “소비자 적개심이 일본산 제품구매의도에 미치는 영향. 회계정보리뷰”, (spc), pp. 225-249.

박천익 · 정군우(2007), “동아시아의 중간재 투입 의존구조－아시아국제산업연관표에 의한 분석－”, 한일경상논집, 38, 185-209.

박춘엽 · 박병연 · 오점술(2018), 4차산업혁명의 핵심전략, 책연.

방희석(2004), 무역실무, 박영사.

산업통상자원부(2019), 보도참고자료, 일 정부, 수출무역관리령 개정안 공포, －한국을 화이트국가에서 제외, 8월 28일 개정내용 시행, 2019.8.7.

안세영(2006), 글로벌 협상전략 제3판, 박영사, p.12.

양영환 · 오원석(1997), 무역상무론, 법문사.

이재출(2004), “우리나라 부품소재산업 현황과 발전전략”, 무역연구, 10호, 무역연구소, pp.2-13.

이제홍(2023), 글로벌 경영학기초, 책연.

이종수 · 권찬호(2011), “국가간 협상문화 특성과 사례분석”, 공공정책과 국정관리, 5(2), pp.111-134.

이형석 · 이기순(2005), “일본에 대한 원한과 자국 중심주의가 제품만족과 재구매의도에 미치는 영향에 관한 연구”, 유통연구, 10(4), pp.69-87.

전창원(2003), 온 · 오프라인 무역실무, 무역연구원.

전창원(1996), 표준무역보험실무, 무역연구원.

전창원(1997), 표준운송실무, 무역연구원.

정장식(2013), “혐한(嫌韓)의 이유”, 人文科學論集, 제46권, 청주대학교 인문과학연구소, pp.337-362.

중소기업중앙회(2009), 수출중소기업 관련 지원제도, 2009.3, p.3.

최준호 외 2인(2006), 국제무역보험론 , 도서출판 두남, p.350.

한국무역협회, 무역실무 매뉴얼, 2003/2004 개정판.

C. F. Bergsten(1974), *Competing the GATT: Toward New International Rules to Govern Export Controls*, London: British-North America Committee, pp.5-50.

C. W. L. Hill(1994), *International Business: Competing in the Global Marketplace* (Burr Ridge, Ill.: Irwin, p.410.

Chang Ji Sang(2019), "Japans Export Regulations and the Response of Korea", 통상법률(144), 2019.8, pp.3-8.

Chen Ki, Lee(2019), "International Trade Law Review on Strengthening of Korean Export Regulations of Japan", World Economy Today, KIEP, No.17, pp.1-17.

Cho Young Jeen(2013), "An Analysis of Export Restriction under the WTO Law-with Special Reference to the Recent WTO Cases concerning Export Restrictions on Raw Materials and the Discourse at the WTO", *Korean Journal of International Economic Law*, 11(1), 2013.3, pp.213-254.

D. A. Aaker(1992), *Strategic Market Management*, New York: John Wiley & Sons, p.66.

David Albright, Sarah Burkhard, Allison Lach, Bridget Leahy, and Andrea Stricker(2018), "Correlating a Country's Economic Output with its Level of Export Controls", *Institute for Science and International Security Report*, (April 23, 2018), 1-13.

Eon-Kyung Park(2009), "The Application of Article XI of the GATT 1994 in Export Control on Strategic Items—Focused on analyzing each requirement in Article XXI of the GATT 1994", *The Korean Journal of International Law*, 54(1), 2009.4, pp.47-77.

Ettenson, R. & Gabrielle Klein, J.(2005), "The fallout from French nuclear testing in the South Pacific: A longitudinal study of consumer boycotts", *International Marketing Review*, 22(2), pp.199-224.

F. R. Root(1994), *Entry Strategies for International Markets*, Revised and Expanded ed., New York: Lexington Books, p.40.

Hummels, D. D.(2001), "Time as a Trade Barrier", *Working Paper*, Krannert School of Management, Purdue University.

J. Steenbergen(1989), "Export Controls: Legal Aspects", in M. Maresceau(ed.), *The Politics and Legal Framework of Trade Relations Between the European Community and Eastern Europe* (Dordrecht, The Netherlands: Martimus Nijhoff Publishers, 1987), p.255.

Ji Sang, Chang(2019), "Japan's Export Regulations and the Response of Korea", *Commerce Law*, No.144, pp.3-8.

Joanna Bonarriva, Michelle Koscielski & Edward Wilson(2009), "Export Controls An Overview of their Use, Economic Effects, and Treatment in the Global Trading System," Office of Industries Working Paper No.ID-23, U.S. International Trade Commission, 3.

Johanson, J. and F. Wiedersheim-Paul(1975), "The Internationalization of the Firm-Four Swedish Cases", *Journal of Management Studies*, 12(3), pp.305-322.

Jong-Bub KIM(2015), "A Proposal for the Crossing-Border of Cultural Conflicts and Collisions between Hallyu and Anti-Hallyu: Researching of Hybrid Culture Governance System in the North-East Asia", *Journal of Asia-Pacific Studies*, 22(2), 2015.6, 159-186.

Joonkoo YOO, Seoc Woo KIM, Jongsook KIM(2015), "The Examplary US Export Control System and Its

Lessons for South Korea", *Study on the American Constitution*, 26(3), 2015.12, pp.81-117.

Klein, J. G., Ettenson, R., & Morris, M. D.(1998), "The animosity model of foreign product purchase: An empirical test in the People's Republic of China", *The Journal of Marketing*, pp.89-100.

Kwon, Hee-Seok, Lee, Joon, Lee, Eun-jeong(2015), "An Overview of U.S. Export Control System with a Special Regard to the Export Control Reform in the Area of Spacecraft and Related Items", *Current Industrial and Technological Trends in Aerospace*, 13(1), 2015, pp.21-42.

Lewicki, R. J., Hiam, A. & Olander K. W.(1996), *Think Before You Speak: Complete Guide to Strategic Negotiation*, New York, John Wiley & Sons, Inc., pp.49-50.

Lewicki, R. J., Saunders, D. M. & Minton, J. W.(1997), *Essentials of Negotiation*, Chicago, Irwin, pp.4-5.

Lewicki, R. J., Saunders, D. M. & Minton, J. W.(1999), *Negotiation: Readings, Cases, and Exercises* (3rd ed.), New York: McGraw-Hill.

M. Z. Brooke and L. H. Remmers(1970), *The Strategy of Multinational Enterprise*, London: Longman Group, Ltd., pp.227-229.

Moran, R. & Harris, P.(1999), *Managing Cultural Differences: Leadership Strategies for A New World of Business, Gulf Professional Publishing*, Houston, p.54.

Roh, Yoon Seon(2016), "50 years of Korea-Japan Diplomatic Relations: a New Understanding of Anti-Korean Sentiment", *Japanese Cultural Studies*, 59, 2016.7, pp.67-88.

Seung Hwan Choi(1992), "The Legality of Export Control as an Economic Coercion", *The Korean Journal of International Law*, 37(2), pp.229-255.

Shell, G. R.(1999), *Bargaining for Advantage: Negotiation Strategies for Reasonable People*, Viking, p.6.

Wanjoong Kim(2019), "The Economic Inter-dependence of Korea and Japan: The Impact of Japan's Export Curbs on the Economies", *The Journal of Asian Studies*, 22(3), 2019.8, pp.1-45.

http://stat.kita.net/stat/kts/sum/SumImpExpTotalList.screen

| 찾아보기 |

[저자약력]

이제홍

- 조선대학교 무역학과 교수(2023 현재)
- 조선대학교 경상대학 학장(2023 현재)
- 조선대학교 경영대학원 원장(2023 현재)
- 조선대학교 지식경영연구원장 역임(2018～2021)

[학력]

- 동국대학교 대학원 무역학과 경영학박사
- 동국대학교 대학원 무역학과 상학석사
- 조선대학교 경상대학 무역학과 경영학사
- University of North Texas 연구교수(2016)

[학회 및 기타 경력사항]

- (사)국제e-비즈니스학회장 역임(2018)
- (사)한국통상정보학회장 역임(2022)
- (사)한국무역금융보험학회 편집위원장(2023 현재)
- (사)한국무역학회 부회장(2023 현재)
- (사)한국관세학회 부회장(2023 현재)
- (사)한국국제상학회 부회장(2023 현재)
- (사)한국전문경영인학회(CEO) 부회장(2023 현재)
- 광주 광산구 시설관리공단 비상임이사
- 관세청 호남본부 세관평가위원
- 인사혁신처 관세직 공무원 7급, 9급 출제, 선정, 면접위원 역임
- 한국연구재단 평가위원 역임(신진, 중견, 연구교수 등 2023 현재)

[저서활동]

전문도서

- 글로벌 경영학기초, 책연, 2023.
- 수출입기초입문, 도서출판 청람, 2017.
- 관세법총론, 도서출판 청람, 2016.
- 대외무역관계법, 도서출판 청람, 2016.

시집

- 아이들 웃음소리, 사랑, 2010, 보명북스
- 세월과 사랑–8015, 2016, 도서출판 청람
- 세상살이 사랑: 젊고 늙음에 관계없이, 2022, 책연

기본 무역실무 매뉴얼

2023년 8월 25일 1판 1쇄 인쇄
2023년 8월 30일 1판 1쇄 발행

저　　자 | 이제홍
발 행 인 | 이수영
발 행 처 | 도서출판 청람
서울시 마포구 독막로 288(대흥동, 세양상가 109호)
전　　화 | 02)3272-2601～2
팩　　스 | 02)3272-2603
이 메 일 | crbooks@daum.net
홈페이지 | http://www.crbooks.co.kr
등　　록 | 2000년 8월 26일 제6-0509호

ISBN 978-89-5972-980-7 93320 [정가 28,000원]